UMA PRODUÇÃO DE KIM JONG-IL

PAUL FISCHER

UMA PRODUÇÃO DE KIM JONG-IL

Tradução de
ALESSANDRA BONRRUQUER

1ª edição

EDITORA RECORD
RIO DE JANEIRO • SÃO PAULO
2016

CIP-BRASIL. CATALOGAÇÃO NA PUBLICAÇÃO
SINDICATO NACIONAL DOS EDITORES DE LIVROS, RJ

F562p

Fischer, Paul
 Uma produção de Kim Jong-Il / Paul Fischer; tradução de Alessandra Bonrruquer. – 1ª ed. – Rio de Janeiro: Record, 2016.
 il.

 Tradução de: A Kim Jong-Il Production
 Inclui bibliografia
 ISBN 978-85-01-10705-3

 1. Kim, Jong-Il, 1942-2011 – Sequestro. 2. Vítimas de sequestro – Coreia do Norte. História – Coreia do Norte. I. Bonrruquer, Alessandra. II. Título.

16-29684

CDD: 920.9364154
CDU: 929:343.433

Copyright © Paul Fischer, 2015.

Título original em inglês: A Kim Jong-Il Production

Todos os direitos reservados. Proibida a reprodução, armazenamento ou transmissão de partes deste livro, através de quaisquer meios, sem prévia autorização por escrito.

Texto revisado segundo o novo Acordo Ortográfico da Língua Portuguesa.

Direitos exclusivos de publicação em língua portuguesa para o Brasil adquiridos pela
EDITORA RECORD LTDA.
Rua Argentina, 171 – Rio de Janeiro, RJ – 20921-380 – Tel.: (21) 2585-2000,
que se reserva a propriedade literária desta tradução.

Impresso no Brasil

ISBN 978-85-01-10705-3

Seja um leitor preferencial Record.
Cadastre-se e receba informações sobre nossos lançamentos e nossas promoções.

EDITORA AFILIADA

Atendimento e venda direta ao leitor:
mdireto@record.com.br ou (21) 2585-2002.

Para mamãe, papai e Crosby.

Sumário

Uma nota sobre fontes, métodos e nomes — 11
Introdução: agosto de 1982 — 13

Rolo um: Um senso de destino

1. Uma fotografia no gramado da Casa Azul — 21
2. Diretor Shin e madame Choi — 27
3. Camarão entre baleias — 39
4. Um arco-íris duplo sobre a montanha Paekdu — 51
5. Os primeiros amores de Kim Jong-il — 59
6. Pais e filhos — 77
7. Por dentro do mundo cinematográfico de Pyongyang — 83
8. Um beijo de três segundos — 101
9. Baía da Repulsa — 113

Rolo dois: Hóspedes do Querido Líder

10. O Reino Eremita — 123
11. Acusado — 139
12. Musicais, filmes e estudos ideológicos — 145
13. Sequestrado — 159
14. Os outros — 171
15. Fuga do vale das Castanheiras — 191
16. Shin Sang-ok morreu aqui — 201
17. A posição de tortura — 215
18. A Divisão 39 — 223
19. A greve de fome — 237
20. O diretor Shin está vindo — 247

Intervalo: Woo In-hee, a Atriz do Povo — 259

Rolo três: Produzido por Kim Jong-il

21. Juntos — 271
22. O gravador — 277
23. Luzes, câmera.. — 293
24. Fora do Norte — 305
25. Como um filme europeu — 315
26. A entrevista coletiva — 323

27.	Mesma cama, sonhos diferentes	331
28.	Intenso cronograma de produção	337
29.	O monstro de borracha	353
30.	Viena	365
31.	De Kim para Kim	377
32.	Estrelas e listras	389
	Epílogo: 2013	401
	Posfácio	411
	Agradecimentos	419
	Bibliografia selecionada	423

Uma nota sobre fontes, métodos e nomes

A FONTE PRIMÁRIA para este livro foi o relato em primeira mão de Shin Sang-ok e Choi Eun-hee sobre seu tempo e suas experiências na Coreia do Norte. Shin e Choi escreveram várias memórias e artigos sobre os anos que passaram trabalhando para Kim Jong-il e eu os utilizei como ponto de partida para minha pesquisa, conferindo datas e fatos com outros relatos contemporâneos, novos arquivos, pesquisas acadêmicas e entrevistas originais. Realizei quase cinquenta entrevistas com os participantes da história, assim como com desertores da Coreia do Norte, tanto os envolvidos na história de Shin e Choi quanto os que lá moraram nos anos 1970 e 1980 e colaboraram na descrição daquela época. E, embora a Coreia do Norte permaneça amplamente um mistério para os estrangeiros, atualmente existem ferramentas para nos ajudar a confirmar ou negar informações, como o Google Earth, usado por muitos estudiosos para localizar edifícios e pontos de referência descritos pelos norte-coreanos que escaparam. Sempre que possível, viajei para os locais da ação: Coreia do Sul, Áustria, Alemanha, Hungria, Hong Kong e, é claro, Coreia do Norte.

A maioria das descrições físicas no texto foi retirada de fotografias ou filmagens contemporâneas. Os diálogos transcritos ou citações entre aspas foram extraídos de fonte original, como as memórias de Shin e Choi. Em alguns casos os encurtei, mas fiz esforços rigorosos para não cortar elementos que poderiam alterar seu significado ou tom original. Quando um diálogo estava disponível em várias fontes diferentes, escolhi a tradução que me parecia mais acurada e natural no contexto ou procurei a fonte original e encomendei uma nova tradução, feita por um profissional nativo. Meu próprio coreano é *extremamente* rudimentar e, assim, é claro, os erros de julgamento são todos meus.

Tornou-se um truísmo em relação aos relatos sobre a Coreia do Norte que, em função do isolamento e da falta de transparência da República Popular Democrática da Coreia (RPDC), cada história possui apenas a credibilidade de quem a conta. Tentei corroborar os fatos sempre que possível. Uma discussão mais detalhada sobre o processo empregado para verificar as versões pessoais do sr. Chin e de madame Choi pode ser encontrada ao fim deste livro.

Os nomes coreanos são escritos com o sobrenome em primeiro lugar, seguido pelo prenome. Por exemplo: Kim é o nome de família e Jong-il é o prenome. Como não existem regras fixas para a grafia (Kim Jong-il às vezes é transliterado como Kim Chong-il e Choi Eun-hee como Choe Un-hui), escolhi a mais comum para todos os nomes envolvidos. Em caso de dúvida, tentei transliterá-los da maneira mais natural e legível para o leitor ocidental.

Tradicionalmente, até o início do século XX, os coreanos não usavam sobrenomes. Foi o Império Japonês, ao colonizar a península, que instituiu seu uso legal. A vasta maioria dos coreanos, vendo uma oportunidade de aumentar o prestígio aparente de sua linhagem, escolheu um entre um punhado de sobrenomes — Kim, Lee, Park, Pak, Shin — associados à aristocracia rural do país. Atualmente, cerca de 270 sobrenomes são partilhados por mais de 75 milhões de coreanos. Assim, as pessoas aqui citadas com o mesmo sobrenome não pertencem à mesma família, a menos que se indique o contrário.

Introdução
Agosto de 1982

A ÚLTIMA COISA de que Shin Sang-ok se lembrava era de estar sentado em sua cela, incapaz de sentir os próprios batimentos cardíacos, fraco demais para se mover ou ficar em pé. Ele estava sendo mantido em um centro de detenção norte-coreano há quase dois anos, em uma cela solitária na qual mal podia se sentar. No alto da parede, havia uma janela minúscula atravessada por grossas barras de ferro. Os insetos enxameavam pelas rachaduras do piso. Com exceção do almoço de trinta minutos, do jantar de dez minutos e dos trinta minutos de "sol" no pátio da prisão, ele tinha de se sentar exatamente na mesma posição durante o dia todo, com a cabeça curvada e absolutamente imóvel, sob pena de punições ainda mais severas.

Ele estava fazendo greve de fome há cinco dias quando perdeu a consciência. Agora, acordando na enfermaria da prisão, lutava para respirar. O ar de agosto estava quente e úmido. Uma dor de cabeça cegante o impedia de pensar. Sentia a boca seca e metálica, e o estômago, contraído por cólicas. O menor movimento lhe causava dor.

— Acho que o cara vai sair dessa — disse uma voz. — Ele acabou de mexer os dedos dos pés.

Shin abriu os olhos. Um investigador estava perto sua cama, com um militar de alta patente a seu lado. Um guarda da prisão, atento, permanecia atrás de ambos. Os dois homens conversavam entre si em tom agitado, sem jamais se dirigir diretamente a ele. Após um momento, os três partiram.

Foi então que Shin notou outro prisioneiro na enfermaria. O homem arrastou uma cadeira até o lado da cama e lhe entregou uma bandeja de comida. Shin o conhecia. Ele era um ajudante prisional, um detento de bom comportamento que desempenhava tarefas básicas na prisão — varrer, passar o esfregão, servir comida e entregar mensagens —, em troca de mais liberdade e mais tempo fora da cela. Em geral os ajudantes também eram delatores; era como obtinham e mantinham suas posições.

— Coma — disse o ajudante.

Shin olhou para a bandeja: sopa de arroz, uma tigela de ensopado e um ovo. Pelos padrões da prisão, comida de luxo. Ele recusou mesmo assim. Quando o homem colocou um pouco de ensopado na colher e tentou alimentá-lo, Shin cerrou os lábios.

— Coma — insistiu o ajudante. — Vai lhe fazer bem. Você precisa comer. — O homem persistiu e por fim Shin cedeu. Inicialmente, a ideia de comer o deixou enjoado, mas, à primeira colherada, sua fome voltou a toda. Ele devorou rapidamente a maior parte da comida, mas, sentindo-se grato, deixou um pouco para o ajudante.

— O que aconteceu? — perguntou Shin.

— Você perdeu a chamada de ontem — respondeu o ajudante. — Fui procurá-lo e o encontrei desmaiado no chão. Você deveria ter visto a cara deles. Ficaram com muito medo de que você morresse. Mandaram chamar o médico e ele conferiu seu pulso e o mandou para cá. Eles ficarão aliviados ao saber que vai sobreviver.

O ajudante o observou cuidadosamente.

INTRODUÇÃO: AGOSTO DE 1982

— Agora sei que você é realmente importante. Ninguém aqui liga se um prisioneiro morrer. Fiz greve de fome uma vez. Eles me disseram que um homem morre de fome em dez dias, e uma mulher, em quinze. Não demorou muito para que eu desistisse e começasse a implorar por comida. Ouvi histórias sobre prisioneiros importantes que fizeram greve de fome e foram alimentados à força, através de um funil, mas não fizeram nem mesmo isso com você. Para preservar seu orgulho, disseram. Você é mesmo importante.

— Quem era o oficial? — perguntou Shin. — O estranho.

Era o ministro de Segurança Pública, explicou o ajudante, o chefe de todas as agências da lei no país.

— Foi a primeira vez que vi o ministro de Segurança Pública vir até a prisão só porque um prisioneiro estava morrendo de inanição. Ele criou um inferno aqui dentro.

— Você deve estar brincando.

O encarregado negou com a cabeça, perdido em pensamentos.

— Você deve ser muito especial, para eles ligarem para o que possa acontecer. Você conhece alguém? Quem?

Shin fechou os olhos. E pensou na prisão a sua volta: os prisioneiros batendo nas paredes para se comunicar, os que eram súbita e arbitrariamente levados até o pátio para serem executados, os guardas cruéis e violentos. Durante quase dois anos, ele vivera em um cativeiro brutal e sem sentido. Mesmo assim, não conhecia uma única pessoa em todo o país.

Aos 55 anos, Shin Sang-ok era divorciado e tinha quatro filhos. Era o mais famoso cineasta de sua nativa Coreia do Sul, onde produzira sucessos de bilheteria, ganhara cada prêmio disponível e ficara lado a lado com presidentes. Quatro anos antes, sua ex-mulher, Choi Eun-hee, a atriz mais famosa da Coreia do Sul, desaparecera em Hong Kong e, ao tentar encontrá-la, ele caíra em uma armadilha e fora sequestrado. Agora, após um período de prisão domiciliar menos estrito, estava na Prisão Número Seis, a duas horas de Pyongyang, Coreia do Norte.

Não, Shin não conhecia ninguém e ainda não sabia por que fora sequestrado. Mas sabia de uma coisa.

Sabia quem ordenara seu sequestro.

Em Pyongyang, a quilômetros das celas e corredores fedorentos da Prisão Número Seis, Kim Jong-il bebeu seu Hennessy, colocou o copo sobre a mesa e observou enquanto o garçom servia mais uma dose.

A festa a sua volta era um dos banquetes semanais que oferecia aos principais membros do Comitê Central do Partido dos Trabalhadores. O grande e iluminado salão estava decorado com uma explosão de espalhafatosas flores artificiais e luzes coloridas giratórias. Nas mesas em torno da pista de dança, membros do Partido e oficiais do Comitê Central comiam da mais fina comida, tanto ocidental (lagosta, filé e doces) quanto coreana (incluindo macarrão frio, kimchi, *boshintang* ou sopa de cachorro, sopa de barbatana de tubarão, *jokbal* ou pés de porco em molho de soja e especiarias, e pés de urso trazidos da Rússia). Eles bebiam conhaque, champanhe, soju (destilado de arroz) e outras especialidades norte-coreanas, como vinho de ginseng, com as raízes ainda boiando no interior da garrafa, e licor de cobra, com uma grande e venenosa víbora mergulhada em um recipiente de álcool de cereais. Belas jovens, de 15 a 22 anos, circulavam pelo salão, dançando, flertando, rindo. Usavam roupas reveladoras e algumas faziam massagens; mais tarde, muitas prestariam serviços sexuais aos convidados. Pertencentes à Gippeumjo, ou Brigada do Prazer, as garotas haviam sido escolhidas nas escolas do país e treinadas, durante até seis meses, em boas maneiras, comportamento e técnicas sexuais e de massagem. Enquanto serviam, estavam proibidas de qualquer contato com as famílias, que eram extremamente bem recompensadas por terem uma filha em posição tão favorecida. Dizia-se que Kim Jong-il selecionava pessoalmente todas as jovens da Gippeumjo.

INTRODUÇÃO: AGOSTO DE 1982

Os músicos tocavam canções populares norte-coreanas e russas, assim como sucessos contemporâneos sul-coreanos. Praticamente todos os coreanos adultos daquela época fumavam, e o ar estava espesso de tabaco. Após o jantar, os homens jogariam — *mahjong* ou vinte e um — e dançariam foxtrote, disco ou blues com as garotas.

Kim estava sentado à mesa principal. Seu rosto era cheio e ovalado, com boca pequena de lábios grossos e nariz curto e largo. Usava óculos quadrados, menores que os que mais tarde se tornariam famosos, e gostava de cinza e azul em suas túnicas de gola Mao, e não do cáqui que adotaria em suas últimas décadas. Tinha 1,57 m, mas usava sapatos com plataformas de 12 cm e um corte de cabelo alto e bufante para disfarçar a baixa estatura (para garantir, todas as garotas da Brigada do Prazer tinham de ter menos de 1,57 m). Era filho do Grande Marechal Kim Il-sung, herói militar, fundador e Líder Supremo da República Popular Democrática da Coreia. Oficialmente, era chefe do Departamento de Agitação e Propaganda e diretor de sua Divisão de Filmes e Artes, mas, embora o pai ainda fosse o líder oficial do país, desde 1982 assumira o controle efetivo. Crianças em idade escolar por todo o país ouviam que era amável, sensível e afetuoso e eram ensinadas a chamá-lo de Querido Líder. Ele tinha 41 anos e o público norte-coreano jamais ouvira sua voz.

Com frequência, Jong-il era o coração e a alma dessas reuniões, gabando-se, contando piadas obscenas, instruindo a banda e se deleitando com a deferência bajuladora dos lacaios que se levantavam assim que chamava.

Mas, naquela noite, Kim estava preocupado. Pensava em filmes.

Depois da festa, nas primeiras horas da manhã, um punhado de pessoas seguiria o Querido Líder, sempre insone, até uma das salas de projeção, para assistir a um dos novos filmes produzidos pelos estúdios controlados pelo Estado. Na última década, ele achara o trabalho das equipes cinematográficas cada vez mais repetitivo e desanimador. Aqueles filmes não prenderiam a atenção de seu povo por muito mais tempo, nem tampouco impressionariam o mundo — a ambição de sua vida. Quatro anos antes, ele colocara em ação um plano para remediar esse problema, mas o plano dera errado. Ele tratara seus hóspedes, Shin Sang-ok e Choi Eun-hee, muito bem, mas eles pareciam determinados a não colaborar.

Por enquanto. Menos de seis meses depois, Shin se renderia a seus planos. E, juntos, eles mudariam o rumo da história norte-coreana.

Rolo um

Um senso de destino

"O curso de nossas vidas pode ser alterado por coisas muito pequenas. Tantas pessoas passam por nós, ocupadas com seus próprios problemas. São tantos rostos que podemos facilmente nos perder. Sei agora que nada acontece por acaso. Cada momento é medido, cada passo é contado."

— Lisa (Joan Fontaine)
Carta de uma desconhecida,
roteiro de Max Ophüls e Howard E. Koch,
direção de Max Ophüls

1
Uma fotografia no gramado da Casa Azul

EM 16 DE maio de 1962, Shin Sang-ok estava no centro de uma festa na residência presidencial sul-coreana. Ele era o assunto da noite — e, naquele momento, de toda Seul.

A recepção fazia parte das cerimônias de encerramento do VII Festival de Cinema Ásia-Pacífico, uma competição anual para homenagear e premiar os melhores filmes asiáticos. Aos 35 anos, alto e elegante no paletó branco de smoking, camisa branca impecável e calças pretas, Shin era o convidado de honra e o assunto dos sussurros excitados dos convidados. Cinco anos antes, ninguém no gramado sabia seu nome. Agora, era o cineasta mais quente do país, diretor dos maiores sucessos de bilheteria dos dois anos anteriores. Os críticos o adoravam. Sua esposa era a mais bela e mais famosa atriz da nação. E, naquela noite, seu novo filme, *Sarangbang sonnimgwa eomeoni* [*O hóspede e minha mãe*], vencera a categoria de Melhor Filme, o primeiro filme sul-coreano a ganhar o prêmio principal em uma competição internacional.

UM SENSO DE DESTINO

No gramado seco do lado de fora da Casa Azul, Shin estava inquieto. Outrora jardim real da dinastia Joseon, cujos reis haviam governado a península por mais de quinhentos anos, ele agora fazia parte do complexo presidencial, com seus telhados azuis inclinados. As telhas lendárias ainda eram assadas individualmente ao sol, da maneira tradicional, e se dizia que eram resistentes o bastante para durar centenas de anos. Os limites do complexo, mais pragmaticamente, eram protegidos por muros altos e várias barreiras guardadas por unidades da Polícia Nacional e do Exército. Pouquíssimas pessoas eram admitidas no interior da Casa Azul. Já era uma honra estar no gramado.

A alguns metros, o fotógrafo preparava a câmera, regulando o flash e o nível de exposição, enquanto outros dignitários se organizavam em torno de Shin. Haveria sete pessoas na fotografia, mas o foco real eram as três no centro: Shin; sua esposa há nove anos, Choi Eun-hee; e, entre eles, o novo presidente da Coreia do Sul, o general Park Chung-hee.

Aos 42 anos, o presidente Park era baixo e tinha olhos escuros e caídos, mas muito sagazes, além de grandes orelhas de abano. Ele tomara o poder, durante um golpe militar, exatamente um ano antes, em 16 de maio de 1961. Antes disso, também fora amplamente um desconhecido para os convidados que se agrupavam no que era agora seu gramado frontal, um general de segunda linha com um histórico militar limpo e nenhuma experiência política. Mas ele tinha grandes ambições para o país que amava e que vira declinar, nos quinze anos desde a separação, na direção da pobreza, da corrupção e do caos. Ele fora criado no interior, no sul do país, cercado por gente simples e patriótica que queria um governo tão disciplinado e trabalhador quanto ela mesma. Uma vez no poder, seu primeiro ato foi prender dezenas de oficiais e negociantes corruptos e obrigá-los a desfilar pelas ruas de Seul com placas no pescoço que proclamavam "SOU UM PORCO CORRUPTO!". O gesto lhe rendeu a adoração imediata das massas, assim como o anúncio de uma nova Constituição, a ser ratificada em 1962, seguida por eleições presidenciais em 1963. Ele fizera muitas aparições como aquela, melhorando sua visibilidade pública e se apresentando às indústrias, entre elas a cinematográfica, que pretendia usar para mudar a imagem internacional da Coreia do Sul. Na mente da maioria das pessoas, aquele era um triste país de Terceiro Mundo, dependente de auxílio externo e com muito pouco a oferecer, mas o prêmio daquela noite sugeria possibilidades muito melhores. Assim, mais cedo naquele dia, no Centro Cívico de Seul, foi Park quem entregou o prêmio de Melhor Filme a Shin e Choi.

A multidão irrompeu em aplausos quando Shin e Choi subiram ao palco. Shin dirigira e produzira o filme e Choi o estrelara, como na maioria dos outros. Shin era mais conhecido por seus filmes sobre mulheres (geralmente interpretadas por Choi) e para mulheres — as "massas de sapatos de sola de borracha" que viviam em Seul e nas províncias do interior constituíam a mais fervorosa audiência do país. Marido e mulher eram inseparáveis na mente do público, um casal glamouroso cuja empresa, o único estúdio cinematográfico da Coreia do Sul, a Shin Filmes, e sua logomarca, uma tocha flamejante, eram imediatamente reconhecidas por todos.

No palco, Choi caminhou na frente do marido, em uma sutil indicação da modernidade de seu relacionamento. Ao se aproximar do presidente Park, parou e se curvou ao máximo, chegando a encostar um dos joelhos no chão, com um sorriso irônico no rosto. O presidente e a primeira-dama explodiram em gargalhadas com essa atrevida mímica de obséquio. Atrás dela, Shin inclinou relutantemente a cabeça, curvando-se o mínimo possível. Ele gostava de reconhecimento e também de estar ao lado dos poderosos. Mas se curvar para eles fazia com que se sentisse distintamente desconfortável. Talvez isso tivesse algo a ver com sua profunda desconfiança dos políticos. Afinal, ele crescera em uma Coreia que fora engolida pelo Império Japonês e entregue, pelos *políticos*, para ser colonizada após 1.300 anos de soberania. Ao fazer 17 anos, ele deixara a Coreia para estudar no Japão, somente para descobrir, em seu retorno, que já não podia voltar para sua cidade natal, pois, subitamente, ela estava em um país completamente diferente, a Coreia *do Norte* — tudo por causa de manobras políticas. Esquerda e direita eram iguais para ele, um mal a ser suportado e do qual tirar proveito, se possível.

Talvez fosse isso. Ou talvez ele apenas detestasse outra pessoa sendo o centro das atenções.

No gramado da Casa Azul, Shin endireitou as costas e relanceou um olhar para Choi, que conversava com os convidados a alguns metros dali. Ela estava arrebatadora em um vestido longo escuro, com um conjunto de joias chamando a atenção para os seios, como se o profundo decote não fosse suficientemente hipnótico. (A primeira-dama, em contraste, trajava um vestido *hanbok* tradicional, longo e largo abaixo da cintura, escondendo a forma dos quadris e das pernas sob infinitas dobras e com o decote bem rente ao pescoço.) O espesso cabelo negro de Choi estava penteado para trás, a fim de acentuar seu rosto admirável. Brincos faiscantes pendiam de suas orelhas e a maquiagem cuidadosamente aplicada acentuava seus famosos olhos escuros e lábios carnudos.

Choi ficara famosa muito antes do diretor Shin e do presidente Park; na verdade, começara a fazer sucesso nos palcos antes do fim da Guerra do Pacífico, quando a Coreia ainda era um único país. Desde aquela época, era presença constante nas revistas de cinema e nos jornais de fofocas. Durante a traumática Guerra da Coreia, que durou de 1950 a 1953, trabalhara como animadora para os *dois* lados e havia rumores de que vivera como prostituta de bivaque, despindo-se nas camas dos soldados, à noite, após ter cantado e dançado para eles no palco durante a tarde. Outros rumores afirmavam que passara a maior parte da guerra como amante de um general americano. Após o armistício, houve ainda mais escândalo quando trocou o primeiro marido, um respeitado operador de câmera, mais velho, que sofria de tuberculose e fora aleijado pela guerra, pelo jovem, atraente e iniciante cineasta Shin Sang-ok. Com Choi como sua personagem principal, o sucesso de Shin subitamente disparara — e, com o triunfo de seus filmes elegantes e sofisticados, Choi vira seu status subir drasticamente, de mulher fácil para tesouro nacional.

O fotógrafo acenou para que ficassem imóveis e se aproximassem uns dos outros. No momento seguinte, o flash da câmera disparou, imortalizando três pessoas que, cada uma a seu modo, estavam prestes a catapultar o cinema sul-coreano da obscuridade para o reconhecimento internacional. A câmera capturou Shin com as mãos atrás das costas e os ombros arqueados, um sorriso orgulhoso e irreverente no rosto. O presidente está a seu lado, com a postura rígida de um militar e o terno preto se misturando à escuridão que o flash não foi suficientemente potente para iluminar, seu rosto uma máscara enigmática e ligeiramente ameaçadora.

Quanto a Choi, está ligeiramente voltada para a direita, fascinada, com os olhos grudados no marido.

2
Diretor Shin e madame Choi

"Chamo minha mulher de madame Choi", escreveria Shin muitos anos depois. "Eu a chamo assim como sinal de meu respeito e afeição."

Eles haviam se conhecido em Daegu, 240 quilômetros ao sul de Seul, na segunda metade de 1953, apenas alguns meses após o fim da Guerra da Coreia. Seul mudara quatro vezes de mãos durante o conflito e, a cada vez, o lado que recuava explodira pontes e destruíra edifícios; Pyongyang fora tão bombardeada pelos aviões americanos que somente três grandes prédios ainda estavam de pé quando o armistício fora assinado. Daegu, contudo, fora controlada pelas Nações Unidas durante todo o conflito e escapara da destruição generalizada, de modo que, logo após o fim da luta, ainda havia parques onde caminhar, escolas onde estudar, casas onde viver e — de modo crucial para Shin e Choi — teatros para frequentar.

Naquela noite específica, Shin tomara seu assento em um dos auditórios da cidade, esperando ansiosamente pelo espetáculo. Ele não ligava particularmente para o material: viera sondar a estrela da peça, Choi Eun-hee, para seu segundo filme, um semidocumentário intitulado *Coreia*, no qual esperava demonstrar a beleza de um país agora famoso principalmente pela guerra, pela pobreza e pela destruição. Choi Eun-hee já era uma atriz estabelecida, mas Shin sabia muito pouco sobre ela. A peça era uma história de capa e espada, com muita esgrima e saltos acrobáticos. No meio da noite, como lembrou Shin, Choi desmaiou. O público assustou-se. "Pulei para o palco", contou Shin. Ele se ajoelhou a seu lado e perguntou se ela estava bem. Quando Choi não respondeu, Shin, observado por uma multidão atônita, pegou-a no colo, jogou-a sobre o ombro e a carregou até o hospital mais próximo.

Choi desmaiara de exaustão e, depois que um médico a examinou, ela e Shin começaram a conversar. Ele estava preocupado com seu estado. Ela parecia cansada e subnutrida. Seu marido estava incapacitado de trabalhar por conta de um ferimento de guerra. E ela era pobre, contou — pobre demais para aquecer a casa. Shin, que já vislumbrara a fama e o sucesso, jamais imaginara que uma atriz tão famosa pudesse ser tão pobre. Mas ela perseverava, vertendo as emoções no trabalho, e isso era algo que ele respeitava e admirava. Shin disse-lhe que estava prestes a começar a trabalhar no filme *Coreia*. Será que ela gostaria de participar? Ele era um diretor jovem e inexperiente e ela ficou relutante, mas ele prometeu um bom salário — tanto quanto pudesse pagar. Choi aceitou o papel.

"Ele tinha um belo sorriso", escreveria Choi mais tarde sobre o jovem e elegante diretor que conheceu naquela noite. "Parecia não ter preocupações ou dificuldades na vida." Suas cenas em *Coreia* foram quase todas filmadas em Seul e ela e Shin passaram muito tempo juntos, no set ou em cafés: Choi fumava, observava os passantes e falava sobre a arte de representar e o cinema; Shin tagarelava sobre suas ambições e ideias, sobre como sonhava dirigir um estúdio independente e integrado como os da era dourada de Hollywood, fazendo os filmes que quisesse. Quando Choi voltou a trabalhar no palco, Shin esperava do lado de fora do teatro após cada ensaio e apresentação, a fim de caminhar com ela até sua casa, os dois se demorando pelas ruas, às vezes sendo flagrados do lado de fora depois do toque de recolher e tendo de se esgueirar para casa como adolescentes, tomando cuidado para não serem pegos.

Algumas pessoas trabalhavam no show-business buscando glamour; outras, pela necessidade de ser o centro das atenções. Shin e Choi eram diferentes: ambos sentiam profunda paixão pelo trabalho. Sempre fora assim. Choi contou a Shin como assistira a um espetáculo em Pusan quando era criança e se apaixonara imediatamente, e como seu pai conservador se recusara a incentivar seu interesse, pois, na Coreia, atrizes eram tradicionalmente vistas como pouco mais que cortesãs. Além disso, o dever de uma garota respeitável era se casar e ter filhos. Assim, Choi, ainda adolescente, mas já determinada, fugira de casa para perseguir seus sonhos e se tornara um sucesso.

Shin, por sua vez, contou sobre a infância em Chongjin, no norte do país, e sobre como se apaixonara pelos filmes quando ainda era criança, sentado na tenda itinerante que ia à cidade para mostrar filmes feitos por estrangeiros com nomes como Georges Méliès, Charlie Chaplin, D.W. Griffith e Fritz Lang. Era um processo hipnótico e elaborado: os homens ocupados com o projetor, um ajustando a lente enquanto o outro enfiava o filme na máquina; dois meninos carregando os pesados rolos enquanto outro abanava os homens mais velhos, suando na tenda quente. Durante o filme, o *byeonsa*, ator do sexo masculino, narrava as cenas mudas em preto e branco que ganhavam vida na tela, como uma janela mágica para um mundo desconhecido de homens fortes, mulheres bonitas e o ocasional patife, no qual homens cavalgavam em vastos desertos e criminosos traíam uns aos outros em cidades movimentadas, com edifícios altos e luzes distorcidas. Entre as apresentações, água era jogada na tela, para esfriá-la e evitar que pegasse fogo.

Quase todos os dias, Shin dizia: "Qualquer filme que eu faça, quero você nele." Ele descrevia todos os papéis que ela podia interpretar, das famosas heroínas dos contos populares às ideias ainda indefinidas que povoavam sua mente. "Foi assim", contou Choi, "que ele disse que me amava". Um dia, eles estavam em um café e Choi ficou sem cigarros. Ela fumava Lucky Strike, mas o café não vendia essa marca. Assim, Shin se levantou, saiu correndo e voltou com um maço. Choi ficou comovida. Ela o abriu, colocou um cigarro entre os lábios e ofereceu outro a ele.

— Eu não fumo — disse Shin.
— Por que não?
— Não gosto de cigarros. Minha mãe fumava.
— E você não se importa se eu fumar na sua frente? — perguntou ela. Ele sorriu.
— Por favor, faça como quiser. Eu não me importo. — Enquanto dizia isso, ele se inclinou e acendeu o cigarro para Choi. Ninguém jamais se comportara assim com ela. Ele não fumava, não bebia e não jogava; era gentil e cavalheiro. Ela gostava de sua amabilidade. Quanto a Shin, seus sentimentos eram inegáveis. "Meu destino", diria ele mais tarde, "era conhecê-la."

Choi tinha 27 anos quando conheceu Shin, mas já passara por uma vida de dor e lutas. Após fugir de casa aos 17 anos, sua carreira como atriz começara, de modo inesperado, em um abrigo antiaéreo durante um treinamento, quando ela notara uma atriz de quem gostava, Moon Jung-bok, sentada por perto. Não havia distinção de classes nos abrigos contra bombas e, assim, Choi reuniu coragem e foi falar com a mulher mais velha, que a convidou a ir até o escritório de seu grupo de teatro em Seul. Ela perguntou se Choi tinha permissão dos pais para sair de casa e trabalhar. "Sim", mentiu.

Ela começou a trabalhar no departamento de figurino da trupe, consertando vestidos; após um mês, foi colocada no palco para fazer uma ponta; cerca de dois anos depois, já tinha sua própria carreira como atriz. Fora dos palcos era tímida e quieta, mas quando interpretava ganhava vida. Em 1947, aos 21 anos, foi escalada para o primeiro filme e, logo em seguida, casou-se com o operador de câmera Kim Hak-sung, vinte anos mais velho. E se arrependeu rapidamente da decisão. Kim já fora casado com uma garçonete de bar que fugira em função de sua violência física. Ele também batia em Choi e esperava que ela cumprisse todos os deveres de esposa (lavar, limpar, cozinhar e criar filhos) enquanto era a provedora da casa, dado que sua carreira estava em ascensão, enquanto a dele começava a declinar.

Quando estourou a Guerra da Coreia, em 1950, Choi e o marido não conseguiram sair de Seul a tempo de fugir do Exército norte-coreano e ela foi designada animadora das tropas pelo recém-estabelecido escritório local do Partido Comunista e enviada para o Norte. Um ano depois, Choi e algumas outras animadoras tiraram vantagem de algumas horas de pânico durante um recuo e fugiram do pelotão para o qual haviam sido indicadas. Foram pegas pelo Exército sul-coreano e receberam ordens de retomar seu trabalho, agora para o lado oposto. Ser pega pelo seu próprio lado deveria ter sido um alívio para Choi, mas, em vez disso, seu "resgate" foi o início de dois anos de inferno. Enquanto os soldados norte-coreanos eram disciplinados e estavam concentrados apenas na batalha, os sul-coreanos olhavam para ela como se fosse um pedaço de carne e assobiavam quando caminhava pelo campo. Um dia, um oficial da polícia militar a chamou até seu escritório, que ficava em um vilarejo deserto perto da linha de frente. Uma pistola e uma garrafa aberta de soju estavam na mesa a sua frente e ele fedia a álcool. Ele disse a ela que seu trabalho passado como animadora dos militares norte-coreanos era traição punível com a morte. Por sorte, ele tinha o poder de apagar essa ofensa e estava em um humor leniente. Ele se levantou da cadeira, caminhou até ela e a esbofeteou com força. Ele a golpeou várias vezes, antes de jogá-la no chão e pressionar a arma contra sua cabeça. Ela o sentiu lutando para abrir as calças, com o hálito quente e o forte cheiro de soju contra seu rosto. Enquanto ele a penetrava, ela ouviu gritos vindos do quarto ao lado. Do outro lado da parede, uma cantora que se apresentara com ela desde o início da guerra também estava no chão, sendo estuprada por outro policial. Choi tentou desesperadamente se livrar do oficial bêbado, mas ele era grande e pesado. Não havia como impedi-lo.

Quando a guerra chegou ao fim, Choi foi enviada para casa, e sua provação, em uma sociedade na qual tradicionalmente o estupro não é denunciado e as mulheres são responsabilizadas pela desonra causada por ele, permaneceu um segredo vergonhoso. Ela encontrou o marido em um hospital, gravemente ferido por estilhaços. Kim usaria uma bengala pelo resto da vida. Marido e mulher se acomodaram a uma nova rotina na qual, subitamente, eles e todos os outros eram pobres e viviam entre ruínas, esmagados pela angústia silenciosa. Em breve, rumores sobre a alegada promiscuidade de Choi durante a guerra começaram a circular pela cidade. Kim Hak-sung se tornou morbidamente ciumento. Começou a bater na esposa com a bengala, em surras tão intensas que a deixavam coberta de sangue e vergões. Certo dia, Kim a segurou à força e a estuprou violentamente.

Choi não sabia como fugir. As mulheres coreanas não tinham direitos, apenas deveres. Uma "mãe sábia e boa esposa" — a epítome da perfeição feminina — era obediente ao marido, dedicada à criação dos filhos e leal e respeitosa com os sogros. Era sua responsabilidade preservar a família, fosse seu marido um santo, fosse um homem que a traía e espancava. Apenas algumas décadas antes, as mulheres ainda comiam em mesas separadas e só tinham direito às sobras. Elas tinham poucos direitos legais e a sociedade olhava sem compaixão para as que traziam fofocas e desonra para os maridos. O divórcio tampouco era uma opção: podia ser legal, mas um ditado coreano dizia "um para sempre": você se casava uma vez e permanecia casada. O destino que escolhia no dia do casamento seria seu destino para o resto da vida.

Assim, Choi ficou, mesmo quando Kim a estuprou, mesmo quando os espancamentos a deixaram com uma cicatriz no rosto, que jamais desapareceu. Ela não tinha para onde ir.

Foi Shin Sang-ok quem trouxe suas esperanças e sonhos de volta à vida. Ele falava sem cessar sobre querer "reconstruir o cinema coreano". Tinha a ambição que ela tivera, no que parecia uma vida atrás, quando fugira de casa aos 17 anos, antes dos espancamentos, das violações e da degradação. Passar o tempo com ele fazia com que se sentisse esperançosa novamente.

A vida de Shin fora muito mais fácil. Nascido em uma família influente, filho de um praticante de medicina oriental, ele frequentara as melhores escolas e, tendo demonstrado potencial artístico desde muito cedo, fora enviado para estudar pintura em Tóquio, a agitada metrópole e capital do todo-poderoso Império Japonês, do qual a Coreia era uma colônia. Quando a Segunda Guerra Mundial causara a queda do império, Shin voltara para uma Coreia que custara a reconhecer: as potências aliadas haviam dividido o país ao meio, criando dois Estados. Ele se estabeleceu em Seul, no Sul, porque sua cidade natal, Chongjin, ficava no Norte, agora proibido para ele. Todos os moderados também haviam desaparecido: subitamente, todo mundo era comunista ou de direita, patriota ou terrorista, ex-combatente da liberdade ou ex-colaborador. Havia tumulto estudantil, violentamente reprimido por tanques e brutamontes usando cassetetes e uniformes da polícia. Havia soldados americanos por toda parte, de ombros largos e dentes retos, com os bolsos cheios de dinheiro e namoradas coreanas.

Aos 19 anos, autoconfiante, alto e muito bonito, Shin encontrou trabalho pintando pôsteres de propaganda para as forças americanas de ocupação e de publicidade para o punhado de cinemas comerciais ainda em funcionamento. Tornou-se aprendiz no minúsculo e periclitante, mas independente, estúdio Koryo, com seu equipamento antiquado e sua manutenção precária, como um estúdio da velha Poverty Row de Hollywood. Quando começou a Guerra da Coreia, Shin, com 20 e poucos anos, serviu no Departamento de Promoção Militar, ligado à Força Aérea, fazendo documentários para informar os civis sobre o curso do conflito e educá-los em combate moderno. Ele usou a oportunidade — além das câmeras Mitchell 16 mm e do estoque grátis de filmes que o Exército americano fornecia aos departamentos sul-coreanos de propaganda e que ele pegava emprestado com liberalidade durante seu tempo livre — para dirigir seu primeiro filme, *Akya* [*A noite maligna*]. Em vez de partilhar um "apartamento de evacuação" de um único cômodo com várias famílias de Seul cujas casas haviam sido bombardeadas ou destruídas, Shin encontrara uma acomodação alternativa mais barata, dividindo um quarto com uma garota *yangbuin* — uma "princesa ocidental", o nome para uma prostituta que atendia exclusivamente soldados americanos. *A noite maligna* contava a história de uma *yangbuin*; seu minúsculo orçamento foi constituído de empréstimos do pai de Shin, seu irmão e sua nova colega de quarto. Quando a guerra terminou, o filme foi lançado, recebendo críticas entusiásticas e quase nenhum lucro.

Quando se conheceram no ano seguinte, Shin forneceu a Choi renovada fé em si mesma e ela, por sua vez, lhe deu inspiração. Eles se apaixonaram. Em breve, os rumores chegaram a Kim Hak-sung, que ameaçou bater tanto em Choi quanto em Shin se eles não rompessem. Ele fez com que as fofocas chegassem aos jornais, que publicaram manchetes sobre Choi Eun-hee, a adúltera infame, agora abandonando o marido aleijado para fugir com um homem mais jovem. Shin foi acusado de roubar friamente a esposa de um homem mais velho, um ato vergonhoso em um país profundamente imbuído dos valores confucianos de respeito à família, ao casamento e aos idosos. O jovem diretor se viu ignorado pela majoritariamente conservadora indústria cinematográfica da Coreia do Sul.

Mas Choi finalmente tivera o bastante. O fato de o romance vir a público foi quase um alívio. A culpa a torturava, mas agora tudo estava às claras e, com o inabalável afeto de Shin, ela estava pronta para se defender. Ela iniciou uma ação de divórcio e venceu. No momento em que deixou a sala de audiências, correu diretamente para Shin. Caçado pelos jornalistas, que haviam acampado em cada endereço amigável no qual eles poderiam surgir, o casal entrou no primeiro motel barato que encontrou e pediu um quarto.

— Por favor, lembre-se do dia de hoje — disse Shin, enquanto a puxava para seus braços. — Sete de março de 1954. Que seja o dia de nosso casamento.

Ele não acreditava em instituições, mas eles se sentiam tão casados quanto qualquer casal unido na igreja. Na manhã seguinte, acordaram cobertos de percevejos, mas com um grande sorriso no rosto. Para Choi, o motel era o mais belo local de lua de mel do mundo, mesmo com o colchão cheio de insetos e as paredes sujas.

A união se provaria profissionalmente bem-sucedida e pessoalmente gratificante. Eles fizeram quatro filmes juntos nos primeiros três anos de casamento. O quarto, *Jiokhwa* [*Uma flor no inferno*], trazia Choi como *yangbuin* e foi filmado em um estilo neorrealista influenciado pelo diretor italiano Roberto Rossellini. Recebeu críticas extasiadas e ainda é considerado o melhor filme coreano dos anos 1950. No ano seguinte, 1959, ele dirigiu a esposa novamente, no melodrama *Eoneu yeodaesaengui gobaek* [*Confissões de uma universitária*], no qual Choi interpretava uma estudante de Direito pobre e órfã que é recebida por uma família de oficiais e acaba se tornando juíza. O filme foi um sucesso esmagador, ficando em cartaz por mais de um mês. No mesmo ano, Shin dirigiu cinco outros filmes, todos melodramas estrelados por Choi e todos, no espaço de apenas doze meses, sucessos de bilheteria.

O filme que claramente estabeleceu Shin Sang-ok e Choi Eun-hee como principais luminares da indústria cinematográfica coreana foi *Seong Chunhyang* [*A história de Chunhyang*], uma adaptação de orçamento generoso de um dos contos folclóricos mais amados do país, que Shin decidiu filmar em 1960, ainda que Hong Seong-ki, o mais poderoso diretor coreano da época, estivesse fazendo sua própria versão, estrelada por sua esposa Kim Ji-mi, a atriz mais popular da época. Hong era proprietário do maior cinema de Seul e, em função do valor de mercado de seu nome e do nome da esposa, já conseguira vender seu filme para cinemas em todo o país, garantindo que seria lançado em um grande número de telas.

Nada disso inquietou Shin. Ele decidira que faria seu próprio *Chunhyang*, e não apenas isso: ele o faria em Technicolor e CinemaScope — o primeiro filme em CinemaScope da Coreia. O processo custaria três vezes mais que a produção mais cara da época, usando filmes Kodak que precisavam ser processados no Japão. Ele deixaria que Hong lançasse seu filme primeiro, no Ano-Novo Lunar de 1961, e faria o mesmo, dez dias depois. Era uma decisão ousada e sem precedentes, considerando quão altas eram as apostas: o fracasso levaria a Shin Filmes à falência.

As filmagens foram feitas quase simultaneamente e a indústria entrou em um frenesi competitivo, tentando prever quem sairia triunfante. Houve relatos de sabotagem entre as duas produções; dias antes de a versão de Shin ser lançada, seu escritório foi invadido e um membro de sua equipe brevemente sequestrado, em uma fracassada tentativa de atrasar o lançamento.

O ano-novo chegou. O filme de Hong foi lançado. As bilheterias foram decepcionantes e, após quatorze dias, o filme saiu de exibição. Dez dias depois, o *Chunhyang* de Shin, estrelado por Choi, chegou às telas — e bateu todos os recordes. Esgotou os ingressos do cinema Myongbo, em Seul, por 72 dias seguidos. Quase 400 mil pessoas — mais de dez vezes a audiência média, 15% de *toda* a população de Seul — viram o filme apenas na capital, um recorde que se manteria por sete anos. Mais tarde no mesmo ano, duas outras produções da Shin Filmes, incluindo o melodrama *O hóspede e minha mãe*, venderam mais de 150 mil ingressos cada. Como disse um dos sócios de Shin: "Não conseguíamos saber quanto estávamos ganhando. Todas as manhãs, chegavam várias sacolas de dinheiro. Podíamos fazer o que quiséssemos." No mesmo ano, Shin filmou um épico histórico de grande orçamento, *Yeonsangun* [*Príncipe Yeonsan*], em 21 dias, porque queria lançá-lo novamente no dia de ano-novo, repetindo o sucesso do ano anterior. Ele se tornou o filme de maior receita bruta de 1962 e Shin ficou conhecido como Showman do Ano-Novo. Cinco meses depois, *O hóspede e minha mãe* ganhou o primeiro prêmio do Festival de Cinema Ásia-Pacífico, Shin conheceu o presidente Park Chung-hee e iniciou uma década de dominância sem precedentes da indústria cinematográfica do país por um homem (Shin Sang-ok) e uma companhia (Shin Filmes).

3
Camarão entre baleias

A COREIA DO Sul dos anos 1960 era uma nação profundamente ferida. Independente e soberana por mais de um milênio, a Coreia teve o infortúnio de estar no ponto de encontro das três maiores nações do mundo — Rússia, China e Japão —, que lutaram e competiram por ela durante séculos. No fim, foi o Japão que conseguiu anexar a península em 1910, para usá-la como base de lançamento para invadir a China. O Império do Sol Nascente, que tinha um modo brutal de assimilar novas colônias, transformou a Coreia em um gigantesco campo armado, depondo o rei e substituindo-o por um governo militar repressivo, que imediatamente iniciou uma série de prisões e execuções em massa como exemplo para o povo local. Os coreanos foram obrigados a assumir nomes japoneses, prestar culto em santuários japoneses e aprender japonês nas escolas. O Exército japonês até mesmo enfiou espigões de metal nos cumes sagrados da nação, a fim de destruir o que o povo coreano via como energia espiritual de sua terra. Impostos pesados — mais de 50% de todas as colheitas — foram cobrados dos agricultores, a fim de sustentar a guerra na Ásia e no Pacífico. Homens e mulheres eram convocados e enviados para servir ao esforço de guerra no Exército e nas fábricas e soldados japoneses estacionados na Coreia eram livres para se impor a qualquer menina coreana cujos serviços sexuais desejassem.

As guerras japonesas de expansão duraram até o verão de 1945, quando a Força Aérea americana jogou Little Boy sobre Hiroshima e Fat Man sobre Nagasaki, finalmente subjugando uma máquina de guerra conhecida por seus crimes e seu fanatismo suicida. Quando o imperador Hirohito se rendeu no rádio em 15 de agosto de 1945, concordando com um tratado exigindo formalmente que admitisse não ser um deus, muitos japoneses se trancaram em casa, soluçando. Outros cometeram suicídio ritual, incapazes de lidar com um mundo no qual deidades podiam ser depostas por tratados assinados. O povo coreano, por sua vez, comemorou nas ruas e fez manifestações espontâneas, portando bandeiras tanto americanas quanto soviéticas, sem saber muito bem quem eram seus salvadores, mas certo de sua gratidão. Os primeiros soldados americanos a chegarem a Seul encontraram uma cidade do século XIX, com edifícios térreos, carruagens puxadas por cavalos e veículos movidos a carvão, sem um único rosto europeu à vista. O excremento humano que os coreanos ainda usavam para fertilizar o arroz dava ao país um fedor sufocante e distinto no úmido ar de verão.

Em Washington, as realidades da geopolítica assumiram o controle. O Exército soviético já marchava sobre a Coreia no lado norte e o presidente Harry Truman encarregou o secretário de Estado Edward Stettinius de criar um plano para determinar um desenlace favorável ao país. Stettinius, que já dirigira a General Motors e a U.S. Steel e participara da criação das Nações Unidas, supostamente teve de perguntar a sua equipe onde, exatamente, *ficava* a Coreia. Seus homens decidiram dividi-la ao meio, em uma parceria temporária — os soviéticos administrando o Norte, os americanos administrando o Sul —, até que um acordo definitivo pudesse ser alcançado. Procurando no mapa pelo melhor lugar para a divisão, os oficiais americanos traçaram uma linha no paralelo 38.

Nunca em sua história a Coreia fora dividida dessa maneira. Que o povo coreano, observador inocente da guerra que clamava por liberdade, estivesse prestes a ver seu país recortado e ocupado era algo que o deixava atônito. Também parecia desconfortavelmente similar ao modo como começara a ocupação japonesa. Os imperadores japoneses, de Meiji a Hirohito, haviam parecido pouco interessados pela Coreia em si, vendo a orgulhosa nação como pouco mais que um atalho para a China. Agora, Moscou e Washington estavam frente a frente em solo coreano. Suportar décadas de horror e degradação como inimigo conquistado é uma coisa. Outra, bem diferente, é ser uma lembrança tardia, sem valor real para o opressor.

Os coreanos tinham um velho ditado: em briga de baleia, camarão sempre leva a pior. A Coreia fora um camarão entre baleias durante séculos. Em maio de 1948, as Nações Unidas supervisionaram eleições no Sul, instalando Syngman Rhee como primeiro presidente da nova República da Coreia. Rhee vivera no exílio nos Estados Unidos desde 1940, estudara na Universidade George Washington, em Yale e em Princeton e se casara com uma australiana. As eleições ocorreram em um cenário de violência, instabilidade e corrupção. No Norte, Stalin instalou como líder um coreano de 36 anos e cara de bebê, oficial de seu Exército Vermelho, Kim Il-sung, que se unira às forças soviéticas no fim dos anos 1930, quando seus próprios esforços independentes de guerrilha contra os japoneses haviam falhado. Kim não tinha experiência política e não era um intelectual, mas sim um oficial disciplinado e promissor, com reputação de confiabilidade, bravura e pragmatismo. Ele falava coreano, chinês e russo e era popular entre os combatentes da resistência e os coreanos-soviéticos que formariam a elite da primeira liderança da Coreia do Norte. Um governo paralelo ao de Syngman Rhee foi criado e chamado de República Popular Democrática da Coreia, comprometida com os princípios do marxismo socialista. Kim Il-sung foi declarado seu primeiro premiê.

UM SENSO DE DESTINO

Os coreanos podem ter achado que seu sofrimento acabara e que, mesmo divididos, seria possível começar a reconstruir. Estavam errados. Já em junho de 1950, Kim Il-sung fez uma tentativa armada de reunificar a península, enviando seus homens, em tanques soviéticos e com conselheiros soviéticos, para atravessar o paralelo 38 e invadir a Coreia do Sul. Os sul-coreanos foram pegos completamente de surpresa e, em dois dias, a RPDC ocupou Seul, estendendo grandes retratos de Stalin e Kim Il-sung nos prédios governamentais. Nos quatro meses necessários para que os Estados Unidos juntassem um exército, os norte-coreanos cometeram assassinato em massa, matando mais de 21 mil civis sul-coreanos — uma média de 1.600 homens, mulheres e crianças por semana. Eles abriram as portas de todas as prisões, libertando criminosos, de prisioneiros políticos a assassinos e estupradores, e lhes dando autoridade para formar tribunais populares e julgar e condenar civis inocentes.

Em outubro de 1950, as forças combinadas dos Estados Unidos, da Coreia do Sul e de uma coalizão de nações estrangeiras, lutando pela primeira vez sob a bandeira das Nações Unidas, libertou Seul e marchou para o Norte, cruzando o paralelo 38 e tomando Pyongyang. A China, sob seu novo líder, Mao Tsé-tung, juntou-se à luta do lado dos norte-coreanos, expulsando os Aliados e tomando Seul novamente para os comunistas. As forças da ONU, como um time de futebol americano após um *punt*, ganhou terreno novamente. Em março de 1951, elas retomaram Seul — a quarta vez que a cidade mudava de mãos em menos de um ano. As coisas permaneceriam assim durante dois anos, com os comunistas mantendo Pyongyang, os Aliados mantendo Seul e seus exércitos se empurrando de um lado a outro do paralelo 38. Foi uma época brutal e traumática para toda a nação. No interior, vilarejos e fazendas eram queimados a fim de não oferecerem abrigo para os inimigos. Vagueando pelos campos reduzidos a cinzas, havia colunas e colunas de refugiados em estado quase selvagem, centenas de milhares de pessoas desabrigadas e famintas.

Enquanto os negociadores tentavam solucionar pequenos pontos de conflito, os norte-coreanos perdiam tempo com alegações ridículas e obstruções absurdas — certo dia, encararam suas contrapartes da ONU, em silêncio, durante duas horas e onze minutos, antes de se levantarem e saírem da sala. O armistício, finalmente assinado em 27 de julho de 1953, essencialmente restabeleceu o status quo anterior à guerra, à exceção do fato de que 5 milhões de pessoas haviam morrido, mais da metade civis, com muitos outros milhões tornando-se órfãos, viúvos e desabrigados. A fronteira no paralelo 38 foi fortificada e transformada em uma terra de ninguém de 257 quilômetros de comprimento e 4 quilômetros de largura, com arame farpado, torres de vigilância e minas terrestres, conhecida como Zona Desmilitarizada. E, pela primeira vez em mil anos, os cidadãos coreanos — que chamavam a si mesmos de *danil minjok*, um único povo, orgulhando-se de seu senso de unidade — haviam lutado para conquistar e matar uns aos outros.

Quando Park Chung-hee assumiu o poder em 1961, oito anos após o fim da Guerra da Coreia, a Coreia do Sul era o maior beneficiário de auxílio americano no Terceiro Mundo e perdia a corrida por legitimidade contra o Norte, cujo produto interno bruto *per capita* era duas vezes maior que o do Sul, a despeito de recursos muito mais limitados. Seul era uma favela gigante. O país precisava desesperadamente de escapismo, fornecido por Shin Sang-ok e Choi Eun-hee.

Alguns anos depois de fundar sua companhia, Shin se tornara o diretor e produtor mais influente da indústria cinematográfica coreana. Ele dirigia a Shin Filmes como um estúdio de Hollywood, com diretores e roteiristas contratados, em terreno e hangares próprios, com seu próprio sistema de distribuição e seu próprio grupo de estrelas, liderado por Choi Eun-hee. Foi o primeiro coreano a filmar em Technicolor, fazer filmes em CinemaScope, usar lentes de 13 mm, zoom de 250 mm e tentar sincronizar completamente o som de uma produção. Fazia os filmes de maior orçamento e pagava a Choi os maiores cachês já recebidos por uma atriz coreana. Envolveu-se em coproduções, mais notavelmente com o estúdio Shaw Brothers, de Hong Kong, muito antes de isso ser norma. Supostamente, teria participado até mesmo da elaboração das leis cinematográficas do presidente Park, que pretendiam estabelecer padrões para os produtores sul-coreanos, a fim de que pudessem competir com as corporações gigantes de Los Angeles e Tóquio, e sob as quais muitos cineastas — incluindo depois o próprio Shin — achariam impossível trabalhar.

Ele fez melodramas, suspenses, épicos históricos, filmes de artes marciais e até mesmo faroestes. Alguns de seus filmes eram grandiosos e extravagantes, com cores brilhantes e cheios de zooms frenéticos e câmeras em movimento. Outros eram contidos, em preto e branco, com a câmera imóvel e as composições estáticas e deliberadas. No mesmo ano, ele podia fazer um melodrama suave e em seguida um filme tão erótico que levava os censores ao desespero, ambos sendo sucessos de bilheteria. Adaptou romances de Maupassant e fez cômicos filmes de terror sobre gatos vampiros ou serpentes-demônio se transformando em belas mulheres a fim de seduzir monges budistas. Levou o *spaghetti western* para a Coreia, importando *Por uns dólares a mais* e *Três homens em conflito*, de Sergio Leone, e transformando-os em grandes sucessos, juntamente com *Sob o domínio do medo*, de Sam Peckinpah, e *O dragão chinês*, de Bruce Lee. Fez buscas de talentos altamente divulgadas, durante as quais descobria novos rostos que rapidamente se tornavam famosos. Permitiu a estreia de dezenas de jovens diretores. Em seu auge, em meados dos anos 1960, menos de meia década depois de entrar no ramo, a Shin Filmes empregava mais de 3 mil pessoas e produzia trinta filmes por ano. Em 1968, Shin comprou o grande estúdio Anyang, ao sul de Seul, uma instalação de 8 hectares construída uma década antes, mas abandonada desde então em função de seu tamanho, e colocou todos os hangares em operação. Fundou uma companhia de discos, uma trupe de teatro e uma escola de interpretação, dirigida por Choi Eun-hee.

Em tudo isso, Choi era parceira em termos igualitários, inspirando a vasta maioria das histórias e frequentemente investindo o próprio dinheiro.

Todo esse sucesso foi construído graças à habilidade de Shin e Choi de fornecer fantasias escapistas para os trabalhadores, tão recentemente traumatizados pela ocupação e pela guerra, que sonhavam em escapar da luta e da dura corrupção de suas vidas diárias. Eles também forneciam sua vida pessoal. Eram o casal mais glamouroso da Coreia do Sul. Shin parecia impossivelmente alto em seus ternos caros, cortados em estilo mais francês que americano, com o colarinho casualmente aberto no pescoço e o cabelo à Richard Burton caído na testa; Choi estava sempre na última moda, com o cabelo arrumado nos estilos mais atuais.

Os próprios cinemas eram populares: com ar-condicionado durante os quentes e abafados verões da Coreia, cálidos e aconchegantes durante os invernos frios e ventosos. Por uma pequena taxa de admissão, especialmente nas províncias, as famílias podiam escapar do pobre isolamento térmico de suas casas e passar o dia inteiro no cinema, às vezes assistindo ao mesmo filme duas ou três vezes seguidas.

Os filmes de Shin eram os mais populares do país. E sua lealdade era apenas a eles, e não a qualquer política ou ideologia. É difícil saber exatamente no que acreditava, à exceção de si mesmo. Ele zombava de seus pares que queriam ser *auteurs*, ao mesmo tempo que claramente desejava o epíteto. Fazia filmes que clamavam explicitamente pela liberação das mulheres, embora declarasse publicamente achar "errado" concluir que seus filmes faziam isso, acrescentando: "Pessoalmente, admiro o confucionismo." Valorizava os roteiristas, pagando-lhes grandes somas de dinheiro e comprando os melhores livros e histórias do rádio para adaptar, mas, ao mesmo tempo, alegava que seus filmes eram principalmente visuais e que desejava poder filmá-los de trás para a frente, a fim de negar os roteiros. "Eu de fato desprezo essas pretensões de ser artista", disse ele durante esse período de sucesso, "e pretender que se tem algum tipo de consciência social, isso é o pior".

Parece que, essencialmente, *amava* fazer filmes. Todo o resto parecia pequeno e sem importância. Choi Eun-hee escreveria mais tarde, com um misto de inquietude e admiração, que Shin teria vendido a própria esposa, "sem hesitar", se isso o ajudasse a produzir um filme. O crítico Kim Chong-won, contemporâneo de Shin, escreveu que "ele teria descido até o inferno, se precisasse, a fim de fazer filmes".

Quanto a Choi, ela era a corporificação da Coreia moderna, em uma época na qual o país estava dividido entre o tradicional e o moderno. Ainda impelida por valores confucionistas tradicionais, a Coreia do Sul do pós-guerra entrava em uma era de ostentação e consumo, encorajada pelo presidente Park, que a incitava agressivamente a emular o Ocidente capitalista. Eletrodomésticos americanos modernos se tornaram sinais de status e riqueza tão desejados que as casas coreanas de classe média pareciam ligeiramente surreais, com refrigeradores exibidos orgulhosamente como troféus no vestíbulo da casa, torradeiras na sala de estar e embalagens vazias encostadas na lareira, proclamando silenciosamente o acesso da família a certos bens e produtos. O próprio presidente Park era famoso por seus espalhafatosos óculos de aviador e suas longas e finas piteiras. Como ocorre tão frequentemente, a batalha entre a preservação do modo tradicional de vida e a aceitação da cultura moderna se travou sobre o que era considerado apropriado ou seguro para as mulheres. Várias vezes, nos filmes de Shin, Choi Eun-hee personificou essa batalha, interpretando uma prostituta, uma viúva de guerra, uma estudante casta, uma rainha ou uma garçonete promíscua.

Fora das telas, sua imagem pública era similarmente dividida entre essas duas forças. As plateias masculinas não conseguiam evitar sua sexualização e, após assistir a um filme estrelado por ela, as conversas infalivelmente se deslocavam da qualidade do filme para seu corpo. A imprensa popular, encorajada pelos publicitários da Shin Filmes, a retratava como esposa devota e diligente que trabalhava duro, tanto em casa quanto nos sets, uma mulher que adorava fazer tricô e passar as camisas do marido. "Ela é ao mesmo tempo uma grande atriz e uma grande esposa", exclamavam revistas e jornais.

Mas também havia a Choi Eun-hee que fazia campanha pelos direitos da mulher e que construiu seu nome tão explicitamente fora da unidade familiar que alguns a consideram a primeira profissional do cinema sul-coreano. Ela dirigiu três de seus próprios filmes nos anos 1960, sendo a terceira mulher coreana a ficar atrás das câmeras, e todos foram sucessos comerciais e de crítica. Quando um dos diretores mais populares de Shin, Lee Jang-ho, se casou, foi Choi quem realizou a cerimônia — um dever quase nunca desempenhado por mulheres. Ela era mais hábil para atrair financiamentos que o marido e uma astuta mantenedora de laços sociais, mais à vontade entre os ricos e poderosos do que Shin jamais esteve. Dever, emancipação, sexualidade: Choi os corporificava e expressava ao mesmo tempo, com seu trabalho e sua vida sendo tanto a personificação das limitações impostas às mulheres quanto um prisma pelo qual se podia vislumbrar um mundo onde não haveria nenhuma.

Durante tudo isso, marido e mulher sempre eram mencionados juntos: Shin e Choi, a Shin Filmes e sua estrela Choi, o diretor Shin Sang-ok e a protagonista Choi Eun-hee. Na mente do público, assim como em suas próprias vidas, eles eram inseparáveis — nos altos e nos baixos.

Com o dinheiro dos filmes, eles compraram uma casa em estilo ocidental em um distrito de Seul chamado Jangchung-dong, na esquina do Teatro Nacional, e se acomodaram em uma idílica rotina doméstica. Mandaram instalar uma mesa de edição e um projetor e editavam seus filmes juntos. Choi amava profundamente a casa. Depois que se mudaram, ela começou a comprar mobília muito cara para os cômodos, mas, com o passar das semanas, notou que várias peças passaram a desaparecer temporariamente. Não demorou muito para descobrir o que estava acontecendo: sempre que encontrava uma peça de que gostava, Shin a levava para fazer parte do cenário de um filme. A princípio, o hábito irritou Choi, mas logo ela passou a amar até mesmo isso no marido, outro sinal de sua infinita paixão pelo cinema.

    Era uma existência agitada, mas abençoada, e a única coisa que faltava a Choi era um filho. Filhos não importavam muito para Shin — "Nossos filmes são nossos filhos" —, mas ele não tinha objeções, desde que encontrassem tempo para formar uma família nos espaços livres de suas exigentes agendas profissionais. Quando finalmente tentaram, contudo, Choi descobriu que era incapaz de conceber. Era impossível confirmar se a causa era genética ou resultado dos ferimentos causados pelo abuso sexual que sofrera uma década antes, mas ela ficou arrasada. Na cultura coreana, é uma vergonha terrível para a mulher ser incapaz de dar filhos ao marido; um roteiro quase semanal das novelas mostrava mulheres inférteis chorando e implorando perdão às famílias. Shin parecia não se importar — "Gosto de você exatamente como é", disse ele inúmeras vezes —, mas, para Choi, que em 1970 entrava nos 40 anos e queria desesperadamente uma família, a dor só piorou. Assim, eles decidiram adotar. Em 1971, trouxeram para a família uma garotinha, Myung-im, seguida, três anos depois, por um garoto, Jung-kyun. A primeira vez em que Myung-im a chamou de "mãe", Choi chorou de alegria.

Enquanto os anos 1960 chegavam ao fim, a Coreia do Sul se tornava, contra todas as expectativas, um poder regional: pacífica, economicamente independente e com a dignidade de seu povo restaurada. As casas estavam sendo equipadas com água corrente e eletricidade confiável e os primeiros arranha-céus haviam começado a surgir na linha do horizonte de Seul.

    Durante a guerra, os soldados norte-coreanos haviam demonstrado fanática devoção à República Popular, enxameando sobre o inimigo em ondas suicidas, professando um comprometimento ideológico que muitos sul-coreanos achavam surpreendente em homens que haviam, até muito recentemente, chamado de vizinhos e amigos. O fim da guerra tampouco encerrara o conflito. Alguns anos depois, o Exército de Kim Il-sung novamente multiplicava ataques e provocações ao Sul. Em 1958, os homens de Kim sequestraram um avião sul-coreano, libertando alguns passageiros e tripulantes meses depois (oito pessoas permaneceram na Coreia do Norte e seu destino é desconhecido). Em 1965, jatos norte-coreanos abriram fogo contra um avião de reconhecimento norte-americano sobre o mar do Japão. Ao mesmo tempo, o regime de Pyongyang selou hermeticamente suas fronteiras, deixando muito poucos estrangeiros entrarem e nenhuma informação sair, fazendo com o que o mundo externo tivesse apenas vislumbres esporádicos e inquietantes sobre o que ocorria no interior.

Como resultado, os estudantes sul-coreanos recebiam quadrinhos sobre os perigos dos satânicos "Vermelhos" e eram ensinados a ficar sempre vigilantes e dispostos, se necessário, a lutar contra eles. Muitos até mesmo aprendiam que os nortistas de fato tinham pele vermelha, com cascos, chifres e caudas pontudas. Nos noticiários, o governo jamais se referia a eles como coreanos, chamando-os de "os Vermelhos" ou "os monstros do Norte". Havia rumores de que ser "exposto ao comunismo" por apenas algumas horas poderia transformar alguém em Vermelho. Sob a Lei de Segurança Nacional, introduzida no fim dos anos 1940, mas reforçada por Park, tornou-se crime punível com prisão — e, ocasionalmente, morte — simpatizar com ou elogiar o Norte, reconhecê-lo como entidade política ou questionar a posição governamental em qualquer assunto relacionado a ele. Em breve, as pessoas começaram a ser presas por ler panfletos socialistas, ouvir música norte-coreana ou possuir selos daquele país. Qualquer contato não supervisionado com um cidadão norte-coreano — mesmo que este cidadão fosse irmão, irmã, pai ou mãe ou tivesse se tornado norte-coreano apenas por sua localização geográfica na península durante a segunda metade de 1945 — era uma grave desobediência à lei.

Além disso, os sul-coreanos comuns jamais haviam visto o rosto de Kim Il-sung, pois sua aparência fora banida de todas as formas, sob o risco de sua simples visão despertar sentimentos de dissidência ou, que Deus não permita, marxismo latente. Os sul-coreanos tampouco sabiam qualquer coisa a respeito de seu filho, Kim Jong-il.

4
Um arco-íris duplo sobre a montanha Paekdu

Nenhum lugar possui mais poder místico sobre a consciência do povo coreano que a montanha Paekdu, densamente arborizada e tomada pela névoa, onde o grande fundador e primeiro imperador da nação, Tangun, desceu dos céus há mais de 5 mil anos. Tigres, leopardos, ursos, lobos, javalis e cervos vagam sob as sombras de bétulas e pinheiros. Foi ali, de acordo com a biografia oficial de Kim Jong-il, em uma humilde cabana de toras sob as árvores recobertas de neve, que o Querido Líder nasceu, em 16 de fevereiro de 1942.

O pai de Kim, o Camarada Grande Líder Kim Il-sung, conduzira a resistência contra o opressor japonês durante anos e transformara Paekdu em sede secreta do Exército Revolucionário de Libertação da Coreia. Entre os partidários, havia um pequeno grupo de combatentes do sexo feminino; a mais corajosa delas, Kim Jong-suk, tornara-se guarda-costas e então esposa do Grande Líder. No auge do inverno, ao fim de uma enregelante e tempestuosa noite de fevereiro, Kim Jong-suk se abrigara na cabana gelada, com nada além de um pequeno fogo para se aquecer, e dera à luz o Querido Líder. No exato instante em que a criança saiu do útero da mãe, a tempestade passou e os céus se aquietaram. As nuvens negras se partiram e um arco-íris duplo — o mais vibrante arco-íris duplo que olhos humanos já viram — surgiu sobre a cabana, brilhante no pálido céu da alvorada. Uma nova estrela despontou no firmamento no mesmo momento, a fim de marcar a data eternamente.

O nascimento do Querido Líder era esperado havia muito, previsto por uma andorinha, que falara sobre um general prodigioso que viria para governar o mundo inteiro. Quando o primeiro choro do recém-nascido ecoou pela base, os guerrilheiros saíram correndo das tendas e choupanas. Eles se abraçaram, celebraram e abençoaram o nascimento. Iniciaram uma alegre canção, jurando lutar mais intensamente que nunca pela rápida libertação da pátria. Alguns pegaram suas facas e gravaram mensagens de esperança nas árvores, enquanto outros escreveram palavras com tinta vermelho-sangue.

O recém-nascido era o último acréscimo a uma honrada linhagem de patriotas: seu pai, o Camarada Kim Il-sung, liderava a resistência contra os japoneses, seu avô fora preso por atividades revolucionárias e seu bisavô planejara e liderara o pequeno grupo que atacara e queimara o navio americano *General Sherman* quando ele forçara seu caminho pelo rio Taedong em 1866. Não havia dúvidas, na mente de ninguém, de que o filho recém-nascido do Líder acrescentaria seus próprios feitos a essa longa lista.

Como atesta sua biografia, Jong-il não deixou por menos. Com apenas três semanas de idade, caminhava pelo campo. Com oito semanas, já falava. Aos três anos, logo depois que o Exército Revolucionário de Libertação da Coreia conseguiu libertar a pátria, ele entrou em uma sala de aula contendo um mapa das ilhas japonesas. Mergulhou os dedos em um tinteiro, caminhou diretamente até o mapa e o cobriu de tinta preta. Assim que o fez, violentos tufões e furacões atingiram o Japão, resultando em grande destruição e muitos mortos.

Alguns anos depois, no verão de 1952, o pai do garoto, o Grande Marechal e Líder Kim Il-sung, estava entre as montanhas rochosas da província de Kangwon. Desde o nascimento de Jong-il, ele derrotara os japoneses e os expulsara de seu país; agora, lutava contra os imperialistas americanos que tentavam dominar a Coreia, vindos do Sul. Kim Jong-il caminhou até o pai. O menino, com apenas 10 anos, se oferecera para visitar a linha de frente, onde o pai liderava a luta pessoalmente.

— Você sabe que dia é hoje? — perguntou Kim Il-sung ao filho.

— É o aniversário de meu falecido avô — respondeu Jong-il.

Satisfeito com a resposta, o Líder pegou um pacote pesado, enrolado em um pano vermelho.

— Quando eu tinha 14 anos — disse ele —, minha mãe me deu um presente muito importante, que me fora deixado por meu pai. Em seu leito de morte, ele o dera a minha mãe, com ordens para me entregar quando eu tivesse idade para me unir à luta pela independência. Eram duas pistolas que ele sempre carregava consigo. Antes de morrer, ele disse a mim e a meus irmãos: "Deixo este mundo sem realizar meus sonhos. Confio que vocês os realizarão por mim. Jamais esqueçam que vocês são filhos da Coreia. Precisam recuperá-la, mesmo que seus ossos sejam esmagados e seus corpos despedaçados." Foi a última coisa que nosso pai nos disse. — Com isso, o Líder entregou o pacote ao filho. Jong-il afastou o tecido vermelho. No interior, estavam as duas velhas pistolas.

— Hoje, entrego-as a você — disse o Líder. — Receba-as como um bastão na corrida de revezamento de nossa revolução. Essas armas portam o desejo de nossa genealogia familiar, você deve cuidar delas por toda a vida. — Ele se aproximou do filho e repetiu as palavras de sabedoria que frequentemente ouvira do próprio pai. — A luta armada é a suprema forma de luta pela independência. Quando você enfrenta um inimigo armado, você também precisa estar armado, para lutar e vencer o duelo. Lembre-se, um revolucionário jamais se afasta de sua arma, em nenhum momento da vida. Ela é sua melhor amiga.

Jong-il já vira o bastante para entender o que o pai queria dizer. Mesmo que a vitória pela independência da Coreia do Norte fosse finalmente conquistada — e é claro que seria —, a vigilância jamais deveria ser abandonada. As armas sempre seriam necessárias, assim como um líder.

E assim se decidiu, na névoa da Guerra pela Libertação da Pátria, que Kim Jong-il, no momento adequado, sucederia o pai como Líder e continuaria a defender o povo coreano.

Esses relatos de Kim Jong-il foram a verdade indisputável durante décadas. Os norte-coreanos os ouviam todos os dias desde o momento em que tinham idade suficiente para andar, decorando-os, e ninguém podia contestá-los.

Evidentemente, nenhum deles é verdadeiro. E não apenas as invenções óbvias — a andorinha falante, o arco-íris duplo, a nova estrela no céu e o aparente uso de mágica para criar desastres naturais no Japão. Sim, nos anos 1930 houve uma força revolucionária coreana e, mais tarde, uma guerra, e sim, durante a guerra um bebê nasceu da união dos revolucionários Kim Il-sung e Kim Jong-suk — mas Kim Jong-il não veio à luz em 1942, não nasceu na Coreia e não era um prodígio. Seus ancestrais não orquestraram a queima do *General Sherman* ou de qualquer outro navio americano. E Kim Jong-il jamais ficou na linha de frente durante as batalhas na província de Kangwon, porque *não houve* guerrilha na província de Kangwon, apenas uma triste, exausta e inútil guerra de trincheiras que durou quase três anos. Durante as duas primeiras décadas de vida, o garoto nem mesmo se chamava Kim Jong-il.

UM ARCO-ÍRIS DUPLO SOBRE A MONTANHA PAEKDU

Nada ilustra melhor a consciência de Kim sobre o poder de uma boa história que a narrativa, oficial e aprovada pelo Estado, de seu próprio nascimento, que, em si mesma, é uma crônica sobre a criação de histórias. O mito de seu nascimento, assim como grande parte do cânone messiânico cristão, traz ecos de uma narrativa heroica arquetípica. A mãe excepcional e sofredora; o pai ausente, lutando por uma causa nobre; a sabedoria precoce e a linhagem impressionante: Kim inventou sua história deliberadamente e preencheu todos os requisitos, mapeando padrões e paradigmas clássicos. Foram necessários alguns anos e vários rascunhos para fazer tudo certo; elementos da história começaram a surgir na propaganda oficial nos anos 1970 e foram reescritos no início dos anos 1980 e então transformados em história em sua primeira biografia oficial, publicada em 1984 e "atualizada" e reeditada em 1995, em uma versão que incluía a cabana de toras e o nome exato do vilarejo mais próximo, Samjiyeon-gun, que todos os cidadãos deveriam visitar regularmente, a fim de se "educarem". Muitos se maravilharam com o fato de a cabana ainda estar de pé, 53 anos e duas guerras depois do nascimento de Kim, mas não deveriam; o Exército acabara de construí-la. A tinta das mensagens "espontâneas" nas árvores ainda estava secando quando os primeiros visitantes desceram dos ônibus.

Se os norte-coreanos pudessem saber o que sabe o restante do mundo, saberiam que Kim Jong-il na verdade nasceu em 16 de fevereiro de 1941, e não 1942, em um acampamento do Exército soviético perto de Khabarovsk, cidade russa a quase 800 quilômetros da montanha Paekdu. A data foi alterada a fim de alinhar mais harmoniosamente os nascimentos de pai e filho, fazendo com que exatamente trinta anos os separassem. Tradicionalmente, os coreanos dão muita importância a quinquênios: 1942 é mais alinhado que 1941 e trinta anos são melhores que vinte e nove. (Esse detalhe da história foi introduzido na edição de 1982, com a data real, 1941, sendo aprovada pelo governo até então. A fim de reiniciar a linha do tempo, a Agência Central de Notícias exortou o povo coreano a celebrar o quadragésimo aniversário de Kim dois anos seguidos, como se nada tivesse acontecido.)

O pai de Kim Jong-il, Kim Il-sung, nasceu em 15 de abril de 1912, em um povoado na fronteira sudoeste de Pyongyang. Tinha apenas 17 anos quando os japoneses o prenderam pela primeira vez, por iniciar um sindicato marxista-leninista local que promovia atividades antijaponesas. Eles o jogaram na prisão e quebraram seus dedos. Quando o libertaram, ele se uniu a um bando de guerrilheiros em Jilin, no nordeste da China, que lutava pela independência coreana. Era um jovem carismático e passional com um toque de homem comum, um líder natural. Durante alguns anos, liderou um desorganizado bando coreano de resistência (jamais houve um "Exército Revolucionário de Libertação da Coreia"). Duas de suas incursões em vilarejos controlados por japoneses chegaram às manchetes e o governador japonês da Coreia ofereceu um valor considerável por sua cabeça. Em 1935, para evitar a captura e a morte certa, Kim fugiu da Coreia e misturou suas tropas ao Exército chinês. Na China, era mais conhecido por seus métodos de recrutamento pouco usuais, que envolviam o sequestro de garotos coreanos em idade adequada para as fileiras, e pela taxa de proteção no estilo mafioso que impunha aos agricultores locais de ginseng e ópio. Mas jamais causou qualquer prejuízo real aos japoneses e, em 1940, trocou a áspera camuflagem de guerrilheiro por um uniforme novinho em folha do Exército Vermelho, tornando-se líder de batalhão na 88ª Brigada Especial de Reconhecimento do 25º Exército soviético.

Sua esposa, mãe de Jong-il, era uma das mulheres que os guerrilheiros coreanos mantinham para fazer o trabalho doméstico e realizar tarefas servis. De acordo com todos os relatos, Kim Jong-suk podia cuidar de si mesma. Era famosa por supostamente ter salvado a vida de Kim Il-sung durante uma batalha, protegendo o corpo dele com o seu e atirando em dois japoneses quando ela e Kim caíram em uma emboscada. Ela lutou, dizem os documentos oficiais, "com fúria". Era atraente, embora não fosse bonita, de constituição pequena, cílios longos e pele bronzeada em função das horas ao ar livre. Lee Min, uma das camaradas que partilhavam seu alojamento, lembra-se dela como sagaz e generosa. O próprio Kim Il-sung, em suas memórias, descreve a esposa como atenciosa, devotada e disposta ao sacrifício. Seu relacionamento foi construído sobre a formalidade tradicional e hierárquica.

O bebê nascido em fevereiro de 1941, assim como todos os outros nascidos em campos soviéticos, recebeu um nome russo. Dois anos depois, Yura, como se tornou conhecido — diminutivo de seu nome russo, Yurei Ilsenovitch Kim —, ganhou um irmão mais novo, Shura, e, em 1946, uma irmã, Kyong-hui. Dos três, apenas ela nasceu na Coreia libertada — libertada por americanos e soviéticos, e não por Kim. Assim, não precisou de um nome russo.

Kim Il-sung jamais lutou contra os japoneses na montanha Paekdu, como afirma a narrativa do nascimento de seu filho, e, longe de liderar a libertação da pátria, foi designado para um acampamento do Exército russo em Khabarovsk, no extremo leste da Rússia, e completamente excluído dos eventos. Quanto a Kim Jong-il, ele não recebeu as chaves (ou melhor, as armas) do país aos 10 anos de idade. Só foi considerado sucessor potencial do pai bem depois dos 30. Era um jovem privilegiado e sem objetivos que não serviu nas forças armadas e não demonstrou excelência em qualquer campo da burocracia ou da economia. Jamais venceu uma eleição e não era o defensor do povo norte-coreano, que ouviu sua voz pela primeira vez uma década e meia depois de ele assumir as rédeas do país. O que Yura Kim de fato possuía era um senso de narrativa, drama e espetáculo, a compreensão da criação dos mitos e de seu poder. E não aprendeu nada disso estudando política, religião ou história.

Não, o que Kim Jong-il aprendeu, e então construiu na Coreia do Norte, ele aprendeu com os filmes.

5

Os primeiros amores de Kim Jong-il

Jong-il se apaixonou pelo cinema na primeira vez em que seus pais o levaram, ainda criança, ao recém-inaugurado Estúdio Coreano de Cinema. Nos primeiros anos após a divisão da Coreia, os dois Estados haviam se tornado competitivos a respeito de absolutamente tudo, incluindo cinema, e havia uma corrida para produzir o primeiro filme pós-guerra da Coreia "libertada". Os norte-coreanos perderam a corrida quando *Jayu manse* [*Viva a liberdade*], de Choe Yong-kyu, foi lançado no Sul em 1946, mas venciam facilmente a batalha por qualidade. Enquanto os sul-coreanos faziam filmes independentes, de maneira descuidada e frequentemente rudimentar, Kim Il-sung insistiu para que todos os projetos cinematográficos da Coreia do Norte fossem colocados sob controle estatal e agissem como vitrines do Estado. "De todas as artes", disse Lenin, "o cinema é a mais importante para nós", um sentimento partilhado por Kim Il-sung. Seguindo o exemplo soviético, ele decretou que os filmes fossem parte central da "orientação ideológica" do povo, confiando-a ao recém-criado Departamento de Agitação e Propaganda do Partido dos Trabalhadores, a unidade central do governo norte-coreano. Sob tutela soviética, com Moscou fornecendo tanto fundos quanto profissionais para ensinar técnicas cinematográficas aos norte-coreanos, Kim Il-sung criou o Centro Nacional de Produção Cinematográfica e o Comitê Norte-Coreano de Teatro e Cinema, que, juntos, formavam o núcleo do aparato cinematográfico do Departamento de Agitação e Propaganda. Sua missão era criar uma indústria cinematográfica norte-coreana; o primeiro filme a ser produzido foi chamado de *Naegohyang* [*Meu vilarejo natal*].

O pequeno Yura adorava ir até o Estúdio Coreano de Cinema. Ele acompanhava o pai e a mãe nas visitas sempre que podia. Talvez fosse a simples fascinação de uma criança com o que deve ter parecido um gigantesco cenário de brinquedo, ou talvez já fosse a atração de possuir controle completo sobre um mundo e as pessoas que o habitavam. Talvez o menino isolado encontrasse nos filmes súbito acesso a mundos que não o seu, uma forma de liberdade. O que quer que fosse, Yura adorava.

Meu vilarejo natal é lendário na história cultural norte-coreana também porque, como conta a propaganda oficial, revelou os primeiros sinais do gênio cinematográfico de Kim Jong-il. Na frequentemente repetida história, Yura compareceu a uma pré-estreia do filme quando tinha apenas 7 anos e — como um jovem Jesus em seu templo — começou a enviar notas aos produtores. "O filme mostrava cenas de inverno com neve", relata a versão oficial. "Ao ver isso, [Yura] meneou a cabeça em sinal de dúvida e perguntou a um oficial do estúdio por que não havia neve na cabeça e nos ombros dos personagens, se ela caía copiosamente [em torno deles] [...]. O oficial corou de vergonha [...]. [Yura] notou que fora feito um péssimo trabalho de efeitos especiais." Ele até mesmo observou que a neve falsa era claramente feita de bolas de algodão, "muito grosseiras", em sua opinião. Graças ao jovem prodígio, as cenas em questão foram refeitas adequadamente antes do lançamento. (É válido notar que os cineastas soviéticos supervisionando a produção faziam filmes com efeitos climáticos há décadas e que, já em 1925, Chaplin utilizara sal e farinha, e não algodão, no lugar da neve em *Em busca do ouro*.)

    O filme, lançado em 1949, conta a história da libertação da Coreia — não pelos Aliados, não pelo Exército Vermelho, mas pelos guerrilheiros coreanos e seu líder oculto: Kim Il-sung. O filme inventou o "Exército Revolucionário de Libertação da Coreia" e iniciou o mito que se tornaria doutrina estatal. Não apenas Kim Il-sung afugentou os japoneses da Coreia, segundo *Meu vilarejo natal*, como ninguém além dele poderia ter feito isso. O filme era muito mais avançado, em termos técnicos, que qualquer coisa feita na Coreia do Sul, graças à orientação dos cineastas soviéticos. Tudo isso foi colocado a serviço da glorificação de Kim Il-sung como vencedor do opressor japonês e libertador do povo coreano.

    O filme foi um grande sucesso entre suas plateias, que encontrou majoritariamente graças a uma rede de "grupos móveis de cinema" que viajavam pelo interior com uma cópia e um projetor. Filmes ainda eram uma excitante novidade para muitos camponeses coreanos e as pessoas lotavam as exibições com mal contida expectativa. Muitas delas, especialmente nas áreas rurais, nunca haviam experimentado a maravilha das imagens em movimento, quanto mais imagens contando *sua* história ou, mais acuradamente, uma versão dela pela qual ansiavam. O filme fornecia o que cada coreano daquela época desejava, após décadas de degradação e opressão. Ele ignorava a realidade, os colaboradores e a irritante humilhação de terem sido libertados por soviéticos e Aliados, e não por seus próprios meios, e apresentava em seu lugar a exata fantasia na qual as pessoas queriam acreditar. Seria sobre essa fantasia que Kim Il-sung construiria sua ditadura em décadas futuras.

    A primeira cena do filme — a primeira imagem cinematográfica da história da Coreia do Norte — se passa em Paekdu, a sagrada montanha vulcânica que é o berço espiritual da Coreia e da qual os Kim se apropriaram para seus próprios fins durante o meio século seguinte. Os cineastas não podiam viajar até Paekdu e, assim, o filme começa, apropriadamente, não no local real, mas em uma pouco convincente reprodução em escala.

Yura vira a versão final com a mãe, na primeira exibição pública do filme, e essa era uma das últimas e mais fortes lembranças que possuía dela, que morreria alguns meses depois.

Sua perda deixou uma ausência insuportável. A mãe fora a presença mais constante de sua vida e ele a amava profundamente. Era um garoto tímido e quieto que brincava sozinho em casa. Gostava de vestir seu uniforme militar feito sob medida e marchar em torno do tanque no quintal, gritando ordens e balançando os braços tão rigidamente quanto conseguia. Nas fotografias dessa época, sempre tem um grande sorriso no rosto, especialmente se a mãe está por perto; parece feliz e à vontade. (Ele possuía uma ligação menos intensa com o pai: o Líder Supremo em geral estava ausente, ocupado construindo uma nação e — sem o conhecimento de Yura, mas dolorosamente claro para Jong-suk — preenchendo o tempo livre com as muitas mulheres mais jovens que o atraíam.) Seu irmão mais novo Shura morrera dois verões antes, aos 4 anos, afogando-se em um tanque enquanto Yura observava impotente, e a morte da mãe, logo após a do irmão caçula, o devastou. Quando lhe perguntaram, décadas depois, quem fora a pessoa mais influente de sua vida, Kim Jong-il respondeu sem hesitação: "Minha mãe, que ela descanse em paz. Minha mãe jamais poderia imaginar no que me transformei. Devo muito a ela."

Suas primeiras recordações dos filmes se ligaram inerradicavelmente às lembranças da mãe, de certo modo unindo-se a elas e fazendo com que ele se aproximasse ainda mais da grande tela — daquelas imagens que pareciam controlar e superar o tempo, evitando que ele passasse, e até mesmo derrotar a morte. As lembranças da mãe, da felicidade, da representação e do cinema tornaram-se uma só em suas futuras biografias oficiais. (Embora Kim Il-sung tenha se casado novamente, Jong-il odiava a madrasta e, mais tarde, a apagaria, juntamente com seus três meios-irmãos, da história oficial.) Nem todas as histórias eram factualmente acuradas, mas o adulto Kim Jong-il participara de sua criação e elas carregavam uma profunda verdade psicológica. Ele pintava o passado de uma maneira que ligava intimamente o cinema ao desejo de agradar a mãe, como se seu amor pelo cinema também fosse amor pela mãe. Um pouco como Laurence Olivier, que sempre sentiu estar interpretando para a mãe amada, que morrera quando ele tinha 12 anos, ou Ingrid Bergman, que atribuía o fato de querer ser atriz às brincadeiras de criança com as roupas da mãe, que morrera quando ela era muito nova e de quem não se lembrava, Kim Jong-il começou a fazer filmes, de certo modo, como tentativa de recuperar o amor perdido da mulher que lhe dera à luz e que o amara, mas lhe fora arrancada muito cedo.

A morte da mãe foi frequentemente usada para desculpar o comportamento difícil de Yura durante a juventude. Sem a mão materna para guiá-lo, o filho do premiê se acostumou à deferência encolhida e encurvada de todos a sua volta. Ele respondia aos professores e se ressentia de todas as formas de autoridade. Era dado a acessos de raiva e mau gênio. Valia-se de seu status de filho do Líder Supremo. Mesmo assim, podia ser encantador com seus pares, e suas tendências hedonistas lhe garantiam popularidade como aluno da Universidade Kim Il-sung. Em uma época na qual bicicletas eram um luxo acessível apenas aos norte-coreanos mais bem relacionados, a visão de Yura entrando e saindo do campus em sua motocicleta importada era lendária.

Ele dava as melhores festas e patrocinava as melhores exibições de filmes, apresentações de dança e concertos de música. Ser seu amigo significava ter acesso a mundos com os quais os outros estudantes podiam apenas sonhar. Era atuante nas atividades extracurriculares — especialmente na organização de manifestações antiamericanas, que, segundo rumores, eram as melhores ocasiões para conhecer garotas — e foi encarregado da festa de formatura de sua turma. Ele se atirava em todas as atividades com energia e paixão: era seu estilo. A elite na corte de Kim Il-sung usava palavras como *playboy* e *diletante* para descrevê-lo. Aos 20 anos, Yura estava a décadas do icônico Kim Jong-il que usava ridículos e imensos óculos quadrados e tinha um armário cheio de idênticos macacões cáqui. O jovem Yura usava os óculos pretos da moda e uma túnica, geralmente azul, às vezes preta, com colarinho Mao estreito. Seus sapatos eram pretos e engraxados até brilhar. Se vestisse casaco, seria um sobretudo longo de lã grossa, urbano e elegante, e não a parca desajeitada dos anos posteriores. Ele gostava de motocicletas, carros velozes, conhaques caros e de dormir com atrizes.

Kim Il-sung não sabia o que fazer com o filho. Ele tentara interessá-lo nas questões de Estado, até mesmo levando-o a Moscou em 1959 durante uma visita oficial, mas Yura ficara no hotel durante a maior parte das reuniões e eventos. O início dos anos 1960 foi uma época inebriante na Coreia do Norte, que se estabelecera como a mais segura e influente das duas Coreias. Em Pyongyang, havia boatos de que o Grande Líder Kim Il-sung já começara a pensar na preparação e eventual indicação de um sucessor. Depois da morte de Stalin, uma década antes, Kim Il-sung criticara abertamente o novo líder da União Soviética, Nikita Kruchev, que achava estar degradando os princípios do comunismo, destruindo estátuas de Stalin e iniciando conversações comerciais com o Ocidente. Com toda a conversa de nacionalismo vinda da agência oficial de notícias do Partido dos Trabalhadores, tornou-se cada vez mais incômodo o fato de o filho do próprio Líder Supremo ter um nome russo. Kim pressionou

Yura a escolher e utilizar um nome coreano. Assim, certa manhã, Yura entrou na classe e fez um anúncio.

— Já não sou Kim Yura — disse ele aos colegas. — Mudei meu nome para Kim Jong-il. Usem este nome daqui para a frente.

O próprio nome do futuro líder foi uma composição calculada. Nele, Yura combinou os primeiros nomes da mãe e do pai, *Jong*-suk e *Il-sung*, tornando-se Jong-il e se ligando diretamente tanto ao Grande Líder quanto à Mãe da Nação. Embora poucos tivessem notado isso na época, era muito mais que apenas um falso nome coreano. Era legitimidade.

Mesmo assim, o novo Kim Jong-il ligava tão pouco para os estudos quanto o antigo Yurei Ilsenovitch Kim. Ele só se importava com cinema.

A Central de Distribuição de Filmes, que abrigava a coleção do governo, tornou-se seu refúgio regular. Ele passava dias e noites inteiros no centro, assistindo a um filme após o outro. Jong-il nunca fora muito além das fronteiras norte-coreanas — somente para a Rússia e a Manchúria, durante a Guerra da Coreia — e jamais o faria, com exceção de uma viagem de verão para Malta, no início dos anos 1970, para aprender inglês, o que fez de maneira deficiente. Durante sua vida, tivera muito poucos vislumbres das pessoas reais e suas vidas cotidianas, em casa ou no exterior. Para o jovem que um dia se tornaria líder, com poder sobre exércitos, comandos, ogivas nucleares e milhões de vidas, o cinema era um portal para o mundo externo. Tudo que sabia sobre ele — sobre as Américas, a África, a Europa — vinha de relatos governamentais ou filmes.

Rapidamente, ele exauriu o catálogo da Central de Distribuição. Ansiava por filmes ocidentais, a maioria dos quais não era distribuída sequer no lado oriental da Cortina de Ferro, quem dirá na distante Coreia do Norte. Não havia maneira legal de alugá-los, comprá-los ou importá-los. Jong-il decidiu adquiri-los por qualquer meio necessário, iniciando o que foi tanto sua primeira operação cinematográfica quanto sua primeira atividade ilegal: ele criou uma rede que pirateava e contrabandeava filmes.

UM SENSO DE DESTINO

No estilo tipicamente extravagante dos cinéfilos obsessivos, ele deu a seu esquema de "distribuição" o dramático nome de Operação Recursos nº 100. Sob supervisão do primeiro vice-ministro de Relações Exteriores Yi Jong-mok — que não podia desobedecer ao filho do Líder, mas deve ter se perguntado por que seu tempo estava sendo desperdiçado na criação de um esquema de pirataria —, embaixadas norte-coreanas em todo o mundo, de Viena a Macau, foram equipadas com aparelhagem profissional de reprodução e dublagem. Os funcionários das embaixadas alugavam cópias de 35 mm dos lançamentos, supostamente para exibições privadas, e, sem assistir-lhes — pois não tinham permissão —, faziam cópias. Cada lançamento disponível era comprado, desde sucessos de Hollywood até épicos japoneses sobre gângsteres, comédias e filmes eróticos leves — tantos que as embaixadas ficaram sobrecarregadas e instalações especiais tiveram de ser construídas em Praga, Macau e Cantão, para dar conta do volume de rolos vindo de embaixadas em todo o mundo. Os rolos eram colocados em malotes diplomáticos e enviados para Pyongyang, onde eram traduzidos e dublados por atores profissionais do estúdio cinematográfico do governo. As cópias finais e exclusivas eram enviadas a Jong-il, na Central de Distribuição de Filmes ou em sua casa em Pyongyang. Ao todo, a equipe da cinemateca de Pyongyang contava com 250 funcionários em tempo integral: atores, tradutores, legendadores, dubladores, impressores e arquivistas.

A Operação Recursos nº 100 permaneceu ativa durante toda a vida de Kim Jong-il e esses primeiros filmes foram a base de sua gigantesca coleção particular. Ele assistia obsessivamente a cada um deles. Sua cinefilia era uma preocupação para o pai e seu entourage. Não parecia saudável. Mas, por trás das histórias, dos cenários exóticos e dos belos atores, Jong-il foi percebendo cada vez mais o fascinante poder do cinema. Os filmes criavam uma concentração intensa e rara quando alguém se separava do mundo externo em uma sala escura. Cada imagem, corte, ângulo de câmera, som e foco — cada uma das *escolhas* do cineasta — era uma sugestão, sendo o filme uma série de sugestões sutis que subconscientemente conduziam o espectador a um pensamento, sentimento ou experiência específicos. O poder que essas sugestões tinham sobre ele, percebeu, era um poder que poderia ter sobre outros. Era um poder que desejava ter.

Subitamente, o jovem Kim se tornou atuante no braço estudantil do Partido dos Trabalhadores, concentrando-se em treinamento ideológico e propaganda. Ele começou a participar de reuniões de gabinete e conferências partidárias, mesmo que apenas como observador. Antes de terminar a universidade, prestou o serviço militar obrigatório, completando-o em dois meses, em vez dos dez anos legalmente exigidos de todos os norte-coreanos do sexo masculino. Ele não precisou servir tanto tempo, explica a literatura de propaganda, porque "no espaço de oito semanas, o Camarada Kim Jong-il dominou todas as táticas militares e passou a orientar os outros estudantes no aprendizado de táticas de combate em tempo real e habilidades de liderança". O campo de treinamento que frequentou virou um monumento histórico. O treinamento militar era mera formalidade, um item que precisava ser concluído em seu currículo revolucionário. Tudo que adquiriu durante esse tempo foi um amor pelas armas que duraria por toda a vida. Ele gostou dos fuzis e pistolas assim que foi apresentado a eles e mandou construir um campo de tiro particular, que visitou regularmente durante as quatro décadas seguintes. Seu instrutor, Ri Ho-jun, ganhou a medalha de ouro de carabina deitado 50 metros nos Jogos Olímpicos de Munique em 1972, sendo o primeiro medalhista de ouro da Coreia do Norte, e mais tarde viria a ser seu guarda-costas mais próximo.

Outra pessoa importante entrou em sua vida nessa época: seu tio Kim Yong-ju. Tio Yong-ju era oito anos mais novo que o irmão Il-sung. "Na mitologia oficial da família Kim", escreveu o especialista Bradley Martin, "Yong-ju é descrito como tendo passado a infância em estado de terror, fugindo de equipes de busca. Kim Il-sung escreveu em suas memórias que, enquanto ele lutava contra as tropas inimigas, as autoridades japonesas caçavam Yong-ju como parte de sua tentativa de pressionar os rebeldes. Distribuíram fotografias suas, disse Kim Il-sung, de modo que 'meu irmão tinha de vagar sem rumo, sob nome falso e escondendo a própria identidade, por vilarejos e cidades de todas as três províncias da Manchúria e mesmo na China'." Desde então, fora um sobrevivente. Yong-ju estudou economia e filosofia na Universidade de Moscou e se tornou marxista devotado. Era um homem mais inteligente e profundo que o irmão mais velho. Homem de aparência rígida, com testa ampla, lábios voltados para baixo e olhos estreitos por trás dos óculos de arame, Yong-ju não era especialmente devoto ao nacionalismo estridente e ao narcisismo autoritário que Kim Il-sung começava a empregar para consolidar seu poder, mas era leal, devotado à causa do Partido dos Trabalhadores e líder de seu Comitê Central, o principal órgão de articulação política do governo. Tinha a confiança do irmão e, sempre que havia conversações no exterior, era enviado para representar o Grande Líder. Era o número dois da Coreia do Norte e amplamente aceito como sucessor mais provável. Nessa época, fosse seguindo seus próprios instintos ou a pedido do irmão, ele se tornou o anjo da guarda de Kim Jong-il, protegendo-o de qualquer consequência negativa de suas indiscrições e falhas, mas também o mantendo disciplinado e se assegurando de que cumpriria os deveres mínimos que lhe eram impostos. Ninguém jamais tivera coragem de repreender o filho do Líder Supremo. De quando em quando, com frequência suficiente, quando Jong-il retornava ao acampamento militar após ter fugido do treinamento para assistir a filmes estrangeiros, seus supervisores estavam aguardando para lhe dar uma surra. A ordem para isso sempre vinha do tio Yong-ju.

Em maio de 1964, Jong-il se formou no ensino superior e iniciou sua carreira nas fileiras de liderança do Partido, algo que sempre se esperara dele. Seu primeiro posto foi como membro da secretaria do

Comitê Central, liderado pelo tio Yong-ju, que o tomou sob suas asas e ensinou tudo que sabia sobre os mecanismos internos do Partido — como o pessoal era contratado, promovido e demovido e como cada departamento trabalhava e se reportava ao Líder Supremo. Yong-ju tinha muitos filhos e também cuidava de seus interesses, assegurando-se de que chegassem a posições importantes. Após um ano, ele transferiu Jong-il para o Departamento Executivo, a fim de aprender sobre alocação residencial e racionamento de alimentos. Jong-il não gostava do que era, essencialmente, a vida de um funcionário público e fazia seu trabalho sem muita dedicação. "Ele não era levado a sério", disse o ex-membro do Comitê Central Kim Duk-hong. "Era visto como a ovelha negra da família." Seu meio-irmão Pyong-il (filho de Kim Il-sung e sua segunda esposa, a desprezada madrasta de Jong-il) era muito mais promissor: falava um inglês muito bom, servira nas forças armadas, parecia-se com o pai e se portava como ele. Jong-il, por sua vez, parecia errático e indisciplinado, com preferências dispendiosas e apetites desarrazoados, mas sem carisma. Parecia destinado a uma vida de ócio e inutilidade.

Na verdade, Jong-il estava feliz por ser subestimado. Ele sabia quais eram seus pontos fortes e esperava uma maneira de fazer uso deles. Por sorte, uma oportunidade de se distinguir se aproximava — e, com ela, o único emprego que ele queria em todo o Partido.

Os expurgos são parte regular da vida entre a elite de uma ditadura, temidos e esperados em igual medida, ocorrendo algumas vezes em cada geração, como um cirurgião medieval sangrando um paciente para equilibrar seus humores e mantê-lo saudável.

O expurgo de Kapsan foi o mais sangrento da história da Coreia do Norte. A República Popular tivera quinze anos impressionantes desde o fim da chamada Guerra de Libertação. Bancada pela União Soviética e pela China, reconstruíra-se rapidamente após a guerra e fizera grandes avanços econômicos, surgindo nas manchetes de todo o mundo como Estado socialista modelo, um resplandecente exemplo de que *o comunismo podia funcionar*. O regime alegava orgulhosamente que todos os seus cidadãos tinham teto sobre a cabeça, rações de comida confiáveis e regulares e trabalhos para se manterem motivados, que todos os vilarejos tinham eletricidade e que não havia criminalidade, falta de moradia ou desemprego. De modo geral, dizia a verdade. O sistema era espartano, mas, durante algum tempo, funcionou.

Então houve desacordo sobre o passo seguinte. O vice-premiê Pak Kum-chol sugeria desmilitarização, descentralização e investimento dos fundos até então dirigidos a campanhas ideológicas em treinamento técnico e inovações, a fim de criar uma geração de cientistas e engenheiros que fariam avançar a república. Seus seguidores, conhecidos como facção Kapsan, nome de um condado na província de Ryanggang, tentaram produzir um filme celebrando seu líder. Foi seu erro. A Coreia do Norte era o país de Kim Il-sung, e apenas dele. E ele não dividia os holofotes. Na primavera de 1967, Pak e seus seguidores foram acusados de traição, servilismo e facciosismo e afastados dos cargos. Muitos foram "enviados para as montanhas" — o eufemismo que os norte-coreanos começavam a usar para designar os condenados aos campos de trabalhos forçados — ou executados. O expurgo virou uma desculpa para um ataque mais amplo aos "revisionistas". Livros, inclusive as obras de Karl Marx, foram queimados em fogueiras; músicas soviéticas e canções coreanas tradicionais, porém "inadequadas", foram banidas; dezenas de pintores, escritores e artistas foram enviados às colônias de trabalhos forçados por obras subitamente declaradas "muito ocidentais". Quando a poeira baixou, não havia ninguém na Coreia do Norte que discordasse de Kim Il-sung ou pudesse minar seu gênio e onipotência.

Mas ainda havia o problema do Estúdio Coreano de Cinema, que tomara parte do fracassado projeto Kapsan. Vários de seus líderes, que achavam estar meramente fazendo seu trabalho ao produzir um filme elogioso sobre o vice-premiê, herói do Partido, foram acusados de "atividade antipartidária". Em setembro de 1967, Kim Il-sung convocou uma reunião especial do Politburo, a ser realizada no estúdio. Seu filho, que jamais perdia uma oportunidade de ir até lá, estava presente. Depois que todos os executivos se levantaram e submissamente confessaram ter falhado com o Partido, foi a vez de Kim Il-sung falar. Ele iniciou um longo e vituperioso sermão, fustigando os homens com infinitas acusações e perguntas retóricas.

— Alguém aqui — grunhiu ele — tem a coragem de se voluntariar para conduzir o estúdio de volta à direção correta, de acordo com as diretrizes do Partido?

Jong-il estava no fundo da sala, observando. Sua voz, débil e quase feminina, elevou-se subitamente. Cabeças se voltaram para ele.

— Eu assumirei a responsabilidade — disse ele. — Eu tentarei.

O Grande Líder deve ter sorrido. Jong-il trabalhara no Comitê Central e estava familiarizado com seu funcionamento, era do mesmo sangue e um fã obsessivo de filmes desde os 7 anos. Para Kim, o garoto tinha um histórico tão bom quanto qualquer outro. Imediatamente, ele o promoveu a diretor de Artes Culturais do Departamento de Agitação e Propaganda, encarregado de filmes, peças e publicidade.

Ele tinha 25 anos.

Assim que assumiu, Jong-il convocou uma reunião especial com alguns dos principais cineastas e atores. "Somos todos camaradas e combatentes do Partido", disse ele, "partilhando vida e morte uns com os outros [...]. Para um combatente revolucionário, ninguém é mais precioso que seus camaradas. Acreditarei em vocês e vocês precisarão acreditar em mim, pois trabalharemos juntos." Então entregou a cada um deles suas fotografias oficiais, que copiara dos arquivos pessoais do estúdio. Quando as olharam, viram que todas tinham uma nota manuscrita — "Trabalhando juntos para sempre" ou "À nossa eterna camaradagem, seguindo pela mesma estrada" — com data e a assinatura de Jong-il. Apenas semanas antes, esses homens acreditavam que seus destinos estavam selados e eles se juntariam às vítimas do expurgo de Kapsan. Agora o filho do Líder Supremo estava diante deles e prometia ficar a seu lado, se eles fizessem o mesmo.

Depois que alguns simbólicos "elementos subversivos" foram dispensados, Jong-il concedeu filiação ao Partido a todos os outros funcionários do estúdio, em uma época na qual essa era uma honra social altamente valorizada e reservada à elite. Ele aprimorou a alimentação e os alojamentos; construiu uma loja de departamentos destinada aos funcionários, na qual podiam comprar provisões indisponíveis em suas rações semanais; e forneceu serviço de ônibus entre suas casas e o estúdio, a fim de que não precisassem caminhar ou pedalar até o trabalho. Também os cobriu de presentes — "roupas, alimentos, relógio, toca-discos e televisores", disse uma testemunha —, com alguns dos itens sendo tão luxuosos que o norte-coreano comum poderia passar toda a vida sem sequer saber que existiam. Quando um dos funcionários morreu, Jong-il fez questão de que o Partido pagasse pelo funeral e cuidasse de seus familiares e providenciou para que os mais celebradores atores, diretores e roteiristas recebessem a distinção de serem enterrados no cemitério reservado aos Mártires Patriotas, em uma montanha perto de Pyongyang. "O Camarada Kim Jong-il ama e valoriza especialmente os artistas do cinema", dizia um manual do estúdio. "Quando consegue algo bom, ele divide com os artistas. E os imortaliza em vida e mesmo após a morte."

Quando os funcionários terminaram seu novo treinamento ideológico, Kim passou para o treinamento artístico. Ele escolheu antigos filmes soviéticos e norte-coreanos de sua coleção particular e os analisou com a equipe, criticando-os e pedindo sugestões para melhorá-los. O Estúdio Coreano de Cinema não fora renovado desde a guerra e, assim, ele o expandiu para um terreno de 929.000 m² (como comparação, o terreno da

MGM em Culver City, Califórnia, o maior da era dourada de Hollywood, tinha meros 706.000). Ele se livrou do velho equipamento soviético dos anos 1950, importando as melhores câmeras, luzes, mesas de edição e equipamentos de filmagem disponíveis de Moscou e da Alemanha Oriental. Assistia a todos os copiões diários e fazia observações, transmitindo suas impressões de onde a história estava falhando e contribuindo com o que chamava de seu "inato senso de fluxo" de um filme. O jovem filho do Líder, em função de sua ampla educação cinematográfica, tinha insights que nenhum de seus subordinados poderia ter. O Estúdio Coreano de Cinema fora até então dirigido por políticos do Partido, nunca por alguém que realmente amasse os filmes ou soubesse algo sobre como eram feitos. Jong-il, por sua vez, praticamente se mudou para o estúdio, trabalhando longas horas todos os dias.

Duas coisas são esperadas de um grande empresário do cinema e Kim Jong-il se assegurou de conseguir ambas em seu primeiro ano como encarregado. Primeiro, produziu um filme épico e definidor, que as histórias oficiais chamariam de seu primeiro "clássico imortal" e que passou a representar seu estilo como cineasta. *Pibada* [*Mar de sangue*] era baseado em uma opereta supostamente escrita por Kim Il-sung durante seus dias de guerrilha e conta a história de uma família manchu dos anos 1930 lutando contra a opressão japonesa. O filme apresenta todos os elementos que se tornariam marca registrada de Jong-il: tema musical popular, protagonista feminina forte (nesse caso, a mãe, que começa a contrabandear explosivos para a resistência comunista), vilões estrangeiros, um viés de nacionalismo racial e uma curiosa mistura de violência e sentimentalismo. Os filmes norte-coreanos não apresentavam créditos, estimulando a ilusão de que eram obras inteiramente coletivas, mas *Mar de sangue* foi produzido por Kim e dirigido por Choe Ik-gyu, seu predecessor no estúdio. Possivelmente o maior conhecedor norte-

-coreano de cinema depois de Kim, Choe aprendera na União Soviética nos dias iniciais da indústria cinematográfica norte-coreana, estudara língua e literatura russas na Universidade de Pyongyang e, em 1956, aos 22 anos, passara a dirigir o Estúdio Coreano de Cinema. Era o único homem na Coreia do Norte com cuja experiência Jong-il estava ansioso por aprender. *Mar de sangue* era produção cinematográfica em grande e épica escala, o equivalente a um *blockbuster* moderno. As plateias norte-coreanas ficaram surpresas e deliciadas e, subitamente, Kim Jong-il, filho do Grande Líder e prodígio artístico, era o assunto do dia em Pyongyang.

Em seguida, Jong-il fez a outra coisa que todos os produtores tradicionais faziam: ele se apaixonou por uma das atrizes.

Sung Hye-rim era uma das mais famosas estrelas norte-coreanas. Era muito atraente, com rosto largo, sobrancelhas espessas, queixo forte e pele clara e luminosa. Era gentil e introvertida. Estudara na Faculdade de Cinema de Pyongyang nos anos 1950, abandonando os estudos aos 18 anos para ter uma filha, antes de se matricular novamente e se graduar. Casara-se ainda jovem com Lee Pyong, filho do presidente da Associação Coreana de Escritores, e o casamento não era feliz.

Era cinco anos mais velha que Jong-il e ele se apaixonou no instante em que a conheceu. Em suas visitas regulares aos sets, ele sempre fazia questão de vê-la. A afeição de Hye-rim pelo filho do Líder foi menos imediata, mas ela ficou comovida com as histórias sobre sua infância sem a mãe e sentiu afinidade por seu amor pelas artes. Além disso, Jong-il, ao contrário de seu marido, sabia como ser charmoso e a tratava bem. Hye-rim completou o filme em que estava trabalhando, desistiu da carreira e abandonou marido e filha para ir morar com Kim.

Por necessidade, seu relacionamento se tornou o segredo mais bem-guardado da Coreia do Norte. Jong-il sabia, desde o início, que jamais poderia se casar com Hye-rim, pois, além de já ser esposa e mãe, ela era mais velha e esse desequilíbrio de idades ainda era censurado na Coreia do Norte, especialmente no caso do filho do Líder, de quem se esperava que corporificasse as virtudes coreanas. Ele tinha de manter o romance escondido do público e do pai, que certamente lhe poria fim. Mesmo assim, o relacionamento foi romântico e excitante. Jong-il fez com que Hye-rim fosse aceita no Partido e deu a ela o título honorífico de Ilustre Atriz, reservado a atrizes cujo trabalho fora especialmente útil à revolução. Ele a enviava a festivais de cinema, fornecendo-lhe uma plataforma internacional que nenhuma outra atriz norte-coreana já recebera, e, em seu retorno, passava todo seu tempo livre com ela, apanhando-a no estúdio em um de seus carros (nessa época, tinha um Mercedes 600, dois Mercedes 450s, vários Cadillacs e um Rolls-Royce) e, ao menos uma vez, enviando-a de helicóptero a uma destinação secreta. À noite, eles ficavam juntos em uma das muitas propriedades vazias de Kim Il-sung. Inicialmente, Hye-rim gostou do relacionamento discreto, longe das fofocas e da pressão social. Não previu que permaneceria secreto enquanto durasse.

Ainda estava escuro e frio quando a irmã de Hye-rim, Hae-rang, foi acordada pelo súbito som de uma buzina em frente à janela de seu quarto. O barulho ecoou pelas paredes. Somente os mais ricos da elite *possuíam* carros. Quem poderia estar estacionado lá fora, fazendo escândalo?

Quando a buzina se tornou mais insistente, ela saiu da cama e correu até a porta. Um luxuoso Mercedes estava estacionado do lado de fora e Kim Jong-il estava ao lado do carro. Ele pediu que ela entrasse, a fim de que pudessem conversar em particular. Ela entrou no carro, fechando a porta silenciosamente atrás de si. "Meu relacionamento com sua irmã", começou ele, "ficou mais complicado." Hye-rim estava prestes a ter um filho. Em nenhuma circunstância Kim Il-sung poderia saber a respeito.

6
Pais e filhos

O FILHO DE Kim Jong-il, Jong-nam, estava em seu grande quarto de brinquedos. Escolher com o que brincar era sempre um desafio: o quarto era estocado todos os anos com novos brinquedos vindos de além-mar, tantos que ele levaria um dia inteiro apenas tentando tocar cada um deles. Jong-nam raramente recebia permissão para sair da casa e se acostumara a isso. Seus cuidadores estavam sentados no canto, observando-o de modo distraído. Quando Jong-nam se aproximou, viu um deles tocar a bochecha e reclamar que precisava de uma restauração, mas, como o dentista estatal não tinha ouro suficiente, teria de esperar. Para Jong-nam, esse parecia um problema muito singular. Ele largou o brinquedo, correu até seu cofre pessoal, girou a tranca e retirou uma sólida barra de ouro. Seu cuidador correra atrás dele. Jong-nam lhe entregou a barra, sorrindo, e perguntou: "Será que o dentista pode fazer uma restauração com isso?"

O homem observou o interior do cofre. Viu várias outras barras de ouro, pilhas de títulos bancários em várias moedas estrangeiras e, o mais perturbador, o que parecia ser a pistola pessoal do menino.

Kim Jong-nam era, nas palavras de seu tio, "o maior segredo da Coreia do Norte". Quando Hye-rim foi admitida na maternidade em maio de 1971, Kim Jong-il teve de permanecer escondido, esperando no carro do lado de fora do hospital. Depois que o bebê nasceu, Hye-rim saiu da cama, caminhou até o interruptor e indicou o nascimento e o sexo da criança ao ligar e desligar a luz do quarto em uma sequência combinada. Jong-il comunicou seu entendimento piscando os faróis do carro. Ele esperou até que Hye-rim desligasse as luzes e fosse dormir e, ainda incapaz de ver o filho recém-nascido, dirigiu pelas ruas de Pyongyang, buzinando e gritando para si mesmo: "É um menino! É um menino!"

Jong-il e Hye-rim haviam acabado de se mudar para uma mansão nos arredores de Pyongyang, o que tornava muito mais fácil evitar os olhos de Kim Il-sung. Jong-il já se apoiava em seus próprios canais de poder, redes de certos funcionários do Partido e de embaixadas que, por medo ou por serem de sua geração e terem crescido com ele, eram leais a ele, e não a seu pai. Protegida por membros de seu novo corpo pessoal de guarda-costas, escolhidos por ele sem consulta ou interferência do Líder, a nova família vivia luxuosamente. Jong-il mimava o filho. A casa tinha um quarto de brinquedos de 93 m² para Jong-nam e, após seu nascimento, funcionários das embaixadas de Hong Kong, Tóquio, Berlim e Genebra enviaram caixotes cheios das últimas novidades em brinquedos. Jong-nam não podia frequentar a escola ou conviver com outras crianças, em função do risco de revelar o segredo de sua ilegitimidade e do relacionamento de seus pais; assim, era educado em casa e apenas ocasionalmente recebia permissão para ir à cidade, em um Mercedes com motorista do qual não podia sair. Ele pressionava o nariz contra o vidro e observava, imaginando como seria a vida *lá fora*.

A reclusão significava que Jong-il podia passar muito tempo com o filho. Quando trabalhava até tarde, jantando em sua escrivaninha, Jong-nam se unia a ele; Jong-il pegava o menino e o sentava na escrivaninha, perto dos documentos. Ele lia para o filho na hora de dormir — seu livro favorito era *Anne de Green Gables* — e, se o menino não conseguisse dormir, caminhava pacientemente pelos corredores com ele nas costas, com o ritmo o induzindo gentilmente ao sono.

Talvez Jong-il não percebesse que estava repetindo o mesmo ambiente familiar disfuncional de sua infância ou talvez achasse que a necessidade o tornava inevitável. De qualquer modo, Jong-nam cresceu alegre e otimista, mas, assim como ocorrera com o pai, o isolamento o tornou instável e exigente. O fato de que Jong-il o mimava tampouco facilitava as coisas. Quando um Jong-nam muito jovem comentou o quanto gostava do Cadillac do pai, Jong-il comprou um para ele. Quando disse ao pai como era emocionante vê-lo atirando, Jong-il começou a dar armas de presente ao filho, inclusive uma pistola especial vinda da Bélgica que provocou muita birra quando a entrega atrasou. Quando Jong-nam quis ver seu comediante sul-coreano favorito ao vivo, e não na televisão, Jong-il tentou sequestrá-lo; quando isso falhou, enviou seus homens em uma busca nacional por um sósia, treinou-o para imitar o comediante e fez com que se apresentasse para Jong-nam. O menino imediatamente reconheceu o homem como impostor e fez um escândalo. O impostor, por ter visto coisas demais, foi colocado num navio e enviado para destino desconhecido.

Quando Jong-nam tinha cinco anos, a irmã de Hye-rim, Hae-rang, se mudou para a casa dos Kim, a pedido de Jong-il, para ajudar a cuidar do menino. Desde o nascimento do filho, Hye-rim, trancada dentro do complexo residencial, sofria de insônia e depressão, transtornos nervosos que a acompanhariam durante toda a vida. Viúva, Hae-rang levou os dois filhos, mais velhos que Jong-nam, junto consigo. A família viveu no que ela chamava de "prisão de luxo" pelas duas décadas seguintes. Eles eram proibidos de falar da família do lado de fora da propriedade. Uma única vez, uma amiga de Hye-rim, uma dançarina chamada Kim Young-soon, que se apresentara para o Grande Líder, falou publicamente do relacionamento da amiga com Kim Jong-il. Foi presa sem aviso e, sem julgamento, enviada para o notório campo Yoduk, a fim de cumprir pena de trabalhos forçados durante nove anos. Quando finalmente foi libertada, após dez anos de prisão, as últimas palavras do guarda foram: "Sung Hye-rim jamais foi concubina de Kim Jong-il. Eles jamais tiveram um filho. Isso é invenção, nada além de mentiras. Fale sobre isso novamente e não haverá misericórdia." Os pais e dois filhos de Kim Young-soon morreram no campo.

A despeito de si mesma, Hae-rang gostava de Kim Jong-il. "Quando queria, ele conseguia fazer com que as pessoas se sentissem à vontade", disse ela. Ele contava piadas, às vezes zombando de si mesmo. "Era um homem culto que respeitava o conhecimento e admirava a beleza. Seu rosto relaxava quando via algo humilde e despretensioso. Em contrapartida, se via algo pomposo ou mesquinho, gritava sem piedade." Quando insatisfeito, era volátil e violento. "Quando estava feliz, podia tratar todos muito bem. Mas, quando zangado, fazia todas as janelas da casa tremerem." Ele gritava e atirava coisas quando estava frustrado. Hae-rang, como outros, culpava sua criação. "Ele cresceu sozinho em um lugar cercado por poder e luxo ilimitados, sem interferência de ninguém e sem cuidado ou amor materno [...]. Poder ilimitado, falta de educação, ausência da mãe e aquela sociedade totalitária produziram sua personalidade [...]. Se tivesse crescido em uma casa pobre", especulou ela, "ele teria sido um artista."

Era difícil conviver com ele. "As contradições em sua personalidade podem ser confusas e incompreensíveis", disse Hae-rang. As palavras que ela usou para descrevê-lo incluem "romântico", e também "violento", "severo" e "muito perigoso".

"As interpretações da personalidade [de Kim Jong-il] são tão abundantes quanto as testemunhas", concorda o especialista em Coreia do Norte John Cha. "As pessoas que tiveram contato próximo com ele têm opiniões completamente diversas a seu respeito." Seu sushiman, Kenki Fujimoto, o descreveu como "pessoa calorosa com muitos passatempos, sempre sorrindo", mas "quando algo dá errado, grita e berra [...] como louco". Seu guarda-costas Lee Young-kuk, a princípio reverente, por fim o descreveu como "extremamente cruel", "impaciente e dissimulado [...]. Em seu íntimo, está sempre criando esquemas e planos secretos. E é muito esperto [...]. Há sempre dois lados dele". Jong-il tomava decisões súbitas a respeito das pessoas que trabalhavam para ele, contratando-as, demitindo-as ou punindo-as por capricho. Desprezava profundamente os mentirosos, a despeito de ser um deles. Um membro do Partido lembra do jovem Kim Jong-il falando a sua equipe sobre Ernst Kaltenbrunner, chefe da Gestapo e um dos líderes da SS durante a Segunda Guerra Mundial, elogiando seus relatórios "simples e acurados" a Hitler. Quando contrariado, tinha acessos de raiva; Lee, o ex-guarda-costas, diz que um de seus lemas era: "Se o inimigo causar problemas, grite mais alto que ele e ele recuará." Era instável, de mente estreita, ciumento, inseguro e frequentemente cruel.

Também era bastante cuidadoso. Foi por volta dessa época que decidiu que seria sucessor do pai e assumiria o governo da Coreia do Norte e que sua vida privada era um ponto fraco, sua debilidade. O caminho até a liderança, descobrira Jong-il, era simples: em um país onde a vida dependia de satisfazer a Kim Il-sung, ele teria de ser o que mais lhe causava satisfação. Em breve, ele conseguiria isso por meio de sua grande paixão, prestes a se tornar sua arma mais eficaz: o cinema.

7
Por dentro do mundo cinematográfico de Pyongyang

SEM DÚVIDA, o mundo cinematográfico de Kim Jong-il era um dos mais surreais e, na escala política nacional, um dos mais influentes.

O objetivo do cinema na Coreia do Norte sempre foi inculcar nas pessoas a maneira correta de pensar. Ao contrário do cinema soviético, que era visto como ferramenta para "conscientizar" as massas, o cinema norte-coreano não procurava educar, informar ou aumentar o conhecimento do povo sobre lutas de classe históricas ou a importância da igualdade e da propriedade coletiva. Os filmes, especialmente sob Kim Jong-il, existiam para adestrar a população nos princípios centrais do regime, ou seja: o Líder Supremo Kim Il-sung era o maior homem que já vivera, lealdade a ele e à "família" nacional eram a maior virtude de todas, e a raça coreana era mais pura, virtuosa e valiosa que qualquer outra. Somente um coreano poderia ser o Líder Supremo, o Sol da Humanidade, e, uma vez que o Líder Supremo era o mais coreano dos coreanos, qualquer coisa menos que cega obediência a ele tornava você um traidor da nação, da raça e de seu próprio sangue. Se o seguisse, contudo, o Paraíso dos Trabalhadores se tornaria realidade.

Nos primeiros anos após a fundação da RPDC em 1948, a sociedade coreana era rural e maleável. A ideologia chegava ao povo por meio não de livros ou debates em cafés, mas de telas de projeção. O cinema era barato e fácil de controlar, com exatamente a mesma cópia de exatamente o mesmo filme sendo exibida em toda parte no mesmo período de tempo. Era popular, uma novidade e um entretenimento, tanto quanto era arte ou educação. As pessoas estavam entusiasmadas e era pouco provável que notassem estar sendo alimentadas com propaganda — ou, se notassem, é bastante provável que apreciassem a experiência. Ao passo que livros e jornais eram lidos de maneira privada, os filmes eram uma experiência pública e coletiva, perfeita para uma sociedade socialista tentando inculcar uma consciência coletiva em seu povo. E, enquanto livros eram escritos por uma única pessoa, filmes eram uma empreitada colaborativa, menos passíveis de se afastar da mensagem e, ao menos na Coreia do Norte, impossíveis de produzir e distribuir sem aprovação estatal. A complexa logística da produção cinematográfica significava que ela era controlada pelo Estado de uma maneira que não seria possível com nenhuma outra forma de arte.

Mas quando, após o fim da Guerra da Coreia, em 1953, Kim Il-sung se livrara de todos os rivais, ele também mandara embora do governo todas as possíveis influências estrangeiras, inclusive na cultura e na arte. Sozinho, isolado das inovações de outras partes do mundo e limitado pela necessidade da propaganda, o cinema norte-coreano passou quinze anos produzindo as mesmas histórias tediosas sobre operários generosos e camponesas exemplares.

Com Jong-il no comando, a qualidade técnica aumentou drasticamente. Os cineastas norte-coreanos nada sabiam sobre o cinema que se fazia além de suas fronteiras, mas Jong-il vira cada lançamento da última década. O ano em que assumiu os estúdios coreanos, 1968, foi o ano de *2001: uma odisseia no espaço*, *O bebê de Rosemary* e *Era uma vez no Oeste*; os maiores astros mundiais eram Clint Eastwood e Steve McQueen. O Querido Líder, como o Partido começara a encorajar as pessoas a chamar o filho do premiê, não fez economias para atualizar a indústria — importando equipamentos, reformando estúdios e informando as equipes sobre os estilos modernos, ainda que não as deixasse, ou não pudesse deixar, assistir a filmes estrangeiros.

Contudo, embora tivesse tanto dinheiro ilimitado quanto extenso conhecimento como espectador, ele não possuía absolutamente nenhuma experiência como cineasta. Choe Ik-gyu, contudo, ex-chefe do estúdio, a possuía e se tornou seu braço direito e colaborador. Mais alto e sete anos mais velho que Kim, Choe era um homem magro de testa ampla, calva cada vez mais pronunciada, nariz chato e pomo de adão saliente. Grandes óculos, de lentes ligeiramente amareladas, e uma expressão facial séria e parecida com a de um cão lhe davam um leve ar de vilão de James Bond da era Sean Connery. Ele não pareceria fora de lugar carregando uma valise cheia de segredos de Estado roubados em *Com 007 só se vive duas vezes*. Tornou-se o mais próximo parceiro criativo de Kim e foi até mesmo descrito como seu "tutor cinematográfico". Kim fizera uma dieta ávida e irrestrita de cinema mundial. Choe tinha uma educação formal em artes e aprendera cinema sob o rigoroso modelo stalinista soviético. Eles se complementavam perfeitamente. Até a morte de Kim Jong-il, Choe podia ser visto em fotografias oficiais, logo atrás de seu líder, aplaudindo-o como todos os outros.

As primeiras colaborações de Kim e Choe — o primeiro como produtor e supervisor, o segundo como diretor — foram grandes sucessos de público e se tornaram tão importantes na história do cinema norte-coreano que ficaram conhecidos no país como Clássicos Imortais, começando com o épico *Mar de sangue* e culminando, em 1972, com o drama *Kotpanun chonio* [*A garota das flores*]. *A garota das flores* foi o filho de Jong-il: ele ajudou a escrever o roteiro, selecionou a adolescente desconhecida que interpretou a protagonista, supervisionou a edição e esteve no set quase diariamente, chefiando as filmagens e decidindo cenas e cenários. O filme, novamente baseado em uma peça supostamente escrita por Kim Il-sung enquanto era prisioneiro dos japoneses em 1930, conta a história de Cot-bun, garota de um vilarejo rural durante a ocupação japonesa que vende flores para ajudar a sustentar a família. Seu pai está morto, a mãe doente labuta dia e noite para um tirano, o irmão está em uma prisão japonesa e a irmã fica cega depois de ser atingida no rosto por água quente, jogada pela esposa do latifundiário. O "roteiro" é uma sucessão de reviravoltas cruéis do destino contra Cot-bun e sua família, até que, quando ela finalmente está prestes a desistir, é resgatada pelo irmão e pelo Exército de Libertação da Coreia de Kim Il-sung. Os coreanos são todos exemplares, unidos pela solidariedade e pela compaixão, ao passo que os japoneses e seus colaboradores são desdenhosos e sádicos. Vezes sem conta, os personagens anseiam por "alguém precioso, como nos velhos contos", um messias — Kim Il-sung.

A importância de *A garota das flores* na história cultural da Coreia do Norte é quase impossível de exagerar. O filme foi um gigantesco sucesso popular, tanto na Coreia do Norte quanto na China, na primeira vez em que um filme norte-coreano teve grande público no exterior. Ele ganhou um prêmio especial no Festival Internacional de Cinema de Karlovy Vary, na Tchecoslováquia, o primeiro prêmio internacional de um filme norte-coreano (e, até o início dos anos 1980, o único). Sua estrela, Hong Yong-hee, era tão icônica que seu rosto foi mostrado em murais de toda Pyongyang e na cédula de 1 won. Em 2009, quando o premiê chinês Wen Jiabao visitou Pyongyang, foi Hong Yong-hee quem recebeu seu avião. A celebrada autora chinesa Tie Ning descreveu a experiência de assistir à *A garota das flores* em seu romance *How Long Is Forever?* [*Quanto tempo é para sempre?*]: "Um filme norte-coreano chamado *A garota das flores* estava sendo exibido nos cinemas das principais cidades do país. O filme praticamente afogava todos em lágrimas [...]. Sentado à minha frente estava um homem adulto, chorando tanto que batia dolorosamente a coluna no encosto da poltrona. Ele ficou histérico e fez muito barulho, mas ninguém se queixou, pois estavam todos muito ocupados chorando."

A garota das flores também cimentou o lugar de Choe Ik-gyu como o mais confiável colaborador criativo de Jong-il. Dali em diante, ele confiaria a Choe não apenas os filmes, mas também a criação de eventos públicos estatais de grande importância, como as celebrações do aniversário de Kim Il-sung e as marchas do Dia da Libertação. Choe seria fundamental na criação das imensas e impressionantes exibições sincronizadas que se tornariam os famosos Mass Games. O Estado norte-coreano moderno, que é em si mesmo uma produção, um produto para exibição, deve tanto ao bom gosto e ao talento de Choe Ik-gyu quanto deve ao próprio Kim Jong-il.

Um ano após o lançamento de *A garota das flores*, Jong-il publicou *Sobre a arte do cinema*, um tratado baseado em discursos que fizera a seus diretores e roteiristas nos cinco anos anteriores. ("Marx trabalhou durante quatro décadas para completar *O capital*", informa ao povo o órgão de notícias do Partido. "Em comparação, o Camarada Kim Jong-il precisou de apenas dois ou três anos para escrever *Sobre a arte do cinema*.") O livro resumia sua filosofia cinematográfica e suas políticas de produção. Ele descartava a ideia de que, para serem obras-primas, os filmes precisavam ser grandes épicos "lidando com imensos fatos históricos". Em vez disso, afirmava que "uma obra-prima deve ser monumental não em tamanho, mas em conteúdo" e encorajava roteiristas e diretores a preferirem os personagens ao roteiro, enfatizando "os diferentes destinos e a psicologia das pessoas [...] em vez dos acontecimentos em si". Ele pressionava por realismo ("autoridades e criadores devem sempre lembrar que a verdade é a força vital de uma obra de arte e que os filmes, em especial, por serem uma arte visual, devem descrever a vida fielmente em cada detalhe"), ao mesmo tempo pedindo que emoções e acontecimentos fossem realçados por um tom histriônico e melodramático. Sugeria que os filmes se baseassem em histórias do cotidiano de membros de destaque do Partido ou mesmo em canções populares (quarenta anos depois de Arthur Freed ter baseado *Cantando na chuva* em uma música popular). Mais importante que isso, contudo, sua maior contribuição como pensador crítico — a que os alunos norte-coreanos aprenderam a associar com a maneira como ele fez avançarem a cultura e as artes — foi o que chamou de "semente". A semente era "o núcleo principal e o centro ideológico" do filme, e "assim como um agricultor seleciona e planta uma boa semente e cuida bem dela para colher bons frutos, a semente de um filme deve ser escolhida corretamente e sua representação deve ser aprofundada sobre essa base, a fim de produzir uma excelente obra". A semente era a mensagem de propaganda que o filme deveria promover e inculcar em sua plateia e à qual cada cena, diálogo e aspecto de atuação deveria servir. Jong-il usava o termo quase constantemente, da concepção à distribuição. O produtor de Hollywood Samuel Goldwyn havia supostamente declarado que seus filmes não tinham propósito maior — "apenas escreva uma boa comédia", dizia ele, "se quiser enviar uma mensagem, use a Western Union" —, mas Kim Jong-il não poderia ser mais diferente. Sua mensagem, presente em cada um de seus filmes, era simples: Kim Il-sung — o Grande Líder, o Marechal Extraordinário, o Sol da Coreia — era o libertador e o protetor do Povo; o Povo não podia existir sem ele; não havia virtude maior que obedecê-lo e servi-lo como a um pai; e discordar dele tornava qualquer um, profunda e insidiosamente, não coreano. Tudo, da escolha dos talentos por trás das câmeras à seleção e criação de histórias, era determinado por como serviria ao mito de Kim Il-sung. Onde, no passado, um personagem poderia ter realizado seus feitos heroicos "pelo Partido", agora o diálogo do mesmo personagem era escrito para que o fizesse "pelo Líder". Praticamente todos os filmes eram situados entre os anos 1920 e 1953, para que pudessem mostrar repetidamente um mundo envolto em escuridão e sofrimento — até que os homens de Kim, como a cavalaria em um faroeste, chegassem para o resgate. Enfatizar o bem comum era essencial e as histórias heroicas e de realização individual, tão comuns no Ocidente, eram banidas.

No entender de Jong-il, seu dever como chefe do estúdio cinematográfico não era apenas fazer filmes melhores. Sua obra criativa era seu caminho até o coração e a confiança do pai: ele operava, essencialmente, como se fosse o guru de publicidade de Kim Il-sung. Na tela, a República Popular venceu a guerra repetidas vezes. Kim Il-sung, diziam os filmes, salvara a nação — e ainda a salvava todos os dias.

Kim Il-sung adorava os filmes que o filho fazia para ele. Suas descrições como santo e herói alimentavam seu ego. Os partidários que haviam lutado a seu lado e agora exerciam séria influência no interior do Partido dos Trabalhadores se sentiam da mesma forma.

O autor Bradley Martin conta a história de como certa vez perguntou a um oficial norte-coreano o que o Partido faria após a morte do presidente Kim Il-sung. O oficial respondeu: "*Se* ele morrer... quero dizer, quando ele morrer, encontraremos outro líder."

O que aconteceria após sua morte era algo na mente de Kim Il-sung havia algum tempo. Ele observara como Kruchev e Brejnev tinham virado as costas a Stalin e via como Deng Xiaoping e Hua Guofeng estavam minimizando os princípios maoistas e abrindo a China para as dinâmicas do livre mercado. Stalinistas estavam sendo retirados do poder na Polônia; uma revolução popular tomara a Hungria em 1956; Václav Havel estava criando dissensão na Tchecoslováquia. Kim Il-sung estava preocupado com o que aconteceria à Coreia do Norte depois que morresse. A única maneira de preservar o Paraíso dos Trabalhadores era nomear um sucessor e consolidar seu poder antes de seu falecimento. Ele tinha de escolher alguém próximo e leal — não apenas para que seu sucessor permanecesse fiel a seus objetivos e ambições, mas também para que não fosse tentado a apressar a própria coroação livrando-se dele antes do tempo.

Um familiar consanguíneo parecia a escolha mais segura. Isso deixava apenas três candidatos sérios: seu irmão mais novo, Kim Yong-ju, e seus filhos, Kim Jong-il e Kim Pyong-il. Yong-ju era mais experiente e educado, já trabalhava na cúpula do Partido havia três décadas e participara da luta contra os japoneses. Pyong-il era jovem, impetuoso e parecido com o pai. Dos três, contudo, era Jong-il quem melhor o entendia. Ele compreendia que os próprios traços que o tio Yong-ju deplorava em Il-sung — seu ego, seu narcisismo, seu desejo de ser visto como imperador e messias da Coreia moderna — eram os que ele deveria alimentar para conseguir os favores do pai. O Sol da Coreia, como Kim gostava de ser chamado, eliminara rivais e expurgara famílias e facções políticas inteiras para se manter no poder. Fizera com que romances e biografias em vários volumes fossem escritos a fim de corrigir a história a seu favor. Ele não queria apenas liderar a nação; queria *ser* a nação. Jong-il entendia que seu pai não escolheria como sucessor o homem que prometesse fazer o melhor para a Coreia do Norte ou para o povo. Ele escolheria o homem que prometesse fazer o melhor para Kim Il-sung, mesmo depois de morto. Como todos os políticos sagazes, Kim Il-sung se importava tanto com o futuro quanto com o presente: ele se importava com seu legado.

Seu filho se empenhou para lhe assegurar esse legado. Além de idolatrá-lo cinematograficamente, ele decidiu provar que ninguém mais seria tão devotado. Em um país onde os valores confucionistas ainda eram poderosos e a lealdade filial era tudo, isso se tornaria a persona pública de Jong-il, sua marca. O bom filho. O filho devotado. O filho humilde, que estabelecera um exemplo para o povo ao amar o pai e jamais ousar questioná-lo. Embora Jong-il fosse implacável em sua busca pelo poder, seu truque mais notável era o fato de conseguir fazer isso e, ao mesmo tempo, manter a reputação de alguém que não se importava muito com o poder. "Ele era ciumento e astuto", disse Hwang Jang-yop, um dos conselheiros de Kim Il-sung. "Eu podia ver que ansiava pelo poder [...]. Ele sempre organizava tudo em segredo e executava seu plano em segredo. Era a sua especialidade." Ele ficava nos bastidores, retratando-se como respeitoso, artístico e devotado. Quando dignitários estrangeiros visitavam o país, sempre ficava no segundo plano, deixando o pai no centro do palco, apenas enviando cestas de frutas para os quartos dos convidados, com um bilhete expressando seus melhores votos. Jamais falava em público. Enquanto isso, contou Hwang, "ele isolava as pessoas próximas a Kim Il-sung. Argumentando que não eram leais e criando dúvidas sobre sua ideologia e competência, ele as atacava implacavelmente e então removia", substituindo-as por seus próprios aliados.

Jong-il raramente usava da violência como primeiro recurso. Ele gostava de grampear casas e escritórios, descobrir do que as pessoas gostavam (determinado carro estrangeiro, uma marca de conhaque, talvez prostitutas de certa etnia) e tentar comprá-las. Se não funcionasse, a mesma informação podia ser usada para fins chantagiosos. Só recorria à violência quando pressionado ou insultado. Naqueles dias iniciais, quando ainda era amplamente subestimado, isso acontecia com frequência. O vice-primeiro-ministro Nam-il foi atropelado e morto por um caminhão em um país praticamente sem carros e sua morte foi mencionada apenas brevemente nas últimas páginas do jornal oficial do Partido, *Rodong Sinmun*, a despeito de ele ser um herói nacional. O ex-vice-presidente Kim Tong-kyu foi capturado e enviado para um campo de prisioneiros, onde morreu sem saber qual fora seu crime. A ele se uniram vários outros homens, na maioria generais do Exército e dignitários do Partido, acusados de "grande incompetência" e "faccionalismo". Todos faziam parte do círculo íntimo de Yong-ju.

Em setembro de 1973, atendendo a uma solicitação de Kim Il-sung, o Comitê Central do Partido realizou uma reunião emergencial e elegeu Kim Jong-il para o Politburo. Na mesma reunião, Jong-il foi nomeado secretário para organização e orientação do Partido, substituindo o então secretário, seu tio Kim Yong-ju. Yong-ju foi transformado em vice-premiê, um cargo honorário em um país onde cargos honorários eram considerados "a marca de uma vida fracassada". Ele passaria os vinte anos seguintes em prisão domiciliar.

Por volta da mesma época, Jong-il apresentou o pai a duas jovens beldades de sua trupe. Ele conhecia as preferências do pai. Sua idosa e desprezada madrasta se viu isolada e sem influência, sem saber exatamente o que fizera para cair em desfavor. Seu filho, Kim Pyong-il, foi enviado para o exílio, em uma série de postos na Iugoslávia, Bulgária e Finlândia. Os boatos em Pyongyang eram de que os grampos no escritório do meio-irmão haviam revelado conversas nas quais Pyong-il falava abertamente em substituir o pai; tudo que Jong-il teve de fazer foi entregar as gravações ao Grande Líder. E então, na corrida para se tornar o novo líder, Kim Jong-il era o último homem em pé. Oficiais-chave céticos ainda tinham de ser conquistados e possíveis oponentes ocultos ainda tinham de ser descobertos e eliminados. Um jogo muito longo ainda tinha de ser feito, pois vinte anos se passariam até sua ascensão oficial em seguida à morte de Kim Il-sung, vinte anos durante os quais, se baixasse a guarda, sua própria vida estaria em jogo. "Ele está em um trem em alta velocidade", disse a irmã de Hye-rim, Hae-rang. "Qualquer movimento para pará-lo ou desembarcar, e haverá um acidente."

Foi dito aos cidadãos que a indústria cinematográfica norte-coreana rapidamente se tornava a mais avançada do mundo, com Jong-il como sua tocha ardente, iluminando um caminho criativo nunca antes trilhado. De fato, o Estúdio Coreano de Cinema era o lar das mais absurdas e exorbitantes práticas. Charles Jenkins, ex-soldado americano que desertou para a Coreia do Norte em 1965 e lá viveu até 2004, foi uma das pessoas que obteve um vislumbre do surreal mundo cinematográfico de Kim Jong-il. Jenkins, um dos quatro desertores americanos vivendo na Coreia do Norte nos anos 1970, era passado de emprego em emprego por seus guardas coreanos, que pareciam inseguros sobre como utilizar proveitosamente seus "hóspedes" ocidentais. Uma das tarefas dos desertores americanos era transcrever fitas aleatórias em inglês, palavra por palavra, que depois eram traduzidas para o coreano por um intérprete de Pyongyang. Não havia imagem, apenas som, e os americanos recebiam só alguns minutos de cada vez, para que não soubessem exatamente o que estavam ouvindo. Mas, um dia, Jenkins reconheceu o diálogo de um filme de Walt Disney e percebeu que ele e os outros faziam parte de uma equipe que criava legendas para filmes estrangeiros. Jenkins transcreveu várias dezenas de filmes que, ocasionalmente, conseguia identificar: *Kramer vs. Kramer* e *Mary Poppins* foram dois deles — mas jamais ouvira falar da maioria. Os filmes estavam sendo preparados para Kim Jong-il, muito provavelmente como parte da Operação Recursos nº 100, a iniciativa de contrabando de filmes que ele iniciara quando ainda estudante.

No fim dos anos 1970, Jenkins e os outros desertores foram novamente designados para auxiliar as empreitadas cinematográficas de Jong-il, dessa vez para as câmeras. Até então, os ocidentais haviam sido interpretados por norte-coreanos usando maquiagem branca e perucas, falando coreano de um modo estranho e fabricado que deveria se passar por sotaque inglês americano, inglês britânico ou europeu continental. Agora, Kim tinha a sua disposição quatro americanos reais para interpretar seus pantomímicos vilões e aproveitadores. Um dia, o guarda residente de Jenkins lhe disse que ele fora "elencado" para seu primeiro papel no cinema, uma saga épica em várias partes chamada *Ireum Eomneun Yeong'ungdeul* [*Heróis desconhecidos*], interpretando "o maligno dr. Kelton, um militarista e capitalista americano baseado na Coreia do Sul cujo objetivo era manter a guerra em curso, a fim de beneficiar os fabricantes americanos de armamentos". A cabeça de Jenkins foi raspada, e seu rosto, coberto com pesada maquiagem. Ele filmou sua parte e voltou para casa. Como nomes americanos não podiam aparecer em filmes da RPDC, ele recebeu o nome artístico Min Hyung-chun.

Jenkins foi chamado novamente numerosas vezes, até o ano 2000, para interpretar diferentes papéis em filmes e shows de TV norte-coreanos. Havia tanta falta de rostos estrangeiros que as famílias de diplomatas e executivos visitantes também eram convocadas, com um limitado estoque de uniformes mal-ajustados, perucas e pelos faciais destacáveis sendo misturados e usados, a fim de que elas pudessem interpretar tantos vilões quanto possível. Jenkins acabaria recebendo uma medalha por seu trabalho criativo. "Você tinha de aparecer em dois episódios de *Heróis desconhecidos* para ganhar uma medalha", lembrou ele.

Mesmo ele, sem nenhuma experiência prévia, podia ver que a indústria cinematográfica norte-coreana era "uma piada". "Eles não usavam nenhum bom senso ao planejar as filmagens. Por exemplo, frequentemente filmavam as cenas na ordem em que surgiam no roteiro, em vez de usar uma maneira mais eficiente. Se, digamos, houvesse uma cena no escritório de Claus, outra em meu escritório e uma terceira novamente no escritório de Claus, eles filmavam nessa ordem, desmanchando o escritório de Claus e depois montando tudo de novo após filmar minha cena, em vez de filmar as duas cenas no escritório de Claus e depois a cena em meu escritório [...]. Acho que nem mesmo os norte-coreanos podiam ser tão estúpidos. Suspeito que parte da razão para filmarem dessa maneira era o fato de em geral a história ser escrita enquanto era filmada, às vezes no mesmo dia." O som sincronizado ainda era rudimentar em Pyongyang, cinquenta anos após o primeiro filme sonoro de Hollywood, e quase sempre os diálogos eram mal dublados na pós-produção. Os atores mais populares desapareciam regularmente de um dia para o outro: declarados culpados de alguma ofensa obscura, jamais eram vistos em público novamente e seus rostos eram cortados dos filmes antigos, tornando-os incompreensíveis.

A propaganda também interferia na criação de bons roteiros. Jong-il decretara o uso de um conjunto peculiar de códigos visuais: a Coreia do Sul e o Japão tinham de sempre apresentar clima chuvoso, nunca ensolarado, e serem mostrados preferencialmente à noite. É claro que sempre fazia sol no Paraíso dos Trabalhadores. Os personagens americanos não podiam parecer normais e tinham de possuir uma ou várias características físicas exageradas, como mancar ou usar suíças. O Líder Supremo — com exceção de sua biografia, filmada em 1982 — nunca era mostrado, somente mencionado. Os heróis sempre eram garotas roliças e de bochechas rosadas ou jovens robustos. Como todos os filmes eram rodados no cenário do Estúdio Coreano de Cinema, que consistia em uma rua fixa sul-coreana, uma rua "dos tempos coloniais" e uma rua "japonesa", todas as cenas externas ou de certa época pareciam ter lugar exatamente na mesma rua da mesma cidade — fosse Seul em 1975 ou um pequeno vilarejo sul-coreano em 1949. E, como as equipes de Kim tinham um estoque limitado de equipamento, todos os filmes possuíam a mesma gramática: iluminação plana, nenhum zoom, planos específicos para emoções específicas e *beats* de história específicos em todos os filmes, independentemente do gênero.

As plateias norte-coreanas, que não conheciam nada melhor, adoravam. Ir ao cinema era compulsório. Se não houvesse cinema na cidade, a fábrica ou o escritório local do Partido eram transformados em um para o lançamento de novos filmes e adultos e crianças eram obrigados a comparecer, tanto à exibição quanto a uma "sessão crítica" posterior, a fim de assegurar que haviam absorvido corretamente a mensagem principal.

Nos anos 1970, o regime de Kim Il-sung demonstrava aspirações de importância global. Seus diplomatas forjavam laços com governos de esquerda e partidos socialistas na Europa e "missionários" consulares eram enviados a países da África, do Oriente Médio e do Caribe para pregar o culto a Kim Il-sung. Também na cultura eram feitos esforços para melhorar a posição internacional da Coreia do Norte. As obras de

Kim Il-sung foram traduzidas para uma dúzia de idiomas e exemplares acondicionados em capas de couro enviados ao exterior; além disso, os circos e trupes de ópera de Pyongyang faziam turnês pela China e pelo Leste Europeu com seus shows mais impressionantes, incluindo a versão para o palco de *Mar de sangue*.

Essas iniciativas tiveram graus variados de sucesso. Constrangedoramente para Jong-il e seu acólito Choe Ik-gyu, contudo, as falhas no cinema norte-coreano nunca foram mais evidentes do que quando os filmes foram enviados para o exterior. Em uma época na qual os Estados Unidos nos ofereciam *O poderoso chefão*, *Guerra nas estrelas* e *Tubarão* e o cinema asiático exportava estrelas como Bruce Lee e Amitabh Bachcan, a Coreia do Norte estava presa em uma dobra do tempo. As plateias domésticas podiam engolir como fato tudo que viam nos filmes, mas os poucos estrangeiros que lhes assistiam riam de sua simplicidade e se entediavam com sua monotonia.

Para Jong-il, essa era uma falha séria e importante. Ele melhorara o cinema de sua nação e se assegurara de que contribuía para o controle do regime sobre o povo. Mas ao sul do paralelo 38, o governo de Park Chung-hee transformara a Coreia do Sul em país exportador. Produtos sul-coreanos, de tecidos a eletrônicos, estavam em toda parte na Ásia e o prestígio de Seul crescera proporcionalmente. Os filmes e a música sul-coreanos também começavam a receber atenção internacional, estudo e respeito. Kim Jong-il, responsável por toda a produção cultural da Coreia do Norte, integralmente controlada pelo Estado, estava ficando perigosamente para trás.

Foi Akira Kurosawa quem mudou a vida de Shin Sang-ok e Choi Eun-hee — indiretamente, sem querer e 28 anos após o fato.

Após a humilhação e o isolamento da Segunda Guerra Mundial, o Japão estabelecera como objetivo político seu reconhecimento como "país cultural de destaque", usando as artes para melhorar sua imagem e aumentar seu prestígio internacional. O cinema foi selecionado como a melhor vitrine cultural. Uma das maneiras pelas quais o governo japonês pretendia realizar suas façanhas cinematográficas era o recebimento de prêmios — e, na época, os principais festivais de cinema europeus (Cannes, Berlim, Veneza) estavam no auge de seu prestígio. Mas, meia década após o fim da guerra, não apenas o Japão fracassara em conquistar um prêmio como também se colocava em situações embaraçosas ao tentar ganhá-los. Em 1951, o Festival de Cannes enviou um convite para que o Japão participasse da competição, apenas para que a Associação de Cinema do Japão percebesse que a única produção adequada se apropriara de um romance do francês Romain Rolland, algo que os cinéfilos franceses da Riviera certamente notariam e contra o que, com sua adoração por *auteurs*, certamente protestariam. Um curta-metragem foi humilhantemente inscrito em seu lugar. Algumas semanas depois, o Festival de Veneza também enviou um convite. Dessa vez, a Associação de Cinema do Japão não teve problema em submeter o filme baseado em Rolland — somente para retirá-lo novamente quando se soube que Toho, o produtor do filme, estava tão quebrado que não tinha como produzir uma cópia em 35 mm com legendas em italiano. Os japoneses estavam prestes a perder sua segunda oportunidade em duas semanas, provavelmente arruinando qualquer chance de serem convidados de novo no futuro, quando, inesperadamente, uma senhora italiana pouco conhecida, chamada Giuliana Stramigioli, chefe das operações de uma companhia italiana no Japão, sugeriu um pequeno filme independente que vira recentemente e de cuja "estranheza" gostara. O filme era *Rashomon*, dirigido por Akira Kurosawa.

Rashomon quase não foi feito. Foi considerado tão extravagante e estranho que o empregador habitual de Kurosawa, a Companhia Toyoko, comprometida a produzir qualquer roteiro que o diretor apresentasse enquanto estivesse sob contrato, o demitira em vez de aceitar sua sugestão.

Foi preciso outro produtor, Masaichi Nagata, para que *Rashomon* fosse filmado, quase acidentalmente. Nagata, um executivo mais conhecido por seus filmes baratos e pouco originais, mas de grande sucesso, tinha fascinação por artistas de prestígio e havia muito desejava se associar a eles. Quando Kurosawa ficou disponível, Nagata lhe ofereceu um contrato de produção e distribuição que lhe permitia fazer qualquer filme que escolhesse. Kurosawa escolheu *Rashomon*. Quando o roteiro foi apresentado, Nagata se recusou a produzi-lo e tentou cancelar o contrato, cedendo apenas em função da teimosa insistência de Kurosawa.

Com o filme recém-terminado, surgiu a *signora* Stramigioli, sugerindo que representasse o Japão em Veneza. Nagata ficou horrorizado. Tinha certeza de que o filme seria um fracasso humilhante. Mas Stramigioli parecia segura e, como no fim dos anos 1950 a opinião de estrangeiros possuía muito peso, *Rashomon* foi para Veneza — e ganhou o Leão de Ouro. O feito causou júbilo nacional e deu início a uma série de vitórias japonesas em festivais de prestígio, incluindo prêmios em Cannes, Veneza e Berlim nos dois anos seguintes. Em 1954, tendo aprendido a lição, Nagata enviou outro de seus filmes, *Jigokumon* [*Portal do inferno*], de Teinosuke Kinugasa, para Cannes, onde recebeu a Palma de Ouro e, mais tarde, dois Oscar, de Melhor Filme Estrangeiro e Melhor Figurino. Os japoneses começaram a levar os festivais a sério, com alguns críticos começando a compará-los às Olimpíadas e exortando os cineastas a participarem e vencerem cada um deles, para glória da pátria. Se um filme fosse enviado a Cannes ou Veneza e não recebesse prêmios, os diretores voltavam para casa e publicavam desculpas públicas e artigos com títulos como "O que aprendi em Cannes sobre a produção de filmes vencedores".

Depois da vitória de *Rashomon*, o mundo começara a prestar atenção no cinema japonês. Nos anos 1970, quando Kim Jong-il liderava os estúdios de seu país, Akira Kurosawa estava trabalhando para a 20th Century-Fox e diretores americanos de destaque como Steven Spielberg, George Lucas e Martin Scorsese o citavam como influência e um de seus cineastas favoritos. Em ambas as Coreias, onde cineastas sempre tentavam emular o cinema japonês e onde o governo, como o do Japão, via os filmes como produto de exportação cultural potencialmente vital, os produtores sonhavam com maneiras de repetir o sucesso de Kurosawa e se tornarem heróis nacionais.

Esse era o tipo de reconhecimento que Kim Jong-il desejava

Se quisesse impressionar o pai e realizar seu próprio sonho de vida, ele precisava deixar uma marca internacional. Tinha a ambição e os recursos; o que não tinha era experiência e talento como cineasta. Mas, em um país conhecido como Reino Eremita, onde ninguém de dentro podia sair e ninguém de fora podia entrar, onde encontrar alguém assim?

Foi então, em 1977, que ele esboçou seu grande plano.

Tudo que precisava era de algo — mais precisamente, alguém — para colocá-lo em ação.

8
Um beijo de três segundos

SHIN SANG-OK TINHA tudo. Produzia filmes amados por milhões, reverenciados pelos críticos e cobertos de prêmios; sua companhia era a mais bem-sucedida na história do país; era rico e saudável; e tinha dois filhos com a mais bela e famosa mulher de toda a Coreia, uma mulher que amara e desejara desde a primeira vez em que a vira. Sim, Shin Sang-ok tinha absolutamente tudo que um homem poderia querer.

E poderia ter mantido tudo isso. Se não estivesse continuamente querendo *mais*.

Os anos 1970 foram uma década difícil para todo o cinema sul-coreano. Milhares de residências já possuíam televisão, a economia desacelerara após a crise do petróleo de 1973 e os regulamentos do governo haviam se tornado tão exigentes e confusos que a maioria dos produtores passava mais tempo tentando vencer o sistema que fazendo filmes. Todo o país, na verdade, estava se ajustando a uma supervisão governamental mais intensa. A administração do presidente Park se tornara cada vez mais rígida e paranoica, em uma apavorada resposta aos repetidos ataques e provocações norte-coreanos. Em 1968, os homens de Kim Il-sung capturaram o navio de guerra americano USS *Pueblo*, matando um membro da tripulação, e iniciaram um fracassado ataque para assassinar Park. Nove meses depois, cem comandos norte-coreanos desembarcaram na costa leste da Coreia do Sul e tentaram iniciar uma revolução, também em vão; em 1970, plantaram uma bomba no local de um discurso agendado de Park, mas falharam também nisso. Quatro anos depois, um assassino norte-coreano matou a primeira-dama sul-coreana com uma bala destinada a seu marido, uma tragédia que desolou Park Chung-hee. No mesmo ano, forças sul-coreanas descobriram um túnel subterrâneo de infiltração sob a área desmilitarizada, cavado por agentes norte-coreanos. Dois outros túneis foram descobertos mais tarde. Todos os três eram grandes o bastante para acomodar quatro colunas de soldados de infantaria, assim como vários caminhões de 5 toneladas e canhões Howitzer de 155 mm. Sem que o público soubesse, por volta dessa época Kim Il-sung viajou até Pequim para solicitar o apoio de Chu En-lai em uma segunda Guerra da Coreia. Seu pedido foi recusado, mas parece que ele planejava usar os túneis mais cedo do que o esperado.

Kim Il-sung conseguiu manter a Coreia do Sul em estado de paranoia constante e a resposta do governo sul-coreano foi se tornar mais tirânico. Decretando lei marcial, Park Chung-hee introduziu uma nova Constituição, concedendo a si mesmo poderes ditatoriais perpétuos. Tropas e tanques ocuparam as ruas de Seul, a fim de desencorajar protestos. Muitos habitantes da Coreia do Sul foram tomados pela confusão e pela insegurança. Se a Coreia do Norte era uma ditadura tão terrível porque as pessoas não podiam fazer ou dizer o que quisessem, como a Coreia do Sul poderia ser uma democracia, como lhes era dito, se as pessoas também não podiam fazer nem dizer o que quisessem?

Como cineasta, Shin foi confrontado com novas leis cinematográficas que intensificaram o já estrito código de censura e introduziram uma regra dizendo que a liberdade de expressão poderia ser suspensa a qualquer momento, se o Estado julgasse necessário. A censura se tornou tão severa que mesmo uma cena na qual um personagem se queixava muito intensamente do clima poderia ser considerada "antissocial" e cortada. Em um ano, a lei insistia para que todas as produtoras fizessem quinze filmes, forçando-as a crescer; no ano seguinte, fazia o inverso, proibindo qualquer companhia de produzir mais de cinco. Os produtores, que haviam superado muitos obstáculos para se expandir a fim de gerar um grande fluxo de filmes, eram em seguida proibidos de fazê-lo. O sistema decaiu até se tornar uma farsa de incompetência, corrupção e intimidação.

Não que essa fosse a verdadeira razão de Shin ter empurrado a Shin Filmes para cada vez mais perto do abismo. Ele era bom em ganhar dinheiro, mas tinha pouco talento para administrá-lo. A Shin Filmes sempre oscilara entre o grande sucesso e a ruína financeira, em bases preocupantemente regulares. Um ano, a situação estava tão difícil que parecia que o estúdio teria de ser reduzido; dezoito meses depois, estava no auge e se expandindo. Alguns meses depois, novamente à beira da falência. Até então, a Shin Filmes sobrevivera a todas as tempestades. Mas, por fim, Shin exigiu demais dos recursos da companhia ao comprar o vasto estúdio Anyang, perto de Seul, o maior da Ásia, com três estúdios de som, um estúdio de gravação de áudio, escritórios, uma suíte de edição, cantina, piscina e sala de ginástica. Previsivelmente, teve dificuldades para fazer uso eficiente de tanto espaço e, em breve, teve de recorrer ao aluguel de partes dele a outros produtores. E, após anos de práticas criativas (embora ilegais) para contornar os regulamentos governamentais sobre cotas de importação e exportação, Shin finalmente foi pego.

Ele sempre fora despreocupado em relação a regras e leis, vendo-as como algo que se aplicava às outras pessoas, pessoas *comuns*, não a ele, e não via problema em violá-las. Nesse sentido, sua amizade com Park Chung-hee frequentemente fora útil. Em 1965, quando a Secretaria de Ética Pública quisera banir um de seus filmes, tudo que tivera de fazer fora telefonar para Park, a fim de que a ordem fosse cancelada. Um ano depois, o governo o levara aos tribunais, acusando-o de apropriação indébita, fraude e evasão fiscal por afirmar falsamente que seu último lançamento, *Monkey Goes West* [*Jornada para o oeste*], fora uma coprodução com o estúdio Shaw Brothers, de Hong Kong, quando fora de fato produzido apenas por ela. Precisando de uma coprodução para atender às cotas de importação do governo, Shin comprara uma cópia de Run Run Shaw, introduzira algumas cenas com um de seus atores coreanos e seus próprios créditos e dublara os diálogos, lançando o filme como seu. Foi considerado culpado e multado em 210 milhões de wons (775 mil dólares), mas, surpreendentemente, recebeu permissão para lançar o filme. Para ele, era só o que importava. Dois meses depois, foi preso novamente, pelo mesmo crime. Novamente, foi considerado culpado e multado, mas recebeu permissão para lançar o filme mesmo assim.

Muitos cineastas coreanos eram improvisadores criativos quando se tratava de encontrar maneiras de contornar as regras, mas Shin era o mais sagaz de todos. Quando a lei proibiu as companhias de produzirem mais de cinco filmes, ele discretamente reorganizou a Shin Filmes no que, tecnicamente, eram quatro companhias menores, consequentemente sendo capaz de produzir vinte. Quando o conselho de censura ordenou que cortasse uma cena ofensiva de certo filme, Shin seguiu a ordem — e então a introduziu na edição final de um filme inteiramente diferente, que já fora exibido ao conselho e aprovado. Quando precisava de um par extra de filmes para cumprir a cota, colocava seu nome em filmes chineses que não havia dirigido e os lançava como seus.

Sua autoconfiança se transformara em orgulho. Ele começava a se sentir invencível.

Como descobriria em breve, não era.

O FILHO É DE SHIN!

Era agosto de 1974. Choi Eun-hee acordou pronta para um dia como todos os outros. Tinha 47 anos e atuava com menos frequência, mas tinha poucos arrependimentos. Atuara durante 27 anos e estrelara mais de 75 filmes — um bom número. Gostava de ser mãe. Quatro anos antes, por sugestão de Shin, abrira uma escola de interpretação no estúdio Anyang e se surpreendera ao se ver inteiramente devotada à orientação e ao ensino de jovens atores. A Shin Filmes estava à beira da falência e os filmes de Shin eram um pouco menos populares do que costumavam ser: as preferências haviam evoluído e, talvez, o grande volume de filmes exigido pela lei tivesse exaurido ligeiramente sua inspiração, mas ela estava certa de que tudo ficaria bem.

E então, lá estava. A manchete. Gritando para ela da primeira página da revista de cinema, juntamente com uma fotografia de Oh Su-mi, a jovem estrela do novo filme de Shin, *Ibyeol* [*Adeus*], sobre um homem dividido entre a esposa e uma jovem funcionária da embaixada coreana na França, interpretada por Su-mi. Shin, o elenco e as equipes de filmagem haviam acabado de retornar de Paris, onde tinham filmado as cenas de locação. Choi já ouvira rumores de que Oh flertava com Shin e mesmo de que haviam dividido o mesmo quarto de hotel durante as filmagens. Shin tivera breves romances antes, mas Choi sempre fingia não ver, porque "Eu sabia que era a única que ele amava e, por isso, não me incomodava muito". Ele estava apaixonado por ela e pela produção de filmes. As poucas mulheres que iam e vinham eram apenas distrações. Mas "daquela vez, foi diferente", disse Choi. Oh era atriz e muito mais jovem que ela; parecia que o marido havia trazido suas indiscrições para o negócio deles, a cinematografia *deles*.

A manchete gritava "O FILHO É DE SHIN!" As palavras expulsaram todo ar de seu peito. Shin saía com a atriz de 25 anos Oh Su-mi já há algum tempo, dizia o artigo, e ela recentemente tivera um filho.

O filho de Shin.

Choi teve dificuldades para assimilar isso. *O filho de meu marido.*

Quando Shin voltou do trabalho naquela noite, ficou assustado com a ansiedade e a palidez no rosto da mulher. "O que houve?", perguntou. "Você está bem?" Choi não respondeu. *Não pode ser verdade*, pensava ela. *Somos tudo um para o outro. Isso não pode estar acontecendo conosco.*

Ela se sentiu constrangida demais para pedir que amigos ou colegas confirmassem a manchete — e ainda tinha esperanças de que fosse fofoca sensacionalista. Assim, alguns dias depois, foi à casa de Oh. Ficou do outro lado da rua, encarando a porta de maneira hesitante. Caiu a noite. Ela estava prestes a desistir e ir para casa quando, logo antes do toque de recolher, a porta se abriu e Shin Sang-ok saiu, com o colarinho erguido para esconder o rosto.

A discussão foi terrível. Shin jurou a Choi que o caso fora um erro e que ele já não estava com Oh Su-mi.

— São só boatos. Você não pode acreditar em boatos — disse Shin, dando de ombros.

— Vi tudo com meus próprios olhos! Fui até a casa dela! Vi tudo — repetiu ela. — É verdade que ela teve um filho seu?

Shin empalideceu.

— Não é nada — disse, finalmente. — Dê-me algum tempo. Vou dar um jeito nisso. — Ela gritou para que ele saísse de casa. Empurrou-o para fora do quarto, bateu a porta e a trancou.

— Por favor, tenha paciência — ouviu o marido dizer várias vezes do outro lado. — Cuidarei disso.

Ela nunca seria capaz de perdoá-lo.

Choi tinha tanto em que pensar. Oh estava alegremente falando com as revistas de cinema e aproveitando a publicidade. Ela disse a um jornalista que não queria se casar com Shin nem esperava que ele se divorciasse: "Só quero estar perto dele." Desesperada para confrontá-la, para perguntar como ela podia fazer isso a uma família, Choi foi até sua casa. Não era incomum, naquela época, que a esposa aparecesse na casa da amante do marido, esperando puxar cabelos e arrancar alguns dentes daquela boquinha bonita. Choi só queria conversar. Ela bateu. Quando a porta foi aberta, lá estava Oh, parecendo jovem como uma criança — e carregando um menino nos braços. A raiva de Choi evaporou e uma dor insuportável a substituiu. "Quase esqueci por que estava lá quando vi o bebê", escreveria ela muitos anos depois. "Só queria segurá-lo, pois era o filho de meu marido."

Oh se recusou a dizer uma única palavra. Ela ficou lá, parada, em uma atitude que Choi interpretou como desafio. "Seu silêncio", disse Choi, "era como se ela dissesse: 'Sou a mulher que gerou esta criança, algo que você não pode fazer'."

Naquela noite, em casa, Choi chorou mais do que achava possível. E só parou ao amanhecer.

Shin foi levado novamente aos tribunais, dessa vez por subornar um oficial da censura. Ele negou a acusação, embora admitisse que todo o sistema de censura se tornara "inteiramente relacionado a quem se suborna e quanto se pode pagar". Dessa vez, enquanto esperavam pelo julgamento, os oficiais fizeram com que permanecesse brevemente na prisão — talvez para lhe ensinar uma lição e lembrá-lo do que era o poder real, e não o poder de um produtor. Com o marido em uma cela, quase falido, o coração de Choi amoleceu um pouco. Ela não o via desde a noite em que o expulsara de casa, mas foi visitá-lo na prisão. Levou uma tesoura e disse que ele precisava cortar o cabelo. Shin ficou extasiado ao vê-la. Ela cortou seu cabelo em silêncio, limpou seu pescoço e partiu. Ainda não conseguia falar com ele. Então, alguns dias depois, soube que Oh o visitava regularmente e ele não se recusava a vê-la.

Shin foi solto e saiu definitivamente de casa. Choi ficou arrasada e solitária. Perdera o marido, o melhor amigo e o parceiro criativo. Sofria de insônia. Fumava demais. Todas as noites, bebia até dormir. Os altos e baixos eram de partir o coração. Um dia, ela descobria que Shin não estava morando com Oh, mas sim sozinho e em um imóvel alugado, e se sentia encorajada; no outro, ouvia que ele pretendia filmar uma nova versão de *Chun-Hie*, um filme que ela estrelara dezesseis anos antes, dessa vez com Oh no papel-título, e a dor era tão intensa quanto antes.

O juiz inocentou Shin da acusação de suborno. Em vez de admitir que escapara por pouco da ruína, ele tomou a absolvição como sinal de que sempre sairia por cima. Mesmo assim, da perspectiva comercial, a perda de Choi fora um evento desastroso. Na sociedade coreana tradicional, esperava-se que as mulheres encontrassem felicidade e prosperidade por meio dos maridos, pois eles *proviam*. Quando Choi — que ficara famosa primeiro, sempre tivera mais dinheiro e, de tantas maneiras, era mais sábia e sensível — o deixou, isso exacerbou sua precária situação. Até então, seu sucesso dependera em grande parte das contribuições criativas, estratégicas e financeiras dela.

A falência começou a parecer inevitável. A Shin Filmes estava sangrando dinheiro e os recentes esforços de Shin para encher os cofres fazendo filmes eróticos e sensacionalistas — filmes comerciais com sugestões sutis de lesbianismo e títulos como *Prisioneira 407* e *Histórias cruéis sobre as mulheres da dinastia Yi* — não somente fracassaram em lotar os cinemas como também minaram a aura de sofisticação e qualidade da companhia. A Shin Filmes sempre fora um negócio familiar: dois irmãos de Shin trabalhavam para ele, assim como o irmão mais novo de Choi, e os fundos pessoais de todo mundo estavam ligados à fortuna da companhia. Quando bens tiveram de ser vendidos, Shin e Choi perderam a casa, assim como os pais dela. Um dia, o irmão de Choi entrou no escritório de Shin e gritou por vários minutos, acusando-o de má administração da companhia e de gastar dinheiro demais. Foi a primeira vez que Shin foi repreendido por alguém mais jovem que ele.

Seus amigos e colegas nunca o haviam visto tão estressado. A censura se tornara seu bicho-papão e ele reclamava constantemente do "sistema" e do modo como os políticos se metiam em coisas que não compreendiam. Ele fazia tudo que podia para insultar o governo. Queria provocá-lo e vencê-lo, sem perceber o quanto se isolava. A geração mais velha jamais se esquecera do jovem aspirante que roubara a esposa de um homem mais velho e os mais invejosos e ressentidos de seus pares acharam justo que, depois de se aproveitar do que chamavam de "leis ruins do cinema", elas o trouxessem de volta à terra — e *com força*. O escândalo com Oh Su-mi o colocara em conflito com a moral geralmente conservadora de seu país e os amigos de Choi o abandonaram, inclusive o presidente Park. Era de *seu* sistema de censura que Shin estava zombando — Park, afinal, *era* o sistema — e, em um nível mais profundo e pessoal, Park era um homem muito conservador. Fora devotado à esposa até sua morte, assassinada por uma bala destinada a ele, e desde então dormia com sua fotografia, flores e um livro de poesia dedicado a ela na mesinha de cabeceira. Shin e Choi haviam sido seus amigos, dele e da esposa, visitado a Casa Azul e saído com eles para jantar. Que Shin tratasse Choi com tamanho desrespeito parecia impróprio e desapontador para Park.

Em 1974, Shin submeteu seu novo filme, uma história de guerra chamada *Sipsamse sonyeon* [*O menino de treze anos*], ao Festival de Berlim sem se preocupar em receber um carimbo de aprovação do Ministério da Informação. Quando o festival aceitou o filme, um convite formal foi enviado ao ministério, que o recusou, desculpando-se e afirmando que não era uma produção coreana aprovada. Shin pensou em recorrer a Park, mas foi dissuadido. O presidente, disseram-lhe, estava "furioso e se sentindo traído" por seu comportamento recente. Com isso, Shin perdeu seu último aliado político.

No fim — após todas as controvérsias, as prisões, o caso extraconjugal, o escândalo e a falência —, foi um beijo de três segundos que encerrou sua carreira.

Em novembro de 1975, ele fez uma pré-estreia de sua nova coprodução com a Shaw Brothers, *Jangmiwa duelgae* [*A rosa e o cão selvagem*], para uma plateia composta em sua maioria de alunos do ensino médio. As cenas de um casal se beijando e de um topless haviam sido cortadas pelo conselho de censura, mas nessa exibição ainda estavam presentes, no que parecia indiferença ou insolência. Os estudantes contaram às famílias sobre o beijo e a história chegou aos jornais. A penalidade, de acordo com a lei, era o cancelamento da exibição até que a cena ofensiva fosse removida. Mas a Secretaria de Ética Pública já tivera o bastante de Shin Sang-ok. Citando uma violação do código de moral pública, foi ordenado o imediato cancelamento da licença de produção da Shin Filmes.

O fato de que Shin Sang-ok ficou estupefato diz algo a seu respeito. Ele jamais imaginara que isso pudesse acontecer. Teimosamente, foi aos tribunais, recusando-se a aceitar a decisão da censura. Depois de iniciar a ação, contou Shin, ele recebeu uma visita da Agência Central de Inteligência da Coreia (ACIC). Eles o levaram a Namsan.

Namsan, uma colina no centro de Seul, era a localização da sede da ACIC. Era para onde ativistas, dissidentes, suspeitos e testemunhas eram arrastados para interrogatório, com muitos sendo torturados. Alguns jamais saíam de lá. A ACIC era famosa por seu "churrasco coreano", no qual o detento era pendurado pelos pulsos e tornozelos sobre uma fogueira, até confessar. Felizmente, nada disso aconteceu a Shin. Ele foi deixado em um cômodo escuro, sem comida ou a possibilidade de dormir, e intensamente interrogado. Pressão foi exercida e foi deixado claro que sua licença jamais seria restaurada. Quando os agentes o deixaram partir, Shin havia retirado a ação e aceitado sua punição.

O escritório da Shin Filmes em Myeongdong foi fechado, causando ondas de choque em toda a indústria. Uma era tinha chegado ao fim. Na verdade, o estúdio havia muito perdera sua antiga glória: nos anos 1960, a companhia tivera mais de trezentos funcionários registrados; em 1975, tinha menos de dez.

Com a Shin Filmes fora dos negócios e o estúdio Anyang vazio, a Academia de Artes Cinematográficas de Choi também começou a enfrentar dificuldades financeiras. A escola se tornara seu bebê e a loucura egoísta e obstinada do marido ameaçava tirá-la dela também.

Em 1976, Oh Su-mi e Shin tiveram um segundo filho, dessa vez uma menina. Shin jurava não ter mais nada com ela. Choi, que tinha esperanças de encontrar uma maneira de salvar seu relacionamento, sequer sabia que a garota estava grávida. Após 22 anos de casamento, ela pediu o divórcio.

Choi estava devastada, desgraçada e humilhada. Sentia um ódio mudo pelo marido, lá em Seul, vivendo uma vida secreta após destruir a sua. E, mesmo assim, "Eu sentia falta dele", disse ela.

Sua mãe morreu semanas após a concessão do divórcio e, em sinal de respeito, Shin compareceu ao funeral. Era a primeira vez que Choi o via desde os tribunais. Ele parecia arrasado, com seu "lado vibrante" completamente ausente. Ainda tentava aceitar uma vida na qual não podia ficar atrás das câmeras e criar. Eles conversaram brevemente. Shin contou que estava indo para os Estados Unidos, onde esperava voltar a dirigir.

Durante os dois anos seguintes, Choi cuidou dos filhos e tentou manter a academia — a única coisa que lhe restava. Shin viajou pelo mundo, pedindo vistos e procurando algum lugar que lhe desse status legal e dinheiro para filmar novamente. Eles se afastaram. Aqueles anos, disse Shin mais tarde, "representaram o período mais difícil, frustrante e insuportável de minha vida". Sua carreira como cineasta havia terminado.

9

Baía da Repulsa

CHOI EUN-HEE ENCAROU as águas fragorosas do oceano e disse a si mesma para pular. O cargueiro gemia e vibrava sob seus pés enquanto perfurava as ondas, espalhando espuma branca de ambos os lados do casco. *Pule*, pensou Choi, *e tudo estará terminado*.

Hesitante, ela contemplou o horizonte. À distância, barcos de pesca chineses oscilavam gentilmente na água, com seus fogareiros lançando uma fumaça branca e fina contra o céu azul. O cargueiro passou por eles e os deixou para trás.

Perto dela, no convés, a tripulação estendia várias bandeiras nacionais diferentes, prontas, haviam dito os homens, "para quando precisarmos delas". Choi pensou na família com angústia. Apertou as mãos contra a balaustrada até os nós dos dedos ficarem brancos. Tinha de fazer aquilo.

Firmou os tornozelos e se preparou para saltar, mas os guardas a viram. Ela tentou lutar, mas foi em vão.

Enquanto a arrastavam de volta à cabine, ela se amaldiçoou em silêncio por não ter dado ouvidos a Shin Sang-ok.

Os dois anos seguintes ao fechamento da Shin Filmes haviam sido tristes e difíceis. Choi não atuara em outro filme. Passara a maior parte do tempo tentando evitar que a escola de interpretação em Anyang fosse sugada pelo vórtice da falência de Shin. A escola tinha setecentos alunos e ela se sentia responsável por todos eles. Eles precisavam de cuidados.

No outono de 1977, ela recebeu a visita de um homem afirmando chamar-se Wang Dong-il, que se apresentou como diretor de um estúdio em Hong Kong. Wang tinha uma escola similar e perguntou se ela não estaria interessada em uma sociedade ou mesmo em dirigir a escola de Hong Kong. Ele a convidou para discutir o projeto durante o Festival de Cinema de Hong Kong, mais tarde no mesmo ano. Choi não podia viajar na época e tivera de recusar o convite. Wang permaneceu em contato. Certo dia, enviou um roteiro, perguntando se ela gostaria de dirigi-lo. O pagamento seria suficiente para salvar a escola de Anyang — por algum tempo. Choi concordou em viajar até Hong Kong e discutir o projeto.

Antes de partir, telefonou para Shin. Eles não se viam havia semanas. Ele estivera indo e voltando dos Estados Unidos e de Hong Kong, tentando encontrar uma forma de recomeçar a carreira, até então sem sucesso.

Quando ela lhe contou as novidades, ele pareceu em dúvida. "Não é estranho que alguém de Hong Kong venha até aqui e lhe peça para ser diretora, quando eles têm tantos diretores famosos e grandes equipes à disposição?" Ele não conseguia encontrar trabalho: por que alguém se esforçaria tanto para contratar Choi, que sequer era diretora? "E por que os chineses querem se associar com uma escola de interpretação desconhecida como a de Anyang?", perguntara ele.

Shin "sempre tentava cuidar de mim", diria Choi mais tarde, mas na época ela se perguntara se não haveria ressentimento e inveja na voz dele. E o ignorara. Estava disposta a provar que podia se sair bem sozinha. Em 11 de janeiro de 1978, fez as malas e embarcou em um voo da Cathay Pacific no Aeroporto de Gimpo, com destino ao Aeroporto Kai Tak, em Hong Kong.

Enquanto o carro com motorista percorria o recém-inaugurado túnel submarino ligando Kowloon à ilha de Hong Kong, Choi se desculpou com Wang Dong-il por não ter aceitado seu convite antes e só poder permanecer alguns dias. O carro emergiu na luz alaranjada da noite, entrando em um desfiladeiro de arranha-céus.

Hong-Kong, ainda sob governo inglês, experimentava mudanças drásticas enquanto se reinventava, afastando-se da economia de manufatura para se tornar um dos principais centros financeiros do mundo. A linha do horizonte estava repleta de guindastes, resultado do Programa Habitacional de Dez Anos, iniciado em 1972 com o intuito de fornecer moradia de qualidade a quase 2 milhões de pessoas. Supermercados e empresas substituíam lojas familiares e negócios locais. Bancos e casas de câmbio floresciam e quase meio milhão de cidadãos de Hong Kong haviam se tornado investidores em ações.

Wang deixou Choi no Parma Hotel, onde um quarto fora reservado para ela no sexto andar, com uma vista estupenda do porto de Victoria. Eles se encontrariam novamente na manhã seguinte, dissera ele, às 10 horas em ponto.

Durante os dois dias seguintes, Wang lhe mostrou a cidade, levando-a para almoçar e jantar nos melhores restaurantes. A despeito de toda a luxuosa hospitalidade, Choi estava frustrada com a ausência de conversas comerciais — e desconfortável com a presença de dois homens de aparência chinesa que pareciam segui-la, tirando fotos enquanto ela visitava a cidade. No terceiro dia, Choi não conseguiu encontrar Wang e foi até o escritório local da Shin Filmes, que ainda estava em funcionamento, aguardando uma decisão quanto ao futuro de Shin Sang-ok. O diretor da companhia em Hong Kong, Lee Young-seng, e o gerente, Kim Kyu-hwa, esperavam por ela, juntamente com uma mulher de uns 50 anos e uma adorável garotinha de uns 12. Kim apresentou a mulher como amiga de longa data e a menina como sua filha. "Olá, sou Lee Sang-hee", disse a mãe, cumprimentando Choi. Naquela noite, durante o jantar, as duas conversaram muito, com a sra. Lee dizendo ser uma grande fã e ter visto todos os filmes de Choi. Ela também propôs que ela e a filha passassem o dia seguinte lhe fazendo companhia, enquanto ela esperava por Wang — que, segundo haviam informado, tivera um imprevisto, mas em breve poderia retomar as conversações. Choi aceitou.

No dia seguinte, 14 de janeiro, Choi se encontrou com a sra. Lee e a filha. A sra. Lee parecia eufórica. "Ela falava sem parar", disse Choi. "Queria me apresentar a seus muitos conhecidos no Japão, especialmente um homem mais velho, interessado em cultura e arte. Ela achava que ele seria útil à administração de minha escola." Durante o almoço em um restaurante japonês, a sra. Lee se ausentou para dar um telefonema e, ao retornar, disse a Choi que acabara de falar com um de seus conhecidos influentes. Choi gostaria de conhecê-lo naquele mesmo dia? Seu amigo, disse a sra. Lee, vivia a uma hora dali, em uma casa na baía de Repulse.

No século XIX, a baía de Repulse, no extremo sul de Hong Kong, fora usada como base por piratas que perseguiam navios mercantes ingleses a caminho do Japão. Havia muito, os piratas tinham sido expulsos — daí o nome "baía da repulsa" — e a faixa de terra se transformara em praias para turistas.

Choi olhou pela janela enquanto o táxi percorria a estrada deserta. Eram quatro horas de uma tarde de inverno e a brisa que vinha do mar estava fria. Ela podia ver o casario à distância, mansões e casas de veraneio, além da praia mais próxima, vazia. Subitamente, a sra. Lee pediu que o táxi parasse ao lado de uma pequena faixa de areia.

— Vamos descer aqui — disse ela.

— Não deveríamos pedir ao táxi para esperar? — perguntou Choi.

— Basta telefonarmos e outro táxi virá rapidamente.

BAÍA DA REPULSA

A sra. Lee saiu do carro e Choi e a garotinha a seguiram. A mulher olhou em volta.

Choi perguntou o que estava havendo, mas não obteve resposta. A sra. Lee parecia esperar por alguém. Após uns instantes, Choi e a garotinha caminharam em direção ao mar. Era fim de tarde e suas sombras se alongavam na areia.

A voz da sra. Lee se fez ouvir, chamando por elas. Choi se virou e a viu perto das ondas, a cerca de 40 metros, chamando-a. Havia um grupo de homens de cabelo comprido a seu lado. Um pequeno barco branco a motor estava na água, com outros homens jovens, todos de cabelo comprido, sentados no interior e olhando em sua direção. Desconfortável, Choi caminhou até lá. A sra. Lee explicou que o homem que deveriam encontrar enviara os outros para conduzi-las até sua propriedade isolada, a dez minutos de distância, do outro lado da baía. Choi hesitou. A garotinha de 12 anos parecia bastante feliz, o que certamente era bom sinal, mas Choi não se sentia à vontade. Não sabia onde estava. Só conhecera a mulher no dia anterior. O desconforto embrulhou seu estômago. Já estivera em um número suficiente de situações ruins para reconhecê-las quando as encontrava.

— Tenho um jantar marcado para as seis horas... — disse ela.

— Não se preocupe, não se preocupe — disse a sra. Lee no mesmo tom agitado que usara durante todo o dia. — Levaremos apenas dez minutos para chegar lá. Você terá tempo suficiente para seu jantar.

Choi estava prestes a responder quando os homens no barco trocaram acenos de cabeça, levantaram-se e a agarraram. Ela tentou resistir, mas eles a imobilizaram e a levaram para o barco. Instruída a segui-los, a sra. Lee e a filha também embarcaram. O motor do barco voltou à vida com um rugido. Choi estava aterrorizada. Estou sendo assaltada, pensou. Voltou-se para a sra. Lee, mas ela parecia serena. A mulher colocou um cigarro entre os lábios e ofereceu outro a Choi.

— Tudo ficará bem — disse ela.

Um dos homens de cabelo comprido disse o nome de Choi. Ela se virou para ele. Ele era de meia-idade, provavelmente o mais velho do grupo.

— Como sabe meu nome? — perguntou ela.

— Sou coreano — disse ele, usando o termo norte-coreano *chosun*, em vez da palavra sul-coreana *hanguk*.

O coração de Choi foi para o estômago.

— Para onde este barco está indo? — perguntou ela debilmente.

— Madame Choi — disse ele solenemente —, estamos indo para o seio do Grande Líder, o Camarada General Kim Il-sung.

— O quê? O que você disse?

O homem retirou a peruca comprida.

— Eu disse que estamos indo para o seio do Grande Líder, o Camarada General Kim Il-sung.

Gritando, Choi ficou em pé e o barco oscilou. Mãos a agarraram e obrigaram-na a se sentar novamente. Sua visão ficou turva. Todo seu corpo amoleceu e ela desmaiou.

Choi ia e voltava da escuridão. Ela se lembra de sentir alguém a carregando pela prancha de embarque e lhe aplicando uma injeção antes de mergulhar na inconsciência. Quando finalmente acordou, estava a bordo de um cargueiro, na cabine do capitão. Um grande retrato cerimonial de Kim Il-sung sorria para ela.

Estava no navio havia seis dias, com um médico e a esposa, que cuidavam de sua saúde, e dois outros homens, incluindo o homem de meia-idade do barco, que ela mais tarde soube ser Im Ho-gun, vice-diretor do Departamento de Operações Secretas da Coreia do Norte, vigiando-a 24 horas por dia. Choi podia ouvir a sra. Lee soluçando na cabine ao lado e concluiu que ela concordara em ajudar os homens, mas não previra que seria forçada a ir junto. Choi também chorou. Não conseguia comer, mas se forçava a beber o caldo da sopa de macarrão que lhe era oferecida. No quarto dia, eles a levaram para o convés e ela ficou observando o mar, tentando reunir forças para pular. No quinto dia, um tufão forçou o navio a lançar âncora e ela viu a tempestade passar. Às 15 horas do sexto dia, 22 de janeiro de 1978, o navio entrou no porto de Nampo, na Coreia do Norte. Eles passaram madame Choi para outro barco branco, que a levou a um pequeno cais a vinte minutos do porto principal.

Suas pernas oscilaram quando ela pisou no píer. Ela seguiu os guardas com a cabeça baixa, lutando para se manter em pé. "Alguém importante está vindo", sussurrou um deles.

Um homem baixo de 30 e poucos anos caminhou em sua direção. Vestia uma espessa e elegante capa de lã sobre um uniforme escuro de gola Mao. Um brilhante Mercedes estava atrás dele e havia um fotógrafo a seu lado, com a câmera pronta. Com um sorriso, o homenzinho estendeu a mão.

— Obrigado por vir, madame Choi — disse ele. — Você deve estar exausta da viagem. Seja bem-vinda. Eu me chamo Kim Jong-il.

Rolo dois

Hóspedes do Querido Líder

"Não preste atenção naquele homem atrás da cortina."

— O mágico de Oz (Frank Morgan)
O mágico de Oz, roteiro de Noel Langley,
Florence Ryerson e Edgar Allan Woolf,
adaptado do livro de L. Frank Baum,
direção de Victor Fleming

10
O Reino Eremita

Choi sabia o nome do homem sorridente à sua frente, mas pouco mais que isso. No ano anterior, os jornais sul-coreanos estiveram repletos de manchetes dizendo que Kim Jong-il se envolvera em um terrível acidente de automóvel e era um vegetal humano, ligado a aparelhos em uma cama de hospital colocada em uma das propriedades do pai. Alguns jornais ignoravam a história do acidente e diziam que ele sobrevivera a uma tentativa de assassinato. Mesmo assim, ali estava ele, intacto e desconcertantemente cordial.

Ela encarou a mão estendida e, lentamente, com a própria mão tremendo, a apertou. Imediatamente um flash espocou — duas, três vezes —, enquanto o fotógrafo registrava o momento. Choi escondeu o rosto na gola do casaco.

— Não tire fotos minhas! — gritou. Sua voz soou como a de outra pessoa, fina e histérica. Em um turbilhão de pensamentos, ela se deu conta de que não queria um registro do momento, que estava desarrumada e ficaria horrível nas fotografias e que era um absurdo se preocupar com *isso* naquele momento. Jong-il fez um breve sinal ao fotógrafo, que abaixou a câmera.

— Você está ótima — disse ele a Choi. — Essas calças boca de sino lhe caem muito bem. — Ela estava vestindo as mesmas roupas da manhã em que fora sequestrada. Achou melhor não responder. Kim soltou sua mão e sugeriu que ela caminhasse pelo píer, a fim de se recuperar da longa jornada. Ele fez sinal para dois de seus homens, que gentilmente seguraram os braços de Choi e a levaram de um lado para outro do deque, durante dez minutos. Finalmente, eles a conduziram até o longo e imponente Mercedes preto, com Kim caminhando na frente. O motorista, que usava uniforme do Exército, saltou do banco da frente e abriu a porta traseira. Kim se afastou para que Choi pudesse passar e então entrou no carro, com os guarda-costas se apertando no banco dianteiro, juntamente com o motorista. Suavemente, com o motor produzindo um ronronar discreto, como um leão bocejando, o carro fez a volta e se afastou em direção às luzes da noite. Atrás dele, dois outros Mercedes-Benz ligaram os faróis e seguiram.

A despeito de ter vivido a maior parte da vida em Seul, apenas 56 km ao sul da fronteira, Choi não sabia quase nada sobre a Coreia do Norte. Seu próprio governo demonizava os norte-coreanos em todas as oportunidades e, desde o fim da Guerra da Coreia, o Norte se mantivera recluso e separado, oferecendo poucas informações ao mundo exterior. As poucas informações partilhadas sugeriam uma discreta e pacífica prosperidade no interior das fronteiras, em direta contradição com o claro e aterrorizante ímpeto dos Kim por assassinato, sequestro e terrorismo fora delas.

Choi pensou em tudo isso enquanto observava a paisagem através da janela do carro. A seu lado, Kim Jong-il conduzia uma conversa amena, como se eles estivessem em uma rápida corrida de táxi para jantar, fazendo perguntas que ela não ouvia e às quais não respondia. Estava frio quando saiu do navio e ela notou neve nos campos e nas laterais da rodovia. "A estrada não tinha asfalto", escreveria mais tarde. "Não havia sinal de pessoas e o cenário tinha a desolação de uma zona de guerra." Eles atravessaram um pequeno vilarejo. "Havia cartazes vermelhos e brancos em todos os cruzamentos. Eles traziam lemas como 'Vida longa a Kim Il-sung', 'Vida longa ao Partido dos Trabalhadores da Coreia', 'Batalha rápida, batalha de aniquilação', 'Absolutismo e incondicionalidade'." Duas horas depois, a rodovia passou a ser ladeada por edifícios, nenhum com mais de dez andares. Estavam entrando em Pyongyang. Choi estreitou os olhos, mas não conseguiu ver muita coisa. A cidade estava completamente às escuras — a iluminação das ruas fora desligada e as janelas de casas e escritórios permaneciam nas sombras. Como descobriria mais tarde, a Coreia do Norte deixara de pagar o equivalente a 2 bilhões de dólares em empréstimos internacionais em 1976 e começara a racionar energia elétrica.

"Este é o portão de Potong", dizia Kim a seu lado, apontando locais invisíveis para além dos vidros, "e aquele é o monte Moran...".

Quarenta e cinco minutos depois, o carro saiu da rodovia e entrou em uma estrada de acesso sem pavimento e varrida pelo vento, que conduzia a uma guarita. O soldado prestou continência e o portão se abriu atrás dele. Alguns metros depois, outra guarita e outro guarda prestando continência. No fim do acesso, aninhada entre altos pinheiros, havia uma grandiosa casa de campo. O carro parou.

No lado de dentro, Kim mostrou a Choi a luxuosa propriedade: suítes, sala de estar, biblioteca, cinema. Havia um ou dois candelabros de cristal de muito mau gosto em cada cômodo e utensílios japoneses em todas as superfícies, dando à casa uma energia *gauche* e deselegante — "uma mistura de Las Vegas com Vladivostok", como descreveria Choi mais tarde. Eles voltaram à parte frontal da casa, onde uma mulher de uns 40 anos os esperava. Ela vestia roupas simples e sua expressão era difícil de definir.

— Esta é a camarada Kim Hak-sun — disse Jong-il a Choi. Ele se voltou para Hak-sun. — Cuide bem de nossa hóspede. Faça com que ela se sinta confortável. — Então disse a Choi, com voz mais gentil: — Por favor, sinta-se em casa. — Ele se afastou e fez sinal a um de seus homens, que imediatamente se aproximou de Choi.

— Madame Choi, a senhora traz um passaporte sul-coreano. Por favor, entregue-o. — Era inútil resistir e, assim, Choi retirou o passaporte da bolsa e o entregou. — A senhora também possui uma carteira de identidade — disse ele. — Por favor, entregue-a. — Depois que ela o fez, o homem caminhou até Kim Jong-il e lhe passou os documentos. Ele os guardou no bolso e partiu.

Kim Hak-sun pediu que Choi a seguisse até o lado de fora e ao salão de jantar, um anexo a 135 metros da casa principal. Do lado de dentro, a mesa rangia sob o peso de "camarões fritos, peixe cru, costeletas e uma variedade de pratos coreanos, japoneses e chineses", contou Choi. Com a garganta contraída e o estômago embrulhado, tudo que ela conseguiu comer, apesar do encorajamento de Hak-sun, foi um pouco de sopa.

Mais tarde na mesma noite, Hak-sun a conduziu até a suíte principal, que fora preparada para ela.

— Boa noite — disse a norte-coreana antes de sair do quarto. Choi fechou a porta e notou que não havia como trancá-la.

Nem aquela, nem nenhuma das outras portas da casa.

Choi descobriu que a casa onde estava era chamada de Prédio 1. Seria seu lar pelos nove meses seguintes. Todos os dias, Kim Jong-il enviava flores frescas e um médico para avaliar sua saúde e administrar suplementos nutricionais. Todas as noites, durante as primeiras semanas, ela dizia o nome dos filhos e chorava até dormir.

Os norte-coreanos falavam muito pouco, quando falavam. O médico, observou Choi, era "refinado e cavalheiro", mas evasivo. Se ela perguntasse sobre sua cidade natal, se ele já estivera no Sul ou se sabia por que ela fora sequestrada, ele se calava de súbito ou mudava de assunto. Os guardas e Kim Hak-sun se comportavam do mesmo modo, embora Hak-sun, que passava dia e noite na casa, eventualmente se aproximasse um pouco mais. Sua tarefa como "oficial de orientação" era supervisionar Choi o tempo todo, cuidar de todas as suas necessidades e, com muito tato, iniciá-la nos costumes norte-coreanos. Quando era mais jovem, ela fora cantora no Grupo de Arte de Mansudae, por meio do qual conhecera Kim Jong-il e, como contou a Choi, se tornara sua "confidente". Choi não sabia dizer se isso era um eufemismo. Mas Kim Jong-il confiava inteiramente em Kim Hak-sun e, quando ela ficou velha demais para a trupe — os Kim gostavam de suas artistas com menos de 25 anos —, ela fora trabalhar como assistente no complexo. Para passar o tempo, tocava piano e cantarolava músicas retiradas de *A coleção de 600 canções* e *O cancioneiro de Kim Jong-il*, ambos compostos de hinos glorificando o Grande e o Querido Líder. Ela e Choi também caminhavam pelos jardins da casa; durante essas caminhadas, Choi notou que havia quatro outros prédios no complexo, que era cercado por um muro de concreto e, no perímetro externo, uma cerca de arame farpado. Soldados armados patrulhavam os dois lados do muro em todas as horas do dia e da noite.

Antes de Choi chegar, a casa fora equipada com todas as comodidades e luxos que ela ou qualquer outra pessoa poderia sonhar em pedir. Além disso, para abrandá-la, Kim Jong-il enviava presentes quase todos os dias: cosméticos Estée Lauder, lingerie do Japão e caixas de vestidos, tanto no estilo tradicional quanto no moderno. Os produtos de beleza eram exatamente do tipo que ela usava em Seul e os trajes, da roupa de baixo aos vestidos formais, haviam sido ajustados para servir perfeitamente. Todas as refeições eram um banquete.

Na tarde do quinto dia, Hak-sun irrompeu no quarto de Choi.

— O Querido Líder, Camarada Kim Jong-il, a convidou para jantar! — anunciou ela, sem fôlego. — Precisamos correr para nos aprontarmos.

Um Mercedes as levou até Pyongyang, passando por uma rua lateral e entrando em outro complexo murado. Aguardando-as nos degraus, estava Kim Jong-il. Ele sorriu quando Choi e Hak-sun caminharam até ele.

— Bem-vinda, madame Choi. Conseguiu descansar?

Choi nada disse, mas, seguindo o exemplo de Hak-sun, curvou-se na altura da cintura, na mesura mais discreta de que foi capaz.

— Vamos entrar — disse Kim. Ele as conduziu pelo hall de entrada, falando o tempo todo. — Os sul-coreanos vivem dizendo que tenho morte cerebral e sou um vegetal — disse ele, referindo-se aos rumores sobre o acidente de carro. Ele deu uma risadinha. — O que você acha? — Quando Choi não respondeu, ele parou e fez uma pose vaidosa e dramática. — Vamos lá, madame Choi, o que acha? Como estou? Pareço um anão, não pareço?

Choi quase riu. Inesperadamente, sentiu a ansiedade ceder um pouco. Kim pareceu satisfeito com a brincadeira. Ele a conduziu por outro corredor até um grande cômodo, muito ornamentado, com flores falsas e luzes brilhantes por toda parte. Choi achou que parecia uma discoteca.

— O que acha? — perguntou Kim, com orgulho. — O interior é sempre mais importante que o exterior. Do lado de fora, as coisas não parecem grande coisa, mas, do lado de dentro, geralmente são assim. — Ele a conduziu até uma mesa redonda no meio do cômodo, onde o jantar estava sendo servido: iguarias ocidentais e coreanas, servidas com conhaque, vinho branco francês, vinho de ginseng e soju. Quando Choi chegou a seu lugar, reconheceu os outros convidados: eram os homens do barco na baía de Repulse, com as perucas compridas removidas para revelar cortes militares; o homem que cuidara dela durante a jornada marítima até Nampo; e os guarda-costas que a haviam levado até o navio. Ela percebeu que fora convidada para um jantar polido com os homens que a haviam arrancado de casa e dos filhos e a aprisionado em uma terra estrangeira.

Kim Jong-il se sentou e, como se tivessem sido liberados, os outros fizeram o mesmo. Um garçom serviu ao Querido Líder um copo cheio de Hennessy. Kim tomou um grande gole e olhou para Choi.

— Por favor, madame Choi — disse ele. — Você precisa de um drinque.

Foi o primeiro dos muitos jantares de Kim Jong-il a que Choi compareceu durante seus anos na Coreia do Norte, geralmente na quarta ou na sexta-feira, começando às 20 horas e indo até a madrugada. Os jantares sempre tinham lugar no mesmo prédio, que os membros do Partido chamavam de Casa dos Peixes, em função do aquário de parede de 8 metros cheio de grandes peixes oceânicos que ficava no salão de baile do segundo andar. Às vezes, como naquela noite, os jantares eram íntimos e seguidos de um filme, porém, mais frequentemente, a lista de convidados chegava a quarenta ou cinquenta pessoas, membros da reduzida elite da República Popular.

As festas de Kim Jong-il eram notórias no círculo de poder de Pyongyang por sua influência nas políticas estatais. "Muitas decisões-chave são tomadas lá", disse Hwang Jang-yop, "principalmente assuntos pessoais". Kim convidava membros importantes do Partido e do Politburo, generais influentes e seus astros favoritos dos palcos e das telas; a lista de convidados era um reflexo das pessoas que formavam seu círculo mais próximo — ou as que, por meio do convite, estavam sendo avaliadas para se unir a ele. A irmã mais nova de Kim, que ele adorava, quase sempre estava presente. Os convidados recebiam na entrada uma única dose de uísque, brandy ou conhaque, a ser bebida em um único gole — era a taxa de admissão. Depois de algumas semanas, Hak-sun ensinou Choi a sempre carregar um lenço quando fosse às festas, a fim de cuspir discretamente o conhaque antes de entrar.

Kim Jong-il raramente chegava cedo, preferindo se juntar aos convidados quando a festa estava no auge. Quando chegava, todos se levantavam e aplaudiam até que ele se sentasse. Uma vez que tivesse se sentado — sempre na cabeceira, perto do palco, com apenas um punhado de convidados especiais a seu lado —, os garçons serviam o jantar. Kim gostava de reger a banda, interrompendo-a no meio das apresentações, solicitando certas músicas e frequentemente ordenando que um convidado específico se levantasse e cantasse algo de sua escolha, às vezes porque gostava de sua voz, mas em geral porque queria constrangê-lo. Não havia como negar um pedido de Jong-il. Sempre que ele falava com alguém, contou Choi, o convidado "ficava em pé, com a boca cheia de comida, e respondia 'Sim, senhor!'", ficando em posição de sentido até que Jong-il, com um aceno, lhe desse permissão para sentar.

Após o jantar, havia jogos de majongue e roleta, e garotas para distrair os convidados. As garotas da Brigada do Prazer eram uma das grandes atrações das festas. Eram as jovens mais belas da Coreia, selecionadas pelo próprio Jong-il, obedientes e extremamente polidas. Oficialmente parte das forças armadas, elas tinham o posto de "tenente da divisão de guarda-costas" e eram designadas para um dos três "grupos de prazer": o "grupo de canto e dança", que entretinha os convidados; o "grupo da felicidade", que fazia massagens; e, finalmente, o "grupo da satisfação", que prestava serviços sexuais. O próprio Jong-il jamais tocava nelas durante as festas; tampouco cantava ou dançava. Ele preferia ficar sentado, bebendo, fumando seus Rothman Royal e *regendo*. Pegava seu bastão e conduzia a banda ou encorajava os convidados a apostarem com mais ousadia. Ocasionalmente, também jogava, brevemente, sempre terminando a partida em uma rodada contra a banca e rapidamente apostando tudo. ("Acho que entendi algo sobre a personalidade de Kim Jong-il enquanto observava de longe", disse Choi.) Um membro do Partido ficava por perto durante toda a noite e qualquer coisa dita pelo Querido Líder que se parecesse, mesmo remotamente, com uma ordem era anotada, registrada e disseminada pelo Partido, imediatamente se tornando instrução oficial — fosse algo dito sobriamente às 20 horas ou quando Jong-il caía bêbado às três da manhã. Quando estava embriagado, ele promovia ou demitia convidados por capricho. Era difícil acompanhá-lo nas conversas, pois ele divagava, mudava de assunto sem aviso e se deliciava em dizer coisas que não deveria.

Ocasionalmente, as festas se tornavam absurdas. Hwang Jang-yop alegou ter testemunhado várias noites nas quais Jong-il fez com que a equipe pendurasse bexigas de 2 metros de diâmetro cheias de presentes — basicamente, pinhatas gigantes —, nas quais atirava com uma arma especial, fazendo chover presentes sobre os convidados, que desavergonhadamente se acotovelavam para recolher os melhores itens. Em ao menos uma ocasião, de acordo com Hwang, Kim instruiu algumas dançarinas a se despirem e começarem a dançar, ordenando que membros do Politburo dançassem com elas e acrescentando: "Dancem, mas não as toquem. Se tocarem, serão ladrões." Os homens se aproximaram e começaram a dançar, tendo o cuidado de manter as mãos bem visíveis. Após um momento, Jong-il gritou para que todos parassem. "Essas festas provavelmente eram a maneira como Kim Jong-il formava seu grupo de vassalos", disse Hwang. "Ao convidar subordinados para uma festa, ele podia observar suas personalidades e lhes dar uma sensação de orgulho por serem servidores próximos do Grande Líder [...]. Nas festas, os que ficam embriagados precisam demonstrar respeito apenas por Kim Jong-il; de resto, podem dizer o que quiserem a qualquer um, independentemente do título."

Jong-il considerava as festas um santuário sagrado e qualquer um que vazasse o que acontecia nelas sofria severa punição. Ele era inflexível na afirmação de que as reuniões não diziam respeito a seu pai e deviam ser mantidas em segredo, reforçando a ordem de modo violento e implacável. Em uma história famosa, confirmada por Hwang, "certa vez, um dos secretários de Kim Jong-il ficou bêbado e contou à esposa sobre sua vida de devassidão. A boa esposa, uma mulher de altos padrões culturais e morais, ficou genuinamente chocada e, após pensar muito a respeito, decidiu escrever uma carta a Kim Il-sung, pedindo-lhe para repreender o filho. Nem é preciso dizer que a carta foi entregue a Kim Jong-il, que deu uma grande festa e fez com que a mulher fosse presa e levada até ele. Na frente de todos os convidados, ele afirmou que ela era contrarrevolucionária e ordenou que fosse executada ali mesmo [...]. O marido da pobre mulher implorou para que Kim Jong-il o deixasse atirar. Kim Jong-il consentiu e deu ao secretário a arma para matar a esposa".

Choi nunca viu assassinatos ou pinhatas no salão de baile. Em certa ocasião, ela testemunhou um jogo bizarro, no qual subitamente, no meio do jantar, Jong-il gritou "uniformes do Exército!" e todos os convidados do sexo masculino tiveram de pegar uniformes debaixo das cadeiras, vesti-los e correr em círculos em torno das mesas, até que Jong-il lhes dissesse para parar. Mais tarde, ele gritou "uniformes da Marinha!" e o jogo recomeçou, com roupas diferentes. Enquanto os convidados corriam, um garçom ajudava Kim a vestir seu próprio casaco de general ou almirante, com estrelas gigantescas e condecorações nos ombros e no peito. Certa vez, depois de rir do que os convidados chamavam de discoteca ("Eles só pulavam de um lado para o outro", contou Choi), ela foi solicitada a dar a todos — generais, agentes secretos e dançarinas — uma lição de dança. Em outra semana, foi à festa em um vestido *hanbok* tradicional, cor-de-rosa. Jong-il a cumprimentou — "o vestido longo fica muito bem com cabelo curto" — e então declarou que todos os membros do sexo feminino de todos os grupos de teatro deviam usar cabelo curto e vestidos longos, a fim de emulá-la.

Na maior parte do tempo, Choi parecia estar lá como troféu, sentada perto de Jong-il e sendo orgulhosamente apresentada a convidados eminentes. Foi nessas festas que ela percebeu que não fora Kim Il-sung quem ordenara seu sequestro, mas o filho dele. Jong-il, a despeito de sua sociabilidade, era um anfitrião irritante, exigente e presunçoso. "Ele achava que podia fazer tudo que quisesse", lembrou Choi. "Estava sempre se exibindo." Ele falava constantemente sobre os filmes sul-coreanos, ridicularizando-os pela maneira deficiente com que os atores interpretavam o sotaque norte-coreano (isso vindo de alguém que regularmente utilizava coreanos com maquiagem branca para interprestar caucasianos), e gostava de obrigar Choi a cantar. As músicas sul-coreanas eram suas favoritas, mas todo mundo no país, com exceção dele mesmo, estava proibido de ouvi-las (a não ser em suas festas): ele finalmente conhecera alguém que sabia a letra das canções que cantarolava. Quase todas as semanas, ele pedia que Choi se unisse à banda e cantasse uma ou duas músicas melancólicas, como "A Parting (Farewell)", de Patti Kim.

> *Sometimes I can't help but think of him, even though he is aloof,*
> *About the promise of that night, something he may regret,*
> *Over the mountains we are separated, far far away.**

Sempre que Choi cantava, sua voz falhava e seus lábios tremiam. Lágrimas escorriam por seu rosto. Todas as vezes, achando que se tratava de uma exímia apresentação teatral, os convidados ficavam em pé e explodiam em aplausos ensurdecedores.

Certa noite, um mês após o sequestro, Choi estava sentada em seu quarto quando o telefone tocou. Ela soube imediatamente que era Jong-il: nenhum dos telefones da casa fazia chamadas externas e a linha era reservada ao filho do Líder. Ela atendeu e ficou surpresa ao ouvir euforia na voz de Jong-il — e talvez, pensou, ligeira embriaguez.

— Você está fazendo alguma coisa? — perguntou ele.

---

* Às vezes, não consigo evitar e penso nele, mesmo que ele se mostre frio / Na promessa daquela noite, da qual deve se arrepender / Estamos separados pelas montanhas, longe, muito longe. (*N. da T.*)

— Não.

— Pode vir até minha casa, por favor? É meu aniversário.

Em alguns momentos, um Mercedes chegou e a levou até a casa de Jong-il. Ele a esperava à porta quando o carro parou.

— Madame Choi! Como está de saúde? Soube que tem se sentido melhor. — Ele a fez entrar e elogiou sua roupa. Ela agradeceu.

— Se alguma coisa a desagrada, por favor, me diga.

— Não. Sinto-me em dívida por toda sua atenção.

Ele riu.

— Ora, vamos. Realmente se sente assim?

Eles caminharam até o quarto de hóspedes, que tinha um projetor no canto. Ela ficou surpresa ao ver quão modesta era a casa.

— Querido Líder — Choi arriscou, encorajada pelo fato de estar na casa dele. — Desculpe por pedir, mas será que o senhor poderia me enviar para casa, na Coreia do Sul, por favor? Tenho trabalho a fazer por lá. Tenho família, professores e centenas de alunos para cuidar. Não consigo dormir, porque estou sempre pensando neles. Por favor.

Jong-il fingiu pensar profundamente por um instante.

— Entendo seu dilema — disse ele, finalmente —, mas, por favor, seja paciente. Tenho planos para nós. Esse problema será resolvido em breve.
— Ele parecia prestes a dizer algo mais, comentou Choi, mas, naquele momento, um garoto rechonchudo entrou correndo no quarto. O menino vestia um traje azul-escuro em estilo militar. Tinha rosto redondo e cabelo curto e se parecia com o pai.

— O senhor tem um filho! — exclamou Choi.

— Sim, e uma filha, mas ela não está aqui agora.

Choi se inclinou em direção à criança.

— Que menino bonito — disse. — Quantos anos você tem?

— Sete — respondeu ele.

— E qual é seu nome? — O garoto pareceu nervoso. Ele olhou para o pai e gaguejou:

— Por que ela está perguntando meu nome?

Jong-il deu uma risadinha e acariciou a cabeça do menino.

— Quando um adulto pergunta seu nome, você deve responder polidamente, dizendo "Meu nome é..."

— Ah. — Ele se voltou para madame Choi. — Meu nome é Kim Jong-nam. — O garoto jamais conhecera alguém que não soubesse seu nome. Quando Jong-il conduziu Choi à sala de jantar, um guarda-costas, que parecia ser o cuidador de Jong-nam, apareceu e o levou para longe dos adultos, em outra parte da casa.

Seis homens estavam sentados em torno da mesa. Havia uma mulher sozinha, parada ao lado. Kim caminhou até ela.

— Professora Choi, esta é minha esposa — disse Jong-il, mesmo que ele e Hye-rim jamais tivessem se casado formalmente — e esses são familiares que vieram comemorar meu aniversário.

Choi esperara uma grande e devassa festa de aniversário, não um pequeno jantar em família. Hye-rim disse olá. Choi achou que tinha cerca de 1,60 m, a mesma altura de Kim, e parecia glamourosa, mesmo vestindo roupas ocidentais casuais.

— Estou muito feliz em conhecê-la — disse ela em voz muito baixa, e então, voltando-se para Jong-il: — Você convidou tanta gente, no último minuto. Não sei o que vou fazer.

— Não se preocupe. Madame Choi é uma convidada especial.

Hye-rim nada disse. Nos últimos anos, ela vinha sofrendo crises de ansiedade e episódios de depressão, enquanto Jong-il se afastava dela, tendo casos com atrizes, antigas colegas de faculdade e esposas dos embaixadores do pai. As pessoas notavam que todas as suas conquistas se pareciam muito com sua falecida mãe. Em 1974, Kim Il-sung, ainda sem saber da vida do filho com Hye-rim, instruíra Jong-il a finalmente escolher uma esposa, o que ele submissamente fizera, casando-se com Kim Young-sook, uma datilógrafa do escritório de Il-sung e filha de um de seus generais. Young-sook rapidamente lhe dera uma filha, mas

Jong-il não ligava para a esposa oficial. Não a promoveu para membro do Partido e ela jamais participou significativamente de sua vida. "Ela não tinha nenhuma importância além de ser a esposa legítima", escreveria mais tarde a irmã de Hye-rim. Por volta da mesma época, Jong-il começou um terceiro relacionamento de longo prazo com uma dançarina nascida no Japão e pertencente à Brigada do Prazer, Ko Yong-huy, que, no início dos anos 1980, lhe daria dois outros filhos. Hye-rim ameaçou ir embora com o filho e até mesmo contar a Kim Il-sung sobre o relacionamento secreto dos dois. Jong-il lhe pediu para acreditar nele e ter só um pouco de paciência — e então ordenou que os empregados da mansão jamais a deixassem sair da casa, "para sua própria segurança e privacidade". Em 1975, dois anos depois de se livrar do tio Yong-ju e praticamente assegurar a sucessão, Jong-il finalmente contou ao pai sobre seu primogênito com Hye-rim. Segundo seus assessores, Kim Il-sung ficou irritado durante algum tempo, mas se encheu de orgulho ao ver o neto pela primeira vez. Hye-rim, contudo, permaneceu trancada dentro das quatro paredes da própria casa, aterrorizada com os ataques de raiva e megalomania de Jong-il. Ela estava cansada da dor e da solidão. A ansiedade consumia seu corpo como uma doença.

Para o jantar de aniversário de Jong-il, Hye-rim serviu carpas vivas, ainda se mexendo no prato, seguidas de kimchi de pera, com a doce fruta recheada com repolho apimentado e fermentado. Todo mundo bebeu Hennessy, fazendo brindes a Kim Jong-il e recebendo copos novos a cada brinde. Choi também brindou ao Querido Líder. Achou que seria rude se omitir. Jong-il parecia extremamente alegre.

— Minha esposa não sabe muita coisa — disse ele a Choi. — Ela é simplesmente uma dona de casa, não é isso que as mulheres devem ser? Afinal, o dever de uma esposa é cuidar da casa e criar os filhos. A senhora deveria ir até as fontes termais com ela. — Ele chamou Hye-rim, que ia e voltava da cozinha. — Querida, leve madame Choi às fontes termais da próxima vez. Ela tem coração fraco.

Choi não sabia como Jong-il podia ter essa informação. Ela nada mencionara ao médico que cuidava de sua saúde.

— Verdade? — disse Hye-rim. — Sofro do mesmo problema. Claro que a levarei às fontes termais.

Conforme a festa chegava ao fim, Jong-il, como muitos pais de família do fim dos anos 1970, deixou a mesa e retornou com sua câmera Super 8 para registrar a ocasião. Ele focou nos rostos, filmando Choi durante muito tempo. Quando a mesa foi limpa, conduziu os convidados à sala de estar, colocou o filme recém-processado no projetor e exibiu-o para todos. O filme ficou fora de foco, tremido e avermelhado. Todos riram, inclusive ele.

Perto do pôr do sol, a festa terminou e Choi se preparou para partir. Enquanto Kim e um guarda a escoltavam pelo jardim, ela foi surpreendida por uma série de altas explosões. O céu ficou ofuscantemente brilhante. Vendo-a se encolher de terror, Jong-il riu.

— Nossos camaradas estão queimando fogos de artifício por causa de meu aniversário!

A cena ficou em sua mente enquanto o Mercedes se afastava. Semanas antes, ela estivera em casa, divorciada e com dois filhos, preocupada com a falência de sua pequena escola. Agora acabara de passar o dia com Kim Jong-il, filho de um ditador comunista, enquanto ele filmava a própria festa de aniversário sob o espocar dos fogos.

11
Acusado

"Eu esperava que 1978 fosse um bom ano para mim", escreveria Shin Sang-ok mais tarde. Ele não produzia um filme fazia dois anos, mas as coisas pareciam finalmente estar melhorando. Com a ajuda de Kim Hyung-wook, amigo e antigo chefe da ACIC que também caíra em desgraça com o presidente Park Chung-hee e agora vivia no exílio em Nova Jersey, Shin se candidatara a um visto para emigrar para os Estados Unidos. Hollywood era o lar de seu cineasta favorito, Charlie Chaplin, e do estúdio, a Columbia Pictures, que a Shin Filmes tentara emular. Além disso, o cinema era livre de censura e de restrições políticas. Shin não interrompera completamente seu relacionamento com Oh Su-mi, mas tampouco estava disposto a passar a vida com ela. Com os estritos controles de viagem impostos pelo governo sul-coreano, Oh Su-mi provavelmente não receberia permissão para segui-lo até os Estados Unidos e isso seria o fim de tudo. Shin tinha certeza de que retornaria a Seul com frequência para ver os filhos, que na época moravam com ele, mas ficariam com a família de seu irmão enquanto ele viajava, e ele e Oh poderiam permanecer em contato. Que seus planos pudessem causar completa confusão na vida de Oh não parece ter passado por sua mente.

Era somente Choi Eun-hee que o incomodava. Já fazia duas semanas que ela partira para Hong Kong e ainda não retornara. Shin tinha um voo para Los Angeles reservado para o dia seguinte e estava cada vez mais preocupado. Antes de partir, decidiu telefonar para Lee Young-seng, seu representante chinês em Hong Kong. Achou que estava apenas sendo tolo e Lee rapidamente o tranquilizaria.

— Você viu Eun-hee? — perguntou Shin, depois de trocar algumas amenidades com Lee.

Houve um breve silêncio do outro lado.

— Não posso discutir isso pelo telefone — disse Lee, por fim. — Venha para Hong Kong.

— Como assim? O que aconteceu com ela?

— Você precisa vir para Hong Kong. Venha. Por favor.

No dia seguinte, no aeroporto de Hong Kong, Shin se encontrou com Lee Young-seng, que parecia ansioso e inseguro, e Kim Kyu-hwa, o gerente da Shin Filmes que trabalhava com ele. No hotel, Kim lhe contou os fatos: Choi desaparecera em 14 de janeiro, deixando a bagagem no hotel. Ninguém soubera dela desde então e ninguém estivera em seu quarto.

Durante alguns momentos, Shin permaneceu sentado, confuso.

— Ela não usa o quarto há mais de dez dias — disse ele.

— Parece que não — respondeu Kim.

— Será que foi roubada? Ela provavelmente não carregava muito dinheiro. — Ele conhecia a ex-mulher.

— Também não foi acidente de carro — sugeriu Kim.

— Se fosse, teria saído nos jornais — concordou Shin.

— O hotel está bastante preocupado. Eles deixaram a bagagem no quarto.

— Tem de haver algum traço dela, alguma pista. Com quem ela se encontrou em Hong Kong?

— Wang Dong-il, Lee Sang-hee e...

— Lee Sang-hee? — Shin se lembrava da mulher. Ela era uma amiga de Kim que frequentemente visitava o escritório de Hong Kong, sempre acompanhada pela graciosa filha. Sang-hee sempre o desconcertara um pouco, no entanto. Todas as vezes em que o via, ela tirava incontáveis fotos, chamando-as de "suvenir". Ela dirigira um café no bairro cinematográfico de Seul durante anos, se Shin se lembrava corretamente, e depois pensara em concorrer à Assembleia Nacional, mais tarde viajando para incontáveis feiras de negócios em Macau e Cantão. Seu marido era um executivo pró-Coreia do Norte que trocara a Coreia do Sul pela China e negociava com o Norte. A sra. Lee dizia que ele viajava frequentemente para Pyongyang.

Todas essas informações cruzaram a mente de Shin em um flash, mas seus pensamentos se fixaram em uma palavra, como a manga de uma camisa presa em algo afiado: *Pyongyang*. Houvera rumores, em anos passados, de pessoas sequestradas por forças norte-coreanas e alguns supostos desertores haviam escapado, afirmando não ter ido para o Norte voluntariamente. Em julho de 1977, apenas seis meses antes, o pianista Paik Kun-woo e sua esposa, a atriz Young Jung-hee, haviam denunciado uma tentativa de sequestro por parte de agentes norte-coreanos no Zagreb.

— Como elas se conheceram? — perguntou ele.

— Eu as apresentei e elas pareceram se dar muito bem — respondeu Kim.

— Onde está essa mulher agora?

— Tentei telefonar várias vezes, ninguém atendeu. Fui até sua casa, mas não havia ninguém lá.

— Então elas podem ter desaparecido juntas!

— Parece que sim — concedeu Kim.

— Você acha que os norte-coreanos estão por trás disso? — Shin deixou escapar, de chofre.

Kim sabia que Shin estava pensando no marido norte-coreano da sra. Lee.

— Acho que não. Por que fariam algo assim?

— Quem convidou Eun-hee para vir a Hong-Kong? Quem pagou as despesas? — perguntou Shin.

— Não sei — respondeu Kim. Ele parecia constrangido.

Os dois ficaram em silêncio por bastante tempo. Mal haviam começado e já encontravam um beco sem saída.

Shin comunicou o desaparecimento da ex-esposa à polícia e à embaixada sul-coreana. Ele tentou rastrear a filha da sra. Lee e descobriu que ela não ia à escola fazia algum tempo. E então, em uma demonstração de seu egoísmo característico ou meramente em uma tentativa desesperada de não prejudicar seus planos, partiu para Los Angeles. Em suas memórias, ele comenta a decisão. "Minha reserva já estava feita e seria difícil alterar a data, especialmente com a aproximação do Ano-Novo chinês." Desse modo, ele deixou o mistério do desaparecimento da ex-esposa sem solução e embarcou no avião.

Durante as quase três semanas em que permaneceu nos Estados Unidos, Shin se encontrou com seu amigo Kim Hyung-wook, ex-chefe da ACIC. Ele contratou um advogado de imigração — pagando-lhe uma taxa inicial de 2 mil dólares, uma parcela significativa do dinheiro que lhe restara após a falência — e fez um pedido de visto temporário tipo O, reservado a indivíduos "com qualidades extraordinárias e histórico internacionalmente reconhecido de realizações extraordinárias no campo das artes". Para consegui-lo, precisava que um estúdio americano o acolhesse e, desse modo, também visitou Robert Wise, diretor e produtor de *Amor, sublime amor* e *A noviça rebelde*. Enquanto filmava *O canhoneiro do Yang-tsé*, de Steve McQueen, na China em 1966, Wise se apaixonara pelo Extremo Oriente; ele tinha um grande senso de comunidade e era passional sobre o auxílio a colegas cineastas. Wise concordou em acolher Shin. Em seu tempo livre, Shin esboçou ideias para um filme sobre a Bela Adormecida, que ele considerava seu primeiro projeto em inglês — com a universalidade do conto o ajudando a superar a barreira linguística — e se apaixonou por um romance de 1972 de David Morrell intitulado *First Blood* [*Primeiro sangue*], sobre um veterano do Vietnã chamado John Rambo que leva a guerra consigo para Madison, no Kentucky. O livro fora comprado pela Columbia Pictures e depois vendido à Warner Bros., que o vendera novamente e assim por diante, durante os últimos seis anos. Shin achava que seria capaz de comprar os direitos e conseguir que o eterno colaborador de Akira Kurosawa, Ryuzo Kikushima, escrevesse uma adaptação em inglês. Shin conhecia muito pouco da língua inglesa e Kikushima não conhecia nada; eles planejavam escrever em japonês e fazer com que o roteiro fosse traduzido.

Enquanto Shin estava na Califórnia, notícias sobre o desaparecimento de Choi chegaram aos jornais coreanos. O correspondente americano do jornal *Hankook Ilbo* conseguiu localizar Shin e o encheu de perguntas. Shin respondeu o melhor que pôde, mas então o repórter disse algo que o sobressaltou.

— Muitas pessoas suspeitam que o senhor possa estar envolvido no desaparecimento de madame Choi.

— Que absurdo — respondeu Shin. A ideia quase o fez rir.

Quando aterrissou em Hong Kong em 28 de fevereiro, uma dúzia de repórteres esperava por ele no portão de desembarque. Com eles, estavam detetives do Departamento de Investigação Criminal da polícia de Hong Kong.

12
Musicais, filmes e estudos ideológicos

— Quero que você mostre alguns filmes para madame Choi — disse Kim Jong-il. — O primeiro deve ser *A guerrilheira*. Você sabe qual é.

Kim Hak-sun concordou. Os três estavam sentados no banco de trás do carro de Jong-il, diante do Estúdio Coreano de Cinema. Eram duas da manhã. Mais cedo naquela noite, Choi e Jong-il haviam comparecido a uma apresentação no Teatro de Arte Mansudae. Em seguida, a conversa se voltara para o cinema.

— Existem estúdios na Coreia do Norte? — perguntara Choi.

— Sim, é claro que temos um estúdio de cinema! — respondera Kim. — Gostaria de conhecê-lo? — Choi estivera prestes a dizer que sim, talvez em algum dia daquela semana, mas Kim já se levantara e ordenara que o guarda mais próximo buscasse o carro.

Eles haviam ido até o estúdio e, sem sair do carro, Kim fora o guia de Choi e Hak-sun durante o tour, passando pelos cenários silenciosos e desertos. Havia uma rua criada para se parecer com a Coreia da era colonial, outra imitando o Japão da era Meiji e uma terceira que era uma versão maltrapilha de um quarteirão de Seul durante os anos 1950. O "cenário europeu" parecia consistir em nada além de um chalé tirolês em frente a uma casa de campo inglesa, no alto de uma colina. Abaixo, havia um parreiral falso e uma igreja representando o sul da França. Enquanto o carro se movia em torno dos edifícios, Choi viu que as laterais haviam sido construídas para parecerem casas estereotipadas de várias culturas europeias, como se fossem cubos de Rubik arquitetônicos. Ela esperara que a decisão de Kim de visitar o estúdio tão tarde significasse que havia uma filmagem em andamento, mas não havia uma única alma em todo o lugar. O que viu do estúdio lhe pareceu pequeno e surrado.

Agora eles estavam do lado de fora do portão, descansando no carro após o passeio inesperado.

— Você sabe qual é — repetiu Jong-il.

Hak-sun concordou com a cabeça, como se fizesse uma profunda mesura dos ombros para cima.

— Cuidarei disso amanhã cedo.

A guerrilheira, estranhamente, não era um filme norte-coreano, mas soviético, feito em 1956 por Grigori Chukhrai. Fora um sucesso de bilheteria russo e vencera o Prêmio Especial do Júri no Festival de Cinema de Cannes, mas Choi jamais ouvira falar dele. A cópia não tinha legendas e, assim, Hak-sun explicou o roteiro. Passado durante a guerra civil russa, o filme conta a história de uma atiradora de elite do Exército Vermelho, Maria, com quarenta vítimas do Exército Branco em seu currículo. Ela falha em matar o quadragésimo primeiro alvo, mas o faz prisioneiro, descobre que ele possui informações secretas sobre a estratégia de seu campo e decide escoltá-lo até o quartel-general. O navio que os leva pelo mar de Aral naufraga e os dois, os únicos sobreviventes, ficam presos em uma pequena ilha. Com o tempo, se apaixonam. Um dia, surge um navio e, com ele, a promessa de resgate — mas o navio pertence ao Exército

Branco. O oficial, em êxtase, corre até o mar e começa a nadar em direção ao navio. Maria o chama e lhe pede para parar, mas ele continua nadando. Ela carrega o rifle, o posiciona no ombro e mira. "Não!", implora. Ele não lhe dá ouvidos e ela, com os olhos cheios de lágrimas, atira. Tomada pelo pesar, solta a arma e entra no mar atrás dele, abraçando seu corpo e boiando lentamente para longe.

Choi não tinha certeza da razão para Kim escolher esse filme. Talvez o tivesse visto ainda jovem e se lembrasse dele ou talvez fosse o tipo de filme que esperava fazer — melodramático, de grande apelo emocional em um cenário histórico, cheio de propaganda politicamente aprovada, mas ainda artístico o bastante para receber o segundo maior prêmio do mais prestigiado festival de cinema do mundo. Choi pensava nisso quando se levantou e Hak-sun acendeu as luzes.

— Esse filme foi feito logo depois de Kruchev tomar o poder na União Soviética — disse Hak-sun. — Você entendeu a mensagem final, não é? Se é um traidor, não importa se é amante, amigo ou qualquer outra coisa.

Ela deixou as palavras pairando no ar.

Algumas semanas após sua chegada à Coreia do Norte, Choi começou a receber permissão para deixar o complexo. As excursões eram sempre meticulosamente planejadas e rigidamente controladas. Ela era informada no último minuto e então ela e Hak-sun embarcavam no Mercedes, com dois ou três guardas as seguindo em outro carro. O comboio geralmente ia para Pyongyang.

Pyongyang, reduzida a ruínas pelas bombas americanas, fora redesenhada como a mais emblemática obra de propaganda do Estado, cheia de monumentos imponentes, vastas praças e amplos bulevares, tudo feito de concreto branco e completamente livre de poluição e engarrafamentos. Aquela, afirmara Kim Il-sung, era a cidade perfeita e a capital perfeita para o perfeito Paraíso do Povo.

Na verdade, era uma cidade apenas para a elite ver, e o paraíso, é claro, estava longe disso. Em vez da fraternidade igualitária, Kim introduzira uma elaborada ordem social na qual os 11 milhões de cidadãos norte-coreanos comuns eram classificados de acordo com sua confiabilidade política percebida. O sistema *songbun*, como era conhecido, reorganizou implacavelmente todo o sistema social da Coreia do Norte em uma hierarquia comunista pseudofeudal, com cada indivíduo passando por oito investigações separadas e tendo sua história familiar sendo considerada até os avós e primos de segundo grau. O resultado final, ou *songbun*, colocava o indivíduo em uma de 51 grades, divididas em três categorias, de cima para baixo: a classe central, a classe neutra e a classe hostil. A classe hostil incluía vastas parcelas da sociedade, dos politicamente suspeitos ("pessoas de famílias ricas de agricultores, comerciantes, industriais e proprietários de terra; pessoas pró-Japão e pró-Estados Unidos; burocratas reacionários; desertores do Sul; budistas; católicos; autoridades públicas expulsas") às *kisaeng* (o equivalente coreano das gueixas) e *mudang* (xamãs rurais).

Embora os norte-coreanos não fossem informados sobre a nova classificação, rapidamente se tornou claro para a maioria das pessoas a classe a que pertenciam. Os norte-coreanos da classe hostil eram proibidos de viver em Pyongyang ou nas áreas mais férteis do interior e eram excluídos de qualquer bom emprego. Praticamente não havia mobilidade ascendente — uma vez hostil, sempre hostil —, mas muita mobilidade descendente. Se alguém fosse encontrado fazendo algo ilegal ou censurando o regime, seu *songbun* e o de sua família eram prejudicados. Arquivos pessoais eram mantidos trancados nos escritórios locais e cópias eram enviadas ao Ministério para Proteção da Segurança de Estado e a cofres resistentes a explosão nas montanhas da província de Ryanggang. Não havia como modificar o próprio status ou fugir dele. A parte mais astuciosa era que Kim Il-sung criara uma maneira de seus súditos manterem a própria opressão ao organizá-los em *inminban* ("brigadas populares"), cooperativas de vinte ou mais famílias por bairro cujo dever era vigiar umas às outras e denunciar qualquer comportamento potencialmente criminoso ou subversivo. Esses grupos eram complementados pelas *kyuch'aldae*, unidades móveis de polícia constantemente à espreita de infratores, que tinham autoridade para invadir qualquer residência ou escritório, dia e noite. As ofensas incluíam usar mais que a cota permitida de eletricidade, vestir jeans ou roupas com letras latinas (uma "indulgência capitalista") e usar o cabelo mais comprido que o autorizado. Pior ainda, Kim decretou que a culpa de uma pessoa tornava três gerações de sua família culpadas do mesmo crime. Opor-se ao regime significava arriscar que avós, esposa e filhos — por mais jovens que fossem — fossem presos e torturados.

Historicamente, os coreanos haviam se sujeitado a um rígido sistema de castas similar ao hindu. Nos anos iniciais da RPDC, o povo norte-coreano achou que esse sistema era apenas uma revitalização modernizada daquela estrutura social tradicional. Quando percebeu que havia algo terrivelmente errado, que uma pirâmide havia sido construída e que, em seu topo, no estreitíssimo ápice, Kim Il-sung se sentava sozinho, apoiado sobre as costas curvadas do povo, sobre suas famílias e amigos assassinados, sobre suas vidas destruídas — na época em que os cidadãos fizeram uma pausa e ousaram pensar que seu libertador, seu salvador, os estava traindo e, de fato, *sempre* os traíra —, já era tarde demais.

Como "hóspede" de Kim Jong-il, Choi era frequentemente levada à, de outro modo, inacessível Pyongyang, assim como a marcos famosos da revolução, como o local de nascimento de Kim Il-sung em Mangyongdae, uma cabana com teto de palha e um pequeno celeiro, perto do centro da cidade. Ambas as construções pareciam recentes, como o cenário de um parque temático. Forjar uma cabana de camponeses dos anos 1910 não era nada para o regime de Kim: mais tarde, eles criariam tumbas antigas para dar legitimidade ao regime, "provando" que o lendário rei coreano Dongmyeong, cuja dinastia governara por sete séculos, vivera ao *norte* do paralelo 38. A lenda dizia que Dongmyeong nascera de um ovo fertilizado pelo Sol e montava um unicórnio durante as batalhas. Em novembro de 2012, a Agência Central de Notícias anunciou que o sepulcro do unicórnio fora descoberto, convenientemente no centro de Pyongyang e sob uma rocha retangular que dizia ser a toca do unicórnio. O diretor da Academia Nacional de Ciências da RPDC declarou: "A descoberta prova que Pyongyang era a capital da Coreia Antiga, assim como do reino Koguryo." Que também "provasse" a existência de uma criatura mítica, notavelmente, pareceu secundário.

Decepcionantemente, as saídas de Choi não envolviam unicórnios, mas sim a contemplação de estátuas, incluindo uma efígie banhada a ouro do próprio Kim Il-sung, em frente à qual recebeu ordens para se curvar e sobre a qual lhe contaram, orgulhosamente, que era "2,75 metros mais alta que a esfinge egípcia". (Mais tarde em 1978, o premiê chinês Deng Xiaoping visitou Pyongyang e, ao ver o brilhante ídolo dourado, expressou preocupação com a maneira como o dinheiro de Pequim estava sendo gasto. A cobertura de ouro foi removida e substituída por outra, igualmente brilhante, de cobre.)

Ela também foi levada a museus. O Grande Líder adorava museus. Ele construíra tantos que a Coreia de Norte tinha até mesmo um Museu da Construção do Museu de Construção do Metrô. A maioria ficava em Pyongyang, como o Museu Coreano de Arte, que consistia exclusivamente em pinturas de Kim Il-sung e Kim Jong-il, mas vários outros estavam sendo construídos nas províncias, como o Museu Sinchon das Atrocidades de Guerra Americanas, cheio de retratos "historicamente acurados" sobre a brutalidade do Exército americano durante a guerra de 1950-1953: soldados atirando em criancinhas, permitindo que cães selvagens se alimentassem de camponeses inocentes, esfolando homens ainda vivos, queimando-os em fogueiras, escalpelando-os com facas de osso e pregando propaganda capitalista em suas testas. Todos os americanos eram retratados com pele pálida, narizes compridos e olhos demoníacos e selvagens. Evidentemente, não havia nenhuma fotografia. Choi foi levada ao Museu da Revolução Coreana, dedicado aos antepassados de Kim Il-sung, e ao Museu da Vitoriosa Guerra de Libertação da Pátria, onde ouviu que os norte-coreanos haviam vencido o que chamavam de Guerra da Libertação e viu fotografias de veículos do Exército americano se rendendo, com bandeiras brancas estendidas nas janelas (na verdade, as bandeiras haviam sido recolhidas durante as primeiras conversações sobre armistício em Kaesong, quando o comando das Nações Unidas fora convencido pelos norte-coreanos a usá-las em sinal de paz). O museu reduzia as baixas norte-coreanas, exagerava as baixas do inimigo e omitia o envolvimento dos chineses e soviéticos no conflito. Mais tarde no mesmo ano, Choi foi levada ao novo Museu da Amizade Internacional de Kim Jong-il, que ele inaugurara em agosto e que a Agência Central de Notícias informara ter sido construído em apenas três dias. Feito de concreto forrado de chumbo, resistente a explosões nucleares, o museu abrigava os presentes oferecidos a Kim Il-sung por dignitários estrangeiros, "prova", dizia o regime, "do infinito amor e respeito do mundo pelo Grande Líder". Os destaques incluíam uma limusine à prova de balas enviada por Josef Stalin, um vagão blindado de Mao e um garçom-crocodilo empalhado, segurando uma bandeja com xícaras de chá, doado pelos comunistas da Nicarágua. Soldados com metralhadoras banhadas a prata revistavam os visitantes na porta e todos tinham de fazer uma mesura ao retrato de Kim Il-sung na entrada e depois vestir capas descartáveis nos sapatos, para não sujar o piso.

A educação de Choi, como era chamada, continuou. Hak-sun nunca parava de falar sobre o Grande Líder e suas conquistas. Todos os dias, insistia para que Choi se juntasse a ela no piano e aprendesse canções louvando Kim Il-sung e Kim Jong-il. Em breve, alguns homens pediram que ela fizesse um comunicado no rádio dizendo que fora para o Norte voluntariamente, a fim de "se colocar sob os cuidados do Grande Líder", mas ela recusou. Eles jamais insistiam e suas instruções pareciam ser para convencer, e não impor. Um dia, o homem que pedira seu passaporte e identidade passou a morar na casa de hóspedes. Seu nome era sr. Kang, do Gabinete de Investigações do Departamento de Segurança de Estado. Ele disse que fora designado como seu instrutor. Daquele momento em diante, administrou as atividades diárias de Choi e supervisionou sua reeducação ideológica. Choi recebeu uma biografia em três volumes de Kim Il-sung e teve de lê-la em voz alta. Ela teve dificuldades com o vocabulário estranho e as longas e obsequiosas sentenças.

— Tente ler melhor — disse Kang.
— Não posso ler para mim mesma?
— Não. Leia em voz alta.

Durante duas horas por dia, todos os dias, ela se arrastava pelo livro. Regularmente, Kang pedia que memorizasse passagens e as recitasse, palavra por palavra. Seu progresso era tão lento, e os livros, tão grossos e repugnantes, que ela levou dois meses para chegar ao fim do terceiro volume. "Todos os capítulos idolatravam Kim Il-sung e seus ancestrais", lembrou Choi. Seu pai era "corajoso e patriota", dizia o livro, sua mãe "trabalhara para o Exército na luta pela independência nacional [...] [dedicando] sua vida ao filho e à luta nacional" e o próprio Kim Il-sung era como um sol benevolente, brilhando sobre a Coreia. Choi achou a coisa toda muito absurda. Ela ainda não sabia que todas as crianças norte-coreanas liam o mesmo livro na escola, memorizavam passagens ainda mais longas e aprendiam que cada palavra era a verdade indisputável.

Além de história (vida e realizações de Kim Il-sung), teoria econômica (políticas econômicas de Kim Il-sung) e cultura (grandes canções e contos sobre Kim Il-sung, produzidos por Kim Jong-il), Choi também foi instruída na "inovadora" filosofia do Grande Líder, conhecida como Juche. A filosofia Juche, palavra que pode ser traduzida como "autoconfiança" e "autossuficiência", pegava noções marxistas básicas sobre o conflito entre os ricos proprietários e o proletariado e acrescentava um forte elemento nacionalista. De acordo com a teoria Juche, depois que o Povo passara a controlar os meios de produção, as pessoas assumiram seu próprio destino e seu poder de determinar esse destino residia em subsumir suas necessidades individuais ao desejo da coletividade. A coletividade era liderada e representada por um absoluto e supremo Grande Líder, que não devia ser questionado e fora enviado para liderar o povo coreano porque ele era especial e escolhido, de sangue mais puro e mais virtuoso que qualquer outro, mais uma razão para que caminhasse para a iluminação sem a ajuda de raças inferiores.

Ou algo assim. A Juche é uma doutrina notoriamente confusa e contraditória, que os observadores e analistas norte-coreanos tentaram compreender durante quarenta anos sem serem capazes de chegar a um consenso sobre o seu significado. Choi Eun-hee também não via nenhuma lógica. Frequentemente, discutia com Kang.

— Os comunistas insistem que nesta nação todos são iguais e vivem felizes — disse ela um dia. — Mas, em minha opinião, o sistema de classes é ainda mais rígido aqui. O que você acha?

— É uma fase de transição — respondeu Kang, em voz alta e autoconsciente, como se recitasse um memorando. — Antes de podermos chegar à sociedade comunista ideal, precisamos passar pela transição.

— Então qual é a diferença entre o capitalismo e o socialismo atual? — perguntou Choi, inocentemente.

Kang pareceu aturdido.

— O que você está tentando dizer? Como pode comparar o socialismo ao capitalismo, no qual o rico fica mais rico e o pobre fica mais pobre, um sistema baseado completamente na sobrevivência do mais apto?

— Mas o bem-estar social também é um objetivo capitalista.

— Que absurdo. Existe uma diferença, uma diferença essencial.

— E qual é a diferença? Você pode explicá-la mais claramente?

— Se eu digo que é diferente, é porque é diferente! — gritou Kang. — Por que você faz tantas perguntas?

Todas as conversas eram assim: encerradas prematuramente com a evasiva promessa de que se ela parasse de pensar por si mesma e simplesmente abraçasse a revolução, tudo ficaria bem. Em várias ocasiões, o instrutor perguntava subitamente: "Madame Choi, você tem vários conhecidos em altas posições na Coreia do Sul, não tem? Dizem que é muito próxima do chefe da ACIC, Kim Jong-pil. É possível que Kim Jong-pil seja o próximo presidente?" ou "O que o presidente Park pensa disso e daquilo?" Choi sabia que estavam tentando extrair informações e disse a Kang que ele a superestimava. "Eu estava no interior, dirigindo minha escola em Anyang", disse ela. O homem apenas ria e, no dia seguinte, recomeçava com as perguntas.

Choi também tinha uma pergunta: por que fora sequestrada? "Quando levarmos a revolução à Coreia do Sul sob a liderança do Grande Líder", respondeu Kang, "você terá um importante papel a desempenhar. Os sul-coreanos acham que somos monstros e selvagens. Assim, após libertarmos a Coreia do Sul, não importa o quanto expliquemos nossa ideologia, você acha que irão aceitá-la? Mas, se *você* estiver à frente e disser ao povo sul-coreano — se disser uma única palavra —, isso será mais persuasivo que cem palavras nossas." A ideia lhe pareceu absurda, mas, com o passar das semanas, Kang continuou a tocar no assunto.

— Não consigo suportar a ideia de minha família sofrendo e achando que morri — disse Choi certo dia. — Sem mim, eles morrerão de fome.

— Morrer de fome? — Ele deu de ombros. — Não importa quão ruins fiquem as coisas, as pessoas acham um jeito de sobreviver. — Além disso, se ela estava tão preocupada, só precisava concordar em fazer a transmissão e eles saberiam que estava viva.

— E fazer o quê? Dizer ao mundo que vivo feliz sob os cuidados do Grande Líder e toda essa merda?

— Acalme-se. Você deve suportar alguma dor pelo bem da revolução.

— Que droga de revolução é *essa*? — rosnou ela.

Kang a encarou fixamente.

— Você precisa estudar de maneira mais revolucionária para entender. Precisamos de uma revolução para unificar o país. Somente após a reunificação você poderá encontrar sua família e seus amigos. Por favor, tente suportar até lá.

Em outra ocasião, Choi recebeu uma lição na qual lhe foi dito que Park Chung-hee e a esposa eram espiões americanos, que a primeira-dama fora odiada no Sul e que seu assassinato fora celebrado pelo povo. "Eu conhecia a primeira-dama", interrompeu Choi furiosamente. "Ela era uma pessoa generosa e maravilhosa. Que provas tem você dessa mentira?" Ela insistiu em obter provas até que o instrutor gritou com ela e partiu. Todas as vezes em que desafiava Kang, ela, como uma criança de castigo, deixava de ser convidada para a festa da semana seguinte.

E também assistia a filmes, é claro, começando com *Mar de sangue*. Kim Jong-il viu o filme com ela e, quando terminou, pediu uma crítica. Ela disse que a história era emocionante, e a interpretação, genuína. Ele sorriu alegremente quando ela disse que um filme daquela escala teria sido impossível de fazer, na época, na Coreia do Sul. Mas pareceu menos feliz quando ela afirmou que as obras norte-coreanas pareciam repetitivas, pois eram todas sobre dever, comprometimento e sacrifício.

— Parece-me — acrescentou ela — que, em última análise, a revolução tem o objetivo de permitir que as pessoas vivam bem, não é? Há vários outros temas que podem fazer com que as pessoas se sintam felizes.

Jong-il pestanejou, em dúvida.

— Como quais?

— Bem, amor, por exemplo. O amor entre um homem e uma mulher.

Jong-il ainda não parecia convencido. Certamente, afirmou Choi, *A guerrilheira* era um filme tão poderoso não apenas por causa da mensagem política, mas também porque os personagens no núcleo da história estavam apaixonados. Não seriam todas as histórias melhores com uma trama amorosa? Jong-il pensou nisso durante algum tempo e então deu de ombros.

— Quando o diretor Shin chegar, ele poderá ver isso.

Choi ficou paralisada. Era a última coisa que esperava ouvir.

— O quê? O que quer dizer? Para quê? Como?

— Ele nos visitou há apenas alguns dias — disse Jong-il.

Aquilo certamente não podia ser verdade, pensou Choi, era mentira, mas será que alguém conseguiria mentir tão bem? Vendo-a hesitar, Kim se voltou para seus guarda-costas.

— Camaradas, o diretor Shin não prometeu retornar após sua última visita? — Mas foi longe demais, os homens pareceram confusos e constrangidos.

— Sim — murmuraram, após alguns segundos.

— Viu? — disse Jong-il, antes de mudar de assunto. — Sabe, quando fizermos a conferência entre as Coreias do Sul e do Norte, você precisa participar...

Para surpresa de Choi — e de seu entourage —, Kim decidira transformá-la em uma espécie de conselheira cultural. Ele a levou ao teatro para ver os musicais que encomendara, à ópera, ao circo e a seu cinema. Para um homem cuja filosofia nacional baseava-se na autossuficiência e na alegada superioridade da raça norte-coreana, Jong-il parecia desesperado pela aprovação de sua hóspede; de fato, todo mundo na Coreia do Norte, notou Choi, parecia desesperado pela aprovação de um estrangeiro. Eles se gabavam sem cessar do tamanho e do escopo de tudo. "E que tal esse teatro?", perguntou Jong-il na primeira vez em que ela entrou no palco principal de Pyongyang, o Teatro de Arte Mansudae. "Em termos de tamanho e instalações, é realmente de classe mundial, você não acha? E foi construído em apenas um ano." Quando a levou ao circo, ele a recebeu dizendo: "Este é um show especial para você. Nossa trupe sempre ganha prêmios em competições internacionais no Leste Europeu."

Choi se tornou a única pessoa a quem Kim Jong-il genuinamente ouvia e cujas opiniões buscava, a única pessoa com permissão para criticar os Clássicos Imortais que estava concebendo. Ela não recuou. Eles desenvolveram uma estranha ligação, o homem mais jovem alternadamente buscando seus conselhos e tratando-a com desdém, e ela passando a apreciar e mesmo gostar de sua companhia, mesmo quando o amaldiçoava e desprezava por tê-la sequestrado e afastado de seus filhos e de sua vida. Ele passou a chamá-la ocasionalmente de professora Choi, na tradicional maneira formal coreana, especialmente quando pedia conselhos. Parecia à vontade com ela e podia falar mais abertamente em sua presença do que com seus compatriotas, mas Choi também estava agudamente consciente de que jamais estivera a sós com ele, sempre havendo guarda-costas e subordinados discretamente presentes, vigiando nas sombras.

13

Sequestrado

Após questioná-lo, os oficiais da polícia de Hong Kong levaram Shin Sang-ok ao Hilton Hotel, onde ele reservara um quarto. Mais cedo naquele dia, um jovem oficial inglês ouvira pacientemente enquanto Shin explicava sua hipótese de que a ex-esposa fora raptada por agentes da RPDC de algum modo ligados ao marido norte-coreano da sra. Lee. Quando o vice-premiê norte-coreano Pak Song-chol visitara Seul durante as raras conversações entre Norte e Sul em 1972, ele solicitara uma cópia de *O hóspede e minha mãe* para Kim Il-sung; Shin disse achar que as duas coisas poderiam estar associadas. Quando terminou, o oficial agradeceu, disse que entraria em contato e lhe pediu para permanecer em Hong Kong até que a investigação estivesse concluída.

Shin chegou ao quarto de hotel, pegou o telefone e discou para o irmão, em Seul. O irmão disse que a família estava "um caos". A casa de Shin fora revistada e a polícia e a imprensa afirmavam que ele poderia ter ferido Choi, em desesperada vingança por ela tê-lo deixado ou, de algum modo, dadas suas dificuldades financeiras, em busca de ganho monetário. Sentindo-se acuado, Shin marcou uma entrevista coletiva naquela noite, em seu quarto de hotel, e repetiu suas suspeitas sobre o envolvimento da Coreia do Norte aos doze jornalistas que compareceram. Ele disse sempre ter desconfiado da sra. Lee e acrescentou achar estar no centro de uma conspiração política. Os jornalistas tinham muitas perguntas, mas quase todas se referiam ao seu suposto envolvimento no desaparecimento de Choi. Ele não estava chegando a lugar algum.

Após uma noite maldormida, ele foi até o consulado coreano e se reuniu com um oficial da inteligência e dois policiais, para quem repetiu a história. O oficial da inteligência pediu seu passaporte e autorização para viajar, após o que recomendou a Shin que retornasse a Seul e cooperasse com a investigação sul-coreana. Shin disse que faria isso de bom grado, desde que recebesse um visto de saída antecipado. Ele não podia trabalhar no país, explicou, e precisava da garantia de que ainda seria capaz de viajar e procurar um novo lugar para trabalhar. O oficial respondeu que não podia garantir algo assim. Quando Shin saiu do consulado, notou que os dois policiais o seguiam. Naquela noite, a polícia de Hong Kong ordenou que não saísse do quarto. Policiais fizeram turnos vigiando a porta.

Não era incomum que sul-coreanos daquela época desconfiassem de suas próprias autoridades, uma atitude nascida de décadas de injustiça civil e exacerbada pela recente repressão política. Shin, dada sua experiência pessoal, suspeitava ainda mais que a maioria. Quando o inglês de meia-idade bateu à porta do quarto e se apresentou como detetive do Departamento de Investigações Criminais, Shin soube imediatamente a direção que sua manhã estava tomando.

— Você está aqui para me interrogar formalmente, não é? — perguntou ele ao inglês.

— Sim.

Shin o deixou entrar e eles se sentaram.

— Você está por trás do desaparecimento de Choi Eun-hee, não está? — perguntou o inglês. Ele falava em frases concisas e claramente enunciadas, como se estivesse acostumado a interlocutores que não falavam inglês muito bem.

— Não — respondeu Shin.

— Você escondeu Choi Eun-hee e Lee Sang-hee em algum lugar, não foi? Fizemos uma busca no apartamento de Lee Sang-hee em North Point e encontramos o roteiro do seu filme *Navio maldito*. Você planejou tudo com ela, não foi?

— Não, não é verdade.

— Então o que seu roteiro estava fazendo no apartamento dela? — perguntou o detetive.

— Não sei — disse Shin. — Ela estava sempre em nosso escritório. Talvez meu gerente, Kim Kyu-hwa, tenha emprestado o roteiro a ela. Deixe-me falar com ele e chegaremos ao fundo dessa coisa toda.

O policial parecia realmente determinado a obter respostas, notou Shin com alívio. Ele fez com que um policial levasse Kim e um intérprete de japonês ao quarto de Shin.

— Não temos um intérprete de coreano disponível, então você — disse o detetive a Shin — falará por meio do intérprete em japonês. O sr. Kim também responderá em japonês e a resposta será traduzida para o inglês. Não quero que nenhum de vocês diga nada em coreano. Entendido?

Shin concordou com a cabeça. Ele olhou para seu gerente, Kim.

— Como você se envolveu nisso? — perguntou abruptamente. Quanto mais pensava a respeito, mais achava que Kim estava escondendo algo. Quando Kim não respondeu, Shin perguntou: — Quem convidou Eun-hee para Hong Kong?

— A companhia Kum Chang — respondeu Kim, em japonês.

— Nunca ouvi falar dessa companhia.

— É uma empresa pequena. — Cada um deles aguardava após falar, para que o intérprete pudesse repetir em inglês.

— Quanto pagaram para você fazer as apresentações? — continuou Shin, depois que o intérprete terminou.

— Não muito — disse Kim em sua língua nativa, desviando o olhar.

— Sem falar coreano — interrompeu o intérprete.

— Quanto? — repetiu Shin.

— Alguns milhares de dólares — respondeu Kim em japonês.

Filho da puta, pensou Shin.

— Quem queria que você enviasse o convite a Eun-hee?

— Na verdade, era a sra. Lee — respondeu Kim.

Shin ficou furioso e começou a gritar com Kim. A conversa se transformou em caos quando os dois homens ergueram a voz, gritando um com o outro em uma rápida saraivada de perguntas e respostas, com o intérprete lutando para acompanhar e o policial incapaz de detê-los.

— Por que eles a levaram? — rosnou Shin. Kim não respondeu. Shin caminhou em sua direção. — Ela foi levada para a Coreia do Norte, não foi?

— Nunca pensei que chegaria a isso... — gaguejou Kim.

— Você não tem consciência?

— Eu não sabia que isso aconteceria. Fui seduzido por aquela mulher.

— Não tenho mais nada a dizer para você. Saia daqui.

— Eu não pretendia fazer nada errado. Era apenas um intermediário...

— *Tirem-no daqui.*

A polícia de Hong Kong prendeu Kim, revogou seu visto de trabalho e o enviou de volta a Seul, onde acabou condenado por desobedecer à Lei de Segurança Nacional ao conviver com cidadãos norte-coreanos e recebeu uma sentença de quinze anos de prisão. Embora as coisas agora fizessem sentido para Shin, não havia nenhum consolo. Usando a sra. Lee, os norte-coreanos haviam pago tanto a Kim quanto ao chinês Wang Dong-il para levarem Choi até Hong Kong e, uma vez lá, haviam cuidado de tudo com as próprias mãos. Mas aí a pista esfriava. Shin não tinha ideia do que acontecera em seguida ou como descobrir. Wang desaparecera no continente e ninguém estivera com Choi além da sra. Lee — que também desaparecera. Os norte-coreanos deviam querer Choi por alguma razão, para se darem a tanto trabalho, o que significava que ela ainda estava viva — mas ela tinha coração fraco e com todo aquele estresse...

Para piorar as coisas, Shin não podia ficar em Hong Kong. Já era fim de março. Os passaportes sul-coreanos eram restritivos e emitidos apenas para períodos de um, cinco ou dez anos, dependendo da necessidade do portador, e o de Shin expiraria no verão, dali a apenas alguns meses. Quando isso acontecesse, suas viagens futuras estariam à mercê das mesmas autoridades que haviam injustamente revogado sua licença de cineasta. Ele não podia deixar que isso acontecesse.

Nos quatro meses seguintes, Shin viajou com tanta frequência e para tão longe quanto conseguiu. Tudo que precisava era que um filme recebesse sinal verde em algum lugar — qualquer lugar que oferecesse visto de residência —, e sua vida estaria de volta aos eixos. Ele foi ao Japão, procurando filmes para distribuir, e se reuniu com o roteirista Ryuzo Kikushima para discutir *First Blood*. Alguém lhe disse que era mais fácil conseguir vistos americanos a partir da França, pois sul-coreanos podiam entrar livremente no país, e ele tentou, mas sem sucesso. Parou na Alemanha Ocidental para pedir asilo político, mas os procedimentos legais eram caros demais para suas economias cada vez mais reduzidas. Um distribuidor em Cingapura expressou interesse em alguns dos filmes já existentes da Shin Filmes, o que ao menos reabasteceria os cofres, mas demorou para confirmar o acordo.

Inesperadamente, os eventos o levaram de volta a Hong Kong. Shin tinha uma conta bancária na ilha, além da última subsidiária da Shin Filmes. De lá, poderia decidir qual de suas únicas opções realistas escolher: voltar a

Seul ou ir até a Alemanha Ocidental e gastar o restante de seu dinheiro em um pedido de asilo sem garantia.

Eram meados de julho. Seu passaporte expiraria em 9 de agosto.

Shin desligou o telefone. Estava no escritório da Shin Filmes e acabara de falar com o irmão. Relutantemente, prometera desistir da Alemanha Ocidental e retornar a Seul. O governo abrandara a Lei de Cinema, dissera o irmão; talvez eles pudessem conseguir uma nova licença e começar outra companhia. Shin concordara em voltar para casa apenas para acalmar o irmão e encerrar a conversa. Na verdade, não tinha ideia do que faria.

Ele desmoronou na cadeira, exausto. Trabalhara a vida inteira para construir um império cinematográfico e ali estava ele, com quase 52 anos, quebrado, divorciado, sem emprego e sem saber como encontrar alguém, qualquer um, em qualquer lugar do mundo, que quisesse lhe dar um. Ele ainda pensava em Choi todos os dias, mas começava a compreender que provavelmente jamais a veria novamente ou descobriria o que acontecera com ela. Ele imaginou a tristeza dos filhos e a angústia que sentiam pelo fato de a mãe não estar com eles, nem agora, nem jamais.

Lee Young-seng, o diretor do escritório de Hong Kong, o observava em silêncio. Finalmente, disse:

— Diretor Shin, acho que posso ter uma solução. O senhor me dará sua opinião?

— Uma solução? — perguntou Shin.

— Sim, uma forma de resolver seu problema com o passaporte.
— Cautelosamente, Lee disse a Shin que conhecia alguém que poderia lhe conseguir um passaporte genuíno de um país da América Central por 10 mil dólares. Shin estava cético, mas já ouvira falar nisso. Eichmann e outros nazistas haviam fugido para a Argentina em 1945 usando documentos falsos. E havia rumores de que o Sudeste Asiático, uma encruzi-

lhada para o tráfico — de drogas, animais selvagens e pessoas —, era um florescente mercado negro de passaportes roubados e falsificados. A ideia de Lee parecia arriscada, mas também irresistível — e se funcionasse? Não resolveria todos os problemas de Shin, mas seria um começo: ele não seria forçado a retornar à Coreia do Sul e poderia viajar, explorar suas opções e, esperava, encontrar um lugar para fazer filmes — e dinheiro.

Dez mil dólares era um terço do que tinha. Ele olhou para Lee.

— Você confia nesse cara?

— É claro.

— Ok — disse Shin, concordando com a cabeça. — Vamos fazer isso.

Placas de néon ganhavam vida na luz decrescente do início de noite enquanto o carro percorria a baía de Repulse. Shin olhou pelo vidro, para as poucas casas na colina. Luzes brilhantes nas janelas eram acesas enquanto o sol afundava no horizonte. As pessoas vivendo lá com suas famílias deviam ser felizes, pensou ele. Por alguma razão, a ideia o deprimiu.

Shin e Lee pegaram a balsa em Kowloon, onde o escritório estava localizado, para a ilha de Hong Kong. O Mercedes branco e o motorista aguardavam por eles do outro lado, enviados pelo contato de Lee. Eles atravessaram a principal área turística, passaram por casas de veraneio e mansões e agora deixavam as casas mais remotas para trás.

Subitamente, o carro freou. Quatro homens de cabelo comprido bloqueavam a estrada. Eles caminharam até o carro, abriram a porta do passageiro e puxaram Shin para fora. Um deles colocou uma faca em sua garganta.

— Me dê dinheiro! — silvou ele, em inglês precário.

— Por favor... não... pegue o dinheiro — Shin balbuciou. Ele tentou pôr a mão no bolso, mas subitamente outro homem colocou um saco de náilon sobre sua cabeça e o desenrolou até seus pés, cobrindo todo seu corpo. Uma corda foi amarrada em torno dos tornozelos. Shin entrou em pânico, começando a sufocar, mas então ouviu o som de tecido sendo rasgado e sentiu a lâmina da faca passar a centímetros de seu nariz. O ar fresco o engolfou, parecendo frio contra seu rosto. Quando abriu a boca para inspirar profundamente, um dos homens enfiou uma garrafa no rasgo e espirrou um líquido em seu rosto. O cheiro queimou suas narinas. Após alguns segundos, ele desmaiou.

Quando voltou lentamente a uma consciência desfocada, percebeu que estava sendo carregado. Podia ouvir as ondas atingindo a praia logo atrás de si. *É isso*, pensou. Eles o haviam roubado e agora o matariam. Ele terminaria a vida no fundo do mar, dentro de um saco de náilon.

Os homens que o carregavam pararam. Shin pensou ouvir um barco a motor se aproximando.

— Será que o médico está no barco? — perguntou um dos homens, com a voz soando perto de seu ouvido e o sobressaltando.

Shin sentiu o alívio percorrer seu corpo. Não morreria, afinal.

Mas o alívio durou pouco. O sotaque do homem era norte-coreano.

A jornada de Shin foi muito parecida com a de Choi. Ele acordou no mesmo cargueiro, na mesma cabine, com o mesmo rosto de Papai Noel de Kim Il-sung sorrindo para ele. Também ouviu que seria levado à República Popular "para responder ao chamado do Grande Líder".

Quando perguntou a um dos onipresentes guardas onde estava o chinês que viajara com ele, o guarda riu. "Você acha que Lee Young-seng é chinês? Ele é um de nós!" O homem achou hilário que Shin tivesse sido enganado por anos. Shin perguntou a outro membro da tripulação se Choi Eun-hee estava bem. Ela estava em Pyongyang? O homem deu de ombros. Ele não sabia, mas ouvira dizer que o serviço sul-coreano de inteligência a sequestrara e executara por ter cooperado com o Exército do Norte durante a Guerra da Coreia. Mentira, pensou Shin. Ou será que não?

Após três dias, o cargueiro ancorou perto de Nampo e Shin foi transferido para um pequeno barco a motor e levado até a costa. Não houve boas-vindas pessoais de Kim Jong-il para ele, apenas dois homens usando túnicas com gola Mao ao lado de um Mercedes-Benz.

— Bem-vindo à Pátria Socialista — disse um deles.

No meio da tarde o levaram até Pyongyang, e Shin — que nascera no Norte, mas não pudera ir até lá desde a divisão, em 1945 — se viu entrando em uma cidade que não via fazia mais de trinta anos. Mas Pyongyang não era nada parecida com o que costumava ser. As amplas avenidas não correspondiam a nenhuma das ruas anteriores. Todos os edifícios eram novos e feitos de concreto, muitos deles cobertos de azulejos, "parecendo exatamente com o interior de uma piscina pública", escreveu Shin. A cidade era simplesmente surreal. Os monumentos pareciam falsos, e as estátuas, ocas. Não havia lojas, restaurantes, cartazes, placas comerciais, bancos do lado de fora, quiosques, confeitarias, cafés, bares ou vendedores de rua. Toda a cidade estava vazia de comércio, veículos, idosos e animais, vazia de qualquer vibração, barulho ou alegria. Não havia nomes nas ruas nem placas nos prédios oficiais. O rosto de Kim Il-sung, contudo, estava por toda parte: das estátuas e pôsteres até os gigantes outdoors e letreiros nos telhados. "Não havia ninguém nas ruas", notou Shin. "[A cidade] estava silenciosa como um túmulo." Canções revolucionárias e propaganda emanavam debilmente de alto-falantes ocultos por toda parte.

Shin foi levado a uma casa de campo a uma hora de Pyongyang, em uma área que lhe disseram chamar-se vale das Castanheiras. A sala de exibição estava pronta e equipada para ele. Os cosméticos que usava em casa estavam alinhados no banheiro, e o guarda-roupa estava repleto de ternos, camisas, gravatas, abotoaduras, cuecas, meias e trajes informais. As camisas eram exatamente de seu tamanho, inclusive o largo colarinho de 42 cm e as curtas mangas de 56 cm. Quando se sentou para jantar, um vasilhame de inox cheio de caldo frio e macarrão foi colocado a sua frente.

"Eu sei", disse o guarda, casualmente, "que seu prato favorito é macarrão frio".

Durante os dois meses seguintes, Shin viveu no interior da casa. Nunca encontrou ou falou com Kim Jong-il, embora lhe dissessem mais de uma vez que "tudo está sendo feito segundo instruções especiais do Querido Líder, Camarada Kim Jong-il". Um homem que todo mundo chamava de camarada vice-diretor vinha todos os dias para cuidar de sua reeducação, informando-o sobre a gloriosa vida e carreira de Kim Il-sung e, ocasionalmente, levando-o para excursões turísticas de um dia. Quando Shin perguntava por Choi, o vice-diretor ficava furioso e o repreendia.

Shin viu Kim Jong-il de relance certa vez, na primeira fila de um espetáculo no Teatro de Arte Mansudae, reconhecendo-o pela maneira como todo mundo se levantava e aplaudia quando ele o fazia, com alguém gritando "Vida longa ao Camarada Querido Líder!".

"Quando saímos do teatro", lembrou Shin, "estava escuro. A fonte em frente ao teatro jogava água até muito alto, banhada em um mar de luzes multicoloridas. Era hora da mudança de guarda no edifício e uma coluna de soldados em passo de ganso passou por nós. Pela primeira vez, realmente me senti na Coreia do Norte".

Ele teria novamente essa inquietante sensação de reconhecimento apenas algumas semanas depois. Nove de setembro era o Dia da Independência, o aniversário de fundação da República Popular Democrática da Coreia e o fim do Festival Arirang, uma série de festividades com um mês de duração. Naquela manhã, o vice-diretor entregou a Shin uma insígnia no formato de uma bandeira vermelha com o rosto sorridente de Kim Il-sung e lhe mostrou como prendê-la "com a reverência apropriada". Então o levou até o Ginásio Popular de Pyongyang, onde eles assumiram seus lugares na área VIP. Vinte mil pessoas aos berros lotavam as fileiras de assentos em todo o estádio. O barulho era ensurdecedor.

O Festival Arirang foi nomeado em função de uma canção folclórica narrando a divisão da Coreia, na qual um jovem casal é separado por um maligno latifundiário. Desde então, tornou-se conhecido como Mass Games, famoso por suas paradas militares em passo de ganso, exibições de coreografia e gigantescos mosaicos criados por dezenas de milhares de membros treinados da plateia erguendo cartões coloridos no momento apropriado. Todas as exibições são feitas por cidadãos comuns, que podem ser escolhidos já desde o décimo quinto aniversário e, durante toda a vida, passam grande parte do tempo, todos os anos, treinando e se preparando para o evento. Kim Jong-il inventara os Mass Games em 1972, para o sexagésimo aniversário do pai, sendo uma das formas pelas quais esperava demonstrar suas virtudes como herdeiro. As coreografias estavam no centro do que se tornou conhecido como "arte da sucessão", escreveram os historiadores Heonik Kwon e Byung-ho Chung, "considerando-se que o objetivo central da produção artística daquela época era sublimar a autoridade de Kim Il-sung, como preparação para a transformação de seu carisma pessoal em carisma histórico e hereditário" que poderia ser repassado a Kim Jong-il.

Shin se levantou e olhou para baixo. Ele conseguia ver Kim Il-sung na frente da área VIP, com o premiê chinês Deng Xiaoping e outros dignitários estrangeiros nas cadeiras ao lado. Kim Il-sung parecia mais gordo que em seus retratos oficiais, que eram todos pinturas, e havia o que parecia ser um grande tumor na parte de trás de seu pescoço. Depois de algum tempo, Kim Il-sung ficou em pé na plataforma principal e fez um discurso cerimonial. A cada poucas frases, era interrompido pelo alto e entusiástico aplauso da multidão. Em frente a ele, estudantes seguravam cartazes coloridos para criar um mosaico da bandeira norte-coreana. Então, com imensa facilidade, formaram o rosto de Kim Il-sung em meio a águas ondulantes e nuvens flutuantes. Shin jamais vira uma multidão tão grande e tão bem coordenada — nem se sentira tão completamente sozinho.

Choi Eun-hee estava sentada em uma parte diferente do estádio naquele dia, talvez até mesmo — se algum deles olhasse cuidadosamente — na linha de visão do ex-marido. Era a primeira vez, em nove meses no país, que ela via uma celebração norte-coreana envolvendo cidadãos comuns. Todos a seu redor aplaudiam sem parar, batendo palmas tão alto e por tanto tempo que suas mãos começaram a doer ao tentar acompanhá-los. Estava claro que todos na arena adoravam Kim Il-sung como "ser absoluto", escreveria ela mais tarde. *Será que algum dia aplaudirei com o mesmo fervor que eles?*, perguntou-se ela. Enquanto assistia aos cartões serem virados, pensou nos jovens que os seguravam — quanto tempo haviam levado para se preparar, como eram tratados, se dispunham de tempo para fazer qualquer outra coisa ou se divertir. Ela olhou para baixo, para o campo cheio de crianças aguardando, em seus uniformes coloridos, pela sua vez de se apresentar, e notou que algumas delas, que não tinham permissão para sair das filas a fim de não perturbar os eventos, haviam urinado nas calças.

    O show durou várias horas. Nem Shin nem Choi sabiam que o outro estava no mesmo local naquele dia.

14

Os outros

CHOI NADA SABIA sobre a chegada do ex-marido, mas foi por volta dessa época que Kim Jong-il deixou de convidá-la para as festas.

Nenhuma razão oficial foi oferecida, mas Jong-il estava preocupado com questões de Estado. Ele passara a desempenhar um papel cada vez mais central. Em setembro de 1978, fizera uma rara e altamente visível aparição, reunindo-se a convidados estrangeiros para celebrar o Festival Arirang e o trigésimo aniversário de fundação da RPDC. Em dezembro, introduzira um novo lema nacional, "Vivamos à nossa própria maneira", uma indicação de que a política norte-coreana se afastava do socialismo e, dali em diante, enfatizaria o nacionalismo.

Choi continuou a solicitar a presença do Querido Líder, esperando pedir novamente seu retorno à Coreia do Sul, mas não recebeu resposta. Ele enviava presentes quase todos os dias: caixas de roupas sob medida para todas as estações, tecidos, casacos de pele, cosméticos. Também enviava cópias de cada fotografia dela feita por seus fotógrafos, desde sua chegada ao porto de Nampo até festas e passeios turísticos. Com o passar do tempo, Choi mergulhou na depressão. Ter a companhia de Hak-sun tornava os dias suportáveis, mas "quando ela ia para seu alojamento à noite", disse Choi, "eu era tomada pela nostalgia, pela ansiedade e pelo terror. Entrava no banheiro, abria as torneiras no máximo e chorava". Ela descobriu que, após a meia-noite, quando cessava a algaravia militar, o rádio ao lado de sua cama captava duas frequências sul-coreanas. Ela as acompanhava todas as noites, com o cobertor sobre a cabeça e o rádio para abafar o som. "Era meu único prazer, meu único consolo."

E então Kim Hak-sun também lhe foi tirada. Não houve adeus. Uma manhã, ela simplesmente não estava mais na casa. "Ela voltou para Pyongyang em caráter definitivo", disseram os outros assistentes. Para Choi, essa nova perda confirmou que, muito provavelmente, ela passaria o resto da vida sem objetivo, naquela prisão surreal a apenas algumas centenas de quilômetros de sua terra natal. Outrora uma atriz famosa com amigos, família e uma carreira, ela agora se via em um universo alternativo no qual as pessoas falavam sua língua, mas ela era incapaz de se identificar com o que quer que fosse. Não conseguia comer nem dormir. Quando cochilava, era assombrada por pesadelos com os filhos, que estava certa de jamais rever. Ela pensou em suicídio, mas a dor que causaria nos que a amavam era um preço alto demais a pagar. "Foi uma época horrível", disse ela.

Quando o clima se tornou mais ameno, seus instrutores, cumprindo uma promessa feita por Kim Jong-il, a levaram para uma casa de veraneio às margens de um lago, para um fim de semana de pesca. No primeiro dia, enquanto se dirigia à água, ela passou "por uma grande casa cercada por um muro de concreto e uma cerca de arame farpado" margeando o caminho. Enquanto caminhava ao lado do muro, uma voz cortante atrás dela perguntou, ansiosa: "Quem é você?" O assistente de Choi lhe pediu para aguardar e foi até o portão da casa, a apenas alguns metros. Ao voltar, a fez retornar apressadamente pelo caminho. "Devemos voltar", murmurou ele. "Esta área é proibida."

Dois dias depois, Choi estava em um barco pesqueiro com o sr. Kang e um assistente quando viu a mesma casa à distância. Uma mulher estava no jardim, indo e voltando em direção ao lago. Usava um leve vestido verde, com a barra boiando na superfície da água, e seu cabelo cuidadosamente penteado era acariciado com suavidade pela brisa. Ela parecia triste e refinada.

Observando, fascinada, Choi notou que havia uma dupla de assistentes, exatamente iguais aos seus, vigiando a mulher.

Na época do Festival Arirang, Choi foi obrigada a mudar de residência. No meio da noite, Kang foi até seu quarto e lhe disse para fazer as malas. Um jipe do Exército a aguardava. Kim Jong-il preferia transferir as pessoas secretamente durante a noite, para que fosse mais difícil segui-las — e para que tivessem mais dificuldade para determinar para onde, exatamente, estavam sendo levadas.

Eles seguiram montanha acima durante duas horas, antes de chegar a uma construção de dois andares em Tongbuk-ri. Ela ficava oculta na floresta, lembrou Choi, "como uma casa assombrada na escuridão". Choi foi apresentada a sua nova assistente particular, uma mulher de meia-idade que se parecia com Kim Hak-sun; seu nome, soube Choi, era Ho Hak-sun.

A casa em Tongbuk-ri era muito mais modesta que a anterior. O quarto de Choi era tradicional, com tatames, cama, guarda-roupa e mesa. Não havia rádio. Choi se sentiu descartada. Ela passava o tempo tricotando, caminhando pela manhã e vendo filmes à tarde. O aniversário de seus filhos chegou e passou. Ela os celebrou em triste silêncio, cheia de dor. Torcia para que o filho crescesse e se tornasse "um homem bom e honesto" e a filha "seguisse em frente [...] e se casasse com um homem maravilhoso". Ela se perguntava onde estaria o pai das crianças e se estaria cuidando delas.

Ela se lembrou do dia em que a mãe retornara subitamente de suas tarefas, a abraçara e dissera: "Voltei para casa mais cedo porque estava pensando em você." Na época, Choi dera uma risadinha e não pensara mais no assunto. Agora entendia o gesto. Também estava desesperada para ver Seul novamente. Sentia falta das "garotas passeando em frente ao muro de pedra do palácio Toksu, de braços dados; os jovens escalando Paegundae e gritando 'iahuuuuu!' para ouvir o eco; famílias inteiras sentadas em frente à TV após o jantar, assistindo a algum drama e chorando; pessoas discutindo sobre coisas triviais e jovens dividindo pequenos prazeres uns com os outros. Ah, como eu queria vê-los novamente!"

O sr. Kang introduziu novos elementos a seu treinamento ideológico. Para o 9 de setembro, ela foi convidada a escrever uma "mensagem de congratulações" a Kim Il-sung usando como guia o livro oficial de mensagens congratulatórias. Os exemplos no volume eram "muito longos e tediosos", disse Choi. "Os intermináveis adjetivos elogiosos e respeitosos tornavam as frases sem sentido." Ela fez seu melhor, juntando algumas sentenças no estilo eufórico e obsequioso que se esperava dela. Kang leu a carta, concordou com a cabeça e a colocou em um envelope. Então lhe entregou um formulário intitulado "Autobiografia para membros do Partido".

— Agora você deve escrever a história de sua vida e submetê-la ao Partido — disse Kang. — Você deve escrever somente a verdade. Tente examinar e julgar a si mesma e a seus atos. Em seguida, escreva suas conclusões.

— Eu nunca escrevi uma autobiografia — protestou Choi. Ela achava o exercício não apenas absurdo, mas também angustiante. A última coisa que queria era revisitar profundamente a vida de que fora forçada a desistir. — Como posso simplesmente me sentar e escrever?

— Essa é a solicitude do Querido Líder camarada Kim Jong-il.

— Solicitude?

Kang gesticulou em direção ao formulário.

— Escreva de uma vez.

Choi pegou uma caneta. *Nasci em 9 de novembro de 1930*, começou. *Sou a terceira filha de meu pai, Choi Young-hwan...* Enquanto escrevia, Kang lia e solicitava mais detalhes em certos pontos ou a inclusão específica de um tio ou primo. Choi não entendia a lógica daquilo, mas sabia que se tratava de algum tipo de teste, uma iniciação. A que, ela não fazia ideia.

Quando não estava trabalhando em sua autobiografia, madame Choi preenchia seus dias da melhor maneira que podia. Além de ler e tricotar, passou a caminhar pelos bosques. Notou que grandes partes do terreno do complexo eram bloqueadas por placas de acesso proibido. Após algumas semanas, um cachorro perdido se juntou a ela e então começou a pegar comida na mesa para alimentá-lo. Também fez amizade com um dos jardineiros e sempre que podia lhe fazia companhia, de joelhos, arrancando ervas daninhas e plantando flores. Gostava do trabalho manual. "Trabalhar com as mãos gerava resultados — resultados tangíveis. Tricotar (ou cuidar do jardim) parecia algo honesto e prático em minha vida, quando tudo o mais era caótico." Ela também mantinha um diário e isso a ajudava a se manter sã e em perspectiva.

Sua nova assistente, Ho Hak-sun, era uma presença calorosa e reconfortante. Ela sempre oferecia vinho de ginseng quando Choi estava ansiosa. "Beba um pouco", urgia. "Você se sentirá menos tensa." Frequentemente, apertava a mão de Choi e tentava acalmá-la. "Por favor, madame, acalme-se. Isso é ruim para a saúde. Seja forte e aprenda a suportar. Dias melhores virão."

"Quando a conheci", lembrou Choi, "ela estava com pouco mais de 50 anos. Não era bonita, mas também não era feia. Parecia gentil e leal. Embora tivesse pouca instrução, era muito inteligente. Eu a elogiava, dizendo: 'Se tivesse recebido educação formal, você teria sido um grande sucesso.' Ela havia nascido em uma família pobre de camponeses nas montanhas de Onsong, na província de Namgyong do Norte. Casara-se aos 18 anos, com as mesmas roupas comuns que vestia todos os dias." Logo após o casamento, tivera um filho e, em seguida, o marido fora lutar na Guerra da Coreia. Lá morrera, juntamente com todos os outros homens adultos da família. Como todas as viúvas de guerra, Hak-sun fora transformada em membro do Partido dos Trabalhadores, em homenagem ao sofrimento de sua família, e graças a isso fora capaz de melhorar de situação. Começara a trabalhar em uma pequena loja dirigida pelo Partido e aprendera sozinha a ler, escrever e contar, chegando a gerente. Em 1964, onze anos depois do fim da guerra, fora transferida para Pyongyang, para trabalhar no Comitê Central, onde, como contou a Choi, "estava envolvida em trabalho secreto". Idolatrava Kim Il-sung. Mantinha dois registros de poupança em casa, ambos sempre com a mesma quantia: 4 won e 15 chon em um (aniversário de Kim Il-sung, 15 de abril) e 2 won e 16 chon no outro (aniversário de Kim Jong-il, 16 de fevereiro). Sua maior ambição na vida era se destacar o bastante para receber um relógio Kim Il-sung, gravado com o nome do Grande Líder. "O relógio com o nome", contou ela a Choi, "representa a glória do Partido Comunista e confere privilégios ao seu dono". Choi a achava notável e passou a chamá-la de tia ou irmã.

Com 1978 se aproximando do fim, o clima ficou terrivelmente frio. Hak-sun entregou a Choi um uniforme de inverno do Exército do Povo, um sombrio conjunto mostarda de jaqueta de algodão acolchoada, calças e sapatos de algodão e pediu que ela o vestisse em suas caminhadas. Era o traje mais quente que conseguira encontrar. Choi não via um uniforme do Exército norte-coreano desde 1952. Olhando-se no espelho, achou-se ridícula.

Ela caminhava duas vezes por dia, pela manhã e à tarde. Quando a temperatura caiu abaixo de zero, às vezes chegando a −20°C, ela começou a ver pessoas subindo em árvores para pular os muros do complexo, pegando lenha para levar para casa. Mais tarde, soube que as famílias da área recebiam pequenas rações de pó de carvão, que deveriam transformar em tijolinhos para cozinhar e aquecer a casa, um processo para o qual não tinham tempo, uma vez que trabalhavam seis dias por semana, tinham sessões diárias e compulsórias de treinamento ideológico e eram "voluntárias". Ao vê-la, um homem ficou paralisado e começou a tremer. "Ele ficou se curvando para mim", lembrou Choi. "Parecia ter mais de 70 anos. Tinha sincelos nas pontas do bigode e suas faces eram encavadas." Ela se adiantou para ajudá-lo, mas o velho entrou em pânico, desculpou-se e mergulhou na floresta, cheio de terror. Quando os guardas pegavam gente como ele, atiravam ou enviavam para os campos por roubo. Às vezes, Choi ouvia gritos de dor à distância, ritmados, como se as pessoas estivessem sendo açoitadas ou espancadas.

Acima de tudo, sua curiosidade era atiçada pelas outras casas. Enfiadas nos cantos mais distantes do complexo, as pequenas casas ficavam distantes umas das outras, mas de vez em quando ela via um jipe ou um Mercedes estacionar em frente a uma delas. Alguém devia morar lá, pensou.

A mulher árabe foi a primeira que encontrou.

Foi durante uma de suas caminhadas à tarde. A mulher estava caminhando em sentido contrário e Choi parou de súbito, surpresa. Era o primeiro rosto não coreano que via no país. "Tinha um nariz alto e simétrico", descreveu Choi, "e bonitos traços". A mulher árabe parecia tão curiosa quanto ela. Choi usou o pouco inglês que sabia e perguntou:

— De onde você é?

— Sou da Jordânia — respondeu a mulher. Ela parecia aliviada por poder conversar.

— Jordânia? Você está muito longe de casa.

— Sim. De onde você é?

— Sou do Japão — mentiu Choi. Não sabia por que, mas não queria dizer que era da Coreia do Sul.

— Onde comprou esse chapéu?

Choi estava vestindo um dos chapéus de tricô que fazia para passar o tempo.

— Eu mesma fiz.

— Verdade? Ele é muito bonito.

Choi sorriu. Nenhuma das duas falava inglês muito bem e a conversa chegara a um impasse.

— Até logo — disse Choi. Ela passou pela mulher, mas, alguns passos depois, ouviu:

— Você é feliz?

Choi parou. E se virou.

— Ah... — balbuciou, e deu de ombros.

— É tão frustrante — disse a jordaniana. — Não posso nem mesmo escrever para minha família.

— Oh. Sinto muito. — Pausa. — Vejo você mais tarde.

Quando Choi contou a Hak-sun sobre o encontro, a assistente fez uma careta e sugeriu que a evitasse — ou a qualquer outra pessoa — no futuro. Choi a ignorou. Ela tricotou um chapéu para a mulher e, em troca, a jordaniana lhe deu um de seus lenços como presente de Natal. Alguns meses depois, ela partiu e Choi jamais a viu novamente.

Durante todo o mês de dezembro, o sr. Kang esteve na casa mais frequentemente que nunca, pressionando Choi a escrever uma mensagem de Ano-Novo para Kim Il-sung e Kim Jong-il, "com palavras imponentes e [...] três ou quatro páginas. Tinha de ser na melhor caligrafia possível. Até mesmo o papel era o melhor disponível". Se Choi cometesse um erro ou um único caractere não estivesse "perfeito e claro", ela teria de começar do zero. Kang lia cada rascunho. Ele a criticou por ser repetitiva ou usar o mesmo elogio para ambos os homens. "Os títulos corretos estão faltando aqui", disse ele, indicando uma linha específica. "Camarada Choi! Por que você ainda usa essa grafia? Essa grafia incorreta só é utilizada no Sul." No dia de Natal, Kang finalmente aprovou os rascunhos de ambas as cartas e lhe trouxe um papel muito caro para escrever a versão final. Nenhuma letra poderia estar torta, lembrou ele, e os espaços deveriam ser uniformes, ou ela teria de recomeçar. "Levei dois dias inteiros para escrever as duas cartas", disse Choi. "Eu as escrevi tantas vezes que me lembro delas quase na íntegra. A carta que enviei a Kim Il-sung dizia: 'Com a aproximação do Ano-Novo, gostaria de lhe enviar meus votos, nosso sol, nosso pai, nosso líder. Invicto em centenas de batalhas, homem de aço e nosso estimado líder, que liderou a defesa de nosso país contra o Japão e se recusou a se curvar aos imperialistas americanos...'" A carta para o filho começava: "Luz de nosso povo, nosso mestre, nosso querido Camarada Kim Jong-il, gostaria de expressar minha profunda gratidão e meus agradecimentos. Também gostaria de lhe desejar boa saúde para o próximo ano. Agradeço novamente por confiar em mim e me ajudar a ver uma nova luz..."

Kang ficou satisfeito. Nem todos eram privilegiados o bastante para enviar cartas para aqueles grandes homens, disse ele a Choi, e mesmo entre eles, apenas algumas poucas cartas, como as dela, seriam lidas pessoalmente por eles. Choi balançou a cabeça. O homem acreditava sinceramente que ela devia se sentir abençoada por escrever cartas de gratidão aos homens que a haviam sequestrado.

Passaram-se outros seis meses antes que Choi conhecesse a beldade de Macau. Ela estava dando sua caminhada habitual quando vislumbrou a mulher vindo em sua direção. Era alta, com o cabelo curto e liso da moda. Choi soube imediatamente que não era norte-coreana. Ambas pararam no caminho, encarando-se por um momento. Trocaram cumprimentos. O coreano da mulher era imperfeito, mas bom o bastante.

— Onde você mora? — perguntou Choi, formal e educadamente.

— Lá — apontou a mulher. — No Prédio 4. — Era a mesma casa onde a mulher jordaniana vivera.

— Você não é daqui, é? — perguntou Choi.

— Não, sou chinesa. De Macau — respondeu a mulher.

Choi olhou em torno. Ninguém parecia observá-las. Ela gesticulou para que a mulher a seguisse até uma parte mais remota do bosque.

— Você fala bem o coreano — disse ela, quando ambas pararam. — Onde aprendeu?

— Aprendi depois de chegar aqui. Estou aqui há quase um ano.

— Como você se chama?

— Meu nome é Hong. Meu nome inglês é Catherine. — Ela não perguntou o nome de Choi.

— O que tem feito ultimamente? — perguntou Choi.

— Estou estudando os textos de Kim Il-sung. — Ela parou por um momento e então falou de roldão: — Eu sei quem você é, irmã. Você é a famosa atriz Choi Eun-hee.

— Como você me conhece? — perguntou Choi, surpresa.

— Em Macau, eu via sua foto nos jornais bastante regularmente. Eu a reconheci logo.

Choi respirou fundo. Com o corpo carregado de curiosidade e a voz tremendo, ela fez a Catherine a pergunta que a incomodava desde que a vira.

— Como você chegou aqui?

Catherine Hong era uma em uma longa lista de pessoas raptadas por agentes norte-coreanos durante os anos 1970. Tarde da noite, em 29 de maio de 1970, Lee Jhe-gun e 27 colegas pescadores estavam em seu barco, o *Bongsan*, quando vários outros barcos os abordaram. Soldados invadiram o barco pesqueiro, apontando fuzis para os pescadores e gritando: "Vocês querem morrer? Saiam! Saiam!" Os pescadores foram alinhados e o *Bongsan* foi amarrado a um dos outros barcos e levado para águas norte-coreanas.

Em junho de 1974, duas crianças sino-coreanas de 3 e 7 anos foram levadas por espiões norte-coreanos de sua casa em Saitama, no Japão. Foram para Tóquio, onde permaneceram por seis meses, antes de serem colocadas em um navio com destino à Coreia do Norte. Seu pai, líder da rede de norte-coreanos no Japão conhecida como Chosen Soren, recentemente caíra em desgraça em Pyongyang.

No ano seguinte, o sul-coreano Go Myung-seob e 32 colegas pescadores estavam na costa da Coreia quando, inadvertidamente, seu barco se afastou demais para o norte. Subitamente, os 33 homens se viram sob custódia, sendo forçados a navegar até a Coreia do Norte. Quando chegaram, foram obrigados a realizar trabalhos forçados. Passaram-se 29 anos antes que Go conseguisse escapar. Nesse período, fora forçado a se casar com uma norte-coreana, tivera dois filhos e a maioria de seus colegas havia morrido. Quando escapou, ele tinha certeza de que a esposa e os filhos seriam mortos como punição.

Em novembro de 1977, a estudante Yokota Megumi, de 13 anos, acabara de sair do treino de badminton em sua cidade natal, Niigata, uma cidade portuária na costa oeste do Japão. Ela acenou para as colegas de time e iniciou a curta caminhada para casa, com a raquete enfiada em uma sacola branca sobre o ombro e a pasta preta da escola na mão. Parou no semáforo. Subitamente, homens estranhos a agarraram, amarram e jogaram dentro de uma mala militar soviética. Durante os dezesseis anos seguintes, ela sofreu isolamento e reeducação em Pyongyang, foi forçada a ensinar japonês na Universidade Militar Kim Jong-il e a se casar com outro sequestrado, um sul-coreano. Supostamente, cometeu suicídio após uma crise nervosa, em 1993.

Em junho de 1978, a família de Yaeko Tagushi, uma recepcionista de 22 anos de Tóquio, recebeu um telefonema da creche que cuidava de suas duas filhas. Yaeko não aparecera para buscar as crianças; havia algo errado? Ela saíra para comprar uma blusa e nunca mais fora vista. Treze anos depois, sua família soube que fora levada, contra a vontade, para a Coreia do Norte.

Naquele mesmo verão, cinco colegiais sul-coreanos desapareceram de praias e se presumiu que haviam se afogado. Duas décadas depois, os adolescentes, então adultos de meia-idade, foram descobertos na Coreia do Norte, trabalhando como instrutores da escola de espiões de Kim Jong-il e ensinando futuros agentes norte-coreanos sobre a cultura e o estilo de vida da Coreia do Sul.

Yasushi Chimura e sua noiva, Fukie Hamamoto, tinham 23 anos em 7 de julho de 1978. Estavam caminhando, após um encontro, pela praia rochosa da baía de Wasaka, perto de Obama, no Japão, quando foram atacados por norte-coreanos e forçados a entrar em um barco próximo. Foram considerados desaparecidos durante 25 anos, antes que o governo norte-coreano admitisse seu sequestro. Retornaram ao Japão em outubro de 2002, deixando para trás os três filhos que haviam tido na RPDC, considerados cidadãos norte-coreanos pelo regime de Pyongyang.

Mais tarde naquele mês, Kaoru Hasuike, de 20 anos, e sua namorada Yukiko estavam em um canto discreto da praia perto de Kashiwakazi, tentando se afastar das multidões de verão. Um homem se aproximou de Kaoru com um cigarro e perguntou se ele tinha fogo. Antes que Kaoru pudesse responder, o homem o atingiu no rosto e outros estranhos se aproximaram correndo. Em segundos, o perplexo casal foi amordaçado, jogado no chão e enfiado dentro de dois grandes sacos para corpos. Eles foram deixados no chão durante um curto intervalo. Podiam ouvir os homens a sua volta, provavelmente esperando que alguma testemunha potencial se afastasse. Então os dois os colocaram em um bote inflável que os levou até um navio maior, distante da costa. Assim que Kaoru e Yukiko foram retirados dos sacos, foram drogados. Enquanto o ar frio da noite tocava seus rostos, eles observaram as luzes de sua cidade natal desaparecerem no horizonte. Dois dias depois, estavam em Chongjin, Coreia do Norte.

Treze dias depois de Hasuike e sua namorada desaparecerem na praia, Hitomi Soga, de 19 anos, e sua mãe Miyoshi estavam comprando sorvete na ilha de Sado, a 37 milhas marítimas de Kashiwakazi, quando três homens as agarraram e derrubaram no chão. Eles as amordaçaram, colocaram em sacos pretos e carregaram até o rio próximo, onde um pequeno barco a motor aguardava. O barco as levou até um navio maior, longe da costa. Hitomi ficou presa até a manhã seguinte, quando já não havia terra à vista. Ela não sabia para onde a mãe fora levada.

Na mesma tarde em que ela e a mãe foram raptadas, apenas algumas horas mais tarde, Suichi Ichikawa, de 23 anos, e Rumiko Matsumoto, de 24, desapareceram da prefeitura de Kagoshima, a 1.400 quilômetros dali, no extremo sul do Japão; casaram-se na Coreia do Norte no ano seguinte.

Um mês depois, dois japoneses telefonaram para um serviço de acompanhantes em Cingapura e solicitaram que cinco belas damas fossem enviadas até seu iate, para uma "festa flutuante". Diana Ng Kum Yim, de 24 anos, Yeng Yoke Fun e Yap Me Leng, de 22 anos, e Seetoh Tai Thim e Margaret Ong Guat Goo, de 19, foram enviadas até o iate para passar a noite com os homens. Todos eles — homens, iate e acompanhantes — desapareceram naquela noite e nunca mais foram vistos, com exceção de Yeng Yoke Fun, que, em 1980, ressurgiu como funcionária de um parque de diversões em Pyongyang.

Em junho de 1979, o sul-coreano Ko Sang-moon entrou em um táxi em Oslo, Noruega, e pediu para ser levado à embaixada da Coreia do Sul. O motorista — por acidente ou de propósito — o levou à embaixada errada. Da próxima vez em que se ouviu falar de Ko, ele estava na Coreia do Norte, e Pyongyang afirmou que desertara por livre e espontânea vontade. No mesmo ano, quatro mulheres libanesas ouviram de um agenciador que havia quatro empregos de secretária pagando mil dólares por mês no Japão. Elas avidamente assinaram os contratos e entraram em um avião que acharam estar indo para Tóquio, mas cujo destino era Pyongyang. Assim que pousaram, tiveram seus passaportes confiscados e foram enviadas, segundo uma delas, "para uma instituição onde fomos treinadas em atividades de espionagem, incluindo judô, tae kwon do, caratê e como ouvir conversas em segredo, além de recebermos palestras de doutrinação para acreditarmos nos ensinamentos de Kim Il-sung. Havia 28 mulheres no instituto, incluindo três francesas, três italianas e duas holandesas, além de outras mulheres das Europas Ocidental e Oriental. Elas eram igualmente incapazes de se rebelar contra seus captores".

Algumas pessoas tinham mais sorte e conseguiam evitar a captura. Em 1977, a atriz Young Jung-hee e seu marido, o pianista Paik Kun-woo, escaparam por pouco de uma tentativa de sequestro por norte-coreanos em Zagreb, na Iugoslávia. Haviam lhes dito que um ricaço iugoslavo queria que Paik tocasse em sua casa. O chefe de polícia de Zagreb recebera 30 mil dólares para colaborar com os norte-coreanos escondidos no interior da residência, prontos para saltar sobre o casal assim que chegasse. Mas Young e Paik haviam ficado preocupados e, assim que chegaram a Zagreb, pegaram um táxi para a embaixada americana. A embaixada estava fechada, mas o vice-cônsul, em suas primeiras semanas no cargo, trabalhava até tarde. Ele levou o casal até o Palace Hotel, onde estava hospedado até encontrar uma residência, e os colocou em um quarto no mesmo andar do seu. Às 6 horas da manhã, houve uma batida à porta. Paik telefonou para o vice-cônsul, que olhou por um vão na própria porta. "Há três norte-coreanos do lado de fora", disse ele. Funcionários americanos foram chamados até o hotel e ajudaram os sul-coreanos a escapar até o lobby pelo elevador de serviço, levando-os diretamente para o aeroporto.

Em 15 de agosto de 1978, um japonês e sua noiva estavam em Takaoka quando foram atacados por seis homens suspeitos após retornarem a seu carro, depois de terem passado a tarde nadando. Foram salvos por um cachorro latindo perto dali, o que assustou os sequestradores enquanto tentavam amarrá-los e enfiá-los em sacos pretos. A mulher correu até a casa mais próxima, que pertencia a um policial aposentado. O homem, com o saco ainda amarrado em torno da cabeça, conseguiu correr até outra casa a alguns metros. Quando a polícia local investigou a cena do crime mais tarde, recuperou uma mordaça de borracha contendo um buraco, para que a vítima pudesse respirar, e tampões de borracha para os ouvidos, a fim de que não pudesse ouvir, além de grandes sacos verdes de náilon e várias toalhas.

Durante os anos 1970, agentes norte-coreanos sequestraram estrangeiros do mar da China Meridional e do mar do Japão; de Londres, Copenhague, Oslo, Hong Kong, Macau, Zagreb, Beirute e várias outras cidades da Coreia do Sul, da China e do Japão. O líder da divisão de forças especiais e operações secretas da Coreia do Norte durante aqueles anos, o homem que dava ou aprovava cada ordem, era Kim Jong-il.

A história do sequestro de Catherine Hong era parecida com as outras. Ela trabalhava como guia turístico em Macau, em 1978, quando dois homens de cerca de 30 anos a contrataram. "Eu os guiei pela cidade durante alguns dias", contou Catherine a Choi. "Eles pagavam bem e gastavam muito dinheiro. Disseram ser do Sudeste Asiático e pareciam vir de família rica. Seu inglês era excelente. Um dia, eles me pediram para levá-los à costa." Quando chegaram à praia, havia uma tailandesa esperando por eles. "Ela disse que trabalhava em uma boate. Era uns dez anos mais velha que eu — eu tinha 20 anos na época. Nós quatro entramos em um barco e circulamos pela costa. Então nos afastamos em direção ao alto-mar." O barco os levou até um navio maior, que parecia esperar por eles. Catherine e a tailandesa foram forçadas a embarcar. Foram levadas primeiro a Pyongyang, contou Catherine. Ela tentou escapar, sem sucesso, e então tentou cometer suicídio várias vezes. Depois disso, os norte-coreanos a levaram até um pequeno chalé, tiraram tudo de seu quarto — "tudo", repetiu ela — a fim de que não pudesse se ferir e a puniram limitando sua comida a uma pequena tigela de arroz e um legume por dia. "Eu estava faminta", disse ela. "Foi então que decidi mudar. Eu me concentrei em aprender coreano. Eles gostaram disso, pois, um mês depois, me trouxeram para cá e passaram a me oferecer um tratamento melhor."

Catherine tivera sorte. A maioria dos sequestrados que resistia ou não se provava útil era enviada a campos de prisioneiros. A maior parte dos raptos era randômica, com as vítimas sendo escolhidas mais por conveniência do que em obediência a algum plano maior — embora, em raras ocasiões, como no caso de Shin e Choi ou do pianista Paik Kun-woo e a esposa, pessoas fossem especificamente designadas em função do que seus nomes poderiam oferecer ao regime. Já durante a Guerra da Coreia o regime Kim usara o sequestro como ferramenta política. No início da guerra, Kim Il-sung fizera circular um memorando intitulado "Sobre o transporte de intelectuais da Coreia do Sul", dando aos soldados norte-coreanos permissão para invadir casas e "repatriar" alvos específicos — na maior parte, intelectuais, jornalistas, estudantes e funcionários públicos — para trabalhar em fazendas, fábricas e escritórios da nova República Popular. Dessa maneira, um número qualquer entre vários milhares e 83 mil sul-coreanos foram realocados à força para a Coreia do Norte entre 1950 e 1953. Durante a guerra, os norte-coreanos sequestraram até mesmo 55 estrangeiros, na maioria diplomatas e jornalistas, apenas para libertá-los em seguida, alegando que estavam apenas tentando "protegê-los". Depois que a Guerra da Coreia chegou ao fim, os norte-coreanos "deixaram de repatriar" algo entre 40 e 60 mil prisioneiros de guerra sul-coreanos. A historiadora Sheila Miyoshi Jager afirmou que esses milhares e milhares de prisioneiros "foram forçados a permanecer na Coreia do Norte, praticamente como escravos. Muitos deles sequer sabiam que um armistício fora assinado". O processo foi reduzido, mas não interrompido, após o armistício: o Instituto Coreano pela Unificação Nacional, em Seul, acredita que outros 4 mil cidadãos sul-coreanos foram sequestrados pelo Norte entre 1953 e 2005, "parcialmente porque a Coreia do Norte pode ter achado útil seu conhecimento e seu potencial como mão de obra".

Também houve sequestros menos dramáticos, que não envolviam operações secretas, guerra ou ataques físicos. Era o caso dos pescadores sul-coreanos que se aventuravam um pouco perto demais da Linha Fronteiriça Norte, a divisão marítima entre as duas Coreias, eram "resgatados" pela Marinha norte-coreana e então desfilavam para filmes de propaganda e eram celebrados nas ruas de Pyongyang como heróis do Povo repatriados, antes de serem enviados para campos de detenção após terem servido a seus objetivos publicitários, com o Partido afirmando que "haviam escolhido permanecer no Paraíso dos Trabalhadores em vez de retornar ao inferno do Sul capitalista". Noventa e três mil descendentes de coreanos foram atraídos do Japão com promessas de riqueza e tratamento preferencial, apenas para que os funcionários de Kim os retirassem dos navios, os designassem para trabalhos manuais com direito a uma casa de propriedade do Estado e os enviassem para mourejar pela república, sem jamais permitir que voltassem para casa.

O fim dos anos 1970 sem dúvida foi a era de ouro das práticas de sequestro norte-coreanas. A razão é simples: Kim Jong-il. O Querido Líder jamais recebera treinamento militar, nunca estudara espionagem, trabalhara em uma agência de inteligência ou deixara o país; *mas* vira e amara todos os filmes de James Bond. (Mais tarde, insinuaria a Shin Sang-ok que tais filmes ocidentais eram na verdade documentários dramatizados.) Coleta de informações, planejamento estratégico e outras práticas tediosas de espionagem significavam pouco para ele. Mas sequestro, que seus homens praticaram durante os anos 1970; assassinatos, como quando, depois de ter assumido o controle das operações internacionais em 1974, seus homens tentaram atingir Park Chung-hee e levaram a cabo o mortal bombardeio de Rangum em 1983; infiltração, que seus homens tentaram contra a Coreia do Sul durante os anos 1970 e 1980, utilizando a costa e túneis cavados sob a zona desmilitarizada; e terrorismo, como demonstrado no bombardeio do Aeroporto de Gimpo em 1986, matando cinco pessoas, e no sequestro e explosão de um avião da Korean Air em 1987, matando todos a bordo... *esse* era o tipo de ação de capa e espada que Kim parecia acreditar que um homem com seu poder e ambição deveria utilizar para atingir seus objetivos. "Kim Jong-il *adorava* operações secretas", testemunhou Hwang Jang-yop.

"O sequestro [...] foi veementemente praticado desde meados dos anos 1970", acrescentou o ex-agente de operações especiais da Coreia do Norte Ahn Myong-jin. "Ao ser designado sucessor de Kim Il-sung, em 1974, Kim Jong-il imediatamente assumiu o controle do gabinete do Partido responsável pela infiltração na Coreia do Sul [...] então ordenou que o gabinete se assegurasse de que os agentes pudessem se passar perfeitamente por cidadãos locais e levassem suas vítimas até a Coreia do Norte, como professores. Obedecendo a essa ordem, cidadãos japoneses, coreanos, árabes, chineses e europeus foram sequestrados de maneira organizada. Isso me foi ensinado como exemplo do sucesso de Kim Jong-il em melhorar as atividades de infiltração, enquanto eu frequentava a Universidade Militar Kim Jong-il." Jong-il fez com que alguns dos cidadãos japoneses sequestrados se tornassem professores de língua e "cultura" em suas escolas de espionagem, ensinando aos futuros agentes secretos como agir como genuínos cidadãos japoneses quando chegassem a território inimigo; outros eram raptados simplesmente para que os espiões norte-coreanos pudessem usar suas identidades. Havia mulheres sequestradas por sua aparência e obrigadas a se casar com terroristas japoneses baseados na Coreia do Norte, como recompensa por seu trabalho. Os deixados para trás — amigos e familiares — também eram vítimas. As pessoas que amavam desapareciam subitamente, para jamais serem vistas novamente, sem que seu destino fosse conhecido.

A Associação Japonesa de Famílias das Vítimas Sequestradas pela Coreia do Norte alega que cidadãos de ao menos doze países foram sequestrados pela Coreia do Norte e provavelmente lá permanecem, incluindo França, Itália, Holanda e Jordânia. Entre 1978 e 1982, Choi Eun-hee viu vários deles: Catherine Hong e a jordaniana, mas também, mais tarde, uma professora francesa, que disse ter certeza de que seu governo faria uma campanha para que ela fosse resgatada e repatriada. O cabeleireiro que Kim Jong-il enviou até sua casa contou histórias similares, de mulheres europeias seduzidas por agentes norte-coreanos se passando por chineses ricos e atraídas até Pyongyang; o cabeleireiro disse que encontrara essas mulheres nas casas próximas, onde viviam sob guarda, "passando por lavagem cerebral".

Todas essas pessoas — dormindo, comendo, caminhando, entrando e saindo das casas do complexo — eram como fantasmas, e Choi percebeu que também estava se transformando em uma espécie de fantasma. Será que alguém procurava por ela? Para o mundo exterior, será que ainda existia? Ou simplesmente desaparecera para sempre?

15

Fuga do vale das Castanheiras

— VICE-DIRETOR — perguntou Shin Sang-ok a seu instrutor quando estavam sentados na sala de projeção vendo um filme —, por que me sequestraram? Para eu ver filmes de graça?

O vice-diretor deu de ombros.

— Você costumava fazer filmes, então eles provavelmente querem que você faça filmes.

Você costumava *fazer filmes*. Shin ficou surpreso ao perceber que a frase ainda causava dor.

— Meus filmes custam caro — respondeu ele rudemente.

— Não se preocupe com isso, concentre-se em seus estudos. O Querido Líder Camarada Kim Jong-il tem *minas de ouro*. Ele tira dinheiro delas e usa parte dele para filmes, peças, músicas e outros empreendimentos artísticos. Eu não me preocuparia com *dinheiro*.

Enquanto conversavam, Shin discretamente encheu os bolsos com os bolinhos e amendoins que estavam sempre à disposição durante as exibições. Mais tarde, faria sua caminhada diária pelo terreno, cronometrando seus passos e avaliando sua resistência. Não importava por que Kim Jong-il o sequestrara ou se ele podia pagar para ressuscitar sua carreira. Shin não planejava ficar tempo suficiente na Coreia do Norte para descobrir.

Sua rotina fora a mesma desde que chegara ao vale das Castanheiras: duas horas de estudos ideológicos pela manhã, almoço, sesta, dois, às vezes três filmes escolhidos especificamente por Kim Jong-il, interrompidos por uma caminhada pelo vale, por fim jantar e cama. O complexo era cercado por um alto muro de concreto encimado por arame farpado e patrulhado por guardas armados. Assistentes dormiam na casa com Shin. Mesmo assim, "minha determinação em fugir se tornava mais forte a cada dia", escreveria ele mais tarde. Ninguém lhe dizia onde estava madame Choi ou mesmo se estava viva. Ele tinha certeza de que estava morta e não tinha nenhum desejo, como disse, "de deixar meu destino à mercê deles".

Seus planos iniciais não produziram muitos resultados. Primeiro, ele achou que, se pudesse persuadi-los a levá-lo até Kaesong — seu instrutor falava o tempo todo em "excursões turísticas" — e conseguisse esconder a pequena tesoura do kit de manicure de seu banheiro, talvez fosse capaz de furar os pneus do carro e forçá-los a permanecer em Kaesong por algumas horas, talvez até mesmo passar a noite. Ele notara que o carro não tinha estepe. Tudo que precisaria fazer seria se afastar de seus vigias de alguma maneira, "achar o caminho até o rio Imjin, pular nele e fugir nadando". O Imjin se tornara conhecido como Rio da Morte, em função das centenas de corpos que boiavam nele no Norte, especialmente após grandes períodos de fome ou expurgos. O rio passava diretamente pela zona desmilitarizada e Shin teria de evitar minas terrestres, arame farpado e os tiros dos soldados de ambos os lados para atravessar. "Em retrospecto, era um plano absurdo", disse ele, "mas o desespero já começava a vencer meu bom senso". A única coisa que o impediu de tentar foi a recusa do instrutor em levá-lo até Kaesong. "Ainda é muito cedo", dizia o vice-diretor quando Shin insistia. "Continue estudando. O turismo virá mais tarde."

Então ele pensou em cavar um túnel sob o muro do perímetro. Encontrou uma pá em uma cabana de pesca perto do lago e a escondeu, mas jamais teve a oportunidade de se esgueirar para fora e começar a cavar. Depois disso, pediu uma bicicleta — "para fazer exercícios" — e ficou surpreso quando o pedido foi concedido. Ele planejava fugir no meio da noite, recuperar a comida que escondera no gabinete do rádio em seu quarto, pedalar até a ferrovia e entrar em um trem com destino à fronteira com a China. Esse plano teve de ser abandonado assim que foi concebido, pois ele descobriu que seus assistentes trancavam a bicicleta após o pôr do sol. Quando uma televisão colorida foi entregue, ele roubou um pouco do plástico da embalagem, caso sua fuga eventualmente envolvesse cruzar um rio amplo e veloz; naquela noite, fugiu até o lago para testar seu mecanismo de flutuação e quase se afogou.

Ele até mesmo pensou em fugir durante as festividades de 9 de setembro. Esgueirando-se pela janela do apartamento em Pyongyang onde ele e o instrutor passavam a noite após os Mass Games, ele mal saíra quando uma das assistentes abriu a porta da frente.

— Aonde você está indo? — gritou ela.

— Quero ver os fogos de artifício — gaguejou ele, com o coração disparado e o suor escorrendo pelo rosto. Ela imediatamente o trouxe para dentro novamente.

"Não havia como fugir", Shin por fim teve de conceder. "Simplesmente não havia como."

Os filmes deveriam ter tornado aqueles dias mais fáceis para um fanático por cinema como ele, mas faziam com que o tempo passasse ainda mais devagar. Os filmes norte-coreanos eram horríveis e tinham sempre exatamente o mesmo tema, repetido incontáveis vezes. Após cada exibição, o vice-diretor lhe pedia para escrever uma crítica, o que Shin fazia como cineasta. Inevitavelmente, era ordenado a escrevê-la novamente, "do ponto de vista proletário". A sala de exibição, que Shin esperara ser um paraíso, passou a aborrecê-lo e frustrá-lo tanto quanto os outros cômodos da casa.

Conforme a temperatura caía, ele, paradoxalmente, passava cada vez mais tempo ao ar livre. Os assistentes haviam lhe dado uma roupa de inverno, um chapéu forrado de pele e botas, e ele queria testar como resistiam às longas horas no frio e no vento. Mas também ficara mesmerizado pelo carro estacionado do lado de fora.

Havia um motorista que passava o dia sentado em um Mercedes-Benz em frente à casa de hóspedes. Todas as noites, após o jantar, o homem entrava na casa para jogar cartas com o cozinheiro e os assistentes de folga, em geral das oito às onze. Ele jamais saía para conferir o veículo. De seu lugar na sala de jantar, Shin podia ouvir os ruídos do jogo, as risadas misturadas ao praguejar e o barulho de copos. O carro estava estacionado ligeiramente ao lado da casa de hóspedes, com o nariz apontando para a colina na direção de um dos portões do complexo, localizado perto do lago em torno do qual Shin caminhava todos os dias. Todas as noites, o motorista estacionava o carro, desligava o motor e ia jantar e jogar cartas.

E, crucialmente, sempre deixava a chave na ignição.

Como a posse de bens era contra a lei na Coreia do Norte, somente membros do regime — e as pessoas a quem o regime dava presentes para sinalizar seu privilégio e influência — tinham permissão para possuir automóveis. Assim, a maioria das pessoas jamais vira o interior de um carro e muito poucas sabiam dirigir. Para se tornar motorista, uma posição socialmente muito exaltada na RPDC, era preciso ter um *songbun* neutro ou positivo e ser selecionado para o curso de um ano, que fornecia ensinamentos teóricos e práticos de direção, estrutura básica de um veículo e manutenção e ao fim do qual um diploma, e não uma licença, era concedido. Após se formar, a maioria dos novos motoristas era designada para trabalhar como "auxiliar de motorista" de motoristas mais experientes durante três a cinco anos, antes de receber seu próprio veículo. Desse dia em diante, se fizessem seu trabalho de maneira competente e renovassem o certificado todos os anos, jamais teriam de se preocupar com a própria sobrevivência.

Em geral também não se preocupavam com roubos. Não havia como esconder um veículo roubado e ninguém a quem revendê-lo. Todo mundo que sabia dirigir um automóvel era empregado pelo Partido, que sabia onde todos viviam. Naquele caso, o Mercedes estava estacionado dentro de um complexo murado e guardado. O que havia a temer?

Shin observou a chave na ignição. Nuvens de vapor se formavam no frio ar noturno enquanto ele respirava, com as possibilidades turbilhonando na mente. Aquela era sua chance. Certamente, era sua chance.

— Para que você quer um mapa? — perguntou o vice-diretor, cheio de suspeitas.

Shin limpou a garganta.

— Estou tendo dificuldade para memorizar os nomes dos campos de batalha em que a guerra contra os japoneses foi liderada por Kim Il-sung, especialmente na Manchúria.

— Você *deve* acrescentar "o Grande Líder" quando falar de nosso Líder Paternal.

— Desculpe. Sim, a guerra liderada pelo Grande Líder Kim Il-sung.

— Vou trazer um mapa. Você deve se concentrar mais em seus estudos.

— Sim, senhor.

Havia consulados japoneses em Vladivostok e Nakhodka, na URSS, e, em 1º de janeiro de 1979 — como soube Shin ao sintonizar uma frequência sul-coreana à noite, no rádio ao lado da cama —, haveria uma embaixada americana em Pequim. A China parecia a opção mais acessível. Se pudesse dirigir os 160 quilômetros até Chongju, uma cidade no extremo norte da Coreia do Norte, e então atravessar as cidades remanescentes até o rio Yalu — a fronteira natural com a China — e cruzar o rio... Ele se lembrou da represa Su'pung, que os japoneses haviam construído no fim dos anos 1930, quando ele era criança, e achou que poderia cruzar o rio por ela. Depois disso, teria de pular em um trem ou seguir a ferrovia para oeste, até Pequim. Se escapasse, especulou Shin, os norte-coreanos provavelmente achariam que tentaria o caminho mais curto até a Coreia do Sul e procurariam por ele no sul, e não no norte. Isso poderia lhe dar alguns dias antes que as equipes de busca vasculhassem a fronteira com a China. A essa altura, esperançosamente, já teria partido.

Tudo que precisava fazer era ser paciente e aguardar até que o lago e o terreno congelassem. Então, o Yalu também estaria congelado e ele poderia atravessar caminhando. Todos os dias, repassava o plano mentalmente. Quando seus assistentes lhe ofereceram roupas mais quentes, escolheu as de tons cinzentos e esverdeados, a fim de poder se esconder com mais facilidade.

Em 19 de dezembro, uma camada de gelo cobriu o lago.

Dez dias depois, confiante de que o gelo chegara para ficar, Shin decidiu fugir.

O vento estava tão forte que sacudia as janelas. Uma das jovens assistentes abriu a porta do quarto de Shin para ver se ele estava dormindo. Satisfeita, deixou a porta entreaberta e saiu para o corredor.

Shin aguardou alguns segundos antes de levantar da cama. Agarrou o saco que fizera com roupas velhas e escondera atrás de um sofá e pisou silenciosamente no corredor. Na cozinha, a jogatina estava animada; o restante da casa estava vazio e silencioso. O pessoal se retirara para seus próprios quartos. Seus guardas deviam se sentir confiantes de que ele não passaria da guarita — assim, para que trancar a porta da frente?

Shin estava prestes a abrir a porta, mas rapidamente se escondeu quando um dos jogadores de baralho saiu brevemente para urinar ao lado da entrada. "Nossa, como está frio", murmurou o assistente ao entrar novamente. Shin se esgueirou para fora e se aproximou do carro. Era uma noite ruidosa e inquietante, com as árvores farfalhando e se sacudindo no vendaval. Ele abriu a porta do carro tão silenciosamente quanto pôde. A chave estava onde esperava. Sem fazer barulho, girou-a na ignição e as luzes do painel se acenderam. Um pouco menos de meio tanque. Talvez fosse suficiente para chegar em Chongju, talvez não.

Tarde demais. Era agora ou nunca. Ele jogou seu saco no banco do passageiro e, entrando no carro, colocou o câmbio em ponto morto e soltou o freio de mão. Lentamente, o carro desceu a colina. Shin sabia que os minutos seguintes seriam cruciais. Se outro guarda saísse para urinar ou alguém olhasse pela janela e visse o carro se movendo, ele estaria perdido.

Ninguém o fez. Quando o carro se afastara o bastante, ligou o motor, acendeu as luzes e pisou no acelerador, mantendo uma velocidade constante e dirigindo casualmente. Chegou à guarita e inspirou profundamente. Vendo-o chegar, o guarda prestou uma continência rígida e o deixou passar. Shin dirigiu normalmente até a curva seguinte — e então enfiou o pé no acelerador.

Se alguma vez fizesse outro filme, essa experiência seria útil, pensou enquanto voava em direção a Pyongyang. Quando chegou à cidade, as ruas estavam vazias e ninguém prestou atenção à visão rotineira de um Mercedes a toda. Ele localizou a rodovia correta e a seguiu. O velocímetro estava um pouco acima dos 130 km/h.

Ele formulara seu plano cuidadosamente, mas não pudera prever tudo: não conhecer o caminho em rodovias desconhecidas à noite, por exemplo, ou quanto esforço as autoridades empregariam para encontrá-lo. Ele não pensara em quão fácil seria rastrear um carro tão conspícuo em uma nação onde automóveis eram raríssimos. Ainda mais importante, não sabia que um em cada três cidadãos norte-coreanos eram informantes do governo e que delatar era parte tão dominante da cultura local que não havia como se esconder. Tampouco sabia que o Partido controlava tão rigidamente os movimentos de seus cidadãos que mesmo a viagem de uma cidade a outra exigia uma autorização detalhada com semanas de antecedência.

Observando a rodovia iluminada pelos faróis, ignorando tudo isso, Shin se sentia pronto e otimista.

Estava a meio caminho da China quando chegou a um cruzamento que não se lembrava de ter visto no mapa. Fez uma escolha e seguiu por ela. Era a escolha errada. Ele se viu em uma estrada menor, de cascalho. Subitamente alguém, talvez um agricultor, surgiu no clarão de seus faróis e Shin instintivamente deu uma guinada no volante. O carro derrapou ruidosamente e caiu em uma vala. Quando finalmente conseguiu sair do carro, o homem já desaparecera. Voltando ao carro, Shin engatou a ré e pisou no acelerador. As rodas de trás giraram velozmente, sem que o carro se movesse.

Ele levou meia hora para tirar o carro da vala. A cada aterrorizado segundo, perguntava-se se os guardas da casa do vale das Castanheiras já haviam notado que ele e o carro haviam desaparecido. A traseira do carro estava muito amassada, quase tocando as rodas. Shin pegou o macaco no porta-malas e consertou a lataria o melhor que pôde. Ao jogar o macaco de volta no porta-malas, conferiu o relógio: já eram 22 horas. Entrou no carro, ligou o motor e voltou correndo para o cruzamento, com os pneus guinchando enquanto pegava a estrada que deveria ter escolhido quase uma hora antes.

O acidente arruinara seus nervos. Em Sukchon, alguns quilômetros adiante — e somente metade do caminho até Chongju — encontrou sua primeira guarita militar, controlando os veículos que cruzavam o rio

Chongchon. Ele achara que talvez pudesse blefar para passar ou que os guardas, reconhecendo um carro do Partido, simplesmente o deixassem seguir adiante. Mas não conseguia pensar em um blefe e não o deixariam passar. A ponte era estreita e tinha apenas uma via. Em vez de parar, Shin ignorou o sinal do guarda e passou voando por ele. Começara a nevar. A rodovia, se pudesse ser chamada assim, era pouco mais que trechos de cascalho e rochas e o Mercedes sacudia e rangia enquanto Shin insistia em dirigir o mais rapidamente possível. Um dos pneus traseiros estourou ruidosamente. As estradas a três horas de distância de Pyongyang claramente não eram feitas para carros de passeio.

Sem querer desistir, Shin continuou com o pneu vazio até avistar a estação de Chongju, com um grande e sorridente retrato de Kim Il-sung enfeitando a fachada iluminada. Shin virou à direita e a represa Su'pung surgiu em sua linha de visão. Ferrovias atravessavam a estrada. Era ali que planejara abandonar o carro. Ele saiu da estrada, desligou o motor e saiu do veículo.

Estava terrivelmente frio. A pé, seguiu os trilhos de trem. Um soldado o viu brevemente e chamou: "Camarada! Camarada!" Shin fingiu não ouvir e continuou a caminhar. O soldado estava com frio demais para segui-lo. "Comecei a correr", disse Shin. "Mal podia respirar, mas sabia que, se parasse, seria meu fim." Após o que pareceram séculos, chegou a uma pequena estação ferroviária. Havia grandes caixotes na plataforma, rotulados "explosivos". Ele se escondeu atrás deles, fora de vista. Eram 23 horas e a noite seria longa. *Quando será que encontrarão o carro?*, perguntou-se Shin. Será que o motorista ainda estava jogando cartas? Ou já descobrira a fuga?

Não demorou muito para que ouvisse o som de um trem se aproximando. Uma velha locomotiva a vapor, o único tipo de trem que a Coreia do Norte conseguia ter, se aproximava lentamente. Agachado ao lado dos trilhos, Shin esperou que o trem diminuísse a velocidade e então pulou para dentro de um vagão cheio de pedras, provavelmente algum tipo de minério. Ele se sentou e esticou as pernas doloridas. Todo seu corpo estava rígido de tensão.

"Obrigado, Deus", disse em voz alta.

Inclinou a cabeça para trás e cochilou.

Duas paradas depois, três homens vestidos como trabalhadores ferroviários saíram da estação, caminharam diretamente até o vagão onde estava escondido e o arrastaram para fora. Um homem da polícia estadual esperava na plataforma, esfregando os olhos e parecendo ter acabado de acordar. "Foi você que abandonou o Mercedes?", perguntou ele em meio a um bocejo.

Shin não sabia que as ferrovias norte-coreanas tinham vigias a cada intervalo de 800 metros para apanhar viajantes ilegais e evitar acidentes. Ele fora visto assim que entrara no trem.

A estação de Shinonchon, onde fora pego, ficava a menos de 15 quilômetros da fronteira chinesa.

16

Shin Sang-ok morreu aqui

Eles os levaram para o interior da estação, com Shin arrastando a mochila improvisada atrás de si. Toda energia fora drenada de seu corpo. Seu rosto estava manchado de preto, por causa do pó de carvão que soprava por todo o trem. Ele se sentia arruinado e patético, mas também cheio de uma estranha espécie de alívio. *Não ligo*, pensou. *Prefiro morrer a permanecer aqui. Podem fazer o que quiserem comigo.*

— Quero um pouco de água para me limpar — disse Shin ao homem da polícia estadual.

— Dê a ele — ordenou o homem sonolentamente.

— Onde fica o banheiro?

Eles deixaram que Shin se aliviasse e lavasse o rosto e as mãos. Quando saiu, um jipe estava estacionado perto dos trilhos, com o vice-diretor no banco do carona, parecendo furioso. Shin podia ouvir um helicóptero acima. Fechou os olhos e tentou esvaziar a mente.

Eles o algemaram e o conduziram para fora.

*

É como a cena de um filme, pensou Shin quando tudo terminou.

O helicóptero pousou em um pequeno aeródromo deserto. Eles o empurraram para fora da aeronave e o enfiaram em outro jipe, com um capuz sobre a cabeça, que só foi retirado quando estava fora do carro e no interior de um grande edifício. Foi conduzido por um longo corredor com portas idênticas de ambos os lados. Seus guardas pararam em frente a uma delas, abriram a porta e o sentaram em uma das três cadeiras que eram a única mobília do cômodo. Nas outras duas, de frente para ele, estavam o vice-diretor e um homem que não conhecia, tão gordo que afundava na cadeira, como se não tivesse coluna vertebral. Ambos tinham papel e lápis na mão.

O homem gordo falou primeiro, com uma voz que fez toda aquela gordura estremecer.

— Você estava indo em direção ao norte, para além de Chongju, na província de Pyongan. Isso é bastante ao norte. — Ele pareceu pensar por um momento. — Você foi naquela direção por engano, não é?

Shin não sabia o que responder.

— Você pegou a rodovia errada ou não? — gritou o vice-diretor. — Não entendeu a pergunta?

— Eu queria ir naquela direção — respondeu Shin.

— Por quê? — A voz do vice-diretor estava tão zangada e ameaçadora que Shin sentiu que poderia lancetar seu corpo.

— Porque não suportava mais viver aqui — respondeu Shin.

O gordo anotava as respostas em seu bloco. O vice-diretor se levantou e o gordo seguiu seu exemplo. Quando saíram da sala, quatro guardas entraram, com os olhos frios fixos em Shin.

Depois de alguns minutos, os dois interrogadores retornaram e se sentaram novamente.

— Isso significa que você mentiu em suas cartas de Ano-Novo? — perguntou o vice-diretor. Como Choi, Shin tivera de escrever cartas de admiração e gratidão a ambos os Kim.

— Responda à pergunta! — gritou o gordo.

— Escrevi o que me mandaram escrever. Escrevi cartas para homens que nunca conheci. Acho que me saí muito bem.

Os dois o encararam, atônitos. Após o que pareceu um longo tempo, o gordo anotou a resposta e eles deixaram a sala novamente. Os quatro guardas retornaram. Enquanto esperava, Shin percebeu que estavam entregando suas respostas a alguém e depois retornando com novas perguntas. Não foi difícil deduzir quem era esse alguém. Kim Jong-il provavelmente não conseguia acreditar que ele tentara fugir depois de ter sido tratado tão bem, pensou Shin.

A dupla retornou.

— Para onde você queria ir? — perguntou o vice-diretor.

— Para a China.

Os dois saíram novamente, os quatro guardas entraram. Um momento depois, os interrogadores voltaram com uma nova pergunta.

— Como você planejava chegar até lá?

— Escondido nos vagões.

— Escondido nos vagões? — ecoou o gordo, como se jamais tivesse ouvido a expressão.

— Sim. Escondido nos vagões.

Eles deixaram a sala novamente. A rotina continuou, de um lado para outro, por mais vezes do que Shin conseguia contar. Quando terminou, havia contado tudo. Não sentia nada além de exaustão, a fadiga encobrindo todas as outras emoções como um pesado cobertor. Eles o conduziram para fora e, piscando na luz da tarde, ele percebeu que estava em Pyongyang. Havia uma estátua do Grande Líder, com o sorriso onipresente no rosto, no pátio frontal.

Shin entrou novamente no jipe. Enquanto o veículo do Exército atravessava a cidade, ele olhava pela janela. "Era uma cena triste e sombria. Não havia sinal de gente. As ruas estavam mortas."

Era 30 de dezembro de 1978. Eles o levaram para a prisão.

O sistema penitenciário norte-coreano existe há tanto tempo quanto a República Popular. Há um número desconhecido de campos de prisioneiros por todo o país. Embora o regime da RPDC negue oficialmente sua existência, muitos são claramente visíveis no Google Earth. Eles detêm um número estimado de 220 mil prisioneiros. Todo norte-coreano conhece alguém — membro da família, amigo, colega de trabalho — que foi raptado no meio da noite e enviado para os campos de prisioneiros, sem jamais ser visto novamente. Embora ninguém fale deles, todo mundo — *todo mundo* — sabe de sua existência.

O maior campo prisional, completo, com minas e fábricas, cobre uma área maior que toda a cidade de Los Angeles. Cidadãos podem ser enviados para lá por qualquer ofensa — real, percebida ou inventada — e, como a lei norte-coreana atribui culpa coletiva, o ato de um criminoso contamina o restante de sua linhagem, de modo que famílias inteiras, estendendo-se a três gerações, são rotineiramente condenadas aos trabalhos forçados ou à morte. (As esposas, não sendo parentes consanguíneas, às vezes são poupadas; mas, depois de serem forçadas a se divorciar, seu *songbun* cai, seus bens são confiscados e, se tiverem familiares nas universidades ou no Exército, eles são imediatamente expulsos e "enviados para a produção", o que significa designados para trabalhar nas minas ou nas fornalhas de aço.) O tratamento nessas prisões é tão duro e inóspito que uma sentença de mais que alguns anos é praticamente uma condenação à morte. Os prisioneiros trabalham por muitas horas, realizando tarefas árduas, e são brutalmente punidos se não conseguem cumprir as cotas. São alimentados com mingau e sadicamente maltratados.

Por causa da maneira como a sociedade norte-coreana é subdividida, da classe hostil à classe central, somente cidadãos "confiáveis" podem trabalhar como guardas. "Confiável", na prática, significa membro da elite abastada. Esses guardas são treinados para desumanizar seus prisioneiros, para vê-los como "cães" ou "animais", e não seres humanos. Também são recompensados por evitarem fugas e, assim, abundam histórias sobre guardas fingindo ajudar um prisioneiro a escapar apenas para atirar nele ou vê-lo ser eletrocutado até a morte na cerca elétrica, antes de arrastar seu corpo de volta a fim de coletar o bônus.

Os piores campos de concentração, os *kwanliso* (literalmente "centro de gestão de custódia"), são para traidores, prisioneiros políticos e qualquer um considerado culpado de crimes "contra o Estado", como complôs para derrubá-lo, colaboração com os imperialistas ou, mais inocuamente, ler jornais estrangeiros ou contar piadas sobre a aparência ou a inteligência dos Kim. Copiados do *gulag* soviético, os *kwanliso* foram criados por Kim Il-sung logo depois de tomar o poder, como lugares para enviar qualquer um que ameaçasse seu regime. Sentenças para os *kwanliso* eram perpétuas e as execuções públicas eram comuns. É difícil saber o que, exatamente, ocorre em seu interior, pois quase ninguém escapa para contar. De acordo com algumas poucas testemunhas, os prisioneiros não têm permissão para manter relações sexuais e, assim, nas prisões mistas, os abortos e o assassinato de recém-nascidos são sancionados pelo Estado. Os abortos forçados são realizados pela injeção de veneno no feto, simplesmente abrindo o útero da mãe ou, se tudo mais falhar, estrangulando a criança assim que nasce. A delação é recompensada e os prisioneiros rotineiramente se voltam uns contra os outros, um comportamento fortemente encorajado pela administração. Um ex-prisioneiro descreveu uma tentativa de fuga fracassada. Enquanto o fugitivo jazia espancado no chão, os outros prisioneiros receberam ordens de andar sobre ele, estilhaçando seus ossos e pisoteando seus órgãos até que morresse. Quando um prisioneiro foi morto por enforcamento, os outros foram ordenados a atirar pedras enquanto ele chutava e se debatia. Corpos são deixados ao ar livre, às vezes por dias inteiros, como lembrança e exemplo.

Em alguns campos, os prisioneiros são designados uns aos outros, dois a dois, para se vigiarem enquanto dormem, reportando qualquer coisa suspeita que possa ser dita. Tortura medieval — espancamento com paus e pedras, suspensão sobre fogueiras, uso de ganchos nos músculos, quebra e excisão de dedos e membros — é usada nos interrogatórios. Em algo chamado tortura do relógio, o prisioneiro tem de ficar em pé sobre uma mesa na frente dos outros prisioneiros; o guarda diz as horas e o prisioneiro tem de recriar os ponteiros do relógio com o corpo e manter a posição até que outro horário seja gritado. Isso é feito até que o prisioneiro desmaie e empregado tanto em homens quanto em crianças e mulheres grávidas. Os guardas estão autorizados a estuprar. As crianças são executadas na frente das mães, e as esposas, na frente dos maridos. Se não morrerem em função da violência ou da tortura, os prisioneiros morrem em acidentes nas minas ou fábricas e, se sobreviverem a isso, são condenados à morte por inanição ou como resultado de uma das muitas doenças não tratadas que abundam em locais onde as pessoas não podem se lavar nem trocar de roupa, têm de comer alimentos imundos e dormir enroscadas umas nas outras no chão frio e sem colchão. Se um prisioneiro morre, sua família do lado de fora não é informada; se é libertado, é obrigado a assinar um acordo de confidencialidade e jamais relatar o que lhe aconteceu atrás das grades. A grande maioria dos prisioneiros, aliás, jamais é informada dos crimes pelos quais foi condenada.

Um nível abaixo dos campos de trabalho para prisioneiros políticos, ficam os "campos de reeducação" ou *kyohwaso* (literalmente, "centros de iluminação"), com as mesmas condições de vida, mas menores em tamanho. Há cerca de vinte prisões assim na Coreia do Norte e seus prisioneiros são chamados de "elementos subversivos" ou "maus", culpados de crimes políticos, comuns (como assassinato ou viajar sem permissão) ou econômicos (o eufemismo de Pyongyang para roubo, passagem ilegal pelas fronteiras, contrabando ou comércio e empreendimentos privados, que são ilegais). Ao contrário dos campos de concentração, onde os prisioneiros são considerados "irrecuperáveis", os presos nos campos de reeducação passam por instrução ideológica todos os dias e podem nutrir uma leve esperança de algum dia retornarem à sociedade "normal". Alguns prisioneiros são mantidos em suas celas, mas a maioria trabalha das 7 horas ao pôr do sol, parando apenas para jantar e para as sessões ideológicas. Oficialmente, os campos de reeducação não são prisões, mas instalações de reabilitação, e o governo alega que os internos, "incapazes de conviver com sua consciência culpada", pedem voluntariamente para ir para lá.

Neles, a tortura ainda é norma. Uma mulher chamada Lee Soon-ok afirma que seu interrogatório por uma ofensa menor começou com ela sendo jogada no chão e envolta em um cobertor, enquanto vinte ou trinta homens a chutavam e socavam repetidamente, até que desmaiasse. Então foi interrogada por três dias consecutivos e espancada sempre que fechava os olhos ou cochilava. Foi torturada por vários meses depois disso — foi enfiada em um forno para cerâmica até que o calor a fizesse perder a consciência, amarrada nua a uma cadeira e chicoteada, amarrada a um banco e forçada a beber galões de água, teve os dentes arrancados a socos e gravetos enfiados entre seus dedos e torcidos. Depois de desmaiar durante uma punição, acordou e encontrou dois homens em pé sobre uma tábua estendida sobre seu estômago. Foi incapaz de se mover durante duas semanas. Seu crime foi se recusar a fornecer tecido extra a um oficial de segurança (para além da porção designada a ele) para que fizesse uma jaqueta parecida com a de Kim Jong-il. A punição por entregar o tecido teria sido igualmente ruim ou pior.

Outro norte-coreano, diretor de uma escola, encontrou os corpos de dois professores em sua escola; quando relatou o crime, foi preso pelos assassinatos sem nenhuma forma de investigação. Para extrair uma confissão, a polícia estadual o torturou com eletricidade até suas orelhas e dedos derreterem. Mais tarde, quando ladrões confessaram os assassinatos, ele foi libertado, aleijado e deformado, com a condição de assinar um formulário prometendo jamais revelar a experiência, sob pena de ser preso e torturado novamente.

Não havia modo de escapar. Se cometesse suicídio, como muitos faziam, seus familiares seriam levados ao campo ou, se já estivessem lá, executados ou enviados para a solitária, trancados em uma cela tão pequena que havia espaço apenas para se sentar, com agulhões saindo das paredes para evitar que os prisioneiros se encostassem nelas para descansar.

O centro de detenção estava lotado e era muito barulhento. Eles fizeram com que Shin se despisse, pegaram suas roupas e lhe entregaram trajes de prisioneiro, que Shin tinha certeza de serem velhos uniformes da Guerra da Coreia. Quando terminou de se trocar, foi jogado em uma solitária onde mal podia se deitar. Havia uma minúscula janela gradeada no alto de uma parede e uma porta de aço na outra. O chão de madeira estava imundo, com o acúmulo de velhos fluidos corporais. Parecia uma masmorra.

Trouxeram-lhe uma tigela de madeira cheia de "uma mistura de milho e feijão polvilhada com arroz" e uma colher de alumínio sem cabo. Dois guardas ficaram na porta.

— Você deve obedecer às seguintes regras — vociferou um deles. — Primeira, até que eu dê instruções para dormir, você deve ficar sentado com as costas eretas e as mãos nos joelhos. Deve olhar diretamente à frente, com os olhos bem abertos. Não deve mover as mãos nem a cabeça, sob nenhuma hipótese. Entendeu? — Shin meneou a cabeça debilmente. Ele tomou uma colherada de mingau e cuspiu tudo. Estava cheio de pedras. — Segunda: para usar o vaso sanitário, você deve erguer a mão e pedir permissão. Terceira: quando as luzes forem desligadas, soará um sino. Quando o sino soar, você poderá se mover. Depois que o sino soar, verificaremos sua cela e lhe daremos permissão para deitar. Somente então você poderá se deitar. Entendeu?

— Sim.

Shin se forçou a engolir a comida. Os guardas retiraram a tigela vazia e trancaram a porta de aço. O sol ultrapassou a linha da janela e Shin Sang-ok foi deixado na escuridão.

Na prisão, sofreu com a fome, as doenças e a solidão. Um de seus dedos do pé, congelado durante a tentativa de fuga, infeccionou. Ele tremia constantemente em função da ansiedade e passou a desejar comida "como um animal". Enquanto ficava sentado na cela, com as costas eretas e as mãos nos joelhos, podia ouvir outros prisioneiros sendo espancados por desobedecerem às ordens ou saírem da posição sem permissão. Um dia, ouviu uma mulher chorar e percebeu que a prisão era mista. Brigas eram regulares entre os guardas, geralmente causadas por um deles chamar o outro de "liberal" ou "democrata", os dois piores insultos do lugar.

Shin estava atônito com o tratamento que recebia. Os guardas o xingavam e gritavam com ele assim como faziam com todos os outros. Ele não tinha sabonete nem dentifrício, tendo de usar sal para escovar os dentes, e comia a mesma gororoba salgada e cheia de pedras que os outros prisioneiros, sempre sem carne, mas ocasionalmente fortificada com pedaços de rabanete ou repolho. Mas, quando se sentia doente, um médico era chamado e, quando as noites eram frias, os guardas lhe traziam mais cobertores, ambos luxos de que os outros detentos não gozavam. Quando certa mulher estava trabalhando na cozinha, além de seu mingau, Shin recebia uma tigela de chá de arroz, uma bebida coreana também conhecida como chá de arroz queimado, feita ao se jogar um pouco de água dentro da panela usada para cozinhar o arroz, raspando o arroz queimado do fundo e derramando a mistura morna em uma xícara. O chá era delicioso, como o que sua mãe costumava fazer quando ele era criança.

Sua cela também parecia ter se tornado o lugar onde os guardas paravam durante as patrulhas pelos corredores. Inevitavelmente, eles se apoiavam na porta e esperavam que ele notasse sua imóvel presença. Então, em voz baixa, faziam perguntas sobre a vida na Coreia do Sul.

— Na Coreia do Sul, há lugares com mulheres para diversão, não há?
— É claro que há — respondia Shin.
— E se alguém for lá... pode ficar com as mulheres?
— Bem...
— Se pagar — continuava a sentinela —, você pode fazer qualquer coisa, certo? Certo?

Shin concordava.
— Claro.

O homem meneava a cabeça, com um sorriso no rosto, e se afastava da porta.

No dia seguinte, um guarda diferente perguntava a Shin:
— Qualquer um pode comprar chocolate no Sul?
— Se tiver dinheiro, você pode entrar em qualquer loja e comprar — respondia Shin.
— Você quer dizer apenas os oficiais de alta patente, não é?
— Não, todo mundo pode.
— Ah, claro que pode! — O guarda se afastava, sacudindo a cabeça.
— Um vento assim tão forte destelha todas as cabanas da Coreia do Sul, não é? — perguntou outro guarda sarcasticamente certo dia em que um vendaval fustigava o centro de detenção.
— É duro aguentar o seu cheiro capitalista — sussurrou outro guarda.
— Por que você fede tanto?
— Eu cheiro como um capitalista?
— O cheiro forte de cosméticos. — Shin percebeu que o guarda ainda conseguia sentir o cheiro do sabonete japonês que ele usara na casa de hóspedes. *Não posso acreditar que ele ainda o sinta, quem dirá achar que é tão forte*, pensou consigo.

As conversas secretas em voz baixa davam a Shin oportunidade de fazer suas próprias perguntas.

— Camarada... — começou ele certa vez.

— Não sou seu camarada. Me chame de "senhor".

— Senhor, que lugar é esse?

— De que adianta saber? — perguntou o guarda. — Você quer saber onde está? Isso é um centro de detenção.

— É este o lugar onde... ? — perguntou Shin, passando a mão pela garganta. O guarda negou com a cabeça.

— Não é esse tipo de lugar. Essas pessoas são levadas para outro lugar.

Conforme o sol nascia e se punha, Shin usava as pedras retiradas de seu arroz para contar os dias, esticando-se para colocar uma no batente da janela todas as noites, antes de dormir. Ratos entravam e saíam de buracos na parede, escalando o vaso sanitário seco e tentando se alimentar das fezes. Quando os guardas não estavam olhando, Shin pegava sua colher sem cabo, o único objeto permitido no interior da cela, e escavava seu nome na parede, seguida de uma frase completa. "A parede de concreto era muito dura e eu mal deixava marcas", disse ele, "mas, lentamente, a frase começou a se tornar visível." Ela dizia "Shin Sang-ok morreu aqui em algum dia de 1979". Ele não esperava ver o mundo exterior novamente. Daquele ponto em diante, sua vida chegara ao fim. Talvez alguém da geração seguinte pudesse estar naquela cela um dia e ler o pronunciamento apagado. Talvez, algum dia, "minha família e o mundo pudessem saber: eu não tinha escapatória".

Havia quinze pedrinhas no batente da janela quando Shin foi chamado para fora da cela e levado ao pátio central. O escritório do diretor ficava em um edifício separado a cerca de 90 metros; os guardas o levaram até lá em um jipe. Ele levantou o rosto para o ar fresco, aproveitando cada segundo. No interior do escritório estavam seu velho instrutor, o vice-diretor, o diretor da prisão e um homem que Shin não conhecia, enviado pelo Ministério da Segurança Social. O vice-diretor perguntou a Shin se ele se arrependia de seus atos e compreendia os erros que cometera. Shin baixou a cabeça.

— Pensei muito nos meus atos — disse ele. — Percebo agora quão errado estava. Não sabia quais eram as reais intenções do Camarada Kim Jong-il e cometi um erro tolo.

— Não apenas "Camarada" Kim Jong-il — avisou o homem do ministério —, mas *nosso amado Líder* Camarada Kim Jong-il.

— Sim, senhor, eu não percebi quais eram as intenções de nosso amado Líder, o Camarada Kim Jong-il, e cometi um erro. Pensei muito sobre minha loucura e me arrependi.

— Mais alguma coisa? — perguntou friamente o vice-diretor. A fuga de Shin deveria tê-lo deixado em uma situação muito ruim. Shin não conseguia pensar em mais nada para dizer.

— Dê-me ao menos um ovo por dia, por favor — disse finalmente. O vice-diretor anotou sua resposta e ele e o homem do ministério se levantaram e saíram. Os guardas levaram Shin novamente para a cela.

O procedimento foi repetido várias vezes nos três meses seguintes. Em todas elas, Shin se humilhava. "Se Choi Eun-hee estiver viva, deixe-me vê-la", disse ele ao vice-diretor certa vez, "e trabalharemos juntos para o Grande Líder e o Querido Líder. Trabalharemos diligentemente." "Tentei fugir por causa de minha família", implorou ele em outra ocasião, "mas agora sacrificarei o que é insignificante pelo bem maior. Dê-me uma chance". As mentiras ficavam mais fáceis a cada vez. Ele teria feito qualquer coisa para sair da prisão.

Certo dia, após outra dessas absurdas audiências de liberdade condicional, o médico visitou Shin e lhe deu um suplemento vitamínico russo. Depois disso, as vitaminas lhe eram entregues todos os dias — outra desculpa para os carcereiros se demorarem em sua cela.

— Ouvi dizer que, se tomar essas vitaminas todos os dias, a pessoa não fica com fome — disse um dos guardas certa manhã, segurando as pílulas contra a luz e estudando-as com curiosidade.

— Não, é apenas um suplemento — respondeu Shin. — Ainda assim precisa comer.

— Mas ouvi dizer...

— As pessoas tomam muitas vitaminas no Sul — disse Shin, levando a conversa para onde sabia que iria, de qualquer modo.

— O quê? — O guarda olhou para ele. — Os oficiais, não é?

— Não, não. Elas são vendidas em farmácias.

— Qualquer um pode comprá-las?

— É claro — disse Shin.

O guarda sacudiu a cabeça com as maravilhas do Sul. Subitamente, socou a porta da cela ao lado e gritou com o prisioneiro em seu interior.

— Responda de um jeito que eu consiga entender, seu cão! Seu lixo! — E riu alto.

— Por que esse homem está preso? — perguntou Shin.

— Uma ofensa econômica — respondeu o carcereiro.

— Existem ofensas econômicas?

O guarda cuspiu.

— Ele é um ladrão, entendeu?

Em 9 de abril, cinco dias após o terceiro aniversário de sua filha e logo depois de começarem a lhe dar vitaminas, o diretor da prisão veio buscar Shin e o levou até seu escritório, onde um guarda cortou seu cabelo com uma navalha, em estilo militar. Ele então foi levado ao banheiro dos funcionários e recebeu ordens para se banhar. As roupas que vestia no dia da fuga fracassada lhe foram devolvidas. Depois de estar banhado e vestido, o diretor da prisão o levou até seu escritório, onde o vice-diretor e o homem gordo do interrogatório inicial esperavam por ele.

O vice-diretor meneou a cabeça e o gordo se levantou.

— Camarada — começou ele, em sua voz gutural —, você destruiu uma propriedade estatal e planejou fugir do país. Deveria receber a sentença de morte. — Shin parou de respirar. — *Entretanto*, decidimos ignorar suas ofensas dessa vez, para que você possa trabalhar duro pelo Povo e pelo Estado. Você entende?

— Sim — respondeu Shin. — Sim!

— Não se esqueça da calorosa generosidade do Estado — avisou o gordo.

— Muito obrigado — concordou Shin.

Outro Mercedes anônimo esperava do lado de fora. O vice-diretor ficou ao lado de Shin enquanto ele entrava no carro. Não dissera uma palavra desde o primeiro interrogatório, três meses antes. Shin achou que parecia mais magro, como se estivesse subnutrido; talvez mesmo como um homem que passara por algum sofrimento. Talvez tivesse sido punido por permitir que ele escapasse. Quando Shin abriu a porta do carro, o vice-diretor o encarou contrariado.

— Você está horrível — rosnou ele. — Olhe só para você.

O Mercedes levou Shin de volta ao vale das Castanheiras, dessa vez para uma casa mais afastada da estrada, além do rio Taedong e de um grande outdoor pintado mostrando um sorridente e trabalhador Kim Il-sung instruindo os agricultores locais. A nova casa era menor e menos luxuosa que a anterior. Havia grades em todas as janelas, guardas na frente e atrás e holofotes por todos os lados.

Depois que entraram, o vice-diretor repreendeu Shin por "causar tanta dor" e disse esperar que ele ficasse longe dos problemas dali em diante. Ele fez com que Shin se sentasse e ordenou que escrevesse uma carta de desculpas a Kim Jong-il.

Shin levou três dias para terminar a carta de uma maneira que satisfizesse o vice-diretor. Menos de um mês depois, começou a guardar comida para outra fuga.

17
A posição de tortura

"Decidi viver na Coreia do Norte para sempre", disse Shin ao vice-diretor. "Talvez eu possa lhe contar minha vida e você possa me dar alguns conselhos."

Ele se dedicou a seus estudos ideológicos com todo fervor que conseguia reunir. Leu os três volumes de *A história da luta de Kim Il-sung contra os japoneses*, escreveu os resumos de leitura mais agradáveis que seu lado roteirista permitia e até mesmo memorizou longas passagens para impressionar o instrutor. Eles viam dois filmes norte-coreanos por dia, um pela manhã e um à tarde. Quando chegou o aniversário de Kim Il-sung, em 15 de abril, Shin se uniu aos brindes com champanhe, embora não costumasse beber. "Virei [a primeira taça] em um único gole e pedi outra", lembrou. "Então também fiz um brinde. 'Desejo vida longa e prosperidade a nosso amado Grande Líder Kim Il-sung.'"

A vigilância na casa fora redobrada. O quarto de Shin ficava no andar de cima, com os outros cômodos arranjados de modo que sua porta fosse sempre visível, permitindo que seus movimentos fossem monitorados. No andar inferior, ficavam a sala de estar e de projeção, a sala de jantar e um terceiro quarto para outro residente. Dois guardas viviam com Shin. Eram seu "cozinheiro e recepcionista". O vice-diretor, que dormira na mesma casa que ele no vale das Castanheiras, agora ficava em outro local e vinha apenas para as lições. Shin não tinha permissão para sair da casa, nem mesmo no quintal, a menos que o vice-diretor estivesse com ele. Todas as janelas, com exceção de uma da sala de jantar, eram fechadas com pregos. À noite, quando todos estavam dormindo, um cão feroz era solto no terreno.

Abril se transformou em maio, maio em junho e, subitamente, era julho. Estava quente e úmido, com as flores e plantas do lado de fora da casa explodindo em uma impressionante variedade de cores. Durante todo o dia, o ar pulsava com o ruído espesso dos gafanhotos. Sempre trancado, Shin armazenava tudo que podia encontrar — restos de comida, sal, fósforos — em um frenesi de improvisação, sem pensar para que os itens poderiam servir. "Sabia que seria minha última chance", disse ele. "Se fosse pego, estaria morto."

As horas se arrastavam e os dias eram repletos de "ansiedade, planejamento e espera por minha chance", lembrou Shin. Quase toda noite, tempestades amenizavam o calor sufocante. Os trovões e o som da chuva pesada encobriam os outros ruídos da casa e os guardas desistiam da patrulha e procuravam refúgio. Mesmo assim, Shin não conseguiria fugir do cão de guarda, mas não planejava fazer isso. Seu esquema era mais simples e ousado que o último.

Em uma daquelas noites tempestuosas de julho, ele se esgueirou até o quarto de hóspedes do andar superior, onde notara que os três aquecedores tinham rodinhas e que, se um deles fosse afastado, era possível mover um painel, revelando um pequeno espaço vazio na própria parede, grande o bastante para esconder um homem. Ele afastou um aquecedor, removeu o painel e se enfiou no buraco, cuidadosamente repondo o painel atrás de si. De sua posição atrás da escrivaninha, o aquecedor tornava difícil notar qualquer alteração no painel.

Shin se encolheu no interior da parede, com os bolsos cheios de comida e suprimentos que recolhera nas semanas anteriores. Esperava ter de ficar escondido por três ou quatro dias — sem esticar as pernas ou se aliviar de nenhum modo — enquanto seus captores, achando que fugira, estabeleciam uma massiva caçada. "Mais tarde, quando o furor diminuísse", escreveu Shin, "eu deixaria a casa e caminharia na direção de um dos portos ou da fronteira e, em algum momento, chegaria à União Soviética".

Quando o jantar foi servido naquela noite e Shin Sang-ok não foi encontrado, houve um pandemônio. Em algumas horas, oficiais chegaram para revistar cada canto da casa — mas, em vez de desertarem completamente a propriedade, como Shin esperara, estabeleceram a sede da busca no estúdio, do outro lado da parede onde estava escondido. Ele presumira que seus captores se comportariam da maneira que planejara — de acordo com o roteiro que escrevera em sua mente — quando encontrassem seu quarto vazio. Mesmo em sua desesperançada posição, Shin ainda acreditava poder planejar uma cena e dirigi-la de acordo com seus desejos.

Encolhido no interior da parede, com as costas ardendo e a garganta apertada de tanta sede, Shin ouvia ansiosamente enquanto carros freavam do lado de fora e homens marchavam em cada cômodo. Walkie-talkies estalavam ruidosamente. Ele ouviu um dos homens dando batidinhas no teto e nas paredes para ver se eram ocos. "Podia ouvir homens no telhado", escreveu mais tarde. "Meu quarto e o estúdio se tornaram a sede da busca. As pessoas iam e vinham; ordens eram dadas, e relatórios, entregues nesses cômodos. Havia motoristas no quarto onde estava escondido. Vinham ouvir rádio." Às três da manhã, desesperado para urinar, Shin se esgueirou até o banheiro e se aliviou, esperando que os cães latissem ou os trovões espocassem antes de dar a descarga.

No terceiro dia, um assistente entrou no quarto de hóspedes para limpá-lo. Ao se aproximar da escrivaninha, notou que o aquecedor fora movido e que o painel estava ligeiramente aberto; de fato, podia ver parte do corpo de Shin. Imediatamente, gritou: "Ele está aqui! Ele está aqui! O cavalheiro está escondido no quarto de hóspedes!"

Momentos depois, os policiais chegaram. Um homem com cerca de 30 anos, vestindo uma túnica Mao cinza em vez do uniforme da polícia, parecia estar no comando. Quando Shin foi arrastado para fora de seu buraco, o homem na túnica Mao fez com que se sentasse e começou a interrogá-lo polidamente:

— Por que tentar escapar novamente? Por que causar tantos problemas novamente?

— Porque não posso viver aqui — respondeu Shin. — Não tenho minha esposa, meus filhos e minha família. Meus amigos. Eles estão todos no Sul. Como posso viver aqui sozinho?

— Mas você nunca solicitou que sua família fosse trazida — disse o homem, dando de ombros. — Se tivesse pedido, teria sido providenciado.

— Como poderiam trazer minha família do Sul? O governo provavelmente a está vigiando de perto.

— Por que você nunca acredita no poder do Povo? Você não entende o poder do Povo... — O homem suspirou. — Você cometeu um crime e traiu o Estado ao tentar fugir do país. São ofensas graves. Você merece ser executado.

— Sou sul-coreano. Qual é o crime em tentar voltar?

— Você é cidadão daqui. Cidadãos devem obedecer à lei do país.

— Não sou cidadão daqui — protestou Chin. — Ainda sou sul-coreano...

— Mentira. A República Popular Democrática da Coreia é o verdadeiro governo da península da Coreia e, desse modo, você é cidadão norte-coreano.

Foi o fim da conversa. Outros oficiais vieram dar uma olhada em Shin, mais tarde discutindo seu caso no andar de baixo. O vice-diretor também apareceu, "olhando-me com olhos de serpente", observou Shin, antes que lhe pedissem para se retirar. Quando, finalmente, Shin foi levado para baixo para jantar, serviram-lhe uma refeição de presidiário, consistindo em sopa salgada, uma minúscula porção de arroz e nenhuma carne. Mais guardas e cães foram trazidos e, na manhã seguinte, colocaram arame farpado do lado externo de todas as janelas.

Com o espírito destruído, Shin entrou em um limbo, esperando ser levado embora a qualquer minuto e executado. De ambas as vezes em que tentara fugir, ele genuinamente acreditara que conseguiria. "Minhas fugas eram como as de um filme", refletiu anos depois. "Talvez eu estivesse confundindo fantasia e realidade [...]. Mas, sem ao menos tentar fugir, jamais teria suportado a ansiedade, a solidão e o medo. Em uma realidade tão sombria, com tanto tempo livre, era apenas natural que minhas fantasias e sonhos começassem a se fundir com a realidade." Vinte dias depois de seu esconderijo ser encontrado, dois oficiais de segurança foram até a casa e disseram estar lá para levar o prisioneiro "para um lugar onde você pagará por seu crime". *Finalmente vão me matar*, pensou Shin enquanto embarcava, algemado, no banco traseiro de outro Mercedes, com seus pertences sendo jogados no porta-malas.

Não o mataram. O Mercedes viajou por três horas, no escuro, até o coração de lugar nenhum, e o depositou em frente a um edifício fortificado.

Shin chegara à Prisão Número Seis.

O centro de detenção fora uma coisa. A Prisão Número Seis, "o centro de iluminação", era outra.

O poeta venezuelano Ali Lameda, que viajou até Pyongyang para traduzir as obras completas de Kim Il-sung para o espanhol, foi preso e condenado em 1968 — sem acusações claras e sem provas — e passou seis anos na Prisão Número Seis, que conhecia como Prisão Suriwon, em razão da cidade mais próxima. Ele escreveu: "As condições da prisão eram terríveis. Nenhuma troca de roupas em anos, nem dos pratos de comida [...]. Não havia direitos para o prisioneiro, nenhuma visita, cartas, cigarros, comida ou oportunidade de ler um livro ou jornal ou escrever [...]. A fome era usada como forma de controle [...]. Em minha opinião, é preferível ser espancado, pois é possível cerrar os dentes e suportar o castigo físico. Passar fome continuamente é pior." Um guarda lhe disse que 6 mil homens e mulheres ou mais eram mantidos na prisão, "um grande lugar circular com um imenso pátio", a qualquer tempo. Lameda podia ouvir alguns deles gritando em outras celas e acrescentou, sombriamente: "Naquele lugar, você rapidamente aprende a distinguir se um homem está chorando de medo, dor ou loucura."

Foi para onde Shin Sang-ok foi banido após sua segunda tentativa de fuga. Formalmente acusado e condenado, ele foi obrigado a vestir o uniforme da prisão — de algodão, usado e sem ter sido lavado — e levado à cela pequena, úmida e imunda que seria sua nova casa. Teve de engatinhar para dentro, através de uma portinhola basculante. Baratas infestavam o vasilhame a ser usado como sanitário.

Como aprendeu rapidamente, a política da prisão o proibia de se encontrar ou trocar palavras com outros prisioneiros. Conversar, rir e cantar eram atividades proibidas. Os prisioneiros podiam lavar suas roupas, mas não a si mesmos. A busca nas cavidades corporais era administrada semanalmente, como humilhação ritual. Mesmo na hora de tomar sol no pátio, os prisioneiros eram mantidos em gaiolas individuais de arame, como em um zoológico, com laterais de cimento, para que não pudessem conversar ou ver um ao outro. A comida era pouco mais que "grama e sal" mergulhados em água, com uma ocasional bola de arroz.

Juntamente com seus colegas prisioneiros, Shin foi instruído a se sentar em sua cela com as pernas cruzadas e de cabeça baixa — e não se mover. A menor flexão de um músculo era recompensada com espancamento, com o prisioneiro sendo ordenado a colocar as mãos através das barras da cela, para que seus dedos fossem esmagados violentamente pelo cassetete do carcereiro. O desertor Hyok Kang, cujo pai passou pelo mesmo tratamento, escreveu: "Os prisioneiros assumiam a posição de pernas cruzadas [...] e tinham de permanecer silenciosos e imóveis. Isso era uma verdadeira tortura, porque, enquanto os piolhos o comiam vivo, tudo que você podia fazer era observar, dado que o menor movimento seria punido [...]. Meu pai ainda tem as marcas. Somente uma vez por dia os prisioneiros tinham uma pausa, durante a qual podiam se mover. Durava dez minutos. Os prisioneiros, cujas pernas estavam frequentemente inchadas, pois sua circulação sanguínea era quase completamente interrompida na posição de pernas cruzadas, mal conseguiam se levantar." ("Os prisioneiros ficavam sentados dezesseis horas por dia, olhando para os carcereiros e para as barras da prisão", acrescentou Lameda. "Deveriam se manter acordados durante todo o dia, dizia a explicação oficial, pois como poderiam pensar continuamente sobre sua culpa se dormissem?")

Isso era chamado de posição de tortura. Seria o regime diário de Shin durante mais de dois anos e meio.

18
A Divisão 39

Do lado de fora, em outro tipo de prisão, Choi Eun-hee de algum modo voltara às graças de Kim Jong-il. Ela não sabia por que, mas um dia Kim a convidara a percorrer a recém-inaugurada via expressa Wonsan até sua casa à beira-mar. "Era uma rodovia de quatro pistas", lembrou Choi, mas "não havia muretas de proteção e as pessoas simplesmente caminhavam de maneira arriscada pelo meio da estrada. Os túneis [ao longo do caminho] tinham nomes como 'Juche', 'Lealdade' ou 'Retorno Triunfal'. Diziam que o mais longo tinha quatro quilômetros de extensão". Vilarejos podiam ser vistos da estrada, mas não havia acessos conduzindo até eles. Quando chegaram à casa de cinco andares na praia, Kim Jong-il estava esperando do lado de fora, sorrindo como sempre.

— Sra. Choi! Bem-vinda. Há quanto tempo! Como está passando? Essa é sua primeira visita a Wonsan?

Jong-il estava recebendo outros convidados e a noite foi passada em um longo jantar, após o qual os convidados formaram grupos para beber, jogar bilhar, majongue ou cartas. "Era exatamente igual a qualquer sociedade capitalista", pensou Choi. Na manhã seguinte, Jong-il fez com que Kang a levasse até o monte Kumgang, também conhecido como montanha de Diamante. Choi nunca a vira, mas ela fora celebrada em canções e na arte por seu povo durante muitos séculos, imortalizada como uma das mais belas montanhas do mundo, com as rochas negras escavadas pela natureza em dramáticos picos, penhascos e ravinas.

A visita, contudo, foi uma imensa decepção, perfeitamente representativa da Coreia do Norte. Havia armas antiaéreas instaladas em todos os picos, "para que as aeronaves dos malditos americanos não possam penetrar em nosso país", disse seu guia. Túneis haviam sido escavados na rocha, estocados com suprimentos emergenciais de guerra e provisões e depois fechados com feias tábuas de madeira. Arame farpado isolava a praia, em caso de desembarque pela água. A montanha, assustadoramente, parecia estar *sangrando*. Quando se aproximou do ferimento, Choi viu que o "sangue" era a palavra JUCHE, escavada na rocha e pintada de vermelho. "Lemas e palavras de ordem haviam sido escavados na base de quase toda grande rocha", lembrou Choi, "todos honrando Kim Il-sung, seu pai, sua mãe, outros membros da família e o Partido dos Trabalhadores". As luzentes palavras desfiguravam a montanha em todos os locais visíveis.

— Olhe aquilo — gritou o sr. Kang. — Você deve se aproximar, para ver o tamanho real da palavra. Cada letra tem o comprimento de um carro! — Choi jamais o vira tão orgulhoso.

Pior de tudo foi perceber que, do alto do platô, ela podia ver a Coreia do Sul. Enquanto lutava contra as lágrimas, seu guia prosseguia, sem perceber. "Quando nossos inimigos jurados, os malditos ianques, invadiram este lugar, eles espancaram cruelmente o chefe do vilarejo [...]. Mas lá está a Altitude 351, onde lutamos duramente contra os malditos ianques e seus fantoches sul-coreanos pela libertação de nossa nação. E ali..."

Após a visita à mansão à beira-mar, veio um inesperado convite para votar nas "eleições" para a Assembleia do Partido, logo seguido por uma chamada de Kim Jong-il às 5 da manhã, solicitando que ela se juntasse

O júri do Festival de Cannes de 1994. Shin está sentado no segundo lugar à esquerda, na fileira da frente, ao lado de Catherine Deneuve (centro). O presidente do júri, Clint Eastwood, está na fileira de trás, no segundo lugar da direita para a esquerda. (*Cortesia de Choi Eun-hee*)

Shin e Choi em um monumento de Pyongyang, após o reencontro em 1983. Choe Ik-gyu observa ao fundo. (*Cortesia de Choi Eun-hee*)

Choi Eun-hee estrela *Sal*, o quarto filme que ela e Shin produziram na Coreia do Norte. Choi ganhou o prêmio de Melhor Atriz do Festival de Moscou por seu desempenho como mãe batalhadora durante a ocupação japonesa. (*Cortesia de Choi Eun-hee*)

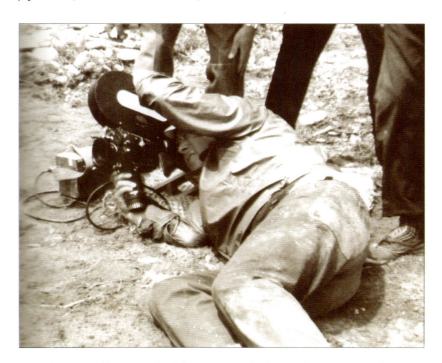

Shin durante a filmagem de *Sal* no interior da Coreia do Norte. Sua ética de trabalho e sua resistência física tornaram-se lendárias entre as equipes norte-coreanas. (*Cortesia de Choi Eun-hee*)

Shin Sang-ok enquadra uma cena durante a filmagem de *O emissário que não retornou*, em 1984, no estúdio Barrandov, em Praga, República Tcheca. (*Cortesia de Choi Eun-hee*)

O pôster de *A garota das flores* (1972), o filme mais icônico da Coreia do Norte e momento definidor da carreira cinematográfica de Kim Jong-il. Sob sua produção e supervisão, o filme se tornou um sucesso em toda a Ásia comunista. (*Korea Film Export & Import Corporation*)

Retrato oficial de Kim Il-sung, o Sol da Coreia, primeiro Líder Supremo da República Popular Democrática da Coreia. (*Foto do autor*)

Retrato oficial de Kim Jong-il, Querido Líder e Amado General, segundo dirigente da República Popular Democrática da Coreia. (*Foto do autor*)

A biografia oficial de Kim Jong-il começa com seu nascimento messiânico nos declives nevados da montanha Paekdu, considerada pelos coreanos tradicionais a fonte das origens ancestrais de seu povo. Nesse retrato "histórico" do Partido, Kim Jong-il é mostrado sentado no ombro da mãe e segurando a mão do pai. A cabana de seu nascimento pode ser vista ao fundo, e todos os três vestem uniformes revolucionários do Exército de Libertação da Coreia. (*Foto do autor*)

O funeral de Kim Jong-il, em 28 de dezembro de 2011, surpreendeu o mundo com imagens televisivas de milhares de norte-coreanos histéricos e aos prantos seguindo a procissão, em temperaturas inferiores a zero grau. Veículos militares e soldados em passo de ganso escoltaram o corpo do Querido Líder até o local de seu descanso final, no luxuoso palácio Kumsusan. (*AFP/Getty Images*)

Kim Jong-il dá as boas-vindas a Choi Eun-hee no porto de Nampo, Coreia do Norte, em janeiro de 1978, em uma fotografia feita por um oficial de imprensa que o acompanhara até o píer, a fim de registrar o momento. (*Cortesia de Choi Eun-hee*)

Choi Eun-hee recebendo o prêmio de Melhor Atriz por *Sal* no Festival de Cinema de Moscou, em julho de 1985. (*Cortesia de Choi Eun-hee*)

Fotografia oficial do Partido, de Shin e Choi, tirada no escritório de Kim Jong-il em 19 de outubro de 1983. Mais cedo na mesma noite, o casal gravara secretamente sua primeira reunião de produção com Kim. (*Cortesia de Choi Eun-hee*)

O filme norte-coreano mais famoso de Shin, *Pulgasari*, era uma história inspirada em Godzilla. Passados alguns anos, a produção se tornou um clássico cult no circuito americano de vídeos alugados e sessões alternativas de madrugada. (*Twin Co.*)

Choi Eun-hee, Kim Jong-il e Shin Sang-ok em uma festa promovida por Kim para reunir o casal sul-coreano em março de 1983. Shin fora libertado da brutal Prisão Número Seis apenas duas semanas antes, e esta foi a primeira vez em que ele e Choi se encontraram em mais de cinco anos. (*Cortesia de Choi Eun-hee*)

Shin e Choi no 34º aniversário de Shin, em 1960, durante os anos mais felizes de seu primeiro casamento. Choi veste um traje de época e Shin o uniforme de terno e gravata estreita que costumava usar como jovem diretor. O breve momento de alguns minutos roubados no set foi o tanto que durou a celebração. "Estávamos sempre muito ocupados", disse Choi. (*Cortesia de Choi Eun-hee*)

a uma festa na Casa dos Peixes — uma depravada confusão de homens bêbados e trôpegos e mulheres que ela jamais vira antes, com Kim Jong-il no meio de tudo, os olhos injetados em função do álcool e a fala arrastada — e, depois disso, um convite para visitar outra de suas mansões, dessa vez em um imenso lago artificial, onde ele aterrorizou os convidados ao pilotar a lancha sem cuidado, "em velocidade muito alta, virando para lá e para cá, rindo e obviamente se divertindo". Se isso não fosse suficiente para confirmar que Choi voltara às graças do Querido Líder, ela se viu novamente dentro de um Mercedes, no meio da noite, e instalada em uma espetacular nova residência, mais para o norte.

Ela não pôde deixar de se maravilhar. Pintada de branco brilhante e três vezes maior que a casa em Tongbuk-ri, a mansão tinha carpete em todos os cômodos, mobília luxuosa e todas as comodidades imagináveis — incluindo, naturalmente, uma sala de projeção. Ela não possuía nada da cafonice das outras casas. "Era bonita", lembrou Choi. Era a casa de hóspedes da montanha Paekdu, localizada ao pé do local oficial de nascimento de Jong-il, e a mais suntuosa de suas 24 mansões particulares.

Kim Jong-il passara muito tempo no fim dos anos 1970 garantindo seu luxuoso modo de vida. Era quase certo que assumiria depois que o pai morresse. Kim Il-sung estava chegando aos 70 anos e não tinha planos claros para o futuro da Coreia do Norte. Suas tentativas militares de reunificar o país haviam falhado e a economia Juche, forte durante alguns anos, estava desacelerando. O povo o adorava. O Líder Supremo, pronto para gozar a velhice, colocara o filho a cargo da maior parte da direção cotidiana da República Popular. Era apenas adequado, pensara Jong-il, que seu modo de vida fosse incrementado a fim de se adequar a sua nova posição.

A maioria das duas dúzias de mansões de Jong-il foi finalizada entre 1979 e 1981, construídas ou reformadas e custando estimados 2,5 bilhões de dólares. Foram idealizadas puramente para seu prazer e seus passatempos, que eram muitos. De acordo com o desertor Han Young-jin, os refúgios incluíam uma casa no leste de Pyongyang onde "cervos são criados como animais de estimação"; três no centro de Pyongyang, incluindo uma onde um andar inteiro era equipado com máquinas de fliperama, caça-níqueis e "máquinas para diversão"; a casa de praia em Wonsan, que incluía um cinema em tamanho real, quadra de basquete e uma imensa piscina com dois tobogãs; uma casa de campo com pista de boliche, rinque e campos de tiro; e chalés na montanha perto de lagos, para andar de jet-ski e pescar, e de reservas de caça. Uma casa em Changsong, perto da fronteira chinesa, era onde Jong-il mantinha seus cavalos; e outra, em um lago na província de Hamkyong, supostamente abrigava três andares construídos abaixo do nível da água, com espessas paredes de vidro fornecendo uma visão panorâmica da vida aquática. Outra casa, perto de Pyongyang, era ligada a um gigantesco tobogã cheio de loops e voltas, digno de um parque aquático. Uma casa menor, perto de um riacho em Yonghung, foi construída somente para que Jong-il pudesse participar da pesca local de truta-arco-íris, que gostava assada em papel-alumínio. Ele até mesmo fizera com que uma luxuosa mansão fosse construída perto da instalação de pesquisa nuclear em Youngbyan, a fim de poder realizar as inspeções com conforto.

Seu sushiman, Kenki Fujimoto, conheceu muitas de suas casas e relatou que os relógios eram suíços, a mobília importada principalmente da França e da Suíça e a temperatura ambiente, em cada cômodo de cada mansão, mantida em 22ºC o tempo todo, estivesse Jong-il presente ou não. Antes de sua chegada, seu perfume favorito era borrifado em todos os ambientes. Todas as casas eram próximas de fontes de água — lagos, rios, reservatórios ou o mar —, porque isso o fazia se sentir em paz.

Ele mantinha um estilo de vida compatível com seu ambiente. Viajava de carro apenas se necessário, preferindo usar seu trem à prova de balas, que, em certas partes do país, usava trilhos exclusivos. Adorava a companhia dos cachorros e, durante a maior parte da vida, teve quatro shih tzus, que viajavam com ele para toda parte. Apostava e jogava golfe (uma de suas casas em Pyongyang tinha um campo com três buracos no jardim). Mantinha um estábulo cheio de cavalos de corrida (os Orlovs russos eram sua raça favorita), uma frota de lanchas, uma coleção de carros de corrida e uma cornucópia de motocicletas, jet skis e carrinhos de golfe, mas, tendo medo de voar, nenhum avião e somente um helicóptero. Gostava de pilotar o mais rápido que pudesse. Caçava cervos nas montanhas e atirava em gaivotas de seu iate. Tinha seu próprio navio de cruzeiro e, dos anos 1990 em diante, sua própria fazenda de avestruzes. Além de Fujimoto, empregava uma equipe multinacional de chefs, trabalhando com ingredientes especialmente importados de todo o mundo. Suas adegas estavam cheias dos melhores e mais caros vinhos e destilados. Era exigente com a comida, discutindo cardápios com os chefs todos os dias e notando se algum ingrediente da receita fosse modificado. Adorava sopa de barbatana de tubarão, *boshintang* (sopa de cachorro), lagosta, artigos frescos de confeitaria e *toro* (atum), sempre pedindo a Fujimoto, em um inglês capenga, por "mais um". Fumava cigarros Rothman Royal, que escolhera em 1977, após ordenar que seus embaixadores recolhessem amostras de cada marca disponível no exterior e as enviassem para Pyongyang, a fim de experimentar. Depois de escolher o Rothman, construíra uma fábrica encarregada de criar uma marca popular para seu povo com o mesmo sabor, chamada Paektusan Glory; para si mesmo, desprezou a imitação barata e continuou a importar os Rothman. Segundo a Hennessy, gastava quase 700 mil dólares por ano com conhaque Paradis.

Naturalmente, surge a questão: como o filho do Líder pagava por tudo isso? A RPDC não tinha economia privada e o Estado mal gerava dinheiro suficiente para o povo sobreviver; assim, onde o Querido Líder encontrava recursos para bancar seu extravagante modo de vida?

A verdade era simples e quase inacreditável: Kim Jong-il era o líder de um sindicato internacional do crime, um dos mais poderosos do mundo e cujas atividades serviam para sustentá-lo — e somente a ele. Em meados dos anos 1970, a Coreia do Norte deixou de pagar seus empréstimos internacionais e Moscou e Pequim começaram a fazer perguntas sobre como os bilhões de dólares que enviavam ao Supremo Líder eram gastos. Com recursos limitados e tão industrialmente atrasada que não podia produzir bens competitivos para exportação, a Coreia do Norte rapidamente se tornava tão pobre que recebia ajuda até mesmo de países como Cuba e Bulgária. Kim Il-sung, que via seu povo ainda alimentado e abrigado, não antecipou a crise. Mas seu filho percebeu o que estava no horizonte e entendeu que em breve chegaria um tempo em que a Coreia do Norte teria dinheiro suficiente para sustentar o povo ou o regime, mas não ambos. Assim, dividiu a economia norte-coreana em duas colunas: uma que alimentava a economia nacional e outra que servia para fornecer fundos apenas a ele.

"Sua" economia reservava para si o uso exclusivo das indústrias de melhor desempenho. De acordo com Hwang Jang-yop, Kim Jong-il "estabeleceu uma unidade econômica separada [...] em nome do gerenciamento dos negócios do Partido. Selecionou entidades comerciais bem equipadas, especialmente aquelas com histórico significativo de ganhos em moeda estrangeira, e as agrupou. Em outras palavras, retirou a nata da nata e estabeleceu uma unidade econômica independente [para si mesmo]". Minas de ouro eram as primeiras da lista, uma vez que o ouro podia ser tão facilmente transformado em moeda estrangeira; o grupo de arte Mansudae vinha em seguida, juntamente com os estúdios, para os quais tinha grandes ambições monetárias. Depois vinha a exportação de ginseng, shiitake, frutos do mar, prata e magnésio. Todos os negócios ou indústrias com qualquer potencial de lucro eram acrescentados à lista e recebiam acesso prioritário a eletricidade, combustível e matéria-prima de qualidade. Kim Jong-il não estava interessado em sustentabilidade. Ele sugava cada centavo de lucro imediato das minas de carvão e ouro e do solo, estabelecendo metas de produção impossíveis e esgotando as reservas. Quando estabeleceu controle sobre toda a economia nacional e descobriu que ainda não era suficiente para seus apetites, ele se aventurou em um novo e engenhoso território: o crime organizado patrocinado pelo Estado.

"Cigarros e remédios falsificados (inclusive Viagra), drogas, fraude de seguros, dinheiro falso, tráfico de pessoas e espécies em risco", escreveu o *New York Times*, "[...] o regime Kim está envolvido em tudo". A revista *Time* certa vez comparou Kim Jong-il a Tony Soprano, ao passo que o *New York Times* escolheu Vito Corleone e chamou os Kim de "uma das mais sofisticadas famílias criminosas do mundo".

No governo de Pyongyang, o gabinete de Kim Jong-il era conhecido como o Terceiro Andar, em menção ao andar que abrigava seus escritórios no edifício do Comitê Central. O Terceiro Andar era servido inteiramente por alunos da nova Escola Kim Jong-il de Política Militar, tão devotados ao jovem Kim que se tornaram conhecidos como os Combatentes. Entre seus departamentos, os mais influentes eram as Divisões 35, 38 e 39, que se reportavam diretamente a Kim Jong-il. A Divisão 35 gerenciava e coordenava a coleta de informações, produzindo relatórios de inteligência, e coordenava e planejava operações secretas e de terrorismo, como os sequestros de Shin e Choi. A Divisão 39 gerenciava e investia os fundos da família Kim, com participação em negócios legítimos como hotéis e restaurantes, incluindo uma cadeia de restaurantes norte-coreanos "de Pyongyang" em cidades estrangeiras de toda Ásia e Europa. A Divisão 38, um pouco como o negócio de azeite de oliva da família Corleone nos filmes da série *O poderoso chefão*, servia como fachada para a Divisão 39, o maior dos três departamentos, cujo propósito era simples: conseguir moeda estrangeira para Kim Jong-il por qualquer meio necessário.

Discretamente criada por Kim como subunidade do Departamento de Contabilidade e Finanças do Comitê Central do Partido dos Trabalhadores (uma coisa na qual governos comunistas densos e burocráticos são bons é em esconder atividades sinistras), a Divisão 39 cresceu até incluir

120 empresas comerciais, empregar mais de 5 mil norte-coreanos e responder por algo entre 25% (de acordo com pesquisadores do Instituto de Pesquisas Econômicas Samsung) e 50% (de acordo com Hwang Jang-yop) do comércio total e da circulação de moeda da Coreia do Norte. Essas 120 empresas mudavam de nome regularmente, a fim de se esquivarem das sanções das Nações Unidas. Um relatório de 2010 do Instituto de Estudos Estratégicos do Exército dos Estados Unidos traçou suas origens até 1974 e estimou sua renda anual entre 500 milhões e 1 bilhão de dólares, espalhados em bancos em Macau, Suíça, Áustria e Luxemburgo.

Por meio da Divisão 39, Jong-il dirigia um sindicato do crime, mas com as ferramentas e recursos de um governo soberano: soldados, navios mercantes e militares, diplomatas, postos nas embaixadas, fazendas coletivas e fábricas. A existência da Divisão 39 era um segredo aberto entre a elite de Pyongyang, que a chamava de "a mantenedora da caixa registradora dos Kim".

Estima-se que o comércio de entorpecentes — na maioria ópio, cocaína e metanfetamina — rendia a Kim algo entre 60 e 70 milhões de dólares por mil quilos de droga (o jornal sul-coreano *Chosun Ilbo* avaliou que a Coreia do Norte enviava perto de 3 mil quilos ao ano somente para o Leste Europeu). Em certos vilarejos norte-coreanos, um terço do solo disponível era separado para plantar papoula (limitando crucialmente a quantidade de terra arável para alimentos, em um país já carente de recursos agriculturáveis). Crianças e membros da brigada jovem do Partido cuidavam das papoulas, que eram enviadas para fábricas dirigidas por químicos cuja educação fora paga pelo Estado e que as transformavam em ópio e heroína. Diplomatas eram usados como mulas, mas certas operações eram terceirizadas para gangues chinesas, cujos navios encontravam os navios do Exército norte-coreano no mar Amarelo, ou para a Yakuza japonesa, a máfia russa ou mesmo o IRA. O *Chosun Ilbo* certa vez relatou que não era incomum que o Terceiro Andar enviasse "mais de 20 quilos de drogas" para cada um de seus diplomatas em embaixadas selecionadas em todo o mundo, ordenando "que cada diplomata conseguisse 300 mil dólares para provar sua lealdade". Já em 1977, a Venezuela expulsou diplomatas norte-coreanos por tráfico de drogas, e nos anos 1990 adidos norte-coreanos foram presos na Rússia (um com 23 quilos de heroína e dois outros com 35 quilos de cocaína), Alemanha e Áustria (heroína), Taiwan (também heroína), China (cocaína), Japão (metanfetamina) e Egito (meio milhão de cápsulas da droga do estupro, Rohypnol).

Não era apenas das drogas, no entanto, que vinha o dinheiro de Kim Jong-il. Falsificadores norte-coreanos fizeram cópias tão boas de notas de cem dólares que o Serviço Secreto americano as chamou de "supernotas" e nem mesmo os cassinos de Las Vegas conseguiam reconhecê-las. O Tesouro americano supostamente redesenhou a nota para evitar os falsificadores, somente para que Pyongyang passasse a produzir cópias quase perfeitas do novo modelo. A Divisão 39 também lidava com fraudes de documentos e seguros. "Para o aniversário de Kim Jong-il, os corretores de seguros norte-coreanos prepararam um presente especial", escreveu Blaine Harden para o *Washington Post* em 2009. "Eles enfiaram 20 milhões de dólares, em dinheiro, em duas sacolas e as enviaram, via Pequim, para seu líder em Pyongyang", uma fortuna paga por algumas das maiores seguradoras mundiais, incluindo Allianz Global e Lloyd's of London, por falsas alegações de incêndios em fábricas, danos causados por enchentes "e outros desastres naturais". E, é claro, no século XXI, os segredos militares foram adicionados à lista de bens e serviços do inventário da divisão, permitindo não apenas que ganhasse ainda mais dinheiro, como também, em uma época de crise, ameaçasse tomar o mundo inteiro como refém.

Como tinha o poder de um Estado atrás de si, o controle, a adaptabilidade e as margens de lucro da Divisão 39 eram muito altos. Ela ganhava muito dinheiro, mais do que o suficiente para financiar o estilo de vida de Jong-il e manter os generais do Exército e a elite de Pyongyang, de cujo apoio o Querido Líder precisava, leais e na linha. David Asher, ex-chefe da divisão de combate a atividades ilícitas do Departamento de Estado americano, disse que a Divisão 39 "é como um banco de investimento. Ela fornece o dinheiro para as coisas de que Kim necessita. Como qualquer sindicato do crime organizado, você tem um chefe e seus contadores, e é um negócio muito complicado manter o controle sobre todo esse dinheiro e se assegurar de que o chefe será pago. Mas, quando membros da organização fracassam, são assassinados".

A propriedade de Jong-il aos pés da montanha Paekdu era adequadamente suntuosa e o fato de ter convidado Choi para se hospedar nela, quer ela percebesse ou não, era um sinal de sua aceitação e confiança.

Ho Hak-sun foi com Choi, para servir como assistente e cozinheira. Ela recebera a licença de cozinheira do Partido apenas alguns dias antes da mudança e estava muito orgulhosa de si. A casa era novíssima. Choi ainda conseguia sentir o cheiro da tinta e da cola do papel de parede em alguns cômodos.

Nela, Choi recebeu uma assistente adicional, uma jovem de uns 20 anos chamada Kim Myong-ok. A srta. Kim era magra, bonita e recém-doutrinada. Também era rude e temperamental e agia como um cão de guarda. Gritava ordens e frequentemente espiava Choi através de buracos de fechaduras e fendas nas portas.

A srta. Kim estava encarregada de sua reeducação contínua. O sr. Kang também se mudara, mas, com a intensificação das aulas, fora decidido que Choi receberia lições suplementares da srta. Kim e do chefe de seção local. Quando conheceu melhor a jovem, Choi percebeu que a srta. Kim não conhecia nada da história anterior a 1945 e nenhuma geografia para além das fronteiras norte-coreanas. "Nada é importante, com exceção da história revolucionária de Kim Il-sung", disse ela. "Se eu digo que as outras besteiras não importam, você deve aceitar o que digo. Meu dever é reeducá-la — não esqueça disso."

Choi fez seu melhor para permanecer positiva. Já que estava presa naquela situação, podia muito bem aprender a visão marxista da história. "Mas, para minha grande surpresa, não foi isso que aprendi. O tópico das aulas era a ideologia de Kim Il-sung sobre soberania e a assim chamada linha Juche de pensamento." Tinha aulas das 9 às 13 horas e novamente das 15 às 17 horas, todos os dias. Eles a faziam escrever tudo que ditavam. Choi sentia como se seu braço fosse cair. Durante o almoço e novamente antes do jantar, tinha de rever o que acabara de aprender. Em seu tempo livre, tinha de ler mais biografias dos Kim: *A história imortal* e *Aos pés da montanha Paekdu*.

A srta. Kim, como os outros professores, insistia que o povo sul-coreano estava passando fome e se revoltando contra os imperialistas ianques; de fato, o mundo todo estava tomado pela fome, pelo conflito e pela injustiça, com exceção da República Popular Democrática da Coreia, cujo povo era o mais sortudo do planeta — graças, é claro, ao amado Grande Líder, Camarada Kim Il-sung. Às vezes, Choi protestava, dizendo que "a indústria sul-coreana se desenvolvera muito rapidamente, vi com meus próprios olhos [...]. O real estado dessas indústrias é muito diferente do que vocês acreditam ser verdade aqui na Coreia do Norte". A srta. Kim e os outros inevitavelmente a censuravam. Permitir qualquer dúvida ou debate, explicavam, era o mesmo que encorajar pensamentos impuros e subversivos. A verdadeira crença no Povo não podia ser nada menos que total.

A educação, é claro, teve um efeito oposto ao desejado. "Longe de ser doutrinada", escreveria Choi mais tarde, "eu tinha muito mais dúvidas sobre o sistema".

No início de certa manhã, no fim de outubro de 1979, Choi estava ajudando Ho Hak-sun com as sobras na cozinha quando elas ouviram um grito do lado de fora e viram a srta. Kim entrar correndo na cozinha.

— Estão dizendo que Park Chung-hee foi morto! Morto! — disse ela, sem fôlego, a Hak-sun.

Choi ficou paralisada de medo. Hak-sun secou as mãos no avental.

— Onde você ouviu isso? — perguntou ela.

— Ouvi agora no rádio. Disseram que ele levou um tiro. — Choi se virou e correu escadas acima até seu quarto, pulando na cama e sintonizando a estação sul-coreana. Era meio da tarde e, assim, o sinal estava fraco e cheio de estática, mas ela conseguiu ouvir, a intervalos, o anúncio repetido: "O presidente Park foi assassinado." *Como isso pode ter acontecido?*, pensou.

O último ano de governo ditatorial de Park fora turbulento. A despeito de seu firme controle sobre o governo e a mídia, ele quase perdera as eleições de 1978 para a oposição. Jimmy Carter retirara seu embaixador de Seul, em protesto contra a opressão de oponentes políticos, e houvera manifestações e protestos nas ruas da capital. Em 16 de outubro, ativistas contrários ao governo haviam colocado fogo em trinta estações de polícia em Pusan. Três dias depois, estudantes marcharam pelas ruas de Masan, rapidamente seguidos, em levante popular, por cidadãos de todas as idades e históricos. Park estava prestes a ordenar que o Exército abrisse fogo contra os manifestantes quando, em 26 de outubro, após um dia de cerimônias e relações públicas, sentara-se para jantar em uma casa segura da Agência Central de Inteligência da Coreia, dentro do complexo presidencial. À mesa com ele estava o chefe de seus guarda-costas e Kim Jae-kyu, diretor da ACIC. Enquanto jantavam, discutiram sobre como lidar com os protestos e restabelecer a ordem no país. Os manifestantes, disse Park, deviam ser "massacrados com tanques". A certa altura, Kim Jae-kyu deixou o cômodo. Quando retornou, segurava uma pistola semiautomática Walter PPK. Ele atirou no braço e na barriga do chefe dos guarda-costas e no peito e na cabeça de Park. Seu motivo nunca foi claramente estabelecido. Ele viera da mesma cidade natal que Park; eles haviam sido colegas de classe na academia militar. Era um de seus amigos mais próximos. Mas, durante seu julgamento, simplesmente se levantou e declarou: "Atirei no coração de Yushin [o nome da Constituição de 1972 de Park, que o tornou presidente vitalício] como se fosse um animal. Fiz isso pela democracia deste país. Nada mais, nada menos."

Choi não sabia nada sobre isso. Sabia somente que um homem que conhecera fora assassinado e que seu país natal, que não via fazia quase dois anos, fora reduzido ao caos. Ela sentiu ainda mais profundamente quão breve e imprevisível era a vida.

Ninguém conhece o seu destino, pensou.

19
A greve de fome

NA PRISÃO NÚMERO Seis, Shin passava o tempo refazendo todos os seus filmes.

"Na posição de tortura, que tinha de assumir imediatamente após o café da manhã", escreveu, "eu tinha de olhar diretamente à frente, com as mãos nos joelhos [...]. Calculei que, todos os dias, das dezessete horas entre o momento em que levantava e o momento em que ia para a cama, passava cerca de dezesseis horas nessa posição. Tudo que fazia era pensar". Ele refletia sobre o passado e encontrava os erros habituais: "Tive a oportunidade de pensar infinitamente sobre minha vida, meus erros, como poderia ter passado mais tempo com meus filhos." Mas, na maior parte do tempo, "ainda vivia com os filmes", disse simplesmente. Ele descobriu que a única maneira de suportar a situação era desaparecer no mundo do cinema, da criação — deixar sua mente voltar a um lugar e uma época onde ainda era diretor. Em sua mente, reescreveu, refilmou e reeditou todos os seus velhos filmes, "vezes e vezes sem conta", observando suas falhas e pensando em como as corrigiria, se pudesse. Na Coreia do Sul, estivera sempre correndo, sempre pensando em custos, contas e nos 250 funcionários que precisavam ser ocupados e pagos. Ali, pela primeira vez, aquele homem ambicioso e inquieto foi obrigado a parar. Nas insuportáveis condições da prisão, onde às vezes achava estar perdendo a sanidade, essa carreira imaginária era seu único conforto. E encontrou nela inesperada satisfação. Antes de ser sequestrado, ele se debatera com o roteiro de seu projeto para *A bela adormecida*, mas, ali, "Fui capaz de resolver tudo com muita facilidade", disse. "Estava deliciado."

Em Seul, rico, famoso e livre, ele se sentira orgulhoso de seus filmes, de modo quase arrogante. Na desolação da prisão, achou-os superficiais e sem substância. "Pensei sobre meus filmes e decidi que tinham de conter mais responsabilidade social", refletiu. "O maior ponto fraco dos meus filmes, como eu via, era que não possuíam o espesso odor da vida e da vívida realidade. Essa é minha franca confissão. Eu me tornara inesperadamente famoso ainda jovem e, desde então, estivera tão profundamente envolvido com o cinema que não tivera nenhum momento para pensar em outra coisa. Como resultado, não tivera o luxo de um conjunto variado de experiências nem a oportunidade de sentir e pensar sobre a profundidade da vida." Silenciosamente, reclassificou seus filmes em três grupos: os satisfatórios, "os que precisavam ser parcialmente refeitos e os que precisavam ser jogados inteiramente no lixo". Ao terminar, não havia um único filme satisfatório. Ele ficou desapontado com os resultados — "Eu achava que meus filmes mostravam a vida real. Passei a saber que não" — e constrangido sobre como ignorara seus pares com consciência social e fora superficial, durante as entrevistas, sobre a perspectiva social de sua própria obra. "Sempre sentira muito orgulho de mim mesmo", disse. "Então percebi que compreendera completamente errado o verdadeiro sentido da vida e da dor."

Refazer os filmes na mente também alimentava seu desejo de sair da prisão e refazê-los na vida real. Assim que chegara, Shin solicitara permissão para enviar uma carta de apelo a Kim Jong-il, "para contar meus erros e minhas ideias sobre a indústria cinematográfica norte-coreana". Ele esperara ser executado por suas repetidas tentativas de fuga e era esperto o bastante para reconhecer que Kim não o teria mantido vivo se ainda não tivesse esperanças de que fosse útil.

Nenhuma resposta explícita a sua solicitação foi fornecida, mas de vez em quando ele era retirado da cela e levado até outra sala, com mesa e cadeira, onde lhe ordenavam escrever uma carta de "autocrítica" sobre seu crime. "Eu escrevia devagar, propositalmente, a fim de passar o tempo", explicou Shin. "Levei uma semana para escrever quinze páginas, que enviei. Na carta, agradecia a Kim Jong-il sua benevolência e me desculpava pelas tentativas de fuga." A carta foi rapidamente devolvida e ele recebeu ordens para escrever outra, melhor; a segunda tentativa levou um mês. ("Quanto mais longa a peça de autocrítica, melhor", escreveu Hyok Kang, falando de sua própria experiência. "Dez páginas são melhores que cinco. Assim, você precisa temperar sua contrição com comentários, digressões, expressões cheias de jargão político, palavras inúteis, sinônimos e todo tipo de repetição. Ênfase é o ingrediente principal desse prato amargo, no qual os advérbios — basicamente, resolutamente, verdadeiramente, firmemente — agem como uma espécie de adoçante [...]. Como cobertura do bolo, você precisa de um grandiloquente e solene juramento no qual declara que jamais incorrerá em erros tão monumentais, indignos de um bom membro socialista da sociedade. Então acrescenta a data e assina.")

Um pouco depois de Shin submeter sua segunda autocrítica, o diretor do presídio informou que ele tinha permissão para escrever outra carta a Kim Jong-il, falando dos problemas da indústria cinematográfica norte-coreana e sugerindo possíveis soluções. "Sugeri métodos de produção e formas de reduzir o custo e melhorar a qualidade dos filmes norte-coreanos. [Também] sugeri um afastamento dos métodos antiquados de produção e a criação de filmes baseados em eventos históricos" e nas realizações dos verdadeiros "campeões" norte-coreanos. Sempre que lhe permitiam ir para a sala, ele escrevia carta após carta, entregando-as aos guardas, apesar de nunca receber resposta. "Embora Kim Jong-il tivesse me sequestrado", raciocinou, colocando-se no lugar de seu sequestrador, "ele me tratara com hospitalidade e preocupação. A despeito disso, eu tentara fugir duas vezes. Ele podia considerar isso uma traição". Ele não sabia se Kim lia suas cartas, mas presumiu que, uma vez que gostava de saber tudo, provavelmente sim. De qualquer modo, Shin, assim como Choi, continuou diligentemente seus estudos ideológicos e a infinita composição de cartas, a fim de passar o tempo.

Os dias se transformaram em semanas, as semanas em meses, 1979 em 1980. Em algum momento de janeiro, Shin foi transferido para uma cela diferente, no outro lado da prisão, com piso aquecido e um vaso sanitário que funcionava. A cela ainda era pequena demais para que se deitasse, mas ele tinha roupa de cama, sabonete, escova e pasta de dentes e uma bacia para se lavar. Recebeu ordens para fazê-los durar — o sabonete tinha de durar seis meses; a pasta de dentes, sete — e foi avisado de que não receberia substituições se os gastasse rápido demais. Na hora das refeições, podia contar com arroz e sopa, às vezes até mesmo um lustroso pedaço de banha de porco. A posição de tortura permanecia sua rotina diária. Na parede, alguém escrevera, em caligrafia impecável, sete linhas de textos, sob o título "Avisos".

1. Obedeça às ordens dos guardas sem questionar.
2. Não tente descobrir coisas sobre os outros prisioneiros.
3. Não ouça as conversas entre os guardas e os outros prisioneiros.
4. Jamais fale com outros prisioneiros.
5. Se pegar outro prisioneiro violando as normas, você deve delatá-lo imediatamente.
6. Pacientes devem obedecer a todas as ordens dos médicos.
7. Jamais danifique produtos de uso diário, inclusive a roupa de cama, pois eles são propriedade do Estado.

No dia seguinte, Shin foi levado até o banheiro, para seu banho bissemanal, por um ajudante prisional — um detento que recebia tratamento preferencial dos guardas, em troca de realizar tarefas específicas, como cuidar da limpeza ou entregar mensagens. "Embora tratasse os outros prisioneiros grosseiramente, ele era amável comigo", escreveu Shin. Permitia que Shin permanecesse mais que os cinco minutos determinados pelas regras e lhe mostrou como ajustar a temperatura da água. Enquanto Shin se lavava, o ajudante o observava cuidadosamente.

— Sei quem você é — disse. — Você é o marido de Choi Eun-hee.

Shin ficou estupefato. Após anos de solidão e distanciamento do mundo, falar com alguém que sabia quem era ele, em suas palavras, foi "como encontrar Buda no inferno".

O ajudante lhe entregou um espelho e uma navalha, luxos pelos padrões da Prisão Número Seis. Enquanto escanhoava o rosto pálido e emaciado — era a primeira vez que via as próprias feições em muito tempo —, Shin perguntou:

— Como você me conhece?

— Como poderia não conhecer você, parceiro? Eu era espião sul-coreano. Fui capturado e sentenciado a vinte anos. Ainda faltam cinco para eu sair.

— Fui sequestrado em Hong Kong — respondeu Shin, extasiado por ter alguém com quem conversar abertamente. — Tentei escapar, mas me pegaram. Se tiver umas seis horas sozinho, posso escapar. As seis horas são o problema.

— Choi Eun-hee ficou aqui três meses — disse o ajudante abruptamente. — Depois de chegar aqui, ela se recusou a comer. Mesmo quando lhe deram biscoitos, ela não quis comer. Mal engolia alguma coisa. Três meses depois, eles a soltaram. Foi a primeira vez que vi alguém sair daqui em apenas três meses.

— Choi Eun-hee ficou aqui? — perguntou Shin. *Por que ela foi presa?*, perguntou-se ele.

O homem concordou com a cabeça. A conversa foi interrompida pelo prisioneiro na fila do banheiro e Shin voltou para a cela, perturbado por pensamentos temerosos. Enquanto a noite se aproximava, sentado na cela e encarando a porta, ele começou a achar a história estranha. Certamente um espião sul-coreano capturado seria executado, e não apenas condenado a vinte anos; afinal, cidadãos norte-coreanos comuns eram enforcados ou executados a tiros por muito menos. Como o ajudante sabia de tantos detalhes da estada de Choi na Prisão Número Seis, inclusive sua exata duração?

No dia seguinte, Shin pediu ao ajudante para descrever a mulher que ele afirmava ter visto. Rapidamente se tornou claro que o homem confundira Choi Eun-hee com outra pessoa, embora conhecesse Shin bem o suficiente para reconhecê-lo de vista, ainda que ele tivesse trabalhado *por trás* das câmeras. O ajudante estaria enganado ou mentindo? Seria um teste?

"Eu queria falar com o ajudante, mas era difícil", lembrou Shin. "Podia trocar apenas algumas palavras com ele. No dia do banho, conseguia falar por um ou dois minutos. E isso acontecia apenas a cada duas semanas." Com o tempo, Shin conseguiu reunir toda a história do prisioneiro: ele próprio trabalhara com entretenimento desde 1945 e alegava ter sido o primeiro diretor do Show do Exército Coreano, a organização de entretenimento de tropas para a qual Choi Eun-hee fora forçada a trabalhar durante a Guerra da Coreia. Depois da retirada das forças das Nações Unidas de Pyongyang em 1951, disse ter sido convencido a permanecer no Norte como agente secreto da inteligência. Quando a guerra terminara, vira-se preso na Coreia do Norte e relutantemente se estabelecera nos subúrbios de Pyongyang, casara e tivera três filhos. Quinze anos mais tarde, a segurança do Estado o prendera, acusara de espionagem e jogara na prisão para sempre.

Quanto mais ele falava, menos Shin acreditava na narrativa. Originalmente, a sentença fora de vinte anos e agora era perpétua; ele dissera ter reconhecido Shin de seu tempo no Sul, mas Shin ainda não era famoso durante a guerra. Pressionado sobre como o reconhecera a despeito de viver no Norte, respondera que ouvia transmissões das rádios sul-coreanas (Shin não se importou em perguntar como ele conseguira reconhecer uma pessoa apenas por ouvir falar dela no rádio). O homem também tinha o hábito de se queixar do sistema norte-coreano, para ver se Shin concordava. "Este é o epítome do Estado socialista", disse certa vez, enquanto cobria rachaduras no corredor, um de seus deveres. "Eles usam somente cinco sacos de cimento onde dez são necessários. Então, quando a obra está pronta, comemoram por terem excedido as cotas e economizado material. E recebem o título de Pequeno Herói. Que lugar maldito. São todos idiotas." Shin sempre fazia questão de responder com elogios abundantes ao Grande Líder e ao sistema Juche. Tinha certeza de que o ajudante trabalhava para o diretor do presídio, talvez até mesmo para a segurança de Estado. "Ele mentiu para mim", percebeu Shin, "para me analisar".

O sobrenome do homem era Choi — ele nunca disse seu nome — e Shin se perguntou se fora escolhido propositalmente para manter Eun-hee fresca em sua memória. O ajudante falava dela continuamente. Alegava que ela não fora raptada, que fora para a Coreia do Norte voluntariamente, após fugir com um famoso ator norte-coreano chamado Chun. "Você estava mergulhado em seus casos extraconjugais e ela estava muito deprimida. Ela se apaixonou por Chun e prometeu fugir com ele para a Coreia do Norte. E, mais tarde, fez isso. Ela se apaixonou e fugiu com ele." Em outra ocasião, ele cutucou Shin nas costelas, sorrindo, e disse: "Se sair daqui e fizer cinema, poderá ter as Atrizes do Povo ou as Atrizes Beneméritas que quiser. Mesmo as melhores atrizes serão suas. O Partido dará um jeito." Ele obviamente avaliava como Shin se sentia a respeito da ex-mulher, mas mesmo assim era algo inquietante. As dúvidas o atormentavam. Sentado na posição de tortura, ele tinha muito tempo para pensar obsessivamente em cada aspecto das histórias do ajudante, buscando alguma possível verdade.

Com o tempo, percebeu que devia estar passando em todos os testes, pois seu tratamento melhorava regularmente. Ele começou a receber biscoitos ou doces uma vez por mês, às vezes paloco cozido ou algum outro tipo de peixe com sua porção de arroz e sopa. Ele ganhou peso. Em alguns dias, recebia tanta comida que até deixava um pouco no prato.

Certo dia, no outono de 1980, quando um guarda o tirou da gaiola de sol e bateu uma fotografia, Shin presumiu que seria enviada a Kim Jong-il como prova de sua saúde. Na primavera seguinte, o ajudante Choi foi até sua cela e sussurrou: "Tenho boas notícias. Estão dizendo que você sairá em breve. É melhor arrumar suas roupas e suas coisas — alguém pode vir buscá-lo hoje à noite." Shin ficou exultante. Estava tão animado que pulou o jantar e não conseguiu dormir.

Mas ninguém veio.

— Você está me deixando louco — explodiu Shin quando o ajudante se aproximou com o carro de café na manhã seguinte.

— Você será libertado em breve — disse o homem. — Espere só mais um pouco.

O tempo passou. Em agosto, Shin se desesperou. O dia seguinte seria igual, e também o dia depois daquele. Assim, decidiu assumir o controle da situação e começou uma greve de fome, determinado a atrair a atenção de Kim Jong-il ou morrer tentando.

Novamente, seu planejamento foi mal arquitetado. Nos primeiros dias, não tocou na comida, mas guardou doces dentro da cisterna do vaso sanitário.

— Por que você não come? — perguntou um guarda no primeiro dia, confuso, quando Shin não tocou nem no almoço, nem no jantar. — Está doente?

— Não, senhor. Estou fazendo greve de fome e estou preparado para morrer, se necessário. Prefiro morrer a continuar assim.

— Greve de fome? — O guarda gargalhou. — Espere só. Não vai demorar nada e você vai implorar por comida.

Na manhã seguinte, Shin não comeu seu café da manhã.

— Quero ver o investigador, senhor — disse ele ao guarda que veio retirar o prato.

— É claro. Se ficar sem comer durante um mês, nós o deixaremos vê-lo. Como se fosse fazer grande diferença.

Shin achou que, após três dias, os guardas responderiam a sua greve e seriam forçados a agir. Estava errado. Os doces o deixavam letárgico e ainda mais faminto, e o açúcar, a única coisa em seu estômago, lhe dava diarreia. Sentar na posição de tortura sem nenhum nutriente o exauria. Recusando água, assim como comida, rapidamente ficou desidratado. Estava com tanta sede que pensou em beber a água suja do vaso sanitário.

Setenta e duas horas após ter recusado a primeira refeição, como geralmente ocorre, a dor o invadiu. Privado de nutrientes, seu corpo começou a usar as proteínas de seus próprios músculos para produzir a glicose de que necessitava para continuar funcionando. Ele perdeu peso rapidamente. Mesmo sentado, sentia-se nauseado e tonto. Sua pressão sanguínea caiu tanto que ele mal sentia o próprio pulso.

No quinto dia, entrou em colapso e perdeu a consciência. Será que a greve de fome fora outro fracasso? Kim Jong-il não se importava?

Quando acordou na ala da enfermaria, com um investigador e um oficial militar ao lado da cama, ficou aliviado ao descobrir que, ao contrário das tentativas de fuga, daquela vez obtivera sucesso.

Finalmente chamara a atenção de Kim Jong-il.

20

O diretor Shin está vindo

Após dois anos e meio na casa de hóspedes da montanha Paekdu, Choi Eun-hee voltou para Tongbuk-ri, onde passou outro ano, retomando suas infinitas rodadas de excursões turísticas e lições ideológicas. Ela caminhava pelos bosques todos os dias, na mesma trilha que percorrera quase três anos antes, esperando encontrar Catherine Hong, a beldade de Macau, perguntando-se se ainda estaria no complexo e o que lhe acontecera. Três dias após seu retorno, elas se encontraram. Ambas ficaram exultantes.

— Como tem passado? — perguntou Choi.

— Chorei tanto depois que você foi embora — disse Hong, abraçando-a. — Costumava vê-la em meus sonhos. Nunca mais vamos nos separar.

As duas caminharam juntas, conversando durante muito tempo. O coreano de Catherine melhorara drasticamente e a conversa se tornou mais profunda e extensa. Durante várias semanas, elas se encontraram dia sim, dia não, em locais e horários combinados, às vezes dividindo uma garrafa de licor de ginseng enquanto conversavam.

— Irmã, você tem alguma religião? — perguntou Catherine certa tarde.

— Bem, às vezes eu rezo, mas não posso afirmar que tenho uma religião — disse Choi.

— Sou católica romana — disse Catherine. — Meu nome de batismo é Maria. O que acha do catolicismo?

— Sempre achei que tinha algo de cativante — respondeu Choi, de modo vago.

— Bem, então por que não rezamos juntas para Deus?

— Está bem — respondeu Choi.

Ela seguiu Catherine até o interior do bosque e, como não havia uma massa de água profunda o suficiente dentro dos muros do complexo, Catherine a batizou mergulhando-a nas folhas caídas, vermelhas, douradas e macias. Ela não era realmente qualificada para batizar, mas, em tais circunstâncias, achava que podia.

— Agora você também é católica e podemos rezar juntas. Eu lhe darei um nome de batismo. Seria bom se começasse com M, como Maria. Você gosta de Madeline? — Choi concordou com a cabeça. — Muito bem. De agora em diante, você será Madeline.

Choi e Catherine rezaram juntas e encorajaram uma a outra; Choi achava reconfortante ter algo privado, mesmo que fosse apenas um nome — Maria, Madeline, como se fosse um código secreto —, para partilhar com a única pessoa que entendia como se sentia. Em suas memórias, disse, simplesmente: sua única amiga era católica, "então também me tornei católica".

No início de março, Choi foi transferida novamente. No dia anterior à mudança, teve seu último encontro com Catherine, que lhe deu um colar de presente. Choi, que não tinha nada adequado, tentou dar à amiga duas notas de 100 dólares que tinha consigo desde seu último dia em Hong Kong. Mas Maria gentilmente negou com a cabeça.

— Está tudo bem — disse ela. — Recebo salário. Você precisará mais do que eu. — Choi não suportava abandonar a única pessoa com quem podia dividir seus verdadeiros sentimentos e pensamentos. Ela pressionou o dinheiro contra a mão da amiga, virou-se e começou a se afastar. Dera apenas alguns passos quando ouviu: "Madeline!" Ela se virou.

"Irmã", disse Catherine, "nos veremos novamente algum dia". Ela correu até Choi e a abraçou, repousando a cabeça contra seu peito. Ambas choraram até estarem exaustas e então se despediram. Mais tarde, Choi descobriria que Catherine fora realocada várias vezes pelo interior do país e, finalmente, fora designada a ensinar cantonês para agentes de espionagem norte-coreanos. Elas jamais se viram novamente.

Uma pessoa que Choi continuava a ver frequentemente era Kim Jong-il. Eles se encontraram regularmente entre 1981 e 1982, em geral nas festas da Casa dos Peixes. Ele parecia "muito magro". "É porque me exercito todos os dias, para perder peso", disse Jong-il. Ele ainda fumava, mas bebia menos e passava a maior parte das festas com uma garrafa d'água — embora ainda estimulasse os convidados a beberem. O relacionamento dos dois virara uma rotina quase de mãe e filho; ela era, afinal, dezesseis anos mais velha. Ela o provocava sobre melhorias em sua dieta e fazia seu melhor "para ganhar [sua] confiança". A única maneira pela qual poderia preservar alguma medida de liberdade e sanidade era parecer contente, e mesmo encantada, e ela se resignou a se mostrar o mais simpática possível, embora nunca aduladora.

É provável que Jong-il também estivesse se preparando para o perfil público mais elevado que estava assumindo. Em outubro de 1980, Kim Il-sung anunciara oficialmente ao VI Congresso do Partido dos Trabalhadores que Kim Jong-il seria seu sucessor, uma iniciativa que sofreu condenação internacional por seu nepotismo e autoritarismo, não apenas no Ocidente, mas em muitos Estados socialistas do Leste Europeu e na Ásia. No mesmo congresso, Jong-il anunciou que a Coreia do Norte se afastaria do comunismo tradicional rumo à autossuficiência e à renovada promoção da ideia Juche. Os membros do Partido que compareceram ao congresso retornaram para casa com um presente da mais excitante e moderna tecnologia: um refrigerador tamanho família, fabricado no

Japão. A porta tinha um brasão com a palavra PAEKTUSAN ("montanha Paekdu") em letras grandes. Era um presente pessoal do Querido Líder. Em fevereiro de 1982, Jong-il foi "eleito" para a Assembleia Suprema do Povo e o título de Querido Líder foi oficializado junto ao grande público. O jovem também supervisionava as preparações do septuagésimo aniversário do pai, em 15 de abril de 1982; juntamente com as muitas celebrações luxuosas, Jong-il estava redesenhando completamente Pyongyang para acomodar uma torre Juche de 170 metros de altura, um arco do triunfo e uma praça Kim Il-sung, que deveriam ser construídos em uma linha reta perfeita, cruzando a cidade. Por fim, estava produzindo um filme épico sobre a biografia de Kim Il-sung, *A estrela da Coreia*, na qual o Grande Líder finalmente surgiria como personagem.

Após o anúncio oficial de que seria o sucessor na liderança do Partido — o público só seria informado após a morte de Kim Il-sung, quatorze anos mais tarde —, o regime começou a deificá-lo, assim como fizera com seu pai. Na prática, isso significava que ele estava se transformando em filho de Deus. Até então, as excursões turísticas de Choi haviam sido majoritariamente dedicadas a Kim Il-sung; depois disso, foi levada até o "Sítio Revolucionário Kim Jong-il", que glorificava o filho em vez do pai. O local consistia em um museu "histórico", um parque nas montanhas que teria sido seu campo de treinamento militar e um salão dedicado à sua cinematografia e a seus excepcionais talentos criativos. O edifício era novíssimo e as guias eram todas membros das forças armadas. Nas paredes do salão, havia artigos de jornais estrangeiros — o *New York Times*, por exemplo — elogiando os Kim. Quando Choi olhou mais de perto, viu que eram anúncios pagos disfarçados de artigos.

Durante seus encontros mais recentes, Kim afirmara repetidamente que "o diretor Shin está vindo", implicando que Shin estava prestes a desertar. Certa vez, disse especificamente, durante uma conversa sobre filmes: "Ah, falando nisso, ouvi notícias sobre o diretor Shin. Ele chegará em 15 de abril, no aniversário do Grande Líder." Choi ficou em dúvida. O homem que conhecia jamais desertaria para a Coreia do Norte.

Mesmo assim, as afirmações de que Shin se juntaria a eles, feitas tão frequentemente e com tanta convicção, a angustiavam. *Se ele vier*, pensou ela, *o que acontecerá a nossos filhos? Será que ele está cuidando das crianças durante minha ausência? E, de qualquer modo, como poderia estar vindo para cá? Ele não conseguiria ficar um único dia aqui. Mas, se vier, pode me dar ânimo para continuar vivendo...* Ela passava horas argumentando consigo mesma.

O diretor Shin não deveria *de modo algum* vir para cá.

Seria maravilhoso se ele estivesse vindo apenas por minha causa...

Ele não deveria vir. Ele *não deve* vir.

"Quanto mais pensava a respeito", escreveria Choi mais tarde, "mais confusa ficava. Aonde quer que eu fosse, pensava no diretor Shin. Ele aparecia frequentemente até mesmo em meus sonhos". Em um deles, contou, ela estava filmando uma cena externa, mas não conseguia encontrá-lo; vagueou pelo lugar e, finalmente, o encontrou de bruços em uma vala ao longo de um campo, em posição fetal. Ela se esforçou para ajudá-lo a se levantar, mas não conseguiu. Quando acordou, estava convencida de que algo terrível acontecera ao ex-marido.

O 14 de abril de 1982, véspera do aniversário de Kim Il-sung, chegou sem notícias de Shin. Antes do jantar, o sr. Kang e os outros tutores fizeram com que Choi se sentasse no andar de baixo para ouvir uma fita listando as realizações de Kim Il-sung. Então ouviram outra fita, listando os méritos de sua falecida esposa, Kim Jong-suk, e outra ainda, elogiando toda a sua família — pai, mãe, irmãos, tios. Ninguém podia falar ou fechar os olhos enquanto as fitas eram tocadas. Era uma tradição imposta pelo Estado na véspera do Dia do Líder, aprenderia Choi mais tarde, e cada pessoa do país passava a noite em silêncio, ouvindo as histórias produzidas pela Agência Central de Notícias. "Enquanto o gravador funcionava por uma hora e quarenta minutos", disse Choi, "eu estava perdida em pensamentos sobre o diretor Shin".

No dia seguinte — Dia do Líder —, Kang retornou a casa com um buquê de azaleias enviado pelo Querido Líder. A história oficial da Coreia do Norte é que, em 1945, quando Kim Il-sung e seus guerrilheiros finalmente empurraram o opressor japonês para além da fronteira sino-coreana e, após um longo exílio, pisaram novamente no solo pátrio, encontraram azaleias florescendo no primeiro vilarejo onde entraram e ficaram repletos de alegria por estarem em casa. Desde então, a azaleia se tornara a flor oficial da Coreia do Norte.

Combinando com a representação de Kim Il-sung na iconografia norte-coreana, sorrindo, de bochechas rosadas e parecendo Papai Noel, seu aniversário foi transformado em uma espécie de festival natalino para todos os cidadãos: era um raro feriado para os trabalhadores e estudantes, todo mundo recebia carne em suas rações e as crianças ganhavam presentes do Estado, geralmente doces ou uniformes novos, pelos quais tinham de agradecer ao Grande Líder curvando-se diante do seu retrato oficial exposto no centro da parede do cômodo principal de todas as casas. Os retratos eram distribuídos gratuitamente a todos os cidadãos, juntamente com um pano branco especial que deveria ser usado para limpá-los, e somente a eles. Uma vez por mês, inspetores do Departamento de Padrões Públicos conferiam a limpeza dos retratos. Alguns grãos de poeira eram suficientes para serem denunciados, bastavam poucas reprovações na inspeção para alguém ser conduzido à prisão. Os retratos, feitos para serem pendurados no alto da parede, tinham uma borda mais larga na parte de cima da moldura, para evitar reflexos, evidenciar os olhos e intensificar o olhar do Grande Líder sobre os moradores da casa.

Juntamente com as flores, Kang carregava outra caixa. Havia um sorriso orgulhoso em seu rosto. "O Querido Líder enviou este presente", disse ele a Choi. "Agora realizarei a cerimônia adequada." Ele ordenou que Ho Hak-sun e a srta. Kim o seguissem até o andar de cima, esvaziou a sala de estar, onde estava pendurado o compulsório retrato de Kim Il--sung, e colocou algo que parecia um caixote de maçãs em frente a ele. Ordenou que Choi subisse no caixote e olhasse para a pintura.

"Em uma cerimônia formal, deveríamos cantar 'A canção do general Kim Il-sung', mas não hoje", disse Kang. "Apenas faça o juramento de lealdade."

Choi tivera de aprender e repetir o juramento diversas vezes, mas ser ordenada a fazê-lo a pegou de surpresa. Ela hesitou. "Vamos lá, seja rápida", pressionou Kang. Ela sabia que não havia como evitar. E decidiu seguir em frente.

"Agradeço, Grande Líder, pelo amabilíssimo tratamento a mim concedido e por me permitir participar da gloriosa revolução. Juro que trabalharei arduamente para compensar sua amabilidade. Desejo vida longa a nosso Grande Líder." Ela então se curvou para a pintura. "Embora tenha atuado em muitos filmes", diria mais tarde, "essa interpretação foi, de longe, a mais constrangedora." Kang, contudo, parecia satisfeito. Ele abriu o pacote que tinha nas mãos. No interior, havia frutas japonesas, uma caixa de peixe enlatado, vários cachos de banana e um relógio com o nome gravado de Kim Il-sung — o mesmo que Ho Hak-sun desejara durante toda a vida. Choi se sentiu culpada por tê-lo recebido, sem ter feito nada para merecê-lo e sem desejá-lo. Abruptamente, seus pensamentos foram interrompidos por uma voz aguda e infantil.

"Ei! O que é isso?", exclamou a srta. Kim. Ela pegou um dos cachos. Nunca vira bananas antes.

Menos de um ano depois, em 1983, Choi se postou debaixo do mesmo retrato sorridente, no mesmo cômodo, cercada pelas mesmas pessoas. Após uma cerimônia idêntica, recebeu outra caixa de presente. Dentro da caixa havia um segundo relógio Kim Il-sung, um Omega de ouro — ela podia sentir o olhar invejoso de Hak-sun —, e uma fita nas cores da bandeira nacional, com uma faixa dourada correndo verticalmente até o centro. Kang prendeu a fita em seu peito. "O Grande Líder Kim Il-sung e o Querido Líder Camarada Kim Jong-il lhe concederam a Ordem da Bandeira Nacional, Primeira Classe." Era a segunda mais alta ordem civil da República Popular, depois da Ordem de (quem mais?) Kim Il-sung. Choi não sabia o que poderia ter feito para merecer a homenagem, mas sabia de uma coisa: ela vinha com o dever de servir ao Estado. Tinha certeza de que Kim Jong-il finalmente estava prestes a revelar seu propósito.

Ela não sabia exatamente qual — até que certo dia, em uma festa, Kim se voltou para ela e disse, simplesmente: "O diretor Shin está aqui."

Após sua greve de fome, Shin ficou na Prisão Número Seis por outros agonizantes dezoito meses. Lentamente, suas circunstâncias mudaram. O diretor do presídio começou a convocá-lo regularmente para falar de cinema — perguntas tão específicas que Shin se lembrou do interrogatório, anos antes, após sua prisão na estação ferroviária, durante o qual os homens da segurança de Estado ficavam entrando e saindo da sala, relatando as respostas a Kim Jong-il e retornando com mais perguntas. Somente uma pessoa na Coreia do Norte podia conhecer filmes sul-coreanos banidos bem o suficiente para fazer as perguntas a que ele tinha de responder.

Pouco tempo depois de começarem as perguntas sobre filmes, Shin foi entrevistado pelo ministro da Segurança do Povo.

— Se pudesse viver com Choi Eun-hee, você ficaria na Coreia do Norte e pararia de tentar fugir? — perguntou o ministro.

— É claro — respondeu Shin. Ele foi enfático, ou talvez enfático demais, como julgaria tempos depois. — Um homem comum como eu ficaria feliz em aceitar uma vida doméstica prazerosa. Participarei da revolução. De agora em diante, confiarei somente no Partido e agirei segundo sua vontade. Finalmente entendi a verdade do lema do Partido dos Trabalhadores da Coreia: *Lealdade absoluta e incondicional*. Antes eu não conseguia entender, porque tinha um ponto de vista capitalista. — Por dentro, Shin se arrepiava. O diálogo que o Estado impunha a seu povo era dos piores.

— Sim — concordou o ministro. — Absoluta e incondicional, sem limites. Você finalmente entendeu.

Alguns meses depois, em dezembro de 1982, outro enviado veio de Pyongyang para se encontrar com Shin. O homem pediu que ele escrevesse tudo que sabia sobre todos os diretores sul-coreanos em que podia pensar e, em seguida, perguntou como via sua própria carreira futura como cineasta. Shin disse que, na prisão, arrependia-se "mil vezes por dia" de seu passado e mudara suas crenças e sua visão. "Entendo agora que todos os filmes que fiz na Coreia do Sul toldavam a consciência de classe do povo, assim como a religião tem servido aos capitalistas. Se tiver a chance de produzir filmes, eu os dirigirei com consciência de classe." O homem também pareceu satisfeito com as respostas.

E então, logo depois do café da manhã de 23 de fevereiro de 1983, um guarda abriu a porta de sua cela e o deixou sair. Ele tomou banho, recebeu o amassado terno marrom com que fora preso e ordens para vesti-lo e foi levado pelos guardas até a sala de visitação do presídio. Três homens esperavam por ele: um inspetor que nunca vira antes, um oficial de túnica Mao e, como sempre, o ajudante Choi, no canto. O inspetor falou de banalidades durante algum tempo, perguntando a Shin sobre sua saúde, e então o homem de túnica Mao abriu uma maleta e retirou uma única folha de papel. "Por favor, fique em posição de atenção e ouça cuidadosamente enquanto leio", pediu ele. Segurando a folha, ele leu, em voz alta e cheia de autoridade: "Camarada, a despeito do fato de ter cometido um crime grave, nós o perdoamos. Assim, você deve agora se devotar ao Grande Líder e contribuir para a realização da tarefa revolucionária da pátria Juche. Assinado, Kim Jong-il, 23 de fevereiro de 1983."

Nem bem a maleta fora fechada e Shin se viu do lado de fora da prisão, de frente para o ubíquo Mercedes, dessa vez azul e novíssimo. Ele entrou. Enquanto o carro se afastava, manteve os olhos no prédio da prisão, com o vidro traseiro o emoldurando como uma tela de cinema, até que desaparecesse de vista.

Levado até um local secreto da Segurança do Povo, Shin fez o juramento de lealdade e, gradualmente, retomou a saúde com refeições fartas e conforto material. Recebeu roupas novas, uma avaliação médica e um corte de cabelo. Em 6 de março, apenas dez dias após chegar ao esconderijo, recebeu ordens de se preparar para conhecer o Querido Líder.

Estava indo a sua primeira festa de Kim Jong-il.

Choi já chegara à Casa dos Peixes. A festa de gala era como todas as outras a que comparecera durante seus cinco anos em Pyongyang, apenas maior, ocupando todo o grande salão de banquete, com o dobro do número habitual de convidados. Também havia excitação no ar. Kim Jong-il parecia especialmente satisfeito consigo mesmo. Mais cedo, naquela noite, alguém se aproximara de Choi, tocara seu cotovelo e dissera: "Hoje será o dia mais feliz de sua vida!" Choi não dera importância. Estava acostumada à tendência norte-coreana ao júbilo e ao exagero.

Shin estava tenso e ansioso quando o carro parou em frente ao edifício de concreto, perto de uma longa fila de idênticos Mercedes-Benz. Saiu do carro e caminhou até a entrada. Dois assistentes inclinaram a cabeça em uma mesura e abriram a porta para ele. Assim que entrou, o lotado salão de banquetes explodiu em aplausos.

Ele olhou em volta, desorientado. Dez dias antes, estivera sentado na posição de tortura dentro de uma prisão, faminto, com os gritos dos prisioneiros sendo torturados e executados o acordando durante a noite; agora, estava em um ambiente que parecia "uma boate luxuosa de Seul", cheia de homens uniformizados ou usando ternos ocidentais com idênticas bandeirinhas vermelhas presas ao peito, bebendo os mais caros destilados do mundo e provando das mais luxuosas variedades de pratos. Meninas adolescentes percorriam as mesas dançando, flertando e dando risadinhas.

No centro de tudo, estava Kim Jong-il, o homem que o mantivera preso durante anos e agora, inexplicavelmente, o levara até ali. "Eu vira retratos e pinturas de Kim Jong-il numerosas vezes", escreveria Shin mais tarde, "mas era a primeira vez que o via pessoalmente. Ele era baixo e tinha olhos grandes e brilhantes. Sua pele estava avermelhada, como se estivesse começando a demonstrar os efeitos do álcool". Ele vestia calças confortáveis e uma túnica larga de botões, quase parecendo estar de pijamas. E sorria.

Shin caminhou em sua direção.

Choi perdeu a chegada do convidado especial daquela noite. Quando a música parou abruptamente e a multidão começou a aplaudir, ela não prestou atenção até que uma mulher se aproximou e apontou na direção da porta. "Olhe quem está aqui!" Choi se virou para a entrada. Um homem muito abatido estava parado na porta. Ela não o reconheceu imediatamente. E então congelou. Foi como se seu coração tivesse parado. "Por que você está parada aí?", perguntou a mulher, arrastando-a consigo.

Shin estava se aproximando de Kim Jong-il, com o coração disparado, quando subitamente viu Choi. Ela vestia um tradicional vestido *hanbok* branco e grandes óculos escuros. Fazia mais de cinco anos que ele não a via e nunca tivera certeza de que realmente estava no país ou mesmo viva. Ele a encarou, sem conseguir acreditar, enquanto ela era arrastada até ele. Os dois ficaram frente a frente, sem saber o que dizer ou fazer, angustiadamente conscientes das dezenas de pares de olhos presos neles. O silêncio e uma imobilidade sufocante haviam substituído os aplausos.

— O que houve com você? — Choi conseguiu perguntar. Shin sorriu debilmente.

Jong-il se aproximou, com um enorme sorriso no rosto, parecendo uma criança que acabara de pregar uma peça muito improvável.

— Vamos lá, se abracem! — disse ele. — Por que estão parados aí? — Shin e Choi se abraçaram, a princípio sem jeito, e então mergulharam no conforto dos braços um do outro. Vivas e aplausos irromperam novamente. Flashes pipocaram. — Muito bem, muito bem. Parem de se abraçar e venham até aqui — ordenou Jong-il.

Shin e Choi fizeram o que lhes fora ordenado, agudamente conscientes de estarem participando de um espetáculo. Shin fez uma mesura polida a Kim e apertou a mão do homem mais jovem. Jong-il respondeu entusiasticamente. Colocando Shin a sua esquerda e Choi a sua direita, ele os fez posar para uma fotografia.

— Relaxem — brincou —, isso não chegará aos jornais sul-coreanos — e então se voltou para a multidão. — Camaradas — anunciou ele —, de agora em diante o sr. Shin será meu conselheiro cinematográfico. — Aplausos ensurdecedores. — E madame Choi é agora a representante das mulheres coreanas! — Mais aplausos. Jong-il olhou de Shin para Choi. — Vamos fazer uma cerimônia de casamento para vocês, em 15 de abril, o aniversário do Grande Líder!

Shin ficou olhando para ele, estupefato, enquanto os aplausos desenfreados continuavam. Era 6 de março de 1983. Se ele e Choi não tivessem se divorciado, aquela seria a véspera de seu vigésimo nono aniversário de casamento.

O Querido Líder dirigira a pequena cena com perfeição.

Intervalo

Woo In-hee, a Atriz do Povo

Dizia-se que Woo In-hee era a mulher mais bonita da Coreia do Norte. Como as mulheres idealizadas em pôsteres de propaganda e cartões-postais, tinha o rosto suave e oval tão apreciado tradicionalmente e um corpo delicado, porém curvilíneo. As plateias haviam comparecido aos milhares para vê-la em *A história de um comandante de destacamento* e *A cidade onde vivemos* e formado filas ao redor do quarteirão para sua interpretação de toda a vida de uma mulher, da juventude à velhice, em *A garota da montanha de Diamante*.

Mesmo sua história de vida enchia os corações das pessoas de orgulho e afeto. Ela nasceu em Kaesong, na fronteira entre Norte e Sul, em uma área que se tornara um campo de batalha permanente durante a guerra — tomada pelo Norte no verão de 1950, perdida novamente em outubro do mesmo ano e finalmente retomada, com a ajuda do Exército chinês, em dezembro. A jovem Woo In-hee se mantivera trabalhando durante a luta, um exemplo para todas as crianças no Paraíso dos Trabalhadores. A belíssima garotinha se tornou uma dançarina habilidosa e rapidamente foi descoberta por um famoso ator da época, que a levou para atuar em Pyongyang. Em um ano, ela foi escalada como protagonista de *A história de Chunhyang*, interpretando uma casta e nobre garota de origem humilde que desafia o desdém da aristocracia para se casar com o magistrado distrital que ama. Ela permanece leal quando rivais corruptos tentam chantageá-la e obrigá-la a ser sua concubina — mesmo ao ser condenada à morte por acusações falsas. No fim, é resgatada pelo marido, e sua devoção mútua a tudo vence. O papel transformou Woo In-hee em estrela. Ela protagonizou outros doze filmes, cada um mais bem-sucedido que o anterior. Venceu inúmeros prêmios governamentais e foi elevada a Atriz do Povo, a mais alta honra em seu campo. Era favorecida por Kim Jong-il e tratada como realeza. Até mesmo recebeu permissão para viajar para a Tchecoslováquia e estudar técnicas ocidentais de interpretação. Em seu retorno, casou-se com Yoo Hosun, o mais talentoso diretor de cinema norte-coreano, e teve três filhos. Sua vida parecia encantada. As pessoas que a conheciam pessoalmente confidenciavam que não desapontava: a Atriz do Povo era uma jovem generosa e gentil.

Mas a bela e desejável Woo tinha um defeito. Era romântica e estava sempre se apaixonando. Seu coração desejava continuamente algo que o casamento, a fama e o sucesso não proporcionavam.

O primeiro homem fora membro da equipe de filmagem. Os outros também estavam envolvidos no mundo do cinema — criadores, oficiais do departamento, outros membros da equipe. Provavelmente não houve muitos homens, mas as reputações crescem rapidamente e se afastam da verdade. Em breve, os sets de filmagem de Pyongyang vibravam com rumores de que Woo In-hee, a Atriz do Povo, era, no melhor dos casos, uma festeira que não hesitava em se divertir com os homens que sua aparência e seu status atraíam e, no pior, uma mulher promíscua e fácil que se deixava seduzir por todos. Havia algo vulgar, malicioso e misógino nas histórias, um riso dissimulado e silencioso e uma sobrancelha arqueada na maneira como eram contadas.

Woo In-hee não era uma sedutora. Talvez fosse solitária, talvez simplesmente desejasse algo que lhe faltava ou, como a maioria dos românticos, estivesse sempre se apaixonando por alguém. Qualquer que fosse a razão, isso a tornava fácil de seduzir, com suas esperanças e desejos sendo uma pergunta que só precisava de um homem que se voluntariasse como resposta. Todas as vezes em que era seduzida, ela se apaixonava e, todas as vezes — depois que a conquista masculina fora realizada, e a novidade sexual, exaurida —, era descartada. Mas tratava-se da Coreia do Norte nos anos 1970, um país onde o marido ficava com todas as propriedades e todos os direitos sobre os filhos em caso de divórcio, mesmo que fosse causado por violência física ou infidelidade — onde, de fato, era socialmente aceito e não incomum que alguns homens tivessem várias esposas. Quanto às mulheres, seu comportamento era escrutinizado e julgado. Era ilegal usar mangas curtas ou saias acima dos joelhos. Os casamentos eram arranjados pelas famílias ou pelo Partido. O sexo antes do casamento era proibido e mesmo algo tão inocente quanto andar de mãos dadas em público era visto com severa desaprovação. Perversamente, essas mesmas regras faziam com que mulheres como Woo In-hee — que desejavam ser valorizadas e obter ligações verdadeiras — se tornassem ainda mais vulneráveis. Elas sufocavam tanto seus desejos que se tornavam desesperadas para torná-los verdadeiros, qualquer que fosse o preço.

Há outra coisa que se deve manter em mente sobre a Coreia do Norte daquela época, especialmente em se tratando de uma Atriz do Povo: a sociedade não permitia nada parecido com uma vida privada. Tudo era público, do corte de cabelo e idade ao se casar até os pensamentos e lealdades mais íntimos. Espiar, informar e fofocar eram virtudes que mantinham o povo na linha e o sistema funcionando. O Partido transformava os trabalhadores em peças anônimas de uma engrenagem. Sua vida emocional e sexual não era diferente, fosse seu trabalho separar joio do trigo em uma fazenda coletiva ou derramar lágrimas sentidas e melodramáticas em frente à câmera no Estúdio Coreano de Cinema. Havia linhas que não podiam ser cruzadas e, por mais invisíveis ou borradas que fossem, uma vez que as cruzasse, não havia volta.

Especialmente se Kim Jong-il estivesse envolvido.

No fim dos anos 1970, as histórias a respeito de Woo In-hee haviam se tornado tão comuns que, um dia, ela foi confrontada diretamente. Em uma sessão de autocrítica — reuniões compulsórias nas quais cada trabalhador deveria, na frente de todos os colegas, listar as maneiras pelas quais havia falhado com o Partido durante a semana e também denunciar alguém —, um homem do grupo denunciou Woo por seus casos e falta de moral. Em vez de baixar a cabeça, envergonhada, flagelando-se verbalmente e expressando seu fervoroso desejo de que Kim Il-sung lhe desse mais uma chance de redenção (a resposta esperada para qualquer acusação, pequena ou grande), Woo In-hee reagiu. Quem era o acusador para falar dela? Não fora ele um dos que a haviam seduzido? De fato, continuou ela, apontando para um homem aqui, outro ali, "Todos vocês me seduziram, não foi?".

Sua carreira entrou em franco declínio. Os homens não a deixariam se safar daquilo. Ela perdeu seu status de Atriz do Povo, primeiro tornando-se uma atriz comum e, em seguida, sendo retirada totalmente das telas e tendo de trabalhar na sala da caldeira do estúdio. Durante um ano, trabalhou alimentando manualmente a fornalha da caldeira com carvão, um trabalho duro, exaustivo e perigoso. Em 1979, recebeu permissão para retornar às telas, diretamente de volta aos papéis principais, em uma mudança de sorte tão rápida e positiva que chocou os que haviam gostado de sua punição. Woo In-hee era uma atriz extremamente popular e certamente era um desperdício mantê-la longe das telas por muito tempo, mas havia algo mais: outro homem. Um homem que entendia almas apaixonadas presas nas armadilhas da expectativa popular, que estava acostumado a ostentar seu poder e tirar vantagem de mulheres bonitas em posições precárias, um homem famoso por sua queda por atrizes e que provavelmente era a única pessoa capaz de anular a severa punição que atingira a Atriz do Povo.

Jamais saberemos exatamente quando começou o caso de Woo In-hee e Kim Jong-il, se haviam flertado anos antes ou se o jovem Kim vira uma oportunidade quando a maravilhosa mulher perdera tudo — sabendo que ela idolatraria um homem com o poder de lhe devolver tudo. A essa altura, Kim tinha não uma, mas duas consortes, e sua vida particular era altamente secreta; uma vez que entrasse nesse círculo, sua vida pertencia completamente a ele. Revelar qualquer parte dela, em público ou particular, significava prisão. Mesmo que Kim meramente suspeitasse que alguém poderia revelar algo, a vida dessa pessoa estaria em risco. Woo In-hee jamais deveria ter se envolvido com Kim Jong-il. Mas ela estava carregando carvão doze horas por dia e, além disso, dizer não ao Querido Líder, herdeiro do Sol da Coreia, era algo mais fácil de dizer que fazer.

Se se envolver com Kim Jong-il era perigoso, começar um caso com outra pessoa, ao mesmo tempo, era suicídio. Mas Woo In-hee não podia resistir. Ela se apaixonou novamente, dessa vez por um jovem coreano vindo do Japão cujo pai, um rico executivo, apoiara generosamente o regime Kim ao longo dos anos. Ele enviara o filho, que se tornara indolente no conforto do Japão, para trabalhar na Coreia do Norte e se tornar um homem. O jovem foi designado para trabalhar em uma estação de rádio. Lá, conheceu Woo In-hee e começou a persegui-la imediata e desesperadamente. Ela gostou do garoto romântico e diferente, mas se afastou. Ele não desistiu. E a cobriu de presentes e de atenção até que, finalmente, ela cedeu.

Nenhum deles podia ir para casa — Woo tinha família e o círculo do jovem certamente fofocaria se a Atriz do Povo surgisse em seu meio — ou passar tempo com o outro no estúdio, onde a reputação de Woo ainda se grudava a ela como uma camiseta encharcada de suor. Kim Jong-il ordenara que outra atriz a seguisse durante as horas de trabalho e relatasse todos os seus movimentos. Os hotéis estavam excluídos, pois os proprietários eram obrigados por lei a conferir as autorizações de estada, recusar quaisquer casais e reportar todos os hóspedes à polícia. Em função da posição do pai, o jovem tinha um Mercedes, e, como dirigira a vida toda no Japão, não precisava de motorista. Assim, o carro se tornou seu ponto de encontro. Eles dirigiam durante horas ou estacionavam em locais escuros e afastados.

Em uma enregelante noite do inverno de 1980, eles estacionaram e fizeram amor. Talvez fosse a primeira vez, talvez a centésima. Com o motor ainda ligado e as janelas fechadas para se manterem aquecidos, dormiram nos braços um do outro. Quando o carro foi encontrado pela manhã, o garoto estava morto, envenenado por monóxido de carbono. Woo In-hee estava inconsciente e mal respirava.

Foram necessárias duas semanas no hospital para que conseguisse abrir os olhos. Quando recuperou a saúde, chegaram os soldados. O filho de um doador importante do Partido estava morto por causa de um caso com uma mulher casada cujo histórico de comportamento escandaloso era bem conhecido. As pessoas no topo tinham perguntas e queriam respostas. Não existe registro de interrogatório, mas, em algum momento, Woo In-hee mencionou o nome de Kim Jong-il. Talvez ele a salvasse uma última vez. Os soldados deixaram a sala. Quando retornaram, disseram a Woo In-hee para se levantar. Ela estava sendo liberada e seria levada para casa.

Dezenas de ônibus estavam estacionados do lado de fora do estúdio, com os motores desligados, os motoristas fumando e fofocando. O inverno, quase no fim, ainda deixava um rastro frio no ar.

Naquela manhã, cada funcionário da indústria cinematográfica, dos diretores aos datilógrafos, havia recebido ordens de embarcar nos ônibus para uma atividade coletiva de emergência ordenada pelo Partido. Não sabiam para onde estavam sendo levados, nem mesmo depois que as portas fecharam e os veículos entraram na estrada. Entre os passageiros, estava o diretor Yoo Hosun, marido de Woo In-hee e pai de seus filhos. Fazia semanas que ele não a via, desde que ela fora levada ao hospital após ter sido encontrada com o jovem coreano-japonês. Ela não voltara para casa nem retornara ao trabalho. Yoo achava que estava enfrentando algum tipo de punição temporária, como quando fora designada para o trabalho na caldeira, ou na prisão.

Aquele dia deve ter desviado sua mente dessas preocupações. Nada parecido com a misteriosa viagem ocorrera durante sua carreira no estúdio, e todo mundo estava intrigado. Será que estavam sendo levados para um dia agradável de turismo, talvez para o local de nascimento do Grande Líder em Mansudae ou algum monumento revolucionário? Haveria algum grande anúncio político relacionado ao futuro do cinema no país? Talvez estivessem apenas sendo levados para uma monótona e gigantesca sessão de autocrítica — embora parecesse ser trabalho demais para uma reunião, uma vez que o estúdio tinha vários auditórios grandes o bastante para receber todo mundo.

Os ônibus em comboio atravessaram a cidade e os subúrbios, em uma corrida de ao menos 45 minutos. Finalmente, pararam ao lado de um campo de tiro. Havia dezenas dessas instalações perto de Pyongyang e centenas por todo o país, muitas adornadas com ilustrações de lobos em uniformes do Exército americano, que serviam como alvos. Crianças mais velhas eram regularmente levadas aos campos para praticar, especialmente com a aproximação de 8 de julho, o Dia Antiamericano. Naquele dia, o campo estava deserto, mas arquibancadas haviam sido dispostas do lado oposto aos alvos e civis comuns, cerca de 5 mil pessoas, já ocupavam as fileiras de trás ou estavam em pé nas laterais. O povo do cinema — 2 mil pessoas, pelas estimativas da indústria — recebeu ordens para desembarcar e ocupar os lugares remanescentes.

Uma cortina branca estava estendida na frente dos alvos e uma grande estaca de madeira fora fincada diante dela. Durante alguns minutos, os espectadores aguardaram em silenciosa e ansiosa expectativa. Então um jipe do Exército chegou e estacionou entre a cortina branca e os alvos. O grito desesperado de uma mulher cortou o ar, vindo detrás da cortina. Uma corrente elétrica percorreu a multidão. Era para isso que haviam sido trazidos, o que quer que fosse aquilo.

Naquela manhã, Woo In-hee ouvira que estava livre para ir para casa. Quando a colocaram no jipe e a vendaram, soube que era mentira.

Os soldados a arrastaram para a frente da cortina, vendada e com as mãos amarradas. Na plateia, foi a vez de seu marido gritar.

Execuções, como todo o restante na Coreia do Norte, são planejadas como espetáculos teatrais, com o condenado no papel de protagonista involuntário. Woo In-hee havia sido vestida com o uniforme dos prisioneiros, que se dizia ter sido projetado especialmente por cientistas do Exército norte-coreano para execuções públicas: um traje cinza de lã e algodão que absorvia o sangue rapidamente, tingindo-se de um vermelho dramático e profundo. Woo In-hee foi amarrada à estaca com duas cordas, uma passada por seu peito, outra por suas pernas. Durante todo o tempo, não parou de gritar. Gritou por Kim Jong-il e outros líderes do Partido — algumas testemunhas lembram de ela amaldiçoar seus nomes, enquanto outras afirmam que implorava para falar com Kim, explicar, pedir perdão. Um dos soldados caminhou até um microfone e sua voz ecoou nos alto-falantes, mal sufocando seus gritos. "Por cometer atos licenciosos e imorais, a Atriz do Povo Woo In-hee foi condenada à morte. Será executada pelo esquadrão de fuzilamento, em nome do Povo." Um segundo depois de ele dizer "em nome do Povo", o som das armas de fogo encheu o ar.

O esquadrão de fuzilamento, composto de três soldados, cumpriu seu dever do modo habitual. A primeira saraivada de tiros arrebentou a corda na altura do peito, fazendo com que o corpo de Woo se inclinasse à frente, como em uma última mesura à plateia. A saraivada seguinte mirou na cabeça, explodindo-a em uma encharcada e espetacular massa de carne, ossos e cérebro. ("No inverno", escreveu o desertor norte-coreano Hyok Kang a respeito das execuções que testemunhou quando criança, "com temperaturas de −20 ou −30º, cria-se muito vapor quando isso acontece, por causa da diferença de temperatura entre o corpo e a atmosfera.") Finalmente, uma última saraivada rompeu a corda que a prendia na altura das pernas e seu corpo caiu com um baque sobre o saco a seus pés.

Na plateia, Yoo Hosun desmaiou. Não estava consciente quando os soldados chutaram e empurraram o corpo de sua mulher para dentro do saco, jogando-o dentro do jipe. Após uma execução, escreveu Hyok Kang, a regra era que o corpo fosse "abandonado em algum lugar das montanhas, sem ser enterrado, para que os cães [selvagens] o comessem". As portas do carro se fecharam sobre Woo In-hee, a Atriz do Povo, e o jipe se afastou. Houve um breve silêncio, rompido pelas crianças das fileiras da frente dando gritos excitados enquanto corriam para disputar os cartuchos de rifle espalhados na terra ensanguentada.

Depois disso, os filmes de Woo In-hee foram banidos, suas fotografias nas revistas foram cortadas ou cobertas por uma tarja preta e as páginas que a mencionavam nos livros de história do cinema e panfletos foram coladas. Se seus filmes clássicos fossem apresentados na televisão, todas as suas cenas eram cortadas, transformando as narrativas em confusões incompreensíveis, mas também enviando uma mensagem clara ao público, que vivia em um mundo ritualizado o bastante para entender tais mensagens. Seu marido, Yoo Hosun, foi exilado no interior e enviado para trabalhar na produção. Um decreto de supressão foi publicado para os milhares de testemunhas da execução, ameaçando-as de morte se falassem a respeito. Mas por que construir arquibancadas em torno de um campo de execução e colocar 6 mil testemunhas em um ônibus, a menos que se quisesse que falassem?

E elas falaram, aos sussurros e com olhares furtivos por sobre o ombro. Três anos depois, na luxuosa mansão onde era mantida, Choi Eun-hee ouviu a equipe norte-coreana contando a história alto o bastante, por acidente ou de propósito, para ser ouvida. Ela entendeu a mensagem.

O único homem com poder para ordenar a sumária execução de uma atriz famosa e honrada que o decepcionara — e fazê-lo com tal implacável senso de drama e espetáculo — era Kim Jong-il.

Rolo três

Produzido por Kim Jong-il

"O mundo inteiro é um palco,
E todos os homens e mulheres, apenas atores.
Eles saem de cena e entram em cena..."

— Jaques, *Como gostais* (Ato II, Cena VII),
William Shakespeare

Truman (Jim Carrey): Nada foi real?
Christof (Ed Harris): Você foi real. Por isso era tão bom assistir-lhe.

— *O show de Truman*,
roteiro de Andrew Niccol,
direção de Peter Weir

21
Juntos

CHOI LEMBROU-SE DA trágica história da Atriz do Povo ao observar os convidados bêbados a sua volta no banquete. Esse era o mundo do cinema no qual ela e Shin estavam entrando.

Perto dali, sentado à direita de Kim Jong-il, estava Shin. Jong-il se comportava de maneira agradável e cortês, quase contrita, em relação ao homem mais velho. O Querido Líder fora mimado durante toda a vida e ganhara tudo que quisera; para ele, apenas algumas poucas experiências ainda deviam parecer novas e excitantes. Certamente aquela era uma delas. Shin Sang-ok era o primeiro cineasta de renome internacional que conhecia, um diretor cujos filmes vira um por um — e cuja obra apreciava e admirava o bastante para achá-lo digno de ser levado até a Coreia do Norte e transformado em seu principal diretor.

— Sr. Shin, por favor, desculpe-me por todo esse drama — disse Jong-il, olhando para seu convidado com olhos grandes e brilhantes. — Sinto muito por ter lhe causado tanto sofrimento. — Ele pegou a mão direita de Shin, colocou-a sobre seu joelho e a apertou. Antes que Shin pudesse responder, Jong-il continuou: — Ninguém jamais encostou a mão em madame Choi. — E então, erguendo a voz, disse ao restante da mesa: — Eu a devolvi a você exatamente como era! Sr. Shin, nós, os comunistas, somos puros. Não somos, camaradas?

— Sim, senhor! — veio a resposta em uníssono, pontuada por aplausos.

— Sejamos todos devotados ao Querido Líder! — gritou um homem que Shin mais tarde descobriria ser o diretor do *Rodong Sinmun*, o jornal do Partido. Todos à mesa ecoaram o brinde e consumiram suas bebidas de um só gole.

— Trabalhemos juntos para cumprir a tarefa! — saudou outro depois que os copos foram completados novamente.

Brinde se seguiu a brinde e, em breve, Jong-il declarou uma "ofensiva alcoólica", um de seus jogos favoritos durante as festas, no qual os convidados tinham de virar dose após dose, gritando juras de lealdade após cada uma delas. Shin não costumava beber, mas achou que seria desaconselhável não participar. Foi uma decisão astuta, pois Kim valorizava os homens que sabiam beber, vendo nisso um sinal de força e autocontrole. Ser incapaz de aguentar o conhaque era algo que depunha contra a virilidade. Todo mundo parecia querer servir Shin e dar tapinhas em seu ombro. A certa altura, a irmã mais nova de Kim Jong-il, Kyong-hui, em relação a quem ele se sentia intensamente protetor desde a morte do irmão mais novo Shura naquele tanque do jardim, há tantos anos, encheu o copo de Shin e disse baixinho: "De agora em diante, por favor, ajude meu irmão." Seu próprio copo precisava ser completado quase constantemente: ela estava nos estágios iniciais de uma severa dependência alcoólica, um vício que, mais tarde, colocaria em risco sua situação no Partido e a obrigaria a procurar tratamento na China.

Os brindes infindáveis levaram a horas de bebedeira. A banda tocou uma série de (oficialmente banidas) canções populares sul-coreanas, surpreendendo Shin, que, durante seus anos na Coreia do Norte, ouvira apenas músicas de guerra e hinos ao Grande Líder. Os convidados cantaram algumas das canções, com triunfo na voz. Shin observou que "cantavam canções populares sul-coreanas não porque gostassem delas, mas porque achavam que o Sul pertencia a eles", incluindo sua música.

O conhaque fazia sua cabeça rodar. Ele olhou para Choi, que sorria e conversava com as pessoas a seu lado. Ela parecia à vontade, quase como se fosse uma deles. *Está interpretando para Kim Jong-il e seus comparsas*, pensou ele. Ou será que sofrera lavagem cerebral? Seria por isso que haviam sido mantidos separados durante tantos anos e só então reunidos? Será que ela fora doutrinada e tinha instruções de descobrir o que ele estava realmente pensando? Shin se sentia tonto e paranoico. Desejou poder se deitar.

Por sorte, a noite parecia estar acabando. Subitamente, o Querido Líder se voltou para ele e perguntou:

— O que você acha de ver um filme?

Kim, Shin, Choi e alguns poucos outros deixaram o salão de baile e lotaram uma pequena sala de exibição para assistir a um par de breves filmes de propaganda. Os dois curtas duraram cerca de vinte minutos e então todos retornaram à festa, que retomara fôlego. O "comer, beber, cantar e dançar foi até as 3 horas", lembrou Shin, quando Jong-il subitamente notou sua exaustão. Ele chamou um homem, que mais tarde Shin descobriu ser Choe Ik-gyu, o mentor cinematográfico de Jong-il e o homem com quem Shin trabalharia dali em diante.

— Vamos levar o casal para casa — disse Jong-il. — Pegue meu carro.

Jong-il os conduziu até o Mercedes. Shin e Choi estavam em silêncio. O que se esperava deles? Choe Ik-gyu sentou no lugar do motorista. Shin abriu a porta de trás do carro. Rindo alto e com óbvia malícia, Kim gritou:

— Como é um dia especial, vocês dois devem ir para o quarto nupcial e *descansar*!

E foi assim que Shin e Choi foram levados de carro até a primeira mansão onde Choi fora mantida, a casa de mau gosto com todos os candelabros. Eles deram um boa-noite a Choe Ik-gyu e subiram as escadas até o quarto luxuoso, que fora preparado para o casal, com conhaque e uma cesta de frutas frescas sobre a mesa de café. Assim que fecharam a porta, Choi disse:

— Querido, se você não me ama, vamos dormir em quartos separados. Diga-me agora.

Shin olhou para a mulher que adorara durante a maior parte da vida. Ele a amara desde que a conhecera e vivera, dormira e trabalhara com ela durante quase toda a sua vida adulta. Mas, como admitiria mais tarde, era orgulhoso demais "para simplesmente dizer *Eu te amo*". Assim, apenas sorriu. Choi entendeu. Ele se adiantou e a abraçou. Durante algum tempo, os dois permaneceram daquela maneira, em silêncio.

Finalmente, Choi se afastou e olhou para ele.

— Onde quer que tenha estado, seu rosto não é o mesmo... — disse ela.

— Contarei sobre isso, aos poucos — disse Shin. — Como você tem passado?

— Contarei sobre isso aos poucos — ecoou ela. — Mas não sei por onde começar.

— Querida, você parece estranha... — arriscou Shin, olhando-a nos olhos. — Você sofreu... lavagem cerebral?

Dita em voz alta, a frase parecia idiota. Choi explodiu em gargalhadas. E lançou a Shin um olhar grato e coquete.

— Ora, veja, o diretor não consegue reconhecer uma atuação quando a vê — provocou.

"Eu a subestimei", diria Shin mais tarde. "Ela era uma grande atriz nas telas, no Sul, e fora das telas, no Norte."

Era maravilhoso estarem juntos no mesmo quarto. "Tínhamos tanto a dizer", lembrou Shin. Com medo de que o quarto tivesse escutas e sua conversa fosse gravada, eles foram até o banheiro, abriram as torneiras da banheira ao máximo e sussurraram. Contaram um ao outro sobre seus últimos anos e trocaram histórias de sofrimento. Descobriram que haviam sido raptados no mesmo cargueiro e praticamente na mesma praia. Choi descobriu que Shin ficara em uma das propriedades onde ela mesma permanecera, algumas semanas antes. Ela relatou a execução da Atriz do Povo Woo In-hee. Ambos tentavam decifrar, cuidadosamente, o que mudara no outro, se haviam sido sutilmente doutrinados e a extensão de seu trauma.

Uma das coisas que Choi disse, enquanto conversavam na banheira, ficou marcada em Shin até o momento em que adormeceu.

— Querido — disse ela —, atuamos e dirigimos a vida de outros nos filmes. De agora em diante, precisamos agir e dirigir nossas próprias vidas, com engenhosidade.

Os dois tinham de tirar o maior proveito possível da situação. E, todos os dias, cuidadosamente, planejar a única coisa que realmente importava: fugir.

22

O gravador

IMAGINE POR UM momento que, por obra de Deus ou acaso — como queira chamar —, você nasceu e foi criado na Coreia do Norte. Muito provavelmente você nasceria em uma família de *songbun* neutro ou hostil, e não na elite, e viveria fora de Pyongyang, no difícil e montanhoso interior. Aos 2 anos, seria levado à creche e à pré-escola revolucionárias, onde passaria a maior parte do tempo, em vez de estar em casa, e os professores seriam suas fontes primárias de influência e autoridade. Pistolas e rifles de brinquedo lotariam as prateleiras do quarto de brinquedos, juntamente com um cartaz emoldurado mostrando crianças de olhos brilhantes atacando um ensanguentado soldado americano.

A creche e a pré-escola ocupariam quatorze horas do dia, geralmente seis dias por semana. Ainda muito jovem, você aprenderia incontáveis lemas — "O que o Partido decidir, colocaremos em prática" ou "Sejamos balas humanas para defender o Grande Líder!" — e a chamar o Kim mais velho de "Grande Líder Avô Kim Il-sung" ou, mais tarde, "Camarada Grande Líder Kim Il-sung". Seu filho era o "Camarada Querido Líder Kim Jong-il". Após a pré-escola, vinham o maternal, quatro anos de escola primária e seis anos de escola secundária. O uniforme em todos os estabelecimentos era cortado em estilo militar. Durante esses anos, você aprenderia a biografia de Kim Il-sung de cor, nos mínimos detalhes. (Após o fim dos anos 1980, também aprenderia sobre a vida de Kim Jong-il, com seus professores lhe dizendo que ele era tão idealista que costumava subir em árvores para apanhar o arco-íris — e tão virtuoso que conseguia.) Você aprenderia que a comida que recebia era um presente do Grande Líder e que deveria ser grato a ele por recebê-la. Aprenderia matemática somando, subtraindo e multiplicando o número de soldados americanos mortos ou o número de maçãs roubadas da fazenda local por um maldito japonês; aprenderia conjugação repetindo "Lutamos contra os ianques. Lutávamos contra os ianques. Lutaremos contra os ianques"; aprenderia história repetindo histórias sobre heróis revolucionários lutando contra os japoneses ou contos sombrios sobre os ianques — e jamais deveria chamá-los de americanos, sempre "ianques", "cães ianques", "imperialistas ianques" ou simplesmente "os narizes compridos" — e cantaria canções infantis populares como "Atire nos malditos ianques" ("Nossos inimigos são os malditos americanos / Que estão tentando tomar nossa bela pátria / Com armas que faço com minhas próprias mãos / Atirarei neles / bang! bang! bang!").

No recreio, você e as outras crianças poderiam brincar com o boneco louro e de nariz em forma de gancho da professora, representando um imperialista ianque. Vocês se revezariam batendo nele com paus e atirando pedras, enquanto a professora observava com ar de aprovação. Ocasionalmente, para se divertir, você seria levado a um campo de tiro. Jamais lhe diriam explicitamente que os Líderes eram deuses, mas, nas palavras do pesquisador Lee Su-won, "o processo pelo qual as pessoas começaram a ver Deus e Jesus como entidades absolutas é muito similar à maneira como Kim Il-sung e Kim Jong-il são reverenciados [na Coreia do Norte]". Todas as crianças aprendem que é heresia rabiscar ou desenhar os Líderes e nenhuma fotografia deles pode ser dobrada ou jogada no lixo (outra razão para o jornal *Rodong Sinmun* ser colocado sob vidro em locais públicos, e não distribuído). É blasfêmia insultar os Líderes ou fazer piadas a seu respeito. Aos 10 anos, você se uniria aos Jovens Pioneiros — a versão da RPDC dos escoteiros ou, mais adequadamente, da Juventude Hitlerista — e, aos 12, receberia seu próprio broche Kim Il-sung, para usar no peito sempre — *absolutamente sempre* — que saísse de casa. Na mesma idade, começaria a desempenhar seus deveres patrióticos aos domingos, trabalhando nos campos de arroz ou em outra atividade para ajudar o progresso da república.

Fora da escola, o mundo seria ainda mais estranho. Desde o início da vida, você notaria que todos eram suspeitos para todos os outros, o tempo todo. Não haveria como dizer quem, por mais que fosse amigo íntimo ou membro da família, poderia ser informante ou agente de segurança disfarçado. Todos conheciam histórias sobre famílias enviadas para os campos porque uma criança ou avó descuidada deixara escapar algo para a pessoa errada. Assim, mesmo a vida doméstica era cautelosa, representada. Todo mundo, nas palavras de Hyok Kang, "sempre parecia vestir uma máscara". Você nunca comemoraria seu próprio aniversário, somente os de Kim Il-sung e Kim Jong-il. Nesses dias, receberia gigantescos 900 gramas de chocolates, balas de goma e biscoitos e se postaria em frente aos retratos de Kim Il-sung e Kim Jong-il em sua casa, curvando-se ao máximo e dizendo "Obrigado, querido pai Kim Il-sung" várias vezes.

Quando fizesse 17 anos, receberia seu "certificado de cidadania", nos moldes de um velho documento soviético, um livreto de doze páginas sobre o portador, contendo nome, fotografia, local de residência, data de nascimento, estado civil, histórico policial e de comportamento e permissão (ou ausência dela) para viver em Pyongyang. O certificado de cidadania deveria ser carregado o tempo todo e renovado a cada dez anos. Ser preso significava o confisco do documento: durante o tempo passado na prisão, você não seria cidadão e não teria nenhum (hipotético) direito.

Após a escola, viria o dever militar, dez anos passados não em manobras, mas como mão de obra barata para o Estado, construindo pontes e estradas. Depois disso, você provavelmente seria designado para trabalhar em uma fábrica, escritório ou coletividade agrícola; os bons empregos eram reservados aos membros do Partido e seu *songbun* jamais lhe daria acesso a essas posições. Desse momento em diante, receberia suas rações a cada duas semanas, pesadas e distribuídas de acordo com seu tipo de trabalho. A ração diária comum consistia em uma tigela de arroz com kimchi e uma tigela menor de sopa, sem carne — a carne era adicionada somente para marcar ocasiões especiais, como o aniversário do Líder ou o Dia da Libertação. No início dos anos 1980, sua ração se atrasaria frequentemente ou seria alterada; sua família receberia um porco congelado ao invés de um conservado em sal e, quando fosse cozido, metade do peso do animal seria água; mais comumente, as sacolas de arroz seriam simplesmente enchidas com pedras para enganar as balanças do escritório de racionamento. Nos anos 1990, durante meses seguidos, as rações deixariam de vir. Você, é claro, não poderia se queixar: ninguém o fazia.

Você trabalharia longas horas por dia, seis dias por semana. Após o trabalho, iria para sessões compulsórias de autocrítica. Se um novo filme fosse lançado pelo estúdio estatal supervisionado pelo gênio criativo do Camarada Querido Líder Kim Jong-il, você deveria ir imediatamente ao cinema (ou à sala de projeção na fábrica ou no escritório do Partido, se seu vilarejo fosse pequeno demais para ter um cinema). Todos os filmes tinham títulos como *Destino de um membro do corpo de autodefesa*, *A canção da camaradagem*, *Cinco irmãos de guerrilha* e *Novamente no front*, e após a projeção haveria um debate educacional no qual você e os outros responderiam perguntas sobre a "semente" do filme e quais personagens deveriam ser emulados. O sétimo dia da semana seria reservado ao trabalho "voluntário" — limpar as ruas, ajudar nas fazendas estatais ou nos canteiros de obras, preparar-se para grandes eventos como os Mass Games. Não haveria tempo livre. Corpo e mente serviam ao regime.

Um dia, você encontraria alguém com quem se casar e pediria a obrigatória permissão do Estado; quando a recebesse, seria casado por um membro local do Partido sob a estátua de Kim Il-sung em sua cidade. Seu marido, ou esposa, provavelmente teria o mesmo *songbun* que você e ele seria repassado aos filhos. Você provavelmente não saberia muito sobre o sexo oposto. Em 1971, uma "instrução especial" de Kim Il-sung decretara que os homens deveriam se casar aos 30 anos, e as mulheres, aos 28, e que qualquer contato entre adultos não casados, mesmo andar de mãos dadas, era severamente censurado. O conhecimento exato sobre o que ocorria na cama entre homem e mulher ainda seria vago e confuso quando você caminhasse para sua casa designada pelo Estado, após o casamento.

Você e sua esposa permaneceriam na mesma área onde haviam nascido. A realocação era rara e viajar de um vilarejo a outro, mesmo que por apenas um dia, exigia permissão oficial. Todo hóspede que pretendesse passar a noite em casa necessitaria de permissão antecipada da polícia do vilarejo. Você viveria no mesmo quarteirão de apartamentos ou casas que os colegas de trabalho de sua unidade e uma tia local ficaria de olho em todos vocês para o *inminban*, a brigada popular, que se reportava ao Departamento de Segurança Pública. E essa seria sua vida, para sempre. Os alto-falantes continuariam a dizer que a guerra e a reunificação eram iminentes, e a ameaça ianque, sempre presente. Todos os anos, haveria Mass Games. A sociedade norte-coreana não tinha impostos, salários ou dinheiro, e nada podia ser vendido; todas as necessidades, incluindo moradia, alimentação, educação e saúde eram gratuitas e fornecidas pelo Estado. A iniciativa privada fora banida, as promoções eram improváveis e ninguém nunca ouvira falar de mudança de carreira. Você poderia receber uma menção honrosa por ter cumprido consistentemente as cotas no trabalho, mas provavelmente nada mais excitante que isso. Talvez um dia Kim Il-sung visitasse seu vilarejo para uma visita guiada e você e os outros habitantes fossem mobilizados para esfregar as ruas e as casas de cima a baixo; depois que o Grande Líder partisse, o quarto onde tivesse se hospedado, qualquer mobília que tivesse usado e qualquer coisa que tivesse tocado seriam cercados por uma corda, receberiam uma placa e se transformariam em local histórico ou relíquia local. (Dessa maneira, milhares de quartos em toda a Coreia do Norte foram usados por Kim Il-sung ou Kim Jong-il por uma noite e jamais ocupados novamente, bolsões de sagrado vazio em cada cidade e aldeia.)

Enquanto envelhecesse, você seria infinitamente lembrado de quão afortunado era por viver no Paraíso dos Trabalhadores: você seria uma das pessoas mais sortudas da Terra, parte de um povo escolhido com "nada para invejar" em ninguém, em qualquer lugar. A Coreia do Sul, diriam os jornais noturnos, era "um inferno, com acidentes de trânsito e edifícios desmoronando [...]. Você sabe quantos carros são roubados todos os anos? O lugar está cheio de ladrões. Desaparecem 120 pessoas por dia; em toda parte, há assaltos e gangues violentas; o metrô é um corredor infernal [...]. Ela possui cinco, dez vezes mais criminalidade que os outros países [...] o país inteiro é formado de delatores e detetives de polícia". Dizia-se que as crianças sul-coreanas procuravam comida em latões de lixo, enquanto soldados americanos atiravam nelas para praticar tiro ao alvo ou as atropelavam por diversão. Os soldados americanos, aliás, estavam por toda a Coreia do Sul, usando capacetes e óculos escuros, estuprando mulheres em becos e publicamente espancando homens e subjugando meninos para serem seus escravos sexuais. Mesmo após o milagre econômico de meados dos anos 1970 a meados dos anos 1980, a mídia dizia que a crescente prosperidade do Sul era apenas outro sinal de sua depravação moral e dependência da teta americana. A Coreia do Sul era "a mais ostentosa das colônias americanas [...] uma prostituta dos Estados Unidos [...] coberta de hematomas após ser chutada pelas botas dos soldados americanos, apodrecendo nos lugares onde o esgoto americano fora despejado [...]. Dá nojo só de pensar".

Os telejornais estavam cheios de imagens de rebeliões estudantis na Coreia do Sul, greves sangrentas de mineiros no Reino Unido, infindáveis assassinatos e crimes nos Estados Unidos, selvagens semidesnudos na África que se comportavam essencialmente como animais. Havia desastres ambientais por toda parte, grandes tragédias, com exceção dos terremotos que atingiam o Japão e que eram vingança divina pelas décadas de opressão do povo coreano. O povo chinês passava fome após abrir mão do socialismo estrito e se abrir para os mercados mundiais. Nos anos 1980, uma nova doença, a AIDS, devastou o mundo ocidental, sendo a abominável consequência da promíscua fornicação homossexual, inter-racial e pré-conjugal dos ianques; e operações secretas relatavam que os militares americanos estavam construindo uma base na Coreia do Sul, para a qual seriam designados apenas os soldados sofrendo da doença. "Os vampiros e açougueiros estão tentando forçar o desastre da AIDS, assim como um holocausto nuclear, sobre a humanidade!", gritava o histriônico âncora do jornal. Todos os dias, felizmente, também havia alegres "histórias de interesse humano" no jornal e na televisão: cidadãos heroicos que haviam perdido a vida tentando resgatar retratos de Kim do fogo ou da inundação, ou crianças lealmente delatando os pais e fazendo com que fossem enviados para a prisão, bravamente combatendo o comportamento não patriótico em suas próprias casas. Nos melhores dias, milagres faziam parte da programação: uma névoa se espalhara para proteger Kim Il-sung de atiradores de tocaia ou a neve derretera e flores haviam crescido sob os pés de Kim Jong-il enquanto ele caminhava pela província de Hwanghae.

Havia uma estátua de Kim Il-sung em cada cidade do país. Cada cidadão, assim como você, usava um broche com sua imagem, sempre, a cada segundo fora de casa. No corredor principal de cada andar de cada local de trabalho e cada edifício oficial, havia um pequeno livro com os pensamentos do Grande Líder ou do Querido Líder, escrito a mão e atualizado todos os meses. Os museus glorificavam os Kim. As livrarias vendiam exclusivamente livros escritos por eles ou sobre eles. Uma estação de rádio conhecida como Terceiro Canal tocava em todas as residências e edifícios oficiais durante o dia, divulgando notícias sobre os Kim, máximas atribuídas a eles e canções de celebração e devoção a eles. Podia-se diminuir o volume, mas não desligar o rádio. Todas as noites, o jornal era encerrado com uma máxima atribuída a Kim Il-sung ou Kim Jong-il. Os mesmos retratos mantidos na sala de estar estavam em todas as fábricas, pátios, salas de aula, minas de carvão e prisões.

Quando morresse — em 1980, sua expectativa de vida seria de 68 anos, seis anos menos que o imperialista ianque médio e oito anos menos que um vizinho japonês —, seu corpo permaneceria em sua casa durante três dias, velado e pranteado por seus filhos e netos, que então iriam até a fábrica automotiva local do Partido e implorariam por um caminhão ou carroça para levar seu corpo até o cemitério. Uma propina, alta o bastante para demorar um ou dois anos para ser paga, em geral era suficiente. No fim do terceiro dia, sua família comeria uma tigela de arroz recém-cozido e o levaria ao lote indicado pelas autoridades locais, fora da cidade, enterrando-o ela mesma, sem ajuda, nas mesmas roupas que você teria usado durante toda a vida — com exceção do broche de Kim Il-sung. Seria inadequado, é claro, cobrir a imagem do Grande Líder com terra e deixá-lo no solo frio. Na vida, os Líderes estavam por toda parte. Na morte, contudo, você estava sozinho.

Era loucura questionar qualquer aspecto desse modo de vida, por menor que fosse. Falar ou agir contra o sistema faria com que você e toda a sua família fossem condenados aos campos de trabalhos forçados ou à morte — e por que questionar? Durante toda a sua vida, cada artigo de jornal, programa televisivo, livro, filme, música, conversa e outdoor teria martelado a Verdade em você e em todos a sua volta. O país estava hermeticamente selado contra qualquer comunicação com o mundo exterior que pudesse destruir a ilusão: você provavelmente jamais sentiria necessidade de questioná-la. Na maior parte do tempo, teria vivido uma vida feliz e contente, dentro de limites cuidadosamente estabelecidos, desde que jamais tentasse ultrapassar esses limites, pensar por si mesmo ou questionar a realidade.

O *songbun*, os campos de prisioneiros e o mito de que Kim Il-sung libertara sozinho a Coreia surgiram já nos anos 1940, mas a ritualização da vida cotidiana, a erradicação de cada nota e opinião discordante, a construção de milhares de estátuas e monumentos, a imposição de broches de Kim Il-sung em cada peito e retratos de Kim Il-sung em cada residência — tudo isso foi orquestrado por Kim Jong-il. O Kim mais velho fora criado em uma família presbiteriana, com um avô que era ministro protestante e um pai que fora para a escola missionária, e lutara contra um inimigo japonês que acreditava que seu imperador era deus. Uma vez no poder, ele baniu a Bíblia e destruiu as igrejas, apropriando-se das imagens e da adoração religiosa para seus próprios objetivos. Ele *conhecia* religião. Seu filho, por outro lado, crescera em um mundo destituído dela, mas sabia como aproveitar o poder da cultura e do entretenimento.

Quando a RPDC deixou de pagar os empréstimos internacionais e a economia começou a afundar lentamente, com o resto do mundo avançando para o futuro enquanto a Coreia do Norte se enterrava mais fundo no passado, Jong-il compreendeu que não seria capaz de incrementar as riquezas do país sem colocar em risco seu próprio controle sobre o poder — e a própria existência da nação como Estado separado da Coreia do Sul. Como não podia modificar a realidade do povo, ele decidiu mudar sua *percepção*. Desde os anos 1960 até o fim de sua vida, ele criou uma imensa produção teatral. Era o escritor, o diretor e o produtor da nação. Concebeu os papéis de seu povo, suas devoções e seus valores; escreveu os diálogos e os forçou sobre as pessoas; mapeou o arco de seus personagens, do nascimento à morte, e os tirou de cena se não se adequavam. E, com os informantes, as patrulhas e os *inminban* que herdou do pai, era como estar em um filme. A câmera estava sempre rodando. O diretor nunca gritava "corta". E os figurantes interpretavam os papéis, dia e noite.

Pois o povo norte-coreano era uma enorme massa de figurantes — intérpretes de pontas, figurantes, extras. A própria palavra *extra* descreve idealmente os cidadãos da gigantesca obra-prima de Kim Jong-il. Eles eram secundários, periféricos, não essenciais. Descartáveis. Havia milhões deles e mais eram criados todos os dias.

Shin Sang-ok e Choi Eun-hee acordaram nessa Coreia do Norte em 7 de março de 1983. Miraculosamente juntos e mais livres do que tinham sido em cinco anos, eram os novos líderes da indústria cinematográfica da nação.

O sol brilhava alto no céu quando eles desceram para o café da manhã. Cinco pessoas — duas assistentes do sexo feminino, um do sexo masculino e dois cozinheiros — haviam sido escolhidos para viver com eles na casa. Shin e Choi comeram e conversaram sobre banalidades. Haviam decidido não falar livremente no interior da casa, no caso de haver escutas, reservando todas as conversas privadas para as caminhadas desacompanhadas pelo terreno. Choi estava horrorizada com o estado do ex-marido: ele perdera peso, os tornozelos estavam inchados e deformados, o rosto coberto de psoríase devido aos meses em uma cela escura e sua pele repleta de feridas e cicatrizes de micose. Seus olhos também estavam destruídos: as imagens na televisão e na tela lhe pareciam borradas. A reeducação tivera seu preço.

Nas semanas seguintes, eles compareceram a mais festas de Jong-il, às vezes em várias noites seguidas. Shin rapidamente se cansou dos eventos, mas, inesperadamente, passou a gostar das conversas sobre cinema com o Querido Líder. Jong-il prometeu não impor mensagens políticas aos filmes escolhidos por Shin, mas admitiu que teria de aprovar todos os roteiros, a fim de assegurar que haviam sido concebidos "em nome da reunificação nacional". Suas estrelas favoritas eram Sean Connery e Elizabeth Taylor, seus filmes favoritos eram os da série James Bond, *Sexta-Feira 13* e, ironicamente, *Rambo — Programado para matar*, a extremamente bem-sucedida adaptação do mesmo romance, *First Blood*, que Shin esperara filmar antes de ser sequestrado. O filme finalmente fora produzido em Hollywood em 1982, enquanto Shin estava na posição de tortura em uma cela escura e úmida.

Jong-il contou a Shin sobre sua enorme coleção de filmes, confidenciando possuir cada filme produzido na Coreia do Sul, inclusive, de acordo com Shin, alguns cujas cópias mestres que nem ele possuía.

O cineasta achou o jovem Líder uma figura fascinante e contraditória. Shin sangrara e sofrera na prisão ao lado de homens que haviam sido enviados ao campo de trabalhos forçados meramente por ler um jornal estrangeiro e ouvira as histórias de homens se voluntariando para atirar nas esposas apenas para agradar ao Querido Líder. Jong-il parecia achar normal esse nível de devoção. Contudo, em uma festa, dez belas adolescentes da Brigada do Prazer subiram ao palco e pularam para cima e para baixo gritando "Vida longa ao Camarada Querido Líder!", com os olhos brilhantes e cheios de lágrimas. Jong-il acenou com a mão para fazê-las parar. Quando não o fizeram, galvanizadas pelo que acharam ser falsa modéstia, ele ficou sem graça, pegou a mão de Shin e a sacudiu de um lado para o outro, como se para distraí-los dos cantos de devoção. "Sr. Shin, não acredite em nada disso", murmurou. "É tudo falso. Tudo fingimento."

Kim Jong-il deu a Shin e Choi seis meses de "férias" para fazer turismo antes de começarem a trabalhar. Agora que podiam sair, Shin e Choi também eram capazes de observar mais de perto a vida da elite. Foram capazes, finalmente, de obter seus primeiros, embora controlados, vislumbres da sociedade norte-coreana "real", a sociedade que os Kim haviam construído.

O país lhes pareceu o cenário de um distópico filme hollywoodiano de ficção científica: desprovido de cor, com casas idênticas, utilitárias e monocromáticas feitas de cimento desbotado e calcário. As estradas estavam vazias, os edifícios arruinados e sem cuidado. Somente o culto da personalidade era bem mantido; o venerado rosto de Kim Il-sung, pintado em dourado, amarelo e vermelho, sorria de outdoors, monólitos, estátuas e mosaicos nos opacos verdes, marrons e cinza da pátria.

O Estado exercia uma interferência incessante e desumanizadora mesmo sobre os aspectos mais mundanos da vida cotidiana. Os adultos norte-coreanos eram visivelmente cautelosos. As mulheres vestiam saias na altura do joelho, as blusas eram abotoadas até a gola e elas não usavam maquiagem ou joias. Os homens vestiam idênticos e ligeiramente mal-ajustados conjuntos de calça e camisa feitos da brilhante e sintética vinilona, produzida localmente em Hamhung e mais barata que tecido. Todo mundo usava o ubíquo broche vermelho no peito e, perpetuamente temerosos de represálias, ninguém fazia perguntas demais ou encarava alguém por muito tempo. Talvez o mais desgastante de tudo, como lembrou o ativista Pantera Negra Eldridge Cleaver, que passou vários meses em Pyongyang em 1970, fosse o fato de que o povo "era fanático em sua promoção do premiê, o Camarada Kim Il-sung [...]. Você não podia dizer 'Bom dia' ou 'Olá' sem que respondessem: 'Sim, é um belo dia, graças aos inspirados ensinamentos de nosso amado líder revolucionário, o Camarada Kim Il-sung, que encheu nossos corações com as verdades do marxismo-leninismo e protege diariamente nossas fronteiras e obrigações' — era assim que diziam bom dia e, após seis meses, isso começou a deixar de ser novidade, mas não o poder de entediar."

Um lugar que Shin estava ávido por visitar era o acervo de filmes do Querido Líder. Seu desejo foi rapidamente atendido e, algumas semanas após seu reencontro, Shin e Choi foram convidados a fazer uma excursão pelo Arquivo de Filmes, como era então conhecido.

Situado em um edifício de três andares no centro de Pyongyang, o arquivo era tão fortificado quanto o Fort Knox. Várias checagens de segurança e um conjunto de pesadas portas de metal tinham de ser ultrapassadas antes de se ter acesso à recepção. "Soubemos que havia 15 mil filmes arquivados lá", disse Shin, sistematicamente compilados durante muitos anos. Shin achou que talvez fosse a maior coleção pessoal do mundo. (De acordo com um diplomata russo, em 2001 o número de títulos crescera para mais de 20 mil.) "O edifício tinha uns cem metros de comprimento e os três andares estavam cheios de filmes", descreveu Shin. "A sala com o melhor equipamento era a que abrigava os filmes norte-coreanos. Naquela sala, cada filme norte-coreano já feito estava arquivado em ordem cronológica. A sala tinha uma temperatura perfeita e um sistema de controle de umidade" para preservar o celuloide.

Filmes sul-coreanos e novelas, considerados especialmente confidenciais em termos políticos, eram mantidos em uma seção separada, a maioria adquirida por meio de conexões comerciais em Hong Kong; Shin e Choi não puderam evitar se perguntar se essas "conexões comerciais" seriam as mesmas que haviam ajudado em seu próprio sequestro e no das pessoas com quem haviam trabalhado ao longo dos anos. Confirmando as palavras de Jong-il, cada um dos mais de cinquenta filmes de Shin estava nas prateleiras.

Kim Jong-il era tão onipresente na história cinematográfica de sua nação que muitos desertores norte-coreanos ainda falam dos filmes que viram quando crianças como "um filme de Kim Jong-il", em vez de citar roteiristas, diretores e estrelas. *Sobre a arte do cinema* era considerado uma obra-prima, e Jong-il, um artista e teórico genial sobre o assunto. Ali, no interior de todas aquelas latas, estava a fonte de seu conhecimento sobre narrativa e arte dramática. E não era surpresa que fosse um gênio sem paralelos: somente ele podia assistir a todos os filmes.

Até então. Quando o gerente do arquivo conduziu Shin e Choi de volta à recepção, ele disse que, a convite do Querido Líder, Shin era bem-vindo para retornar sempre que quisesse e assistir a todos os filmes que desejasse. Shin estava agudamente consciente de que nenhum outro cineasta do país jamais fora, nem jamais seria, admitido no interior do arquivo, pois muitos dos filmes retratavam mundos em direta contradição com as estritas políticas ideológicas da RPDC. Essas políticas haviam sido criadas por Kim Il-sung e agora eram impostas por Kim Jong-il, que amava profundamente os filmes do arquivo. O povo norte-coreano estava completamente separado do mundo exterior, mas o homem que os isolava mais ativamente, não.

Agora que haviam visto o arquivo, as viagens diárias de Shin e Choi passaram a se alternar entre educação ideológica e pesquisa profissional. O sr. Kang e Choe Ik-gyu — ou "diretor Choe", como era conhecido — os conduziram por um passeio pelo Estúdio Coreano de Cinema e pelos escritórios da equipe de criação de Kim no Grupo Criativo Mansudae. Regularmente, Jong-il ordenava que Shin ou Choi criticassem uma première ou um ensaio no Teatro de Arte Mansudae ou no Teatro de Pyongyang. Em seu tempo livre, eles assistiam a tantos filmes quanto podiam suportar, "em preparação para [nosso] encontro com Kim Jong-il", disse Shin. "Eu pretendia surpreendê-lo e impressioná-lo."

Certo dia, voltando da inspeção de uma instalação de processamento de filmes, o sr. Kang e o diretor Choe pararam na loja de departamentos do rio Taedong, mais conhecida como Loja dos Estrangeiros, onde, usando dólares americanos, ienes japoneses, libras esterlinas inglesas ou marcos alemães, os poucos estrangeiros de Pyongyang podiam comprar tudo, de mantimentos a produtos eletrônicos e cosméticos, por preços chocantemente inflados pelo Estado. A história foi outra experiência surreal, estocada com grande número de modelos uniformes de cada produto: um único modelo de sapato em duas ou três cores, um único tipo de televisão, um mesmo vestido em seis cores diferentes, uma variedade limitada de frutas e vegetais organizados simetricamente. O cartunista canadense Guy Delisle, que visitou Pyongyang vários anos depois, achou a experiência na Loja dos Estrangeiros "parecida com uma instalação em um museu de arte contemporâneo".

Alguns poucos japoneses nascidos na Coreia vagueavam pela loja, escolhendo presentes para seus familiares coreanos. Choi escolheu uma máquina de costura, um ferro elétrico e um colar com um pingente negro em forma de coração e, no centro, uma imagem de bronze da Virgem Maria segurando Jesus. As palavras ave maria estavam inscritas em pequenas letras sobre a imagem. O cristianismo era ilegal na RPDC, mas o pessoal da loja parecia ignorar completamente o que a mulher e o bebê representavam (a grande maioria dos norte-coreanos jamais ouvira falar em Jesus Cristo nem em Papai Noel, Elvis Presley ou qualquer outra figura icônica do Ocidente). O colar fez com que Choi se lembrasse de sua nova fé e da amiga ausente, Catherine Hong. Ela o acrescentou a sua pilha de compras.

Shin passeou pelo departamento de eletrônicos, escolhendo um rádio com bateria solar. Quando viu um gravador, uma ideia se formou em sua mente. Ele caminhou até o caixa e depositou casualmente ambos os itens, o rádio e o gravador. Kang perguntou se eles haviam terminado e eles responderam que sim. Kang fez um gesto para a caixa e ordenou que empacotasse as coisas e as levasse até o carro.

Shin se sentou no banco de trás do Mercedes, com as engrenagens em sua cabeça funcionando a toda. Ele e Choi precisavam de uma maneira de informar ao mundo onde estavam, como haviam chegado até ali e por que; também precisavam provar que sua fantástica história era verdadeira. Havia regras estritas contra gravar ou filmar os Líderes do Partido e sua violação era punível com a morte.

Shin Sang-ok, contudo, decidira fazer exatamente isso.

23
Luzes, câmera...

A OPORTUNIDADE DE gravar Kim se provaria elusiva.

Após uma sucessão de festas, Shin e Choi passaram a vê-lo com menos frequência. Durante três meses, ele esteve apenas intermitentemente em contato; telefonava para perguntar a opinião deles sobre uma peça em andamento ou enviava um Mercedes para conduzi-los a um evento cinematográfico. De tempos em tempos, enviava presentes: cosméticos Estée Lauder para Choi, um Rolex para Shin. Sem que soubessem, Kim Jong-il, paranoico com satélites espiões americanos, recentemente começara a passar apenas entre 65 e 70 dias por ano em Pyongyang, dividindo o restante do tempo entre suas casas de campo e mansões.

Enquanto esperavam que ele se sentisse seguro o bastante para retornar à capital, Shin e Choi viam filmes norte-coreanos — 120 em três meses, pelos cálculos de Shin —, habituando-se à idiossincrática cinematografia do país. Acharam *Meu vilarejo natal* muito bom, embora a qualidade tivesse decaído constantemente a partir daí, com *Mar de sangue* e *A garota das flores* sendo as duas possíveis exceções. Os filmes norte-coreanos, escreveria Shin mais tarde, "não eram feitos para entreter ou com propósitos artísticos, mas sim usados como ferramenta política. Poder político e produção cinematográfica eram inseparáveis". E, embora os soviéticos tivessem empregado praticamente a mesma abordagem, no processo haviam criado obras imemoriais e inovadoras, ao contrário dos norte-coreanos. Esse, compreendeu Shin, era o problema que havia sido "contratado" para resolver, e ele se dedicou a isso, parcialmente porque amava desafios, mas, principalmente, porque satisfazer a Kim Jong-il era a única esperança que ele e Choi tinham de fugir da Coreia do Norte. Shin precisava de uma coleira mais frouxa, mais liberdade de movimentos, e Choi lhe dissera que a única maneira de conseguir isso era participar da farsa, impressionando seu captor e fingindo perseguir os mesmos objetivos.

Sua rotina era a mesma, dia após dia, confinados em casa e assistindo a cerca de quatro filmes por dia. Os filmes eram escolhidos para eles, sem que fossem consultados, e incluíam títulos da União Soviética e do Leste Europeu, assim como dois americanos, *Dr. Jivago* e, estranhamente, *Papillon*, sobre um francês injustamente enviado a uma brutal colônia penal na Guiana Francesa, onde sofre confinamento solitário e de onde consegue enfim fugir após uma primeira tentativa fracassada. Shin jamais descobriu por que esses dois filmes haviam sido escolhidos. Talvez porque eram baseados em livros, uma tendência popular em ambas as Coreias naquela época, especialmente no Norte, onde os roteiros originais eram uma raridade. Os filmes norte-coreanos não favoreciam o tema do amor-contra-todos-os-obstáculos de *Dr. Jivago* nem o de homem-sozinho-contra-o-sistema de *Papillon*. Certamente não poderiam ser exemplos.

Os dias se arrastavam. Shin solicitou reuniões com Kim várias vezes, em vão, e se preocupou com o fato de estar sendo ignorado e manipulado. Na verdade, Kim estava na China com o pai. Era a primeira vez que o líder em preparação seguia o pai em uma visita de Estado. Quando voltou, em maio de 1983, um documentário cobrindo a visita foi levado à mansão, não para ser criticado, mas, achou Shin, para que soubessem que Jong-il agora era Líder não apenas no nome: estava abertamente envolvido na política. Durante dois outros meses, os pedidos de Shin por um encontro ficaram sem resposta. Então, em 19 de agosto, o telefone finalmente tocou. Como sempre, Kim iniciou a conversa com uma pergunta sobre a saúde de Shin e Choi e então disse que aprontara seus escritórios e o trabalho estava prestes a começar. O carro seria enviado imediatamente.

O carro os levou ao centro de Pyongyang, até um complexo de dois edifícios, um com cinco andares e o outro com três. Jong-il se mudara para os escritórios do pai sete anos antes, em 1976, quando Kim Il-sung se transferira para o opulento palácio Kumsusan, que Jong-il construíra para ele. O edifício usado por Jong-il era o menor, propositadamente situado para que o edifício mais alto impedisse que olhos indesejados vissem o que se passava no interior. Embora luxuosamente ornamentado, com pé-direito alto e o que pareciam ser pisos de mármore com elaborados relevos em granito, ambos os edifícios eram de aço e concreto. Os muros externos tinham um metro de espessura e haviam sido projetados para suportar bombardeio. O complexo tinha sete entradas, todas com portão automático, controlados remotamente de uma guarita interna. Supostamente, havia túneis subterrâneos, largos como estradas, levando do edifício a uma das propriedades de Jong-il, caso ele precisasse fugir rapidamente.

Shin e Choi saíram do Mercedes e foram recebidos por vários membros da equipe. O edifício de cinco andares fora a sede do Grupo Criativo Paekdu (a melhor equipe de cinema de Kim), mas o grupo fora retirado para dar espaço aos novos talentos. Uma das paredes no lobby era um mural da montanha Paekdu. Após o lobby, havia um grande e confortável escritório com três salas para Shin e Choi, com banheiro próprio. Todo o segundo andar era uma sala de conferências de última geração, para ser usada somente por Kim Jong-il e seus associados (até então, Shin foi informado, Kim ainda não a usara). A parede da sala trazia um mural de Kim supervisionando a produção de *Mar de sangue*, seu "Clássico Imortal" mais famoso. "O mural da maior parede do terceiro andar era uma mistura de cenas de *Mar de sangue*, *A garota das flores* e *Destino de um membro do corpo de autodefesa*. O restante do andar estava ocupado por uma grande tela de projeção."

Shin e Choi passaram os meses seguintes se instalando em seu escritório e, como sempre, esperando por Kim. Ainda não havia uma reunião agendada. E então, finalmente, em 18 de outubro, no dia em que Shin completou 57 anos, Jong-il, que gostava de celebrar essas datas, telefonou para desejar feliz aniversário e convidá-los para jantar. Seria a primeira reunião formal.

Shin se assegurou de ter o gravador à mão.

Ele estava preparado para conversar sobre cinema, mas também pretendia, pela primeira vez, perguntar diretamente por que ele e Choi haviam sido sequestrados. Queria razões, mas também provas, no caso de conseguirem sair da Coreia do Norte, de que não haviam desertado. De outro modo, seus relatos poderiam não ser suficientes para inocentá-los. Ele precisava de provas saídas diretamente da boca de Kim Jong-il.

Gravar secretamente qualquer um dos Kim era um crime extremamente grave. Shin já passara tempo em um campo de reeducação e, se fosse pego, após meses de fingida cooperação e comprometimento, todas as suas esperanças estariam perdidas. Ele certamente seria executado.

O plano era que o gravador ficasse escondido na bolsa de Choi, que o ligaria e desligaria quando necessário. Antes da reunião, o casal treinou uma maneira de fazer isso discretamente, determinando a posição em que o gravador precisaria estar para obter uma gravação de qualidade e se Choi conseguiria manter a bolsa parcialmente aberta, para reduzir as interferências de áudio.

Às 17 horas de 19 de outubro, a limusine pessoal de Kim Jong-il levou Shin e Choi até seu escritório na sede do Comitê Central. No banco traseiro do carro, Shin silenciosamente repassou as perguntas que pretendia fazer. O Mercedes se dirigiu a uma entrada lateral e passou por dois pesados portões de ferro decorados com o símbolo do martelo, da foice e do pincel, parando em seguida. O escritório de Kim ocupava todo o pequeno edifício, separado do prédio principal e cheio de guardas. No interior, um guarda armado se sentava na recepção; ele afastou os pés, saudou os distintos convidados e os fez entrar, sem revistá-los. Shin e Choi foram conduzidos até os elevadores e enviados ao terceiro andar.

Kim Jong-il esperava por eles quando as portas do elevador se abriram. Ele os saudou com um grande sorriso. "Há quanto tempo!", exclamou. "Estive tão ocupado que não tive tempo para vê-los. Preciso me desculpar por isso." Fotógrafos estavam com ele para registrar a ocasião. Após algumas fotografias, o Querido Líder dispensou os fotógrafos, disse ao acompanhante de Shin e Choi para aguardar do lado de fora e entrou com eles na sala de recepção.

Choi colocou a mão dentro da bolsa e ligou o gravador.

A sala de recepção era imensa. Em um lado, havia uma grande escrivaninha e, do outro, algumas poltronas e uma mesa redonda de vidro. À direita da escrivaninha havia seis monitores de TV. Assim que entrou, Kim ligou um dos monitores, que apresentava o jornal da KBS, South Korean Broadcasting Service. Ele o desligou imediatamente, explicando que a MBC, a outra grande rede sul-coreana, "tem uma peça nesse horário", e ligou outro monitor.

— Sa Mi-ja é uma boa atriz — acrescentou, reconhecendo instantaneamente a atriz relativamente desconhecida em cena. Tendo demonstrado seu conhecimento de televisão estrangeira, Kim desligou os monitores, voltou-se para seus convidados e pediu que sentassem, enquanto um jovem garçom trazia bebidas e as depositava sobre a mesa.

— Temos cerca de uma hora para conversar — disse ele — antes do jantar.

Kim falou por duas horas, praticamente sem pausas, das quais Choi foi capaz de gravar somente 45 minutos — um lado completo da fita, que não podia virar. (Muito mais tarde, quando a fita chegasse à mídia, seria uma sensação, a primeira vez que o público ouvia Kim Jong-il em franca conversação privada.)

Hwang Jang-yop, conselheiro de Kim Il-sung, certa vez afirmou que Jong-il falava extremamente rápido, a ponto de muitos homens mais velhos acharem difícil compreendê-lo, "a menos que estivessem completamente focados nele". A experiência de Shin e Choi foi similar. "As palavras eram disparadas furiosamente", lembrou Shin, "como uma metralhadora [...]. Sua voz era alta e ele falava rapidamente. Ele divagava, frequentemente falando por frases cortadas e sem gramática, mudando para uma nova ideia antes de finalizar a anterior". Aquele não era o polido Querido Líder que Shin encontrara em ocasiões públicas. "Ele estava completamente diferente de quando nos encontráramos em festas. Talvez por estar empolgado, sua voz era a de um homem no meio de uma discussão [...]. Iniciou um longo discurso que variou de suas razões para nos raptar e as preparações do rapto até o estado da indústria cinematográfica norte-coreana e as causas de seu atraso. Jamais parou para descansar e as palavras simplesmente jorravam. Uma vez que Kim começou a falar, mal tivemos chance de dizer uma palavra."

A fita é simplesmente extraordinária — tão extraordinária que, embora tenha sido autenticada tanto pela CIA quanto pela ACIC, mais tarde autores de teorias da conspiração questionariam sua veracidade. Kim não precisou de encorajamento para explicar, quase se gabando, os sequestros. Ele fora informado, disse a Shin, chamando-o de *sunsaeng* (professor) e usando tratamento formal e não familiar, "que o senhor é o melhor diretor da Coreia do Sul. Estávamos falando sobre diretores e Choe Ik-gyu disse que o senhor era o melhor. E saber que o senhor havia nascido na Coreia do Norte" — outro bônus de propaganda — "nos ajudou a decidir". Na fita, pode-se ouvir o Querido Líder rindo, com Shin e Choi se juntando a ele. "Soubemos que sua situação não era muito boa no Sul. O senhor estava tendo problemas com Park Chung-hee e sabíamos que Park tentaria se manter no poder por longo tempo, tornando difícil para o senhor trabalhar no Sul e fazendo com que tentasse trabalhar no exterior [...]. Ouvimos que o senhor queria ir para o exterior, para dirigir filmes."

"Foi quando minha licença comercial foi cancelada", esclareceu Shin.

"Sim, isso mesmo", respondeu Kim. "Então pensei: Preciso trazê-lo para cá. Mas será impossível trazê-lo, porque ele é um homem. Impossível, então tentamos atraí-lo, seduzi-lo para que viesse para cá. Precisávamos de algo. Então trouxemos a professora Choi, para tentá-lo." Novamente Jong-il ri e o casal se junta a ele. "Sendo sincero, [...] eu definitivamente precisava do senhor. Então tentei atraí-lo, mas não havia nada que pudesse fazer. Disse a meus camaradas: Se queremos trazer o diretor Shin para cá, precisamos planejar uma operação secreta."

Apenas dez dias antes dessa conversa, em 9 de outubro de 1983, Kim Jong-il ordenara a explosão de bombas em Rangoon, para assassinar o presidente da Coreia do Sul, Chun Doo-hwan, enquanto fazia uma visita oficial à Birmânia. Chun, atrasado pelo tráfego, sobrevivera, mas 21 pessoas haviam morrido. "[Mas], mesmo depois de trazer o senhor para cá", continuou Kim sem pausas, "como poderíamos deixá-lo confortável e feliz? Houve aquela situação inevitável — serei muito honesto com o senhor; por favor, não pense mal de mim —, o fato de os mantermos separados. Não era minha intenção original. Meus camaradas achavam que, se madame Choi viesse, naturalmente o professor Shin também viria. Mas, como o senhor sabe, nossos oficiais de nível operacional são muito subjetivos e burocráticos e, desse modo, ao lidarem com a questão, não a trataram adequadamente [...]". Era a tentativa de Kim de se desculpar, culpando os subordinados. Jong-il assegurou a ambos que as pessoas responsáveis haviam sido punidas. "Houve muitos problemas [...]. Nossos camaradas, especialmente os que levaram a cabo a operação, caíram no subjetivismo. Passaram por muita autocrítica como resultado. Também conduzi minha própria autocrítica. Porque jamais disse a meus subordinados, detalhadamente, quais eram meus planos, jamais disse como os senhores seriam empregados [...]. Apenas disse 'Tragam-me essas duas pessoas' e meus camaradas prosseguiram com a operação. Assim, ao lidar com os senhores, eles os colocaram em casas de hóspedes diferentes e os trataram como prisioneiros, criminosos. Como resultado, houve muitos mal-entendidos."

Kim os quisera como hóspedes, explicou, e os via como iguais; o desrespeito com que haviam sido tratados não era sua culpa. Ele enfrentara camaradas relutantes, continuou, que não acreditavam que Shin e Choi realmente queriam "ajudar na melhoria da indústria cinematográfica do Norte", mas estavam ali somente para agradá-lo. "Minha crença é de que os sul-coreanos... cineastas... vêm para este lado e sentem real liberdade, bem... ao fazer filmes, sem problemas... meus pensamentos... bem, para mim..." Na fita, Kim parece perder o fio do discurso e hesita. Há uma pausa. "Veja o nosso país", continua ele, finalmente. "Norte e Sul estão se enfrentando [...]. Em um país comunista, as pessoas só podem viajar para locais que comunguem nossa ideologia. É impossível ir a qualquer outro lugar. Estabelecemos comércio com o Japão, mas, na prática, se quisermos enviar nossos técnicos para lá, para aprender e adotar novas técnicas, o Japão não os aceitará, porque precisa apresentar uma atitude hostil em relação a nós. Assim, eu pensava... somente em minha cabeça... minha intenção, bem, não falei com ninguém a respeito [...]. Eu me perguntei que pessoas haviam dominado técnicas ocidentais que não possuímos [...] quem viria até aqui para produzir algo com meu apoio? Então poderíamos inverter a situação e penetrar culturalmente no Ocidente [...]. Como o senhor presenciou, as pessoas daqui só veem o interior do país. E estão felizes com o que podem ver. Não são capazes de comparar isso com que os outros possuem no exterior."

"Estamos em um nível inferior", acrescentou. "Falando honestamente, os sul-coreanos se esforçam para fazer as coisas... as pessoas aqui são diferentes. As coisas são dadas a elas. Os atores norte-coreanos não evoluem. Não possuem nenhuma técnica de interpretação. No Sul, ao introduzir um novo ator, você se assegura de que ele terá um desempenho melhor a cada filme. Quando novos rostos são mostrados aqui, não podemos esperar que melhorem no filme seguinte. Eis duas coisas que analisei. É preciso investir em diretores e em nossos atores e atrizes. E essas pessoas devem trabalhar muito, ou não sobreviverão na indústria. Muito trabalho é a chave do sucesso."

"Senti o mesmo", respondeu Shin. "Eu poderia usar os recursos daqui. Poderia ensinar as técnicas — não apenas copiando filmes sul-coreanos, mas também sendo criativo. Acho que é possível, e por isso estive tentando me encontrar com o senhor, Querido Líder."

Kim pareceu satisfeito. "Eu disse às pessoas: Shin e Choi vieram para cá porque possuímos um sistema superior. Os senhores vieram para cá voluntariamente. Não contei minhas intenções reais. Algumas pessoas têm dúvidas [...]. Quais são minhas intenções, bem... é complicado. O fato é que sou um político com desejos e vontades. Os senhores eram necessários a esses desejos e vontades. Assim, estão aqui."

"É difícil falar sobre isso [...]. Temos de admitir que estamos ficando para trás. Temos de reconhecer que estamos atrasados. Estou em posição de dizer isso. Se outra pessoa dissesse isso, teria problemas por criticar o regime. Sou o único que pode dizer isso. E só posso dizer isso a vocês dois. Não há nada desafiador quando um filme é produzido aqui. Elas [as equipes] não tentam nada novo e, por isso, não podem melhorar. Repetem cenas que já havíamos feito antes. Deveríamos fazer filmes que permaneçam na cabeça das pessoas e lhes deem algo para pensar mais tarde, uma ideologia [...]. Por que só produzimos lixo?"

Kim prometeu que protegeria Shin e lhe daria qualquer coisa que necessitasse. "Serei seu escudo", disse. "Minha intenção é que os senhores mostrem como produzem seus filmes e as pessoas daqui seguirão naturalmente por esse caminho. Os senhores são pioneiros." Ele estava ficando excitado. "Por que os senhores não fazem o seguinte? Os senhores podem dizer, ao conhecer alguém de fora, que não existe liberdade no Sul, não existe democracia. E que há muita interferência na indústria criativa. Há apenas anticomunismo. Era isso que Yun I-sang [respeitado compositor sul-coreano que estava exilado do país] costumava dizer."

"Bem, fui chutado dos Estados Unidos quando estive lá", contribuiu Shin.

"Sim. O senhor veio para cá para encontrar a verdadeira liberdade, é isso que deve ser dito. Liberdade de expressão. Queremos liderar nossa indústria cinematográfica para que ela se torne mais avançada que a dos países mais avançados. Acho que isso soaria natural. Bem...", ele deu uma risadinha, "seria melhor do que dizer que os senhores foram arrastados para cá à força". Ele se interrompeu para contar a Shin e Choi uma história sobre como, havia anos, apresentara um filme norte-coreano durante o Festival de Cinema do Camboja e o governante do país, Norodom Sihanouk, se ofendera por achar que o filme era uma metáfora apoiando os grupos guerrilheiros de esquerda do país. "Tivemos de nos desculpar várias vezes por não termos pensado nisso", disse Kim. "O senhor pode ver como nossa mentalidade é estreita. Não temos nenhum filme que possamos exibir a uma plateia internacional."

A fita se torna inaudível e depois retorna com Kim pedindo desculpas. "Sinto muito por não termos sido agradáveis até agora", disse ele a Shin e Choi. "As pessoas daqui [...] são teimosas. Temo que possamos nos tornar a pior indústria cinematográfica do mundo. Isso acontecerá, se não fizermos algo *agora*."

"Querido Líder, que sorte essas pessoas têm de trabalhar para um fã do cinema como o senhor", disse Shin.

"Elas devem estar felizes", acrescentou Choi.

"Elas deveriam se esforçar mais", respondeu Kim. "Podem até mesmo me usar como desculpa se tentam, mas falham em melhorar nossa indústria cinematográfica."

"Estou impressionado", disse Shin. Eles começaram a falar de filmes específicos e, em seguida, de *A estrela da Coreia*. Kim investira todos os seus recursos em uma série de oito filmes épicos, chegando ao ponto de escolher um desconhecido para o papel principal e fazer com que passasse por várias cirurgias plásticas para se parecer com o Supremo Líder (e depois o mandando de volta para trabalhar na produção, sem jamais atuar novamente em um filme), mas eles eram lentos e sem vida. "É constrangedor falar sobre isso abertamente", admitiu Jong-il. "*A estrela da Coreia* conta uma história. É adequado para os que têm dificuldade de ler, mas não é arte. Poderia ter sido melhor, de um modo mais artístico, mais sutil." Shin concordou e Kim continuou: "O Estado paga tudo para essas pessoas. Elas não precisam batalhar por comida. Assim, nesse sistema, escrever roteiros se tornou apenas um passatempo para os roteiristas, pois eles não precisam se preocupar com ganhar dinheiro para se alimentar. Eu disse a nossos trabalhadores de propaganda, certa vez, que existe um problema real no socialismo: nenhum incentivo para o sucesso."

"Talvez pudesse haver um prêmio que estimulasse os roteiristas", sugeriu Shin.

"Podemos tentar isso com os departamentos de criação. Mas, e quanto às equipes? Elas nem mesmo se preocupam em economizar filme. Podem desperdiçar o tanto que quiserem, pois não precisam pagar por ele [...]. Os cineastas do Norte estão fazendo apenas um trabalho superficial. Não têm ideias novas. Suas obras usam as mesmas expressões, redundâncias e velhos enredos. Todos os nossos filmes são cheios de lágrimas e soluços. Não ordenei que retratassem esse tipo de coisa", insistiu Kim, novamente evitando a responsabilidade. "Não sei por que fazem filmes assim."

Houve um breve silêncio e então ele continuou, mais confiante: "Este é apenas um fenômeno transitório, e solucionaremos nosso dilema cinematográfico. Estou determinado a superar todos os obstáculos para que as pessoas abram os olhos para a mente criativa. [Posso] confessar isso apenas a vocês dois. Agradeceria se isso fosse um segredo entre nós." Já era incomum que o confiante, autoritário e insolente jovem Líder se dirigisse formalmente aos mais velhos e os chamasse de professores, quanto mais pedir e seguir o conselho de alguém; contudo, essa era a surreal situação em que Shin e Choi subitamente se encontraram. Tendo passado a maior parte da reunião abrandando seus dois convidados, Jong-il agora se aproximava do ponto principal do discurso.

"Com vistas ao desenvolvimento [da] indústria", disse ele, "o senhor deve servir como modelo que nossos diretores seguirão naturalmente. O senhor desempenhará o papel de pioneiro. Essa era minha intenção quando o trouxe até aqui, mas seu papel é mais extenso que isso. Não é preciso dizer", acrescentou, "que o senhor precisa dizer que sua deserção para o Norte foi voluntária e que a democracia do Sul é uma farsa. É uma farsa camuflada com anticomunismo. Não há democracia genuína. Há apenas anticomunismo e interferência no trabalho criativo. O senhor precisa dizer que, em função das restrições à arte, o senhor desertou para o Norte, onde pode gozar de liberdade verdadeira e da garantia de liberdade de criação."

Assim, Kim não queria apenas que Shin e Choi produzissem filmes para ele. Queria também que fossem um instrumento de propaganda para a Coreia do Norte, personificações de sua superioridade. Eles seriam diretor e atriz durante o trabalho, mas também o casal protagonista da iludida autonarrativa norte-coreana.

Kim sabia que a história seria ouvida com ceticismo, especialmente porque o mundo exterior nada sabia sobre Shin e Choi fazia cinco anos. Mas tinha uma solução para esse problema. As pessoas não se apressariam em suas conclusões de que eles estavam presos na Coreia do Norte simplesmente porque não estariam.

Ele os enviaria para o exterior.

24

Fora do Norte

Kim Jong-il falou e falou, fumando sem parar enquanto o garçom patrulhava a sala, limpando cinzeiros, enchendo copos e cuidando da segurança do Querido Líder. Quando ultrapassaram a hora designada para o fim da reunião, Choe Ik-gyu bateu e enfiou a cabeça no vão da porta, primeiro uma vez, depois outra.

— Espere do lado de fora — disse Jong-il, dispensando-o com um aceno de mão. O homem mais velho não deve ter ficado satisfeito ao ser excluído da conversa.

— O vice-diretor Choe é a pessoa certa para ajudá-lo a modificar nossa indústria cinematográfica — disse Jong-il, enquanto a sala se enchia de fumaça e o cinzeiro transbordava de pontas amassadas de Rothman. — Ele é instruído. É o melhor homem para o trabalho [...]. Mas, como o senhor pode ver, o vice-diretor Choe não pode fazer tudo sozinho. — O cinema norte-coreano consistia em duas produtoras, ambas sob liderança do Grupo Paekdu e supervisionadas pelo próprio Jong-il. — Peço que o senhor crie uma nova produtora — disse ele a Shin.

— Muito obrigado — respondeu Shin. — É exatamente o que eu gostaria de fazer. Se possível, gostaria de chamá-la de Shin Filmes. — Cinco anos depois e após tudo que havia passado, o fechamento de seu estúdio em Seul ainda incomodava. Ele queria seu nome nos créditos de um filme novamente. Não esperava que Jong-il concordasse, uma vez que os filmes norte-coreanos não apresentavam créditos nas telas e nenhuma iniciativa criativa na República Popular jamais recebera o nome de nenhum indivíduo além do Supremo Líder.

Mas Jong-il deu de ombros.

— Muito bem — disse ele —, como preferir. O senhor será o presidente e a professora Choi será a vice-presidente. — Eles discutiram quais filmes a nova Shin Filmes produziria e seu objetivo final de participar de festivais estrangeiros, ganhar prêmios internacionais e talvez conseguir distribuição no exterior. Jong-il deixou os dois sul-coreanos estupefatos ao prometer um financiamento de 2 milhões de dólares por ano, a serem usados "como quiserem"; o valor cresceria todos os anos, exponencialmente, se excedessem as expectativas. Shin e Choi teriam toda a indústria nacional à disposição: seriam capazes de selecionar atores e equipes, instruir outros diretores e produtores de acordo com os próprios princípios e requisitar qualquer equipamento. Jong-il aprovaria os temas de todos os filmes ou, melhor ainda, os conceberia juntamente com Shin; Choi estrelaria tantos quanto possível e, de acordo com seu papel como presidente da escola Anyang de interpretação, treinaria a atual geração de atores e atrizes do Estúdio Coreano de Cinema. E, crucialmente, Shin e Choi viajariam para o exterior, para filmar e comparecer a festivais, como as novas caras do cinema norte-coreano.

Aquele era um miraculoso golpe de sorte. Sua vida atual na Coreia do Norte era de confinamento no centro de uma série de prisões de tamanho cada vez maior, uma dentro da outra, como bonecas russas: a mansão vigiada dentro do complexo cercado, no interior do perímetro de Pyongyang, dentro das pesadamente patrulhadas fronteiras norte-coreanas.

Ir para o exterior, mesmo que fossem vigiados pelos "assistentes" sempre presentes, como o eram em Pyongyang, desatarraxaria as cabeças das matrioscas externas e removeria suas camadas. Certamente, de algum modo, surgiria uma oportunidade de escapar.

Jong-il pediu que o diretor Choe voltasse à sala.

— Faça com que sejam fotografados para os passaportes — instruiu. — Os passaportes devem ser emitidos amanhã. — Choe assentiu e conduziu o casal a um estúdio fotográfico em outra parte do edifício. Foram fotografados separadamente e juntos. Na foto conjunta, Shin veste terno escuro e gravata listrada, com a mão no encosto de uma poltrona de aspecto caro feita de madeira e tecido florido, na qual está sentada Choi, em um conjunto branco de saia e blazer e blusa mais escura, com as mãos cruzadas no colo. Nas fotos, ela é claramente melhor em fingir sorrisos felizes que Shin.

Quando a sessão de fotos terminou, Shin e Choi foram conduzidos ao salão de jantar do edifício do Partido, onde Kim Jong-il e um punhado de trabalhadores da indústria cinematográfica esperavam para começar o jantar. Shin, Choi e o diretor Choe assumiram seus lugares.

— O senhor é um homem extremamente forte para ser capaz de trabalhar até tão tarde — disse Shin a Kim Jong-il, que, como sempre, estava sentado a seu lado.

— Os médicos dizem que pareço dez anos mais jovem do que realmente sou — respondeu o Querido Líder com orgulho.

O jantar durou até a meia-noite e foi uma extensão da reunião. Jong-il disse a todos os presentes para seguirem as instruções de Shin e Choi e se apresentarem já no dia seguinte, para avaliação do pessoal e do equipamento. Após ser levado para casa, o casal foi até o quarto, fechou a porta, entrou no banheiro e abriu as torneiras. Estavam ambos febris de antecipação enquanto Choi retirava o gravador da bolsa, rebobinava e apertava o play. Eles não haviam virado a fita e, assim, só tinham gravado 45 minutos do monólogo de Jong-il, mas a qualidade do som era boa.

Cuidadosamente, esconderam a fita juntamente com as fotografias que Kim Jong-il enviava a Choi desde seu sequestro, incluindo a tirada em seu primeiro encontro, no porto de Nampo.

"Eu estava eufórico demais para dormir naquela noite", lembrou Shin. Eles haviam conseguido gravar o Querido Líder sem serem pegos e sua demonstração de lealdade e obediência parecia estar convencendo seus captores. O mais excitante de tudo, no entanto, era o fato de que "Eu podia começar a produzir filmes novamente".

Shin e Choi começaram a trabalhar pela manhã. Shin, ansioso para agradar os Kim e, como esperava, fazer com que diminuíssem sua vigilância, estava determinado a ter seu primeiro filme pronto para o aniversário do Líder. Isso seria em 15 de abril, e eles já estavam em 20 de outubro. Não havia tempo a perder.

Mas a própria noção de perda de tempo era diferente da de Seul. "Mais tarde, percebi que o conceito de tempo era bastante diferente na Coreia do Norte", disse Shin. "Eles não tinham senso de urgência." Ele e Choi viram os books fotográficos de todos os atores e atrizes norte-coreanos e, com ambições de produzir quarenta filmes por ano, solicitaram uma equipe de 230 pessoas: um número relativamente modesto, comparado às 2 mil com as quais o Estúdio Coreano de Cinema tentava fazer dez filmes por ano. Mais tarde, Shin descobriria por que o sistema socialista era tão ineficiente, quando a Shin Filmes passasse a ter mais de 7 mil funcionários. Em suas palavras: "Tive de aumentar a equipe por causa da ineficiência endêmica do sistema socialista [...]. Para conseguir os materiais necessários para os cenários e outras coisas, não bastava pegar o telefone e pedir. Primeiro, você tinha de formular um plano com um ano de antecedência, listando suas futuras necessidades, [para que] o Estado pudesse incluí-las no plano anual. Se precisasse de madeira, você [...] solicitava um ano antes e o Estado alocava as toras, [mas] você precisava ter uma pessoa para estimar as necessidades, outra para solicitar a alocação, uma terceira para cuidar da expedição, uma quarta para fazer a entrega e assim por diante." Shin encomendou câmeras, guindastes e máquinas de edição, todos enviados da Alemanha, o melhor equipamento do bloco oriental. Para cada uma de suas produções, também selecionava seus próprios atores, mas sem encontrá-los pessoalmente: recebia pilhas de fotografias e os escolhia assim (o aparato cinematográfico coletivo da Coreia do Norte não mantinha créditos ou currículos oficiais). O sistema fez com que, em ao menos uma ocasião, escolhesse um protagonista mais baixo que o restante do elenco e tivesse de manipular os ângulos de câmera para que ele parecesse mais alto.

A conferência e o jantar com Kim Jong-il em 19 de outubro foram a última vez que viram o Querido Líder durante vários meses, mas seu novo produtor executivo cumpria as promessas. Menos de uma semana após a reunião, Choe Ik-gyu se encontrou com Shin e Choi para lhes entregar seus passaportes diplomáticos da RPDC, novíssimos. No dia seguinte, os três, além do instrutor ideológico de Choi e o sr. Kang, foram até o Aeroporto Sunan, o pequeno aeroporto com um único terminal no subúrbio de Pyongyang, e embarcaram em uma aeronave da Aeroflot russa. Sentaram-se na primeira classe — a RPDC podia alegar ser um paraíso socialista igualitário, mas sua companhia aérea tinha três classes, como todas as outras. Em suas valises de mão, Shin e Choi tinham 20 mil dólares em dinheiro, entregues por Kim. O avião taxiou até o fim de uma das duas pistas do Sunan, decolou e se dirigiu para oeste.

Estavam viajando, via Moscou, para a Alemanha Oriental, a Hungria, a Tchecoslováquia e a Iugoslávia para filmar as locações de *Dol--aoji anh-eun milsa* [*O emissário que não retornou*], seu primeiro filme norte-coreano. *O emissário que não retornou* contava a história do "caso do emissário secreto" em Haia, como era conhecido na Coreia e no Japão. Durante a conferência de paz de Haia, em 1907, uma precursora das reuniões do Protocolo de Genebra de 1925, três emissários secretos enviados pelo imperador coreano tentaram atrapalhar as conversações entre as potências mundiais, em uma tentativa de aumentar a pressão internacional sobre o Japão, que estava no processo de colonizar a Coreia. As delegações estrangeiras, lideradas pelos Estados Unidos e pelo Reino Unido, se recusaram a receber os emissários, baseadas no fato de que a Coreia já não era uma nação soberana e o Japão assumira a responsabilidade por suas relações internacionais. Sua rejeição foi rápida e discreta. Na Coreia, contudo, o evento assumira proporções míticas, e o filme de Shin seguia a história oficial norte-coreana, segundo a qual um dos emissários forçara caminho até o salão, fizera um apaixonado discurso pela independência e a autodeterminação e depois, incapaz de demover as potências imperialistas, cometera haraquiri (suicídio ritual), chocando a todos com sua devoção.

Shin escolhera o tema após uma discussão com Kim Jong-il. Como muitos dos filmes do jovem Kim, *O emissário que não retornou* baseava-se em uma peça que Kim Il-sung supostamente escrevera quando era um jovem guerrilheiro. Shin achara mais seguro, em seu primeiro filme, não se aventurar muito em território novo. E intencionalmente escolhera uma história passada em Haia, na esperança de poder filmar lá, mas Jong-il esclarecera que, ao falar que podiam filmar "em qualquer lugar", quisera dizer *deste lado da Cortina de Ferro*.

Em Berlim Oriental, onde passaram três dias, Shin e Choi percorreram a cidade em busca de locações adequadas, seguidos o tempo todo por acompanhantes norte-coreanos. Os homens ficavam com eles 24 horas por dia, sete dias por semana. Kang só entregava seus passaportes na hora de passar pelo controle de fronteira; em todos os outros momentos, os passaportes ficavam em seu bolso, fora do alcance de Shin e Choi.

Caminhando por uma rua de Berlim, Shin viu a bandeira americana em um edifício por trás de portões fortemente armados; era a primeira vez que via uma embaixada americana desde Hong Kong, no verão de 1978. Choi, com os olhos fixos na bandeira, puxou sua manga e olhou para ele, fixamente, querendo correr. Mas Shin "já experimentara a punição que se seguiria quando tentara fugir e falhara", disse ele, e não queria que a esposa passasse por aquilo.

— Qual é o seu problema? — sibilou ele para Choi. — Não farei uma tentativa a menos que tenha 100% de certeza. Se nos pegarem, estaremos mortos. — Dessa vez, eles planejariam adequadamente, não correriam riscos desnecessários e fariam tudo certo.

Em todas as cidades, Kang e o diretor Choe reservavam quartos no mesmo andar do de Shin e Choi, frequentemente com portas internas de ligação. Kang ordenara que os sul-coreanos telefonassem e avisassem sempre que fossem deixar o quarto, mas também vigiava a porta, caso ignorassem a ordem. Quaisquer outros telefonemas, insistiu Kang, deveriam ser feitos de seu quarto. Em sua primeira noite em Praga, após jantar no restaurante do hotel, Shin pediu a Kang para usar seu telefone e ligar para um velho amigo, o crítico japonês Kyushiro Kusakabe, sob o pretexto de discutir a criação de um festival de cinema em Pyongyang. Kusakabe era um amigo íntimo e Shin confiava nele, mas ele e Choi o haviam escolhido quase automaticamente: Kang jamais teria autorizado um telefonema para a Coreia do Sul ou para alguém que ele suspeitasse ser um colega pessoal, e não de trabalho. Kusakabe era a pessoa mais indicada.

Para diminuir as suspeitas de seus cães de guarda, Shin deu o telefonema do quarto de Kang, agindo de modo relaxado e mantendo a conversa voltada para o cinema, esperando que seu amigo fosse capaz de ler nas entrelinhas. Kusakabe ficou estupefato ao ouvir sua voz após tantos anos. Ele achava que Shin estava morto; era isso que dizia a imprensa sul-coreana. Kusakabe sugeriu que se encontrassem em Budapeste, se Shin pudesse ir até lá. Shin respondeu que tentaria, do modo mais jovial que conseguiu, a fim de que Kang e Choi "não suspeitassem de nada".

Alguns dias depois, começaram as filmagens de *O emissário que não retornou* no Estúdio Barrandov, em Praga, Tchecoslováquia. Barrandov era o estúdio favorito de Roman Polanski; *Amadeus*, de Miloš Forman, seria filmado no mesmo estúdio, no ano seguinte. O complexo tinha nove estúdios completos e um espaço ao ar livre de 160 mil metros quadrados nas montanhas nos arredores de Praga, assim como equipes técnicas de ponta. Um dos cavernosos estúdios de som estava sendo transformado, pelas equipes de Shin, em uma réplica do Ridderzaal, ou Salão dos Cavaleiros, em Haia, na Holanda.

Shin se apoiou na câmera Arriflex e, com a mão gentilmente firmando o tripé, pressionou o olho direito contra o visor. Uma lente grande-angular estava fixada na frente do corpo da câmera, capturando os atores de corpo inteiro, tudo em foco. Com o polegar, tocou o cabo do tripé, ajustando ligeiramente o enquadramento. Dois assistentes norte-coreanos estavam agachados ao lado da câmera, seguindo seu olhar, atentos a cada instrução.

Satisfeito, ele recuou e olhou em torno, secando o suor da testa. O lugar era grande, mas estava lotado. O cenário, incluindo paredes móveis e teto falso, fazia com que o estúdio de som parecesse consideravelmente menor e havia gente por toda parte: atores, membros da equipe, assistentes. Técnicos e designers de produção tchecos falavam com Shin e os outros coreanos por meio de intérpretes, com um inglês precário sendo a língua de escolha, uma vez que os coreanos não falavam tcheco e os tchecos não falavam coreano. Para cada duas pessoas falando e apontando, havia outras seis por trás, folheando freneticamente roteiros e listas de tomadas cobertos de anotações em alfabetos diferentes, tentando acompanhar. As brilhantes luzes cozinhavam o set com seu calor úmido.

Com uma das mãos nos quadris e a outra segurando seu roteiro grampeado, Shin fazia o melhor para acompanhar a conversa entre seu assistente e o líder da equipe tcheca. Ele ganhara peso nos dez meses desde que fora libertado da prisão. O corte à Richard Burton estava de volta, com o cabelo preto jogado sobre as têmporas. Um lenço de seda Hermès estava dobrado sob o colarinho de sua camisa escura e um visor de diretor, parecido com um curto telescópio, permitindo que visualizasse como a cena pareceria em diferentes focos, estava preso a um cordão em torno do pescoço. As mangas da camisa estavam dobradas, revelando seu Rolex de ouro, um presente de Kim Jong-il, no pulso esquerdo. Choi Eun-hee estava por perto, usando uma boina e grandes óculos escuros, com a caneta suspensa sobre sua própria cópia do roteiro. Como não tinha papel no filme, ela atuava como assistente de direção e segunda em comando de Shin, concentrando-se nos atores e em seus desempenhos.

Embora ainda estivessem em cativeiro, aquilo, escreveu Shin mais tarde, "foi algo histórico para mim". Ele estava tão empolgado que havia tirado a câmera das mãos do operador e filmado por si mesmo quase todas as cenas do dia. Estava dirigindo um filme, algo que, durante vários anos, estivera convencido de jamais fazer novamente. Fazer filmes era sua vocação, sua paixão, sua vida, e isso fora tirado dele.

Em novembro de 1983, em Praga, Kim Jong-il lhe dera tudo de volta.

25
Como um filme europeu

PRODUZINDO FILMES NOS três anos seguintes, Shin e Choi se apaixonaram novamente — se é que alguma vez haviam deixado de se amar.

Em um ambiente no qual separadamente não tinham nada, cada um deles descobriu que o outro se tornara tudo. Eles dependiam um do outro para manter a sanidade e o foco, e eram o último elo remanescente com suas antigas vidas. Mas havia mais que mera necessidade circunstancial. A prisão modificara Shin e lhe dera perspectiva. Ele percebeu, talvez pela primeira vez, que não era a pessoa mais importante do mundo. Quando sua nova situação desinflou seu ego, ele se tornou menos rebelde, teimoso e egoísta e, com o passar do tempo, Choi sentiu renovada devoção pelo homem que representava seu ideal de comprometimento, talento, humor e força. Após cinco anos sentindo a falta um do outro e temendo pela segurança um do outro todos os dias, e então estando juntos em uma situação na qual ambos estavam privados de qualquer outra coisa, o amor de Shin e Choi se reacendeu e ganhou nova profundidade.

Uma pessoa se sentia muito menos atraída por Shin Sang-ok que sua ex-esposa: Choe Ik-gyu. Aos 49 anos, ele merecia o título de diretor: dirigira os estúdios norte-coreanos e provara seu valor ao supervisionar os dois maiores filmes de Kim Jong-il, apenas para se ver demovido e transformado em babá de um mimado capitalista do Sul. No set, frequentemente questionava as decisões de Shin, dizendo, por exemplo, alto o bastante para que a equipe ouvisse: "Este outro ângulo é melhor do que o que você escolheu. Por que está filmando desse ângulo?" Ele zombava e ria quando Shin caminhava pelo set com seu visor de diretor a fim de testar vários enquadramentos.

Certa noite, após o dia de filmagens nas ruas de Praga, os coreanos estavam jantando quando o diretor Choe, ligeiramente embriagado após os obrigatórios brindes a Kim Jong-il e Kim Il-sung, "se levantou e começou a caminhar de um lado para o outro em frente à mesa", lembrou Shin. Choe ergueu as mãos em frente ao rosto, com os polegares se tocando e as palmas voltadas para fora, como se enquadrasse uma cena. Nessa posição, saltou de um lado para o outro, agachando-se e girando. Shin percebeu que Choe zombava dele.

— Por que você está sempre se movendo desse jeito? — desdenhou o norte-coreano. — Com todos esses estrangeiros observando, você está nos fazendo perder a dignidade, caminhando de um lado para o outro, sempre mudando a posição da câmera.

— Eu estava tentando evitar os edifícios modernos e os carros — respondeu Shin. — O filme se passa em 1907. Eu tinha de me movimentar para encontrar o ângulo correto. — Além disso, acrescentou, os filmes norte-coreanos podiam frequentemente usar apenas um enquadramento para toda a cena, mas, no resto do mundo, os filmes eram tornados mais dinâmicos por meio de cortes entre um ângulo e outro.

Sua resposta frustrou o norte-coreano.

— Ora, vamos! — rosnou ele. — Apenas faça o que eu mando.

Shin estivera esperando uma oportunidade de testar sua teoria e aquela era a chance. Falando tão alto quanto Choe, ele esmurrou a mesa e se levantou.

— Muito bem: desse momento em diante, abro mão da responsabilidade pelo filme! Você assume. E relatarei o que acabou de acontecer ao Querido Líder, Camarada Kim Jong-il. — Ele e Choe se encararam. Após alguns momentos, o sr. Kang, que estivera sentado silenciosamente com uma expressão amarga no rosto, muito provavelmente esperando que a situação simplesmente se acalmasse, limpou a garganta e disse a Choe, exasperado:

— Camarada vice-diretor, você foi longe demais. Qual é o seu problema? Controle-se!

Choe olhou de Shin para Kang e novamente para Shin. Parecia prestes a dizer algo, mas então, subitamente, murchou. Baixando as mãos, voltou a seu lugar.

— Cometi um erro — murmurou, sentando-se.

Shin estava satisfeito. Em um momento de tensão, ele se impusera, mencionara o nome de Kim Jong-il e seu cão de guarda recuara. Choi Eun-hee também notara. Ela e Shin armazenaram a informação.

Shin e Choi terminaram em Praga e retornaram a Pyongyang, onde filmariam as cenas coreanas e começariam a editar o mais rapidamente possível, com Shin ainda determinado a fazer a première em 15 de abril do ano seguinte. Dias após seu retorno, Kim Jong-il os convidou até seu escritório e os cobriu de presentes luxuosos: dois sedãs Mercedes-Benz 280, os mais caros do mundo, marrons e novíssimos, recém-saídos da linha de montagem em Stuttgart. Ambas as placas começavam com 216, seu aniversário, 16 de fevereiro.

Kim Jong-il agradeceu-lhes o "trabalho duro" no exterior, assim como a cooperação ao passarem um tempo no Leste Europeu, a fim de "minimizar queixas e críticas e dar às pessoas a impressão de que estão trabalhando livremente e fazendo o que querem". O que quer que os cães de guarda tivessem relatado o deixara satisfeito e ele já estava entusiasmado com a possibilidade de abrir um estúdio da Shin Filmes no Leste Europeu — talvez na Iugoslávia ou na Hungria. "No futuro, se quisermos expandir", disse a Shin, "o senhor precisará de uma base de operações". Ele ordenou que Shin voltasse ao Leste Europeu e escolhesse um local adequado para a empreitada.

Armados com essa visão, Shin e Choi planejaram a próxima viagem, dessa vez para Budapeste, onde pretendiam se encontrar com Kusakabe. Eles pararam em Praga para conversas sobre trabalhos futuros em Barrandov e na Iugoslávia para inspecionar locais para o planejado estúdio da Shin Filmes, antes de seguirem para a Hungria. Shin achou Budapeste muito bonita e não pôde deixar de notar que os húngaros pareciam mais felizes, saudáveis e bem alimentados do que as pessoas que viviam nos outros países sem mercado livre que conhecera.

A Hungria era intrigante por outra razão: a lei de imigração permitia que pessoas com passaportes diplomáticos — como Shin e Choi — entrassem na vizinha Áustria sem visto. A Áustria ficava do outro lado da Cortina de Ferro e sua capital, Viena, se tornara a intersecção entre Leste e Oeste, um viveiro de espiões, desertores e solicitantes de visto de todo tipo. Shin jamais estivera na Áustria, mas imaginava a cidade como retratada no clássico *O terceiro homem*, cheia de refugiados desesperados para fugir. Ele não estava longe. Talvez, começou a sonhar, se ele e Choi pudessem encontrar um jeito de ir até Viena, também encontrassem um jeito de escapar...

Na manhã de 10 de dezembro de 1983, Shin e Choi estavam em seu quarto no Budapest Hilton, esperando ansiosamente. A intervalos, o diretor Choe telefonava da porta ao lado para se assegurar de que não haviam saído. Finalmente, houve uma batida à porta. Shin saltou para abri-la e Kusakabe entrou rapidamente.

Alguns dias antes, trabalhando em certas refilmagens em Barrandov, Shin conseguira escapar de Choe e Kang por um segundo, encontrar um telefone e combinar o encontro com o amigo japonês. Kusakabe não podia ajudá-los a escapar, mas era uma corda de salvamento, uma ligação com o mundo externo. Shin e Choi o conduziram a um canto afastado do quarto, longe da parede separando-os do quarto de Choe, e contaram ao velho amigo tudo sobre o sequestro e seu trabalho atual — mas não sobre os planos de fugir. "Eu estava inseguro quanto a nossa situação", diria Shin mais tarde. Mesmo em relação a "um amigo muito leal" como Kusakabe, o cineasta estava desconfiado. Não sabia em quem confiar. Eles entregaram a Kusakabe a valiosa fita com a voz do Querido Líder, assim como a fotografia do primeiro encontro entre Choi e Jong-il e cartas que pediram a ele que enviasse secretamente para suas famílias em Seul. A fita e a fotografia deveriam ser mantidas em segredo. "Isso é um segredo *absoluto*, apenas entre nós", disse Shin. "Por favor, guarde-as por seis meses, mas, se não tiver notícias nossas depois disso, entregue tudo à imprensa japonesa e coreana." Se a tragédia recaísse sobre eles, Shin não precisaria da apólice de seguro representada pela fita — mas queria que o mundo soubesse o que acontecera a eles.

Eles abraçaram Kusakabe e se despediram. Ele caminhou até a porta, assegurou-se de que o corredor estava vazio e escapuliu. Shin e Choi trabalharam no Leste Europeu por mais uma semana, filmando seus cinco atores principais, que haviam sido enviados de Pyongyang e eram vigiados tão cuidadosamente quanto eles mesmos. Houve um breve atraso quando soube-se que os atores, que nunca tinham saído de Pyongyang, haviam viajado sem bagagem, pois o conceito de fazer as malas era totalmente novo para eles; mas, em 16 de dezembro, as filmagens foram encerradas e equipe e elenco voltaram a uma Coreia do Norte coberta de neve. Sentados em sua mansão, vigiados por seus assistentes, Shin e Choi passaram os últimos dias de 1983 escrevendo, por puro hábito, seus obsequiosos votos de Ano-Novo para os Kim.

Enquanto trabalhavam no filme em janeiro e fevereiro, tiveram seguidas reuniões com Jong-il, que estava cada vez mais ávido para expandir as operações cinematográficas. "Ele estava muito preocupado em melhorar a imagem da Coreia do Norte no Sudeste Asiático", escreveria Shin mais tarde. O ataque em Rangoon três meses antes fracassara e prejudicara seriamente a posição internacional do país e "Kim Jong-il queria desesperadamente redimir a imagem da Coreia do Norte". E esperava que filmes e cultura fossem a maneira de fazer isso. Shin e Choi novamente expressaram suas preocupações com o bem-estar dos filhos em Seul e o Querido Líder concordou em deixá-los se comunicar com as famílias por meio da Chosen Soren, a organização para coreanos vivendo no Japão que, desde a divisão da Coreia, funcionava como agente não oficial do Norte no Japão. Em janeiro, eles receberam da organização cartas e um pacote da sobrinha de Shin, que prometeu escrever mais vezes. Sua amiga Fumiko Inoue escreveu para contar que sua filha Myung-im se casara e seu filho Jung-kyun estava vivendo com a família de Choi. Oh Su-Mi se casara com um fotógrafo chamado Kim. Algumas semanas depois, novamente por meio da missão norte-coreana no Japão, Shin pôde se corresponder com um amigo da família em Nova Jersey, nos Estados Unidos, e lhe perguntou se ele adotaria Jung-kyun legalmente. O amigo, um homem de sua idade chamado Kim In-sook, "ficou estupefato ao ouvir minha voz. Ele achava que eu tinha sido assassinado".

Shin não queria o filho em Pyongyang, mas também não o queria na Coreia do Sul. Não confiava no próprio governo e ouvira falar sobre o estigma de se ter desertores, como o mundo os chamaria no segundo em que o filme fosse lançado, na família. Não, Jung-kyun ficaria melhor no exterior.

COMO UM FILME EUROPEU

Enquanto isso, Shin e Choi conseguiram terminar o filme em 13 de março, um mês antes do autoimposto prazo final. Shin informou Kim Jong-il, que ficou tão satisfeito que anunciou uma pré-estreia especial a ser realizada dali a três dias, na sede do Partido.

A exibição foi um evento "histórico" para o cinema norte-coreano, segundo Shin. Quando as luzes diminuíram na sala de exibição do edifício do Comitê Central do Partido naquela noite, seus membros, incluindo os que até recentemente haviam dirigido o estúdio dos Kim, viram algo que jamais haviam visto antes. A luz se intensificou na tela para revelar as ruas de Haia, selecionadas de documentários, seguidas de um corte mostrando as cenas filmadas nos estúdios de Barrandov e nas ruas de Praga e representando a cidade holandesa. Eram as primeiras cenas em solo estrangeiro usadas em um filme norte-coreano e estavam cheias de personagens europeus interpretados por atores ocidentais. Eram dublados em coreano — Jong-il proibira línguas estrangeiras —, mas a impressão que causavam ainda era imensa. Ao fim do filme, em vez de ficar imediatamente negra, a tela exibiu os créditos, a primeira vez em que um filme norte-coreano creditava individualmente os membros do elenco e da equipe técnica. O crédito mais proeminente dizia, em grandes letras em negrito: "Direção de Choi Eun-hee, sob direção geral de Shin Sang-ok."

Quando as luzes foram acesas, Jong-il estava extasiado.

— É fantástico! — exclamou. — É como um filme europeu!

O restante da plateia, que jamais vira um filme europeu, concordou ruidosamente. Jong-il se levantou e parabenizou Shin e Choi, gerando aplausos na multidão. Enquanto os convidados saíam da sala de exibição e subiam as escadas para o salão de banquete, Kim segurou o braço de Shin. O Querido Líder sorria abertamente. Seu sonho de estabelecer uma indústria cinematográfica de primeira classe parecia estar ao alcance de suas mãos.

— Quando o filme for lançado — disse ele a Shin —, haverá muita gente com inveja.

26
A entrevista coletiva

"Fiquei tão atônito com o vídeo que meu coração disparou e mal consegui assistir", lembrou Shin mais tarde. O sr. Kang estava na sala de estar da mansão de Pyongyang, apertando furiosamente o botão de volume da televisão japonesa. A tela mostrava fotografias de Shin e Choi na Coreia do Norte, as mesmas que haviam entregado a Kusakabe cinco meses antes. "[...] e seu ex-marido, o diretor Shin Sang-ok", dizia o jornalista, "ambos desaparecidos em Hong Kong desde 1978, foram sequestrados pelo Norte [...]". A câmera mostrava imagens das cartas de Shin e Choi aos filhos, suas fotografias e mesmo a fita cassete com a gravação de Kim Jong-il. Shin reconheceu a própria caligrafia na etiqueta do cassete e a caixa disfarçada, originalmente de uma fita de músicas populares, na qual o haviam escondido. E sentiu o coração ir parar no estômago. "[...] apoiado por fitas e cartas que o casal enviou clandestinamente para familiares em Seul", continuou o âncora. "Relatou-se que, por coação da Coreia do Norte, Shin e Choi estão fazendo um filme para ser dado de presente de aniversário a Kim Il-sung. O filme difama a República da Coreia e vários oficiais de elite [...]."

Shin olhou para Kang, que estava furioso. Ele estava aterrorizado. Suas últimas duas tentativas de enganar seus sequestradores haviam terminado com ele sendo jogado na prisão e torturado. Certamente Jong-il não demonstraria misericórdia daquela vez.

Após a triunfante exibição de *O emissário que não retornou* para Kim Jong-il, Shin e Choi haviam se preparado para o inevitável choque do mundo quando, cinco anos após desaparecerem da face da Terra, ressurgissem juntos, trabalhando para um dos mais notórios ditadores do mundo e com um novo filme, produzido por ele, para promover.

Seu retorno ao cinema era estimulante e ter um trabalho no qual se concentrar fizera com que os últimos meses voassem. Mas Shin e Choi ainda estavam obcecados em fugir do cativeiro e voltar para casa. A única maneira de fazer isso era ter permissão de se aproximarem o bastante da Cortina de Ferro, a fim de conseguirem passar para o Ocidente. Havia apenas dois lugares realisticamente possíveis para isso: Berlim e Viena. O paradoxo que os confrontava era que sua única chance de escapar consistia em convencer seu carcereiro, Kim Jong-il, de que desejavam permanecer na Coreia do Norte. Mas parecia que ele só seria convencido se, primeiro, eles conseguissem convencer o restante do mundo. Se quisessem liberdade de movimentos para viajar para qualquer uma dessas cidades, Shin e Choi teriam de começar a elogiar o regime norte-coreano para o mundo ocidental.

Jong-il solicitou uma segunda exibição de *O emissário que não retornou* para o pai, no dia do aniversário do Supremo Líder, com a presença de quatro técnicos e atores europeus, que Jong-il prometeu levar até Pyongyang; ele também deu uma festa especial, na sexta-feira à noite, em sua homenagem. Ávido para impressionar Kim Il-sung, Shin pediu permissão a Jong-il para viajar para Leningrado e filmar cenas adicionais, que aumentariam ainda mais o valor do filme. Jong-il concordou e, no fim de março, Shin e Choi passaram três dias cuidadosamente supervisionados na Rússia, com uma equipe substituta, filmando o bairro barroco da cidade e a velha missão coreana, no centro. Os dias eram curtos, com o céu surgindo depois das 9 horas e se pondo antes das 17h, além de úmidos e frios, com a temperatura chegando a –10ºC. Do lado de dentro, seguindo a tradição russa, os quartos eram extremamente quentes e Choi, despreparada para a constante mudança de temperatura, ficou doente. Seu voo para Pyongyang estava marcado para 29 de março e Choe Ik-gyu se recusou a mudar as reservas. Assim, ele, Shin e Kang retornaram à Coreia do Norte, deixando Choi Eun-hee com outro assistente, até que se sentisse bem o bastante para viajar.

Em Pyongyang, Shin passou vários dias desconfortáveis, preocupado com a esposa. Ele preencheu o tempo cortando as novas cenas e as introduzindo na versão existente de *O emissário que não retornou* e assistindo a filmes da coleção de Jong-il. Em 2 de abril, com o dia da exibição se aproximando, Shin voltou à mansão tarde da noite e encontrou a criada esperando por ele na porta, corada e ansiosa. Kim Jong-il telefonara várias vezes enquanto Shin estava fora, disse ela, e ordenara que ele fosse encontrado, mas ninguém conseguira. Shin devia ficar em casa o restante da noite: o Querido Líder telefonaria novamente.

Logo depois, o telefone tocou. Shin atendeu, nervoso.

"A Agência Sul-Coreana de Segurança Nacional publicou um comunicado. Estão dizendo que vocês foram sequestrados." A voz de Jong-il estava tensa do outro lado da linha. "Estou enviando Kang para informá-lo. Ligue para mim logo em seguida."

A matéria era acurada e exaustiva e foi mostrada tanto na KBS quanto na NBC, os dois maiores canais de televisão da Coreia do Sul. Citava não apenas Shin e Choi, mas também Kusakabe, Fumiko Inoue e Kim In-sook. Aparentemente, Kusakabe ficara ansioso com a aproximação do prazo de seis meses que Shin lhe dera e procurara as autoridades mais cedo. O relatório do governo sul-coreano sobre as provas era longo e dividido em capítulos, com títulos como "O sequestro de Choi Eun-hee", "O sequestro de Shin Sang-ok" e "As operações do Norte usando Shin Sang-ok e Choi Eun-hee contra o Sul". Em poucas horas, a história chegou às agências internacionais e causou sensação, não apenas na Ásia, mas também no mundo inteiro. Eram 22 horas em Pyongyang e 9 horas na Costa Leste americana. Passageiros voltando do trabalho em Nova York, Boston e Washington, D.C. puderam ler a notícia no mesmo dia, nos jornais da noite. Relatado bizarro caso de sequestro, dizia uma manchete; atriz e marido capturados por norte-coreanos, declarava outra. Entre as comunidades coreanas, na Coreia do Sul e no exterior, a história gerou intenso debate. Será que era crível? Ou seria uma peça de publicidade para dar novo fôlego à decadente carreira de Shin? Ou estariam as notícias sendo manipuladas pelo governo sul-coreano para difamar os Kim?

Para Shin, os eventos do dia provavelmente teriam consequências imediatas e extremamente desagradáveis. Assim que Kang desligou a fita VHS, ele caminhou até o telefone e ligou para Kim Jong-il. Sabia que o Querido Líder era uma ave noturna e estaria esperando seu telefonema, mas parte dele ainda esperava que já tivesse ido para casa. Em contrapartida, ele teria de enfrentar a situação cedo ou tarde e, desse modo, preferia terminar logo com tudo. Ele se desculparia submissamente e torceria pelo melhor.

Jong-il atendeu quase imediatamente.

— Você precisa cuidar disso — afirmou, antes que Shin pudesse falar. — Acho que talvez seu irmão mais velho tenha relatado isso ao PSG [Planejamento de Segurança Nacional, o serviço secreto de inteligência da Coreia do Sul]. Precisamos resolver isso.

Shin, que estava certo de que Jong-il sabia que ele o traíra, ficou surpreso. Ainda não sabia que Kim Jong-il gravava todas as suas reuniões, incluindo a que ele e Choi haviam registrado secretamente, para que todas as instruções fossem transcritas e colocadas em prática, mesmo que ele se esquecesse delas. Tampouco sabia que Jong-il suspeitava da Chosen Soren, cuja lealdade principal às vezes era a seus membros, e não a ele. Claramente, Kim suspeitava que a organização, que lidara com as comunicações aprovadas entre Shin e seu irmão em Seul, haviam sido infiltradas pelos sul-coreanos ou decidira por si mesma vazar as cartas e, de algum modo, a fita.

Poderia ter sido isso — ou, como Shin especulou mais tarde, talvez Kim soubesse o que estava acontecendo, mas punir o casal sul-coreano significaria admitir publicamente que fracassara em convertê-los. Talvez estivesse ignorando a verdade.

De qualquer modo, Jong-il, um homem famoso por seu temperamento explosivo, parecia inquieto, mas, de maneira geral, calmo.

— O que o senhor pretende fazer? — perguntou Shin. O foco de Jong-il já estava na negação das alegações sul-coreanas, e a única maneira de fazer isso era provar que eram falsas.

— Você e madame Choi devem fingir que estão trabalhando no Leste Europeu, e não em Pyongyang — disse ele. — Ela ainda está em Moscou?

— Sim — respondeu Shin. — Ela está em Moscou. Está resfriada.

— Ok. Isso é bom. Há um correspondente da NHK em Pyongyang agora. — A NHK é a emissora pública do Japão, o equivalente japonês da BBC inglesa. — Pedirei a ele que telefone para madame Choi e consiga com que um correspondente acredite que vocês dois estão trabalhando no Leste Europeu.

— Entendi — respondeu Shin. — Telefonarei para ela e contarei toda a história.

— Sim, isso mesmo. Quanto a você, deve ir imediatamente para Budapeste e dar uma entrevista coletiva explicando que vocês não foram sequestrados, mas trabalham voluntariamente no Leste Europeu. Pegue o videoteipe e mostre à madame Choi.

— Farei isso — disse Shin.

— Muito bem.

A linha foi desligada. Ao colocar o fone no gancho, Shin exalou profundamente. Chegara o momento que ele tentara desesperadamente evitar.

Estava na hora de ele e Choi mentirem para o mundo. E mentir *de modo convincente*. Suas vidas dependiam disso.

Shin voou para Belgrado na manhã seguinte e agendou uma entrevista coletiva na sala de conferências do Intercontinental Hotel, onde estava hospedado. Três dias depois, vinte e tantos repórteres apareceram na hora marcada, nem uma grande multidão, nem uma sala vazia. A maioria pertencia ao bloco comunista, mas também havia representantes da Reuters e da Associated Press.

A polícia iugoslava chegou ao hotel ao mesmo tempo que os jornalistas.

Houve confusão quando os policiais bloquearam a entrada da sala de conferências e, por meio de intérpretes, explicaram a Shin e aos norte-coreanos que, no que lhes dizia respeito, o evento era um anúncio de propaganda, e não uma notícia, e que, como tal, era uma reunião política não autorizada e não poderia ser realizada em público. Se os coreanos quisessem dar uma entrevista, deveriam fazê-lo na privacidade de seus quartos. Após discutir a situação com o sr. Kang, Shin foi até a recepção e trocou de quarto, mudando para uma suíte grande o bastante para todos, e então voltou ao lobby e informou os jornalistas sobre a mudança de planos. Para muitos deles, a novidade da situação já se esgotara e, quando Shin entrou no elevador para ir até seu novo quarto, apenas cinco repórteres o seguiram — um dos quais era correspondente da Agência Central de Notícias da Coreia do Norte. Os restantes foram embora.

No andar de cima, Shin iniciou a reunião com observações ensaiadas.

— Eu e minha esposa não fomos sequestrados, em absoluto — disse ele. — Viajamos por livre e espontânea vontade da Coreia do Sul para a Europa. — No fundo do quarto, o homem da Associated Press "ouviu algumas das minhas observações, riu como se tivesse ouvido uma grande piada e foi embora".

Após sofrer censura e receber tratamento rude do governo de Park Chung-hee, disse Shin aos jornalistas restantes, sua produtora fora fechada e ele e Choi haviam se mudado temporariamente para a Alemanha Oriental, onde um dos enviados de Kim Jong-il os abordara com uma proposta de financiamento do Querido Líder.

— Kim Jong-il se ofereceu para nos patrocinar sem opressão política — disse Shin —, a fim de produzirmos filmes com vistas à reunificação nacional. — Shin aceitara e abrira um escritório em Budapeste. — Agora estamos trabalhando no Leste Europeu.

— Por que você permaneceu em silêncio durante tanto tempo? — perguntou um dos repórteres.

— Nos escondemos na Alemanha Oriental por causa da intimidação do Sul — murmurou Shin.

— Choi Eun-hee desapareceu primeiro e você declarou publicamente achar que ela fora sequestrada. Onde ela estava, antes que você mesmo desaparecesse?

— Eu a escondi na casa de um amigo na Alemanha Oriental — mentiu Shin, constrangido. Isso não fazia o menor sentido, e ele sabia. A cada pergunta, a história se complicava um pouco mais. Nem Shin nem Choi podiam explicar por que não haviam sido vistos publicamente durante cinco anos, se realmente trabalhavam livremente no Leste Europeu desde 1978, ou por que Shin fizera tanta confusão sobre o desaparecimento de Choi se, como dizia agora, sabia o tempo todo onde ela estava. Muitos também acharam pouco crível que Kim Il-sung, um homem normalmente faminto por boa publicidade, tivesse mantido desertores de perfil tão ilustre — um grande bônus de propaganda — em segredo por tanto tempo.

Shin fez seu melhor para se esquivar das perguntas sobre por que demorara tanto tempo para ir a público e quais eram seus planos para o futuro. Então, esperando que isso lhe desse credibilidade, disse aos jornalistas que podia ser encontrado na sede da Shin Filmes na Hungria, no número 2 da Roosevelt Ter, às margens do Danúbio. O que não disse é que aquele era o endereço do Hyatt Hotel em Budapeste, onde o sr. Kang acabara de reservar o quarto 602 e apressadamente o transformara em um escritório temporário de produção, a fim de enganar qualquer jornalista particularmente enxerido. O número do telefone do "escritório", que Shin leu para os jornalistas, era da recepção do Hyatt.

Antes de retornar a Pyongyang, Shin telefonou para o Querido Líder, para se assegurar de que ele estava feliz com sua performance pública. Kim Jong-il pareceu satisfeito. E instruiu Shin a seguir em frente com os planos para encontrar um escritório mais permanente no Leste Europeu. Assim, Shin Sang-ok, que era um jogador e astuto o bastante para saber que, às vezes, o momento mais arriscado é o mais indicado para a ação, resolveu agir.

— O mundo estará observando nossos próximos movimentos com ainda mais interesse que o normal — disse a seu captor. — Agora é o momento de realmente convencê-los. Que tal se, em vez de Budapeste, abríssemos nosso escritório da Shin Filmes na neutra Viena?

Kim Jong-il concordou.

27
Mesma cama, sonhos diferentes

Quando *O emissário que não retornou* foi liberado para o público norte-coreano, transformou-se em um sucesso gigantesco. As pessoas jamais haviam visto algo como aquilo e, para todos os com 39 anos ou menos, nascidos após a divisão de 1945, as cenas de abertura em Haia eram literalmente a primeira visão do mundo externo. O filme de Shin, como todos os filmes norte-coreanos anteriores, foi usado como propaganda, com exibições obrigatórias seguidas de debates durante as quais as plateias eram encorajadas a refletir sobre o que o suicídio espetacular do personagem principal ensinava sobre o nível de devoção esperado delas. Mas também foi um ponto de virada na cultura norte-coreana: a primeiríssima vez em que mesmo os cidadãos com os mais baixos *songbuns* foram capazes de ver, embora sutilmente, que o mundo do lado de fora do Paraíso dos Trabalhadores não era o inferno que Kim Il-sung lhes dissera ser.

Encorajado por essa recepção, Kim Jong-il submeteu o filme ao Festival de Cinema Karlovy Vary, na Tchecoslováquia, o principal do bloco comunista, durante o qual *A garota das flores* fora exibido doze anos antes, na última vez em que um filme norte-coreano fora aceito em um festival internacional. Shin e Choi foram enviados para a exibição de julho de 1984, que, inicialmente, não conseguiu nenhum público. "Enquanto os outros países anunciavam seus filmes entusiasticamente, não tínhamos nenhum cartaz de publicidade", disse Shin. "Quando nosso filme foi exibido, somente um grupo de pessoas apareceu." Com uma plateia cativa de 15 milhões de pessoas, que poderiam ser enviadas para a prisão por perderem a estreia de um novo filme, o Querido Líder não pensara que teria de anunciar sua nova obra no exterior, a fim de conseguir público. Olhando para as filas dos filmes ocidentais — naquele ano, Peter Fonda e a atriz italiana Monica Vitti eram os convidados do festival —, Shin se sentiu "sozinho e sem muito apoio".

E então, para surpresa de todos, o júri do festival lhe concedeu um prêmio especial de Melhor Direção, que, dados os créditos finais, foi entregue a Choi. Ao subir no palco para aceitar o troféu de cristal, ela transbordava de alegria. Após anos de isolamento e solidão, trancada em uma casa com guardas constantes, o mundo a reconhecia, mesmo que em pequena medida. Na plateia, Shin se levantou e preparou a câmera, como um pai orgulhoso durante uma peça da escola, fotografando Choi enquanto ela apertava a mão do presidente do júri. Ele sentiu enorme orgulho por, na primeira tentativa, ter atingido um dos objetivos de Kim Jong-il. E imaginou o rosto do Querido Líder. Isso teria de ganhar sua completa confiança.

De fato, assim que retornaram ao quarto, com os guardiões norte-coreanos do outro lado da parede, o telefone tocou. "Nosso país jamais recebeu uma homenagem assim, professora Choi", disse Jong-il quando ela atendeu. Ele estava extasiado. Repetiu sua aprovação para a abertura de um escritório em Viena e prometeu deixá-los passar mais tempo na Europa: em Budapeste, Praga, Viena... e no Reino Unido. *O emissário que não retornou* seria exibido no Festival de Londres, em novembro.

Existe um velho ditado na Ásia que diz "mesma cama, sonhos diferentes", descrevendo o relacionamento de um casal cujas rotinas estão ligadas, mas que não se comunica e que, a despeito de dormir na mesma cama todas as noites, vive vidas completamente diferentes. Essas eram as palavras que Shin tinha em mente quando ele e Choi viajaram para Londres naquele outono. "Kim Jong-il pretendia me usar como propaganda", escreveu ele, "e eu pretendia usar a oportunidade para fugir."

"Não havia dúvida de que Londres era o melhor lugar para tentar escapar", acrescentou. Mas, se esperara ter alguma liberdade de movimentos, estava errado. Choe Ik-gyu partiu antes para Londres, com um grupo de quatorze guarda-costas e "delegados", a fim de fazer os arranjos e preparar tudo para a chegada de Shin e Choi.

Os sul-coreanos partiram uma semana depois, via Budapeste e Viena, com o maior entourage que já os acompanhara — supervisionado por Im Ho-gun, vice-diretor da polícia secreta, e incluindo um dos jovens de cabelo comprido que haviam sequestrado Shin na baía de Repulse. Quando o viu, disse Shin, "o jovem apenas olhou para mim e sorriu".

Shin e Choi aterrissaram em Londres às 19 horas de quarta-feira, 28 de novembro de 1984. A primeira-ministra Margaret Thatcher sobrevivera ao atentado a bomba ao hotel em Brighton, retirando brevemente das manchetes a controversa greve nacional dos mineiros — dois eventos que a Agência Central de Notícias da Coreia do Norte usara para retratar a Inglaterra como uma terra de desigualdade e desordem. Os destaques do festival eram *Gremlins*, de Joe Dane, *Gosto de sangue*, dos irmãos Coen, e *Os gritos do silêncio*, de Roland Joffe. O filme de Shin e Choi não participaria da competição.

A delegação norte-coreana causou uma pequena sensação. Durante muito tempo, o Ministério do Interior britânico recusara seus vistos, até finalmente concedê-los um dia antes da exibição. Helen Loveridge, gerente de hospitalidade e assistente do diretor do festival, esperava 29 convidados norte-coreanos, mas 40 compareceram, o que pode explicar parcialmente o atraso nos vistos. Choe Ik-gyu fornecera uma lista de nomes, "mas era inútil", disse Loveridge, porque a maioria era falsa. Uma vez em Londres, toda a delegação ficou no mesmo hotel e ia para as exibições em um ônibus alugado, inicialmente causando confusão por ser incapaz de entender as fileiras de assentos e os números nos ingressos, atrasando o início das projeções, para grande desprazer dos outros convidados e críticos. Em certa ocasião, Choe Ik-gyu foi pego pelas equipes de jornalismo intimidando estudantes asiáticos na fila em frente ao National Film Theatre, gritando: "Na Coreia do Norte, vocês podem estudar de graça! Na Coreia do Norte, não há pessoas famintas! As pessoas comem bem e vivem bem, graças ao Grande Líder!"

Para Shin e Choi, a viagem de 46 horas foi agonizante. Eles estavam no mundo livre, mas cercados o tempo todo de "guarda-costas" armados, empregados por Kim Jong-il não para protegê-los, mas para confiná-los. O National Film Theatre, no South Bank, era cercado por importantes marcos culturais: o National Theatre e o Royal Festival Hall. Havia cabarés e boates do outro lado do Tâmisa, no West End, e punks em jaquetas de couro e mohawks coloridos em Brixton, um caldeirão de raças e nacionalidades que, um ano após a visita de Shin e Choi, veria seu segundo maior tumulto em cinco anos, ambos iniciados por ataques da polícia contra negros. Havia greves e protestos e, quando Shin e Choi chegaram, decorações natalinas em toda a Regent Street e hordas de consumidores entrando e saindo da Selfridges, da Liberty e da Hamleys. Os jornais diários publicavam o que queriam, discordando uns dos outros e obedecendo apenas às leis e a seu volume de circulação. Apesar de toda a confusão, de todo o barulho e de toda a violência — ou talvez por causa deles —, Shin e Choi desejavam mais do que nunca fazer parte de um mundo onde tamanho caos era permitido. Parecia-lhes o completo oposto do estéril, inumano e teatralizado Estado de Kim Il-sung. A liberdade estava em torno deles, mas eles não podiam participar.

    Um pequeno grupo de sul-coreanos se manifestou durante a projeção de *O emissário que não retornou*, gritando "Adeus" para Shin e Choi na entrada e na saída, com seus guardiões comunistas os empurrando para o ônibus o mais rapidamente possível. Na manhã seguinte, às 5 horas, um dos guarda-costas acordou Shin e Choi e insistiu para que fizessem as malas e partissem imediatamente, porque "os norte-coreanos interceptaram uma mensagem enviada pela embaixada sul-coreana em Londres e a situação ficou complicada". Na verdade, o Ministério do Interior lhes dera vistos válidos por apenas um dia. No escuro e úmido início da manhã, Shin e Choi foram levados até o Heathrow, embarcados em um avião e enviados para Budapeste. Antes de chegar a Londres, ambos haviam recebido novos relógios de ouro de Choe, para impressionar os anfitriões ocidentais. Agora que estavam no avião de volta para a Coreia do Norte, Choe ordenou que os devolvessem.

28
Intenso cronograma de produção

"Minha querida Eun-hee", começava a carta de agosto de 1984, "você precisa estar bem e saudável, custe o que custar. Que nosso fim de vida juntos seja maravilhoso". Os caracteres de Shin eram apressados e descuidados, em tinta preta sobre grosso papel pardo. A carta fora enviada de Pyongyang para o quarto de hospital de Choi Eun-hee em Budapeste. Deitada na cama, recuperando-se de uma cirurgia, Choi sorriu.

Ela e Shin haviam se tornado parceiros iguais na encarnação norte-coreana da Shin Filmes, de modo que, três meses depois do fiasco em Londres, Shin estava terminando um filme em Pyongyang enquanto ela começava os preparativos para o seguinte. Subitamente, contudo, Choi foi acometida de uma dolorosa crise de cálculo biliar. O sistema Juche era muito bom, mas Kim Jong-il não confiaria sua estrela aos hospitais de Pyongyang e providenciara para que ela fizesse uma cirurgia na Hungria. Shin raramente escrevia cartas e aquela, mesmo sendo curta e se esquivando rapidamente das perguntas sobre a saúde de Choi para a discussão dos filmes sendo produzidos, fez com que ela se enchesse de alegria.

No dia seguinte, Choi deixou o hospital e foi transferida para seu quarto de hotel, para descansar por alguns dias antes de ser levada de volta à Coreia do Norte. Foi ali que Shin a encontrou. Sentindo desesperadamente sua falta, ele entrara em um avião na primeira oportunidade. Ela parecia "muito pálida", lembrou Shin, e "ao me ver ela se alegrou como se estivesse vendo o próprio Cristo". Logo depois de ele chegar, Choi olhou para ele e disse, timidamente:

— Querido, por que não celebramos nosso casamento aqui? Somos marido e mulher há trinta anos, mas somente registramos o casamento, nunca tivemos uma cerimônia apropriada.

Ela estava certa, não houvera cerimônia. O anúncio de Kim Jong-il de que estavam se casando novamente não tivera seguimento: na Coreia do Norte, o anúncio do Querido Líder era lei e não eram necessárias cerimônias.

Shin olhou para a esposa e sorriu.

— Querida, vamos fazer isso. Gosto da ideia. — Ele a beijou.

No Leste Europeu, seus guardas norte-coreanos ocasionalmente relaxavam a guarda e Shin e Choi podiam até mesmo sair sozinhos de vez em quando. Afinal, para onde fugiriam? Seus passaportes estavam detidos e eles ainda estavam em solo comunista. Assim, disseram a seus guardas que iriam sair por algumas horas, foram até o centro, passando pelos velhos banhos turcos e os palácios magiares, e compraram duas alianças simples. Na manhã seguinte, 26 de agosto, saíram do quarto antes de os guardas acordarem, entraram em um táxi e pediram para serem levados até uma igreja. As ruas estavam escuras e silenciosas, o ar estava fresco, e o calor de verão, ainda ausente. O táxi os levou colina acima, por ruas antigas e sinuosas, até a igreja Matthias, uma das maiores igrejas católicas góticas de Budapeste, no Castle District, às margens do rio. O sol estava nascendo sobre o Danúbio, com luzes rosadas faiscando na água e se espalhando em faixas por entre as casas medievais. O último rei da Casa de Habsburgo, Carlos IV da Hungria, fora coroado ali em 1916.

Quando Shin e Choi saíam do táxi, os sinos no alto da torre de pedra da catedral soaram as 6 horas. Eles passaram pela grande entrada abobadada e encontraram uma pequena multidão já nos bancos, pronta para o início da missa matinal. Ficaram nos fundos durante a missa, a primeira a que Choi assistia desde que Catherine Hong a batizara nas folhas caídas, dois anos antes. Eles ouviram o padre, as preces e os sermões na língua bela e incomum. Finalmente, muitos minutos depois, durante a comunhão, entraram na fila, caminharam até o padre idoso e pediram, em inglês rudimentar, que rezasse por eles. Ele concordou com a cabeça e fez uma prece em voz baixa, antes de erguer as mãos para abençoá-los. Sem dizer nada, Shin pegou as alianças. Colocou uma delas no dedo da esposa e ela fez o mesmo no seu, sem desviarem o olhar. Sua cerimônia de casamento, trinta anos após o fato, estava consumada. Eles recuaram pela nave, saíram para o sol da manhã e desceram os degraus da catedral, de mãos dadas. Mais tarde, fazendo as malas no hotel, os olhos de Choi se demoraram sobre a carta do marido.

— Que nosso fim de vida juntos seja maravilhoso.

Eles retornaram a Pyongyang e aos pensamentos sobre a fuga.

Suas interações com o Querido Líder ocorriam na maior parte do tempo por telefone, em conversas irregulares sempre iniciadas por Jong-il, que telefonava para a linha reservada na mansão ou no escritório. Uma delas, que Shin gravou no verão de 1984, ocorreu como se segue.

— Alô — falou Shin ao atender.

— Sinto muito — disse Jong-il, sem explicação.

— Sou eu — respondeu Shin. — Obrigado por ligar.

— Tudo bem. Visitar países socialistas, obviamente, é fácil para nós. Mas países capitalistas ou neutros... é neles que devemos pensar. Se só visitar países socialistas, parecerá que suas viagens estão sendo controladas. Não queremos dar essa impressão. Você deve estar pronto para introduzir seu nome na Europa. Há presença de agentes de segurança sul-coreana nesses países, mas não teremos problemas se você circular com um grupo. Você pode ir para onde quiser, e se os caras sul-coreanos virem isso, ficarão aflitos de vê-lo gozando de real liberdade.

— Sim, é uma boa ideia — disse Shin, esperançoso.

— Sim, é — concordou Kim. — Entrevistas com jornalistas ocidentais não é o bastante. Podemos ser mais agressivos. Você e Choi estão montando seu estúdio e se acomodando. Mesmo que tivessem planos diferentes de vida, estão gostando da vida aqui. Ah, falando nisso, Yun I-sang [o pianista expatriado sul-coreano que Kim tentara, sem sucesso, sequestrar] está aqui de novo — mentiu Kim. — Você gostaria de conhecê-lo?

— Sim, por favor.

— Vocês dois podem se encontrar. Você pode ter de dizer a mesma coisa a ele, que está feliz na Coreia do Norte e assim por diante.

— Sim, eu sei. Estou consciente de que muitas pessoas são tão ingênuas quanto eu costumava ser — comentou Shin, interpretando o papel de homem transformado.

Kim riu.

— Você pode dizer a Yun que pertence ao país e que pode ir para a Alemanha Ocidental para, quem sabe, fazer filmes quando necessário. É claro, teremos de ver os procedimentos legais do lado de cá.

— Sim, está certo. Fará sentido, porque minha nacionalidade é daqui — afirmou Shin. — Estou tão impressionado com o senhor. Eu o admiro muito.

— Bom, bom — disse Kim, desligando.

Em 1984, reconhecendo que a economia da Coreia do Norte já não conseguia avançar sozinha, Kim Jong-il relaxou ligeiramente as regras de investimento e aprovou uma nova lei de parceria empresarial que encorajava companhias selecionadas a buscar financiamento e coproduções no exterior. A lei fracassou em atrair quaisquer investimentos que não os dos coreanos vivendo no Japão, que eram incentivados pela Chosen Soren, mas Jong-il estava convencido de que os filmes, especialmente os feitos por Shin, se tornariam uma commodity que ele poderia exportar e com a qual obter lucro. Tais commodities eram raras na RPDC, que podia oferecer para exportação somente alguns minerais, principalmente zinco e carvão, e, nos últimos anos, armas nucleares. A primeira viagem de Shin Sang-ok e Choi Eun-hee para estabelecer uma base europeia foi aprovada por Kim em julho de 1984.

Para Kim Jong-il, a viagem a Viena era o passo seguinte em sua estratégia de ganhar prestígio para a Coreia do Norte. Para Shin e Choi, era a rota de fuga perfeita — se os dois pudessem ir até lá. Na primeira viagem, Choi só poderia ir até Budapeste e Shin iria para Viena sozinho. Se fugisse, a deixaria para trás. (A mesma regra se aplicava havia muito aos norte-coreanos que viajavam para o exterior em negócios governamentais: era exigido que possuíssem família, pois, se desertassem, deixariam para trás esposa e filhos como reféns.)

Em Viena, "três ou quatro" norte-coreanos seguiam Shin em todas as horas do dia. Eles reservaram o quarto ao lado do seu no Intercontinental Hotel e confiscaram seu passaporte, como sempre, assim que ele passou pelo controle de imigração. Em seu primeiro dia em Viena, Shin abriu uma conta bancária — ironicamente, no Bank of America — para que Kim Jong-il depositasse os fundos; eles haviam concordado que, uma vez que Shin conseguisse abrir o escritório, seu orçamento anual de 3 milhões de dólares seria mantido em Viena. Ele abriu a conta em nome da Shin Filmes, usando o endereço registrado de um dos funcionários da embaixada norte-coreana, com um depósito inicial de 10 mil dólares. Quando o caixa do banco perguntou se mais de uma assinatura seria necessária, Shin balançou a cabeça e forneceu apenas seu nome. Ele seria a única pessoa autorizada a fazer pagamentos e retiradas, sem nenhuma outra assinatura.

Isso feito, começou a procurar um escritório para alugar, com os guarda-costas o seguindo a cada passo do caminho. Após dez dias, retornou a Budapeste e, de lá, ele e Choi voltaram a Pyongyang. Continuaram a fazer de tudo para ganhar a confiança de Kim. Quando uma entrevista com Shin negando qualquer sequestro e confirmando sua vida livre no Leste Europeu foi publicada em uma revista japonesa, Shin imediatamente enviou uma cópia a Kim e recebeu um feliz telefonema em retorno, autorizando ainda mais viagens a países ocidentais.

O relacionamento de Shin e Choi com seu carcereiro era peculiar. Com o passar dos anos, Jong-il desenvolvera uma reputação de caloroso e cuidadoso chefe de estúdio, ao menos entre aqueles que lhe eram leais. Os relatos sobre essa época no estúdio, feitos por fontes oficiais e desertores, retratam um homem que tratava seus funcionários com gentileza e generosidade, embora também pudesse ser imprevisível, temperamental e impaciente. Jong-il frequentemente aparecia no set, sentando-se "sem cerimônia" com os profissionais de produção e fazendo perguntas sobre suas vidas pessoais, às vezes prometendo resolver algum problema que pudessem ter, como um chefão mafioso em um filme de Francis Ford Coppola. Às vezes, permanecia o dia todo. Isso acontecia com menos frequência nos sets de Shin, pois Kim não queria que seu novo protegido se ressentisse com uma presença sempre vigilante.

Quando se tratava do processo cinematográfico, disse Shin, havia "menos restrições do que comumente se acredita" em termos do que podia ou não filmar. Mas cada filme era desenvolvido em conferências com Jong-il, que insistia que a "semente" do filme tinha de ser adequada, "do ponto de vista da educação ideológica". Eles se encontravam pessoalmente apenas para essas conferências e durante as festas, de que Shin não gostava e que ele e a esposa evitavam, se pudessem. Para a administração cotidiana, Choe Ik-gyu, que tanto Shin quanto Choi detestavam profundamente, era sua ligação com o Querido Líder, passando mensagens e solicitações.

Inesperadamente, embora Choi tivesse passado mais tempo com Jong-il, era Shin quem tinha o melhor relacionamento com ele. Ele se viu tendo "sentimentos antagônicos", pois o homem que tirara sua liberdade e o enviara para a prisão também lhe dera mais recursos produtivos e liberdade criativa que jamais tivera. Shin passou a respeitar o amor de Kim pelo cinema e sua aguçada compreensão dos roteiros, embora, como percebeu, o Querido Líder tivesse problemas para diferenciar fato e ficção e frequentemente falasse dos filmes de James Bond ou Rambo como se fossem "docudramas realistas socialistas". Shin tentou desfazer essa noção, tendo o cuidado de não fazer com que o jovem se sentisse desrespeitado ou inferiorizado. No geral, ao menos quando se tratava de cinema, "ele era como qualquer jovem comum. Gostava de filmes de ação, terror e sexo. Gostava de todas as mulheres de que a maioria dos homens também gosta".

O Querido Líder tinha senso de humor e era o norte-coreano mais engraçado que conheciam; "metade do tempo de nossas conversas ao telefone era passado contando piadas". Geralmente era honesto: "quando fazia uma promessa, ele a cumpria", disse Shin, e alegou que Kim falava abertamente sobre muitos tópicos, incluindo o aspecto fabricado da "idolatria aos líderes" que impunha a seu povo. "Muitas vezes, Kim expressou suas preocupações em relação ao país" com uma sinceridade que não podia se permitir em público. E não era nada parecido com o "louco" que em breve seria retratado pela imprensa, mesmo que fosse claramente um sociopata — ou, antes, "um planejador meticuloso que executa seus projetos com férrea determinação". E, no fim, concluiu Shin, "a revolução justifica tudo. Os fins justificam os meios".

Mesmo Choi, embora mais relutante, achava o jovem carismático e decidido. "Ele presta atenção a tudo, mantém-se ligado a tudo [...] É simplesmente inacreditável", disse ela na época. Mas "acha que pode fazer o que quiser". Ele tinha o hábito de manter as pessoas a sua volta inseguras, alternadamente elogiando e depreciando, para que jamais soubessem o que viria em seguida. Às vezes, tratava Choi com respeito, como faria com uma mãe ou avó; em outras ocasiões, era mordaz e desdenhoso. Alguns dias, elogiava e lisonjeava; em outros, criticava suas roupas na frente de seus associados. Em algumas festas, fofocava sobre os astros do cinema e da televisão sul-coreanos, inclusive falando em voz alta sobre os supostos casos de Shin, enquanto Choi se sentava a seu lado.

Sempre que tentava parecer natural e poderoso, acabava se parecendo com uma criança. Muitas de suas emoções pareciam falsas e calculadas — a maneira como segurava sua mão exatamente no momento certo ou chorava com velhas canções folclóricas soviéticas —, mas então vinham os frequentes acessos de ciúmes ou raiva, que poderiam custar seu emprego ou sua vida. Shin e Choi já haviam conhecido homens como Kim Jong-il, em escala menor: talentosos, mas não talentosos o bastante, poderosos, ciumentos, inseguros e falastrões, com um senso inflado de sua própria importância no mundo, temperamento irritadiço e necessidade obsessiva de microgerenciamento. Kim era o arquetípico produtor de cinema.

Depois de sair da prisão, contou Choi, Shin "trabalhava como um maníaco". Entre a elite norte-coreana, na qual a indolência e a ineficiência eram sancionadas por um sistema que encorajava a nunca assumir a culpa e no qual todo mundo recebia sua ração mínima, independentemente da qualidade do trabalho, a única pessoa que parecia trabalhar mais duro que ele era Kim Jong-il, que ficava acordado até altas horas, trabalhando em filmes ou planejando ataques terroristas.

A ética de trabalho de Shin era famosa entre as equipes norte-coreanas. Em fotografias de bastidores, o diretor de 58 anos pode ser visto deitado na lama, operando uma câmera, ou no centro de uma multidão, dando ordens como um general. Em três curtos anos, ele e Choi dirigiram sete filmes e produziram incontáveis outros, todos melhores e mais ousados que qualquer filme norte-coreano feito antes. Estavam estendendo os limites, não somente em nome do experimento artístico, mas para fornecer prazer e instrução ao seu público. Mais tarde, ambos falaram repetidamente de sua esperança de que os filmes levassem alguma alegria às sombrias vidas a sua volta. "Na Coreia do Norte, o impacto social dos filmes era imenso", disse Shin. "Não acho que poderia ter feito filmes [apenas] para a família Kim [...] [então], quando filmava, no que mais pensava era no povo norte-coreano que se divertiria com o filme." Não levou muito tempo para que passasse a "odiar" o comunismo, que transformava o amor e a família em "valores mortos". "Era uma loucura deplorável", afirmou, referindo-se à ideologia que via em ação todos os dias.

Dos sete filmes que fizeram, apenas os dois primeiros — *O emissário que não retornou* e sua sequência, *Talchulgi* [*Fugitivo*] — eram dramas nacionalistas no usual molde de propaganda. Em 1985 e 1986, eles fizeram um melodrama romântico leve, *Sarang sarang nae sarang* [*Amor, amor, meu amor*]; uma tragédia social, *Sogum* [*Sal*]; um extravagante musical digno de Busby Berkeley, com criaturas fantásticas, figurino dispendioso e cenas subaquáticas, *Sincheongjeon* [*A lenda de Shim Chong*]; e o primeiro filme de artes marciais norte-coreano, *Hong Kil-dong*. Todos rompiam com a tradição. *Amor, amor, meu amor* foi o primeiro romance retratado em uma tela norte-coreana, antes o regime só permitia o conceito de "amor" em relação ao Partido; a primeira vez que a palavra foi usada em um título; e o primeiro beijo cinematográfico do país. E *Sal* era cheio de sexo e erotismo, incluindo uma cena de Choi amamentando, com os seios completamente expostos, mas também uma violenta e angustiante cena de estupro, mais explícita que qualquer outra coisa que Kim Il-sung já permitira (nesse caso, o Supremo Líder em pessoa elogiou Shin por seu "compromisso com o realismo").

O isolamento e o foco do Estado no cinema já haviam transformado a Coreia do Norte em uma nação de cinéfilos. O preço dos ingressos era mantido propositalmente baixo — o mesmo de um refrigerante ou doce —, de modo que o norte-coreano comum ia ao cinema em média vinte vezes por ano, dez vezes mais que um sul-coreano. As multidões eram engajadas e ativas, ruidosas e turbulentas. Gritavam "ah" e "oh" para as telas, aplaudiam os mocinhos e vaiavam os bandidos. Mas os filmes de Shin mudaram tudo. Agora, o público via todos os filmes não porque eram novidade ou parte de sua educação ideológica, mas porque os *amavam*.

Hyok Kang, que cresceu na Coreia do Norte nos anos 1980, lembra que em sua cidade natal, Onsong, perto da fronteira chinesa, "quando um novo filme era lançado [...] toda a cidade ia vê-lo. Uma multidão inacreditável [...]. As pessoas disputavam os assentos de madeira". *Amor, amor, meu amor*, no qual Shin usou a precisão e a coreografia dos Mass Games para produzir gigantescos números musicais, era tão popular que, pela primeira vez, cambistas apareceram nas calçadas de Pyongyang, revendendo ingressos retirados do escritório local do Partido. Vários desertores se lembram de ter visto o filme sete, oito vezes — vinte vezes, em um dos casos. A música dos créditos finais é uma das mais famosas canções na história da Coreia do Norte. Estudantes penduravam pôsteres do protagonista nos quartos — a primeira vez em que o retrato de um norte-coreano que não Kim Il-sung ou Kim Jong-il aparecia nas paredes das residências, embora sem moldura e em uma parede separada, escondida — e iam para casa fantasiar não sobre a revolução, mas sobre ele, o primeiro protagonista a poder demonstrar *sex appeal* e ternura. Cidadãos com *songbuns* neutros ou hostis tentavam conseguir trabalho nos cinemas, onde poderiam ver todas as obras da Shin Filmes quantas vezes quisessem.

Choi Eun-hee, que estrelou *Sal* e teve papéis secundários em *Fugitivo* e *Shim Chong*, voltou a ser um nome familiar, conhecido em todo o país. Ela e Shin eram as pessoas mais famosas do Paraíso dos Trabalhadores — com exceção de Kim Il-sung e Kim Jong-il, é claro. (Eles finalmente conheceram o Supremo Líder em um dos almoços de Ano-Novo, apertando sua mão e conversando com ele durante vários minutos, o máximo da realização na Coreia do Norte.) Cada cena externa era invadida por centenas de pessoas ávidas para ver o cineasta e sua esposa atriz trabalhando. Os operários aguardavam enquanto cenas eram filmadas no local das construções. "Quase todo mundo sabia nossos nomes", lembrou Shin. "Quando estávamos filmando, as crianças nos seguiam, gritando *Shin Sang-ok! Choi Eun-hee!*"

Os filmes de Shin, nas palavras de um desertor, claramente insinuavam "coisas diferentes" das que Kim Jong-il permitira até então: sexo, sensualidade, ação, *diversão*. Suas fantasias sugeriam ao norte-coreano comum a possibilidade de vida, de encontrar algo inesperado, em contraste com a vida real, que era tão insossa, codificada e controlada. "O que mais atraía o público", disse certa mulher, "era que [os filmes de Shin Sang-ok] eram ligeiramente eróticos". Outra mulher concordou, acrescentando que os filmes mais populares eram os que tinham "cenas de beijo". Shin e Choi haviam sido famosos na Coreia do Sul por suas protagonistas fortes e suas histórias de mulheres lutando contra as limitações de uma sociedade patriarcal; na Coreia do Norte, libertaram as mulheres de sua representação no cinema como mães, esposas e companheiras de luta e, finalmente, lhes permitiram estar *apaixonadas*.

Algumas das mudanças eram sutis. A protagonista de *Amor, amor, meu amor*, Jang Son-hui, tinha traços quase ocidentais que iam contra o ideal de beleza de Kim Jong-il, que era quem geralmente determinava a escolha das estrelas; e, em *Sal*, Choi falava em um dialeto regional, e não com o sotaque "nacional" imposto pelo Partido dos Trabalhadores. Outras mudanças foram muito maiores, como o início de *Fugitivo*, que começa com uma citação de *Os miseráveis* ("Enquanto sobre a terra houver ignorância e miséria, livros como este não serão inúteis"), de Victor Hugo (um estrangeiro), e não com a habitual epígrafe do Supremo Líder, e o final de *Hong Kil-dong*, no qual o herói dá as costas a sua terra natal e escolhe o exílio, em vez de lutar pelo sonho coletivo.

Kim Jong-il admirava o trabalho de Shin e não podia lhe negar as coisas que sabia serem necessárias para fazer filmes melhores, mesmo que isso significasse dobrar suas regras mais importantes. Acima de tudo, o Querido Líder queria sucesso, e obteve — mas o tiro saiu pela culatra. Uma mulher que mais tarde desertou disse que, até 1984, "simplesmente assistíamos a nossos filmes e documentários e os aceitávamos do jeito que eram. Achávamos que os filmes eram assim. Mas, depois da era Shin Sang-ok, passamos a ver as coisas com novos olhos. Podíamos julgar quais filmes eram interessantes e quais não eram". Uma ex-estudante concordou: "Antes da era Shin Sang-ok, os roteiros eram transparentes e simples. Mesmo que só víssemos a primeira metade do filme, já sabíamos toda a história. Os roteiros eram sempre os mesmos. O protagonista enfrentava muitas dificuldades e sempre era salvo no fim, por meio do amor de Kim Il-sung. Shin Sang-ok trouxe uma abordagem mais realista do cinema [...]. Os filmes tradicionais eram tão tediosos — queríamos ver os filmes de Shin." Isso era mais que mera excitação. Até então, disse a estudante, "havíamos aprendido que o mundo inteiro consistia em nosso regime e nosso país. Não podíamos pensar em nada além disso". Então *Fugitivo* foi lançado e trouxe não apenas cenas em Paris e Tóquio, mas também uma trilha sonora de covers do ABBA. Subitamente, jovens norte-coreanos estavam cantando as músicas da banda a caminho da escola e se reunindo nos campos para recriar os movimentos de dança que haviam visto na tela. Entre a elite, os jovens davam festas particulares (e oficialmente ilegais) para tocar gravações importadas por meio da Chosen Soren. E, discretamente, todo mundo começou a cochichar sobre as cidades estrangeiras que haviam visto: os bares, os restaurantes, a vida noturna, os carros e as pessoas brancas, com suas roupas e cortes de cabelo. Comparada a isso, pensavam, Pyongyang certamente não era "a cidade perfeita, a melhor de todas, a ideal".

Há um velho ditado asiático que diz que "gota a gota, a água perfura a pedra". Kim Jong-il sequestrara Shin Sang-ok e Choi Eun-hee para ajudar a promover seu regime e aumentar seu controle sobre o pensamento do povo. Em vez disso, os filmes de Shin e Choi eram gotas d'água, lenta, mas certamente enfraquecendo a supremacia dos Kim.

Trabalhar para Kim, diria Choi Eun-hee mais tarde, era "cinema de luxo". Nada lhes era recusado. Quando precisaram de um ventilador para simular vento, Jong-il lhes enviou um helicóptero. Quando solicitaram neve falsa no meio da primavera, Jong-il enviou toda a equipe para o topo da montanha Paekdu, o único lugar no país onde ainda havia neve. Quando planejaram uma cena com milhares de figurantes, Jong-il colocou todas as forças armadas a seu serviço. E, no que mais tarde chamou de ponto alto de sua carreira, quando Shin precisou de modelos em escala para a cena de explosão de um trem, o clímax de *Fugitivo*, ele perguntou, descaradamente, se Kim não lhe daria um trem real. Para sua surpresa, um trem real e em funcionamento foi entregue no set, cheio de explosivos. Shin tinha apenas uma chance de fazer com que a cena desse certo, mas esse era um adorável problema para se ter. A explosão final de *Fugitivo* tornou-se uma das imagens icônicas da Coreia do Norte.

Sal recebeu entusiásticas críticas internacionais — outra primeira vez, já que os críticos tendiam a menosprezar os filmes norte-coreanos, mesmo os de Shin — e Choi ganhou o prêmio de Melhor Atriz no Festival de Cinema de Moscou, o prêmio mais prestigiado já recebido por um filme norte-coreano e o segundo prêmio internacional da era Shin. A interpretação de Choi não tinha precedentes na história do cinema da Coreia do Norte, por seu naturalismo e suas nuances. (Ela teve permissão para ir a Moscou aceitar o prêmio e, depois da cerimônia, ela e Shin se sentaram no quarto de hotel tirando fotos com o pequeno troféu: talvez jamais recebessem outro e sabiam que aquele, assim que pousassem em Pyongyang, seria tomado por Kim Jong-il e permaneceria sendo dele para sempre.) *Hong Kil-dong* foi um grande sucesso no bloco oriental, tornando-se um dos campões de venda de 1986 na Bulgária e na União Soviética. Essas eram realizações relativamente modestas, mas ainda inéditas na história do cinema norte-coreano, assim como ápices a que ele jamais chegaria novamente.

A cada sucesso, as restrições de viagem de Shin e Choi eram ligeiramente afrouxadas. Eles iam frequentemente a Budapeste e Moscou para filmar, dar entrevistas e fazer reuniões, na esperança de que essas curtas viagens convencessem o mundo de que moravam no Leste Europeu por livre e espontânea vontade; em seguida, Kim Jong-il passou a permitir que viajassem até a Alemanha Ocidental, onde filmaram as cenas subaquáticas de *A lenda de Shim Chong* no estúdio Bavaria, em Munique. Alfred Hitchcock filmara seu primeiro filme no estúdio e, em anos recentes, os estúdios de som haviam abrigado *Fugindo do inferno*, *Cabaré* e *A fantástica fábrica de chocolate*. Shin e Choi caminharam pelo terreno consagrado, embora seguidos o tempo todo por sete guarda-costas, que estavam com eles em cada set, cada reunião de produção, cada almoço. Ao contrário de seus guardiões anteriores — em geral trabalhadores da indústria cinematográfica —, vinham do corpo de guarda-costas do próprio Kim Jong-il.

O time de elite de guarda-costas era um dos aspectos mais sinistros e intrigantes do estilo de vida de Jong-il. Ele mantinha 120 guarda-costas e preferia que fossem órfãos; uma vez contratados, não podiam visitar a família ou sair do lado do Líder. Se quisessem se casar, só poderiam fazê-lo com uma datilógrafa ou secretária de uma unidade específica do Partido e o procedimento era muito bizarro. O guarda-costas tinha de solicitar permissão ao supervisor e, se a recebesse — a decisão provavelmente era de Jong-il —, era chamado até o escritório do supervisor no Terceiro Andar. Vinte fotografias eram colocadas na mesa, voltadas para baixo. O guarda-costas escolhia uma, que era virada pelo supervisor. A mulher na fotografia seria sua esposa. Se ele recusasse, teria de esperar dois anos antes de repetir o procedimento — e, dessa vez, teria de se casar com a garota, gostasse dela ou não, sob o risco de ser demitido. Uma vez casado, o guarda e a esposa recebiam uma casa, paga pelo Partido; a esposa era instalada na casa e o guarda podia visitá-la uma vez por semana.

Os guarda-costas eram treinados em uma escola especial perto de Pyongyang, onde a grade curricular os ensinava como arriscar cegamente suas vidas por Kim Jong-il e eliminar cruelmente qualquer ameaça potencial. Jong-il preferia que fossem polidos e discretos. Mais tarde, começou a mostrar aos novos recrutas o filme *Na linha de fogo*, de Clint Eastwood, sobre um agente do serviço secreto que é assombrado por seu fracasso em salvar o presidente Kennedy e está determinado a salvar o novo presidente das ameaças de um maníaco, e citá-lo como exemplo do que era esperado deles.

Uma vez selecionados, os guarda-costas eram apagados dos arquivos do Partido. "O pessoal da segurança não aparece em nenhum registro e não possui número ou carteira de identidade", escreveu o ex-membro da equipe Lee Young-kuk. "É como se não existissem."

Esses eram os homens que, de 1985 em diante, guardavam o casal em cada uma de suas viagens à Europa. Eles ficavam do lado de fora da porta do banheiro quando Shin ou Choi precisavam usá-lo e se alternavam em uma mesa de sua suíte enquanto dormiam. Eram altamente treinados e cegamente devotados.

Mesmo assim, o casal se sentia cada vez mais certo de que o cinema seria sua saída. Eles trabalhavam tanto que mal prestavam atenção à saúde. Entre 1983 e 1986, Choi entrou e saiu do hospital com cálculos biliares, infecções e uma gripe constante da qual não conseguia se livrar. Shin estava quase sempre exausto e se via derrubando as câmeras durante as cenas, incapaz de suportar seu peso. Eles estavam com quase 60 anos e haviam passado por muita coisa. Não viam os filhos, a família ou os amigos desde 1978. Viviam em luxuoso cativeiro, em uma mansão com empregados e carros dirigidos por motoristas, o tempo todo vergonhosamente conscientes da pobreza e do sofrimento das pessoas comuns à sua volta. E eram desgastados por regras e regulamentos absurdos. Em 1984, por exemplo, houve, em rápida sucessão, uma "instrução sobre gravatas" e uma "instrução sobre chapéus" de Kim Il-sung, ordenando que todos os oficiais do Partido usassem chapéu e gravata o tempo todo; certo dia, o sr. Kang apareceu para trabalhar de chapéu-coco e uma ridícula gravata-borboleta.

Incapaz de esquecer suas duas tentativas fracassadas de fuga, Shin estava decidido a só tentar novamente se estivesse certo de suas chances. Mas será que esse momento chegaria? Melhor ainda: ocorreria enquanto ele e Choi estavam juntos e com forças suficientes para colocar o plano em funcionamento?

Os seis filmes que fizera até então haviam obtido grande sucesso. Mas ele precisava de algo mais — precisava de um filme que Jong-il achasse bom o suficiente para exibir a europeus, japoneses e americanos. Precisava de algo *sensacional*.

29

O monstro de borracha

Esse algo sensacional foi *Pulgasari*.

De longe o filme mais famoso que Shin Sang-ok dirigiu na Coreia do Norte, *Pulgasari: o comedor de ferro* era tão representativo dos absurdos e contradições do cinema norte-coreano, do próprio Shin e de Kim Jong-il que se tornou um daqueles filmes cult que de tão ruins acabam sendo bons, juntamente com *Plano 9 do espaço sideral*, de Ed Wood, *Papai Noel conquista os marcianos*, de Nicholas Webster, e *The Room* [*O quarto*], de Tommy Wiseau. A mais ambiciosa produção que a indústria nacional já tentara, é o tipo de clássico terrível exibido à meia-noite em retrospectivas de cinemas alternativos por todo o mundo.

Até *Pulgasari*, Shin fora um bom, às vezes ótimo, cineasta. Produzira alguns filmes menores na Coreia do Sul, mas haviam sido filmes comerciais, filmados em poucas semanas com muito pouco esforço e lançados sem estardalhaço, para produzir dinheiro rápido. *Pulgasari* foi uma virada em sua carreira: a primeira vez em que colocou toda a sua energia em um filme ruim. Foi uma transformação súbita e inexplicável, depois da qual jamais recuperou seu toque mágico.

Um fracasso glorioso não foi como Kim Jong-il e Shin Sang-ok o viram. No lançamento, *Pulgasari* foi seu maior sucesso. Shin jamais disse exatamente de quem foi a ideia, mas não é difícil adivinhar. Seus heróis cinematográficos eram Chaplin, Renoir e Rossellini. Suas referências eram Bond, Rambo e Jason Voorhees. E era Kim Jong-il que tinha o hábito não de liderar, mas de copiar: copiar sucessos estrangeiros de que gostava. *Minjokgwa ummyeong* [*Nação e destino*] era uma resposta a uma série japonesa; *Heróis desconhecidos* copiava thrillers de espionagem alemães e tchecos e *A garota das flores* era uma extensão de um clássico melodrama chinês. Agora ele estava pronto para copiar outra de suas franquias favoritas, também do Japão.

Godzilla surgira em 1954, no filme de mesmo nome, e rapidamente se tornara um fenômeno internacional, no Japão por tocar num ponto sensível sobre a derrota da nação na Segunda Guerra Mundial e a destrutiva herança da bomba atômica e no restante do mundo como um grande filme ruim. Entre 1954 e 1975, a franquia teve quinze partes, nas quais Godzilla passou de monstro radioativo para herói divertido e amigo das famílias; sua popularidade diminuiu quando os filmes se tornaram mais leves. Após uma ausência de nove anos das telas, o monstro voltou em *O retorno de Godzilla*, de 1984, um filme horrível que fracassou nas bilheterias e provocou gargalhadas nos críticos (Roger Elbert escreveu: "Minha cena favorita é quando o herói e a heroína estão agarrados um ao outro no alto de um arranha-céu sendo destruído por Godzilla e um professor entra em cena perguntando: 'O que aconteceu aqui?', e sai de cena sem esperar resposta."). Mas foi o primeiro filme da série a ser dublado na Coreia e Jong-il certamente o viu. Seu lançamento foi acompanhado por um popular festival que atraiu milhares de seguidores devotos a Tóquio, para discutir o filme e comprar montes de mercadorias. Jong-il também viu isso com grande interesse. O filme de monstro, decidiu, seria a entrada do cinema norte-coreano no mercado internacional.

Pulgasari deveria ser o *Godzilla* norte-coreano. Mas, em vez da paranoia sobre os efeitos nucleares, um tema caro aos japoneses após Hiroshima e Nagasaki, o subtexto de *Pulgasari* se relacionava à luta de classes, ao comunismo e ao bem coletivo.

Ele se passa nos tempos medievais. Os camponeses, oprimidos por um governo despótico e seus soldados, passam fome. Um velho ferreiro que se recusa a obedecer às ordens governamentais é preso em uma choupana de madeira. Entediado, modela, com arroz esmagado, a pequena imagem de um dragão com chifres. Em seguida a sua morte em cativeiro, suas filhas herdam a imagem. Em uma virada surreal, a filha fura o dedo ao costurar e uma gota cai sobre o pequeno dragão. O dragão, Pulgasari, magicamente ganha vida com o sangue da garotinha. Alimentando-se de metal, como é adequado à criação de um ferreiro, come todo o ferro que consegue encontrar e rapidamente cresce, transformando-se de animal de estimação fofinho que dorme na cama da garotinha em monstro temível e invencível com chifres demoníacos, peito musculoso e grandes e afiadas garras — um monstro, sim, mas um monstro com consciência social. Em vez de arrasar tudo em seu caminho, como Godzilla, Pulgasari se alia aos camponeses contra o governo e ataca seu palácio. Os soldados fazem tudo que podem para impedi-lo (inclusive lançar foguetes — foguetes do século XIII!) e, finalmente, conseguem criar uma avalanche de rochas que enterra a besta. Mas não pensam na filha do ferreiro, que corta o braço e verte seu sangue sobre a pilha de rochas, miraculosamente (e inexplicavelmente, uma vez que o sangue não toca Pulgasari) trazendo o monstro de volta à vida. Pulgasari mata os soldados remanescentes, esmaga o governador com a pata e destrói o palácio. Os camponeses estão livres e a virtude prevalece.

Mas ainda não acabou. O apetite de Pulgasari é insaciável. Ele consome as espadas, armaduras e armas dos soldados. Em seguida, vai atrás das ferramentas dos camponeses, suas panelas e tudo que é feito de metal. A economia camponesa não consegue sustentá-lo. Fica implícito que, se o vilarejo não encontrar uma maneira de saciá-lo, seu apetite devastará o mundo inteiro. Finalmente, a garotinha que o criou se esconde dentro de um grande sino e o monstro o come. Pulgasari engole o sino, com a garotinha dentro, mas não consegue digeri-la e explode, deixando para trás apenas um pequeno Pulgasari, do tamanho original. Antes que esse pequeno dragão possa criar qualquer confusão, uma luz divina desce dos céus e o destrói. O filme termina com a garotinha entre os destroços e uma única lágrima rolando por seu rosto.

O filme é longo, arrastado e horrível. Pulgasari caminha desajeitadamente, como uma criança aprendendo a andar, o rosto paralisado em uma raiva de papel machê e o tamanho variando arbitrariamente, com base na ação retratada. Ele destrói edifícios visivelmente vazios por trás das fachadas de papelão.

O filme foi produzido em apenas um ano, 1985, o último de Shin Sang-ok na Coreia do Norte. Sabendo, como todos os bons executivos, que a melhor maneira de recriar um sucesso é contratar as pessoas por trás dele, Kim Jong-il deixou de lado seus sentimentos antijaponeses e contratou os melhores técnicos para trabalhar com Shin, inclusive a equipe de efeitos especiais e Kenpachiro Satsuma, o homem que vestira a fantasia do monstro em *O retorno de Godzilla*. De acordo com Satsuma, foi-lhe dito originalmente que ele estava sendo contratado para um filme de Hollywood sendo gravado na China; mas, após alguns dias filmando em um estúdio em Pequim, ele e o restante da equipe japonesa viajaram para a Coreia do Norte e souberam que lá seria filmada a maior parte da produção. Assim que pousaram em Pyongyang, disse Satsuma, seus passaportes foram tomados, supostamente "para sua própria segurança".

Satsuma foi hospedado em uma casa vazia no mesmo complexo que Shin e Choi; seu quarto tinha um grande banheiro e candelabros ornamentados. Quando os japoneses tiveram permissão para entrar em

Pyongyang, Satsuma ficou chocado com a limpeza e o silêncio. Parecia a Disneylândia. Três intérpretes os seguiam o tempo todo e frequentemente os impediam de tirar fotografias, especialmente de qualquer soldado ou veículo militar, mesmo que a presença militar estivesse por toda a cidade. O filme parecia estar atrasado e todo mundo agia de maneira frenética e apressada. Os norte-coreanos não tinham equipamento de efeitos especiais adequado e todas as vezes que Satsuma ou Teruyoshi Nakano, diretor de efeitos especiais, solicitavam uma nova peça, a filmagem tinha de ser interrompida enquanto o Partido lia a requisição e a aprovava. Isso tinha de ser feito frequentemente, pois, ao fim de quase todos os dias, os técnicos norte-coreanos iam embora com as ferramentas, inclusive pregos, que haviam recebido para trabalhar e retornavam no dia seguinte, afirmando não ter roubado nada e solicitando mais material. Também havia atrasos devido aos infinitos cortes de energia. Satsuma se lembra de Kim Jong-il visitando o set em várias ocasiões, mas falando somente com a equipe coreana. Ele mantinha absoluta distância dos japoneses. A equipe japonesa trabalhava isolada, raramente interagindo com os coreanos, o que talvez explique em parte a falta de coerência do filme.

Como resultado, a despeito de interpretar o monstro do filme, Satsuma só encontrou o diretor Shin Sang-ok uma vez, e somente porque passou por ele no escritório de produção. Shin trabalhava demais: estava produzindo *Hong Kil-dong* ao mesmo tempo que *Pulgasari*, sua saúde estava piorando e o estresse da vida em Pyongyang cobrava seu preço. Eles tiveram uma curta conversa em japonês, com Shin mencionando projetos que esperava filmar no Japão algum dia. Satsuma ficou intrigado. Ele ouvira dizer que Shin fora sequestrado, caso em que Kim Il-sung certamente jamais o deixaria ir para o Japão. Mas também ouvira rumores de que Shin desertara voluntariamente e o vira dizer isso em uma entrevista coletiva. Qual versão era verdadeira?

— Você planeja voltar para a Coreia do Sul? — perguntou Satsuma ao coreano.

Houve uma pausa.

— Politicamente, seria complicado voltar — respondeu Shin, sem dizer mais nada.

As filmagens de *Pulgasari* terminaram em 28 de dezembro de 1985 e, quando o filme foi lançado vários meses depois, tornou-se o maior sucesso de Shin na Coreia do Norte. Multidões correram aos cinemas em proporções tão grandes que dois desertores diferentes, um que vivia em Pyongyang e outro na província, lembraram vividamente ter visto pessoas esmagadas até a morte na confusão. Os cinemas estavam tão cheios que muitos norte-coreanos jamais conseguiram ver o filme, a despeito de várias tentativas.

Jong-il também ficou encantado com o filme, que via como expressão da luta do povo contra a ambição, a riqueza privada e a opressão. O monstro simbolizava o Partido, seu representante coletivo ou, melhor ainda, o próprio Kim Il-sung, o homem que libertara a nação da opressão. Mas seria essa a leitura correta? Quando, muitos anos depois, o filme finalmente foi exibido fora da Coreia do Norte, muitos argumentaram que a interpretação pretendida por Shin era a de que as pessoas estavam passando fome em benefício de Pulgasari, até que, finalmente, o inocente espírito das massas, na pessoa da garotinha, que criara o monstro com seu próprio sangue, se sacrifica para restaurar a liberdade. Para elas, Pulgasari ainda representava Kim Il-sung: antes o herói do povo, agora uma besta egoísta, de apetites destrutivos e insaciáveis, da qual só poderiam se livrar derramando sangue.

Assim, seria *Pulgasari* a mais óbvia e ultrajante propaganda do Partido dos Trabalhadores, como via Jong-il? Ou era o motim alegórico de Shin, habilidosamente disfarçado? Shin jamais deu uma resposta satisfatória. "É só um filme de monstro", disse ele, quando perguntado. "Não coloquei qualquer ideologia nele." Alguns observadores falaram da longa história de filmes coreanos de protesto, feitos inicialmente durante a ocupação japonesa, que disfarçavam propaganda antijaponesa por trás de roteiros óbvios. Essas pessoas — acadêmicos e estudiosos — estavam convencidas de que o filme de Shin era uma obra-prima sofisticada, com sua imagem e subtexto sendo sérias críticas ao regime de Kim Il-sung.

Quaisquer que tenham sido as verdadeiras intenções de Shin, *Pulgasari* definiu sua carreira e mudou sua vida. Era o pior filme que já fizera e, sem dúvida, se tornou o mais famoso — mais conhecido inclusive que suas obras-primas dos anos 1960, na Coreia do Sul.

E, quando Kim Jong-il o viu, *Pulgasari* salvou as vidas de Shin Sang-ok e Choi Eun-hee.

Depois que Shin terminou *Pulgasari*, ele enviou uma cópia a Kim Jong-il, juntamente com o recém-terminado *Hong Kil-dong*. Menos de uma semana depois, na véspera de Ano-Novo de 1985, Choe Ik-gyu entrou no escritório da Shin Filmes. O Camarada Querido Líder, anunciou, empolgado, que vira os últimos filmes e estava tão deliciado com Shin e sua equipe que queria recompensá-los por seus esforços. Shin seguiu o diretor Choe pelo auditório do edifício, em frente ao qual estavam estacionados três caminhões lotados. Os setecentos funcionários da Shin Filmes foram chamados. Em voz alta, o diretor Choe anunciou: "O Camarada Querido Líder está deliciado com *Pulgasari* e *Hong Kil-dong*. Ele enviou esses presentes em reconhecimento por seus esforços, o que é uma grande honra." Então, enquanto os caminhões eram descarregados, começou a descrever seu conteúdo.

"Lista de presentes: cinquenta cervos, quatrocentos faisões, duzentos gansos selvagens, duzentas caixas de laranjas [...]." Dos caminhões saíram cinquenta cervos, recém-abatidos; quatrocentos faisões, ainda com as penas; duzentos gansos defumados; caixas e caixas de laranjas frescas vindas do Japão. Muitos dos trabalhadores choraram enquanto Choe Ik-gyu lia a mensagem. "O Querido Líder ficou muito satisfeito com o fato de que todos os trabalhadores sob o presidente Shin e a vice-presidente Choi, da Shin Filmes, trabalharam arduamente para criar filmes tão excelentes", escreveu ele. "Ele os instruiu a trabalhar ainda mais, no novo ano, para fazer mais filmes [...]." Seguindo a tradição norte-coreana, a carta era muito longa.

Quando Choe terminou de ler, os líderes de cada divisão da Shin Filmes se adiantaram, um de cada vez, para jurar sua lealdade a Kim Il-sung e Kim Jong-il e então todos cantaram "A canção do General Kim Il-sung" ("Tão querido a nossos corações é o glorioso nome de nosso General / Nosso amado Kim Il-sung, de fama imortal") e "A canção do General Kim Jong-il" ("Ele é um artista de grande alegria / Glorificando o jardim do Juche / Vida longa, vida longa ao General Kim Jong-il"). O administrador da Shin Filmes passou a noite dividindo os presentes entre as equipes, com os escalões superiores levando para casa um cervo inteiro e caixas de laranjas e os inferiores se contentando com algumas laranjas e um pouco de faisão. No dia seguinte, 1º de janeiro, Shin e Choi deram sua própria festa para a equipe executiva, cerca de quarenta pessoas no total. Todo mundo ainda exalava felicidade em função dos presentes inesperados. Jong-il frequentemente dava presentes a seu círculo mais próximo, mas raramente as equipes regulares os recebiam, uma vez que as regras oficiais do Partido dos Trabalhadores proibiam troca de presentes entre membros, alegando que iam contra os princípios socialistas. A noite foi repleta de comida, bebida, música e dança; até mesmo Shin e Choi se juntaram ao coro de canções coreanas tradicionais.

O casal tinha razões para estar feliz, mas também sentia profunda melancolia. As músicas que cantaram — "Uma canção de esperança", "Arirang" — eram canções de adeus e aquela, esperavam, era sua festa de despedida.

Pulgasari convencera Kim Jong-il de que a Shin Filmes e o cinema norte-coreano estavam prontos para ser formalmente apresentados à sociedade ocidental. Sempre fora seu sonho artístico fazer filmes internacionalmente reconhecidos, mas agora havia uma urgência financeira adicional: a Coreia do Norte estava falida. Ela não conseguia mais empréstimos dos países estrangeiros, inclusive de seus antigos aliados, China e União Soviética. E, a despeito dos brilhantes relatórios que enviava ao pai, a produtividade das minas, campos e fábricas do país estava em declínio. Kang Myong-do, um membro da elite governante que mais tarde desertou, disse que "O governo não tinha reservas bancárias e estava quase quebrado. Assim, de meados dos anos 1980 em diante, a maioria do comércio internacional tinha de ser feita na base do crédito. Qualquer um que conseguisse emprestado 1 milhão de dólares de outro país era considerado herói nacional".

O filme mais rentável de 1985, *De volta para o futuro*, faturara 210 milhões de dólares apenas nos cinemas norte-americanos. Claramente, o Querido Líder não esperava que Shin Sang-ok e Choi Eun-hee rivalizassem com Robert Zemeckis e Michael J. Fox, mas *Pulgasari* custara apenas 2 milhões de dólares — o retorno era quase garantido. E Kim, que era capitalista por intuição, olhou para *Godzilla*: havia como ganhar dinheiro com mercadorias, brinquedos, sequências...

Assim, nas semanas antes do Ano-Novo de 1985, após falar sobre isso durante mais de dezoito meses, Kim Jong-il finalmente deu sinal verde ao plano de Shin de estabelecer um escritório em tempo integral em Viena, que produziria filmes norte-coreanos e os exportaria para o mundo. O primeiro estágio da missão de Shin, disse Kim, era encontrar um coprodutor austríaco disposto a ter 50% da companhia e financiar o primeiro filme da Shin Filmes em Viena: *Gêngis Khan*.

Shin sempre sonhara em fazer um filme sobre o grande conquistador mongol que, no século XIII, construíra o maior império contíguo da história. Ele ficou surpreso ao descobrir que Kim Jong-il tinha a mesma ambição, há quase tanto tempo quanto ele. Os dois partilhavam a frustração com os retratos cinematográficos de Khan. Sua vida fora retratada cinco vezes nos cinemas, mas ele jamais fora interpretado por um ator do Leste Asiático. Seus mais famosos intérpretes haviam sido o egípcio Omar Sharif em 1965 e, uma década antes, John Wayne, no épico hollywoodiano em cinemascope do bilionário produtor Howard Hughes, *O conquistador* ("Eu luto! Eu amo! Eu conquisto! [...] como um bárbaro!"). O filme de Hughes usou índios navajo para interpretar os mongóis, foi um fracasso humilhante e contribuiu para a falência de seu estúdio, a legendária RKO. Filmado em Utah no auge do verão, somente um ano depois dos extensos testes de armas nucleares feitos a 210 quilômetros dali, na direção do vento, muito possivelmente *O conquistador* também contribuiu para as mortes por câncer de 50 dos 220 membros do elenco e da equipe técnica, incluindo o diretor Dick Powell (câncer no sangue, morto em 1963) e os três protagonistas: Agnes Moorehead (câncer no útero, 1974), Susan Hayward (câncer no cérebro, 1975) e John Wayne (câncer no estômago, 1979). Howard Hughes jamais produziu outro filme.

Tanto Shin Sang-ok quanto Kim Jong-il haviam assistido ao filme de John Wayne, mesmo que não soubessem da controvérsia que o cercara, e concordavam que o imperador mongol, uma das figuras mais icônicas da história asiática, merecia um tratamento melhor. E, é claro, disse Jong-il, a história de vida de Khan se prestava particularmente bem ao tratamento ideológico: afinal, ele não fundara um grande império e unira o povo asiático sob seu comando?

O *Gêngis Khan* planejado pelo diretor Shin e pelo produtor Kim seria dispendioso. Shin estimava o orçamento em 16 milhões de dólares, de longe o mais caro filme norte-coreano já produzido. (Como comparação, o primeiro *Guerra nas estrelas*, em 1977, custara 11 milhões de dólares.) Eles criaram uma estratégia: sob a licença austríaca da Shin Filmes em Viena, Shin buscaria fundos de coprodução para filmar o *blockbuster*, que seria um marco na história do cinema norte-coreano. Seria necessária uma ofensiva de relações públicas. *Pulgasari*, a épica história de monstro do estúdio, a ser lançado em breve, certamente ajudaria a impressionar os ocidentais, mas Shin Sang-ok e Choi Eun-hee precisariam fazer o resto. Pela primeira vez, Shin e Choi receberam permissão para viajar juntos para o outro lado da Cortina de Ferro, para Viena, através da Alemanha. Aparentemente, Kim Jong-il acreditava piamente que haviam sido doutrinados com sucesso. Ele também demonstrou quão pouco sabia sobre o capitalismo. "Ele confiava inteiramente em nós", disse Shin, porque achava ter pago o preço da lealdade. "Ele achava que, com a casa, o dinheiro e o estúdio, não haveria razão para fugirmos. Esse é o ponto fraco de crescer em um país socialista: é fácil enganar a si mesmo."

Aquele era o momento pelo qual haviam esperado e trabalhado durante oito anos: uma oportunidade de escapar. O fracasso significaria prisão perpétua ou morte.

30
Viena

SHIN E CHOI passaram os primeiros meses de 1986 preparando sua tentativa de fuga. Enquanto pensavam em finalmente partir da Coreia do Norte, perceberam que, sem querer, haviam construído uma vida em Pyongyang e passado a se importar com algumas das pessoas com quem conviviam. Eles forneceram instruções finais à equipe — "coisas que queríamos que soubessem, como gente do cinema" —, terminaram seus filmes e, para não criar suspeitas, continuaram a supervisionar a construção da nova casa e do estúdio que Kim Jong-il lhes dera. Com o passar dos dias, Choi se viu com os olhos cheios de lágrimas e a voz embargada em momentos inesperados, frequentemente quando, ao conversar com um ator ou uma assistente de figurino, percebia que aquela poderia ser a última vez que falava com eles. Em particular, ela se entristecia com a perspectiva de se separar de Ho Hak-sun, a mulher gentil que partilhara sua casa por mais de oito anos. Ho fizera tudo que pudera para consolar Choi nos anos iniciais e celebrara o retorno de Shin a sua vida. Choi pensava nela como uma irmã, a única pessoa na Coreia do Norte, além de Catherine Hong, com quem construíra uma ligação.

E, mesmo assim, não podia demonstrar sua gratidão nem o pesar que sentia em deixá-la para trás.

Em 29 de janeiro de 1986, exatamente às 9h10, Choi e Shin deixaram sua propriedade em Pyongyang. Eles haviam colocado nas malas apenas o necessário para uma viagem de seis semanas ao exterior. Oficialmente, compareceriam ao Festival de Cinema de Berlim e, de lá, iriam diretamente para Viena, a fim de estabelecer a filial europeia da Shin Filmes. Eles se asseguraram de que seus quartos davam a impressão de que iriam voltar.

Saíram da casa, com o motorista carregando as malas até o carro. Quando entraram no Mercedes, Ho Hak-sun acenou para eles.

— Façam uma boa viagem — disse ela.

— Cuide da saúde — respondeu Choi, querendo que fosse um adeus, mas incapaz de enunciá-lo. Ela se sentia especialmente dividida, pois sabia que, se sua fuga fosse bem-sucedida, Hak-sun, juntamente com todos os outros encarregados de supervisioná-los, seria punida: demovida, enviada para o interior ou um campo de prisioneiros, talvez até mesmo torturada e morta. Choi jamais encontrara uma pessoa tão devotada à causa de Kim Il-sung quanto Hak-sun, mas sua devoção nada significaria para os homens que idolatrava. A mulher amável e trabalhadora chegara muito perto de seus humildes sonhos — um relógio de Kim Il-sung, pensões integrais de aposentadoria —, mas agora os perderia por causa dela, Choi Eun-hee, que vivera em meio ao luxo e usava um relógio de Kim Il-sung no pulso. Choi mal podia suportar a culpa. Shin, que sabia que Choe Ik-gyu também sofreria se eles conseguissem escapar, tinha a consciência mais tranquila. Ele jamais gostara do buldogue arrogante e de mente estreita. "Se fugíssemos, Choe teria problemas", escreveu Shin vários anos depois. "Não havia nada a fazer." É como se a tinta desse de ombros sobre o papel.

O avião decolou às dez horas. "A canção do general Kim Il-sung" saía dos alto-falantes da cabine enquanto a aeronave ganhava altitude.

VIENA

Vestígios de sangue ainda brilham nos rochedos de Jangbaek,
O Amnok ainda leva manchas de sangue em suas águas.
Esses traços consagrados ainda resplandecendo
Sobre a Coreia, sempre livres e florescendo.
Tão querido a nossos corações é o glorioso nome de nosso general!
Nosso amado Kim Il-sung, de fama imortal!

Shin olhou pela janela enquanto o avião se inclinava rigidamente, rangendo, e rumava para noroeste. Abaixo, as planícies norte-coreanas estavam secas e de um marrom-escuro, da cor de pão queimado. Em algum lugar lá embaixo, estavam as casas onde haviam sido mantidos em cativeiro e as prisões onde Shin sofrera e passara frio e fome. À distância a baía da Coreia brilhava em tons de azul sob o sol de primavera

Quem é o guerreiro de feitos insuperáveis?
Quem é o patriota de fama eterna e duradoura?
Ele quebrou as correntes do povo e nos deu liberdade,
O Sol da Coreia democrática e livre.
Tão querido a nossos corações é o glorioso nome de nosso general!
Nosso amado Kim Il-sung, de fama imortal!

Shin respirou fundo e apertou a mão de Choi.

Nos dois meses seguintes, cada dia os deixava um pouco mais nervosos. Em Budapeste, Shin foi até o Estúdio Nacional da Hungria, onde o filme seria parcialmente filmado, para finalizar o orçamento de *Gêngis Khan*, e se reuniu com o produtor austríaco Helmut Pandler, interessado em investir no ramo vienense da Shin Filmes. Com a aproximação de 16 de fevereiro, ele e Choi se asseguraram de escrever e enviar para "casa" uma carta desejando um aniversário muito feliz a Kim Jong-il. No mesmo dia, viajaram para Berlim, para comparecer ao festival de cinema e para que Shin tentasse vender *Pulgasari* a distribuidores ocidentais.

Foi em Berlim ocidental que tudo mudou. Seus doze guarda-costas ficaram "muito tensos, no momento em que cruzamos a barreira alfandegária de leste para oeste", e, em vez de terem seu próprio quarto, Shin e Choi receberam um na suíte partilhada por seus cães de guarda, que, como nas visitas anteriores, seguiam todos os seus passos e vigiavam seu sono. Eles não tinham privacidade. E se jamais tivessem um segundo sozinhos também em Viena?

Ansiosos, eles retornaram a Budapeste, para trabalhar novamente em um filme que não planejavam produzir, e finalmente, em 12 de março, foram levados de carro até Viena. Tiveram de ir de carro, o que era pouco eficiente, porque seus guardiões não tinham vistos para a Áustria e vistos não eram necessários na fronteira terrestre com a Hungria. Era o primeiro golpe de sorte de Shin e Choi. Decidira-se que um grupo de quatorze pessoas atrairia atenção indesejada na barreira rodoviária e, assim, somente três guarda-costas norte-coreanos os acompanharam.

Seu segundo golpe de sorte ocorreria na recepção do hotel.

Inaugurado em 1964, o Intercontinental Hotel Wien era um dos maiores e mais prestigiados da Europa. De frente para o Stadtpark, o maior parque público da cidade — que abrigava o Kursalon, onde Johann Strauss fizera seu primeiro concerto em 1868 —, fora o primeiro (e, durante onze anos, o único) hotel internacional de Viena.

Na quarta-feira, 12 de março de 1986, Shin Sang-ok, Choi Eun-hee e seus três guarda-costas norte-coreanos entraram no grandioso lobby estilo velho mundo do Intercontinental. Marido e mulher estavam ansiosos ao preencher o formulário de registro e entregar seus passaportes à recepção, para serem fotocopiados e mantidos durante a noite, como exigido pela lei austríaca, mas tentaram não demonstrar. Quando souberam que os norte-coreanos não haviam reservado uma suíte e que não havia quartos conectados disponíveis, o casal se esforçou para que sua alegria não transparecesse. Ao contrário de Berlim, Shin e Choi não dividiriam o mesmo espaço com seus guardas.

Era um acontecimento promissor e particularmente adequado, considerando-se o ambiente. O Intercontinental, o mais luxuoso hotel de uma cidade que se tornara uma intersecção entre Ocidente e Oriente, era conhecido por abrigar desertores. Como hotel favorito de diplomatas e dignitários estrangeiros de ambos os lados da Cortina de Ferro, testemunhava deserções com regularidade. "Dizer que era rotina seria um exagero", disse o ex-gerente-geral John Edmaier, "mas ao menos uma ou duas vezes por mês". Alguém entrava correndo no hotel, em geral pelas portas dos fundos, e dizia a um funcionário que precisava de ajuda; a equipe do hotel o instalava em um quarto; e então, segundo Edmaier, "telefonávamos para a embaixada americana e homens da embaixada vinham e o levavam embora". Às vezes, a deserção era mais dramática. Alguns meses antes da visita de Shin e Choi, um grupo de "turistas" tchecos se hospedara no hotel e, no dia da partida, um deles saíra correndo do ônibus, ziguezagueara pelo Stadtpark para despistar perseguidores e então dera a volta e irrompera pelas portas da cozinha do hotel, gritando por ajuda.

Shin e Choi se registraram, agradeceram ao recepcionista a chave e, seguidos pelos guardas, caminharam até os elevadores, determinados a levar adiante seu próprio plano desesperado e imprevisível.

Viena fora varrida por bombas nos últimos meses da Segunda Guerra Mundial. Durante as conversações de paz, a cidade arruinada fora dividida, como Berlim, em quatro zonas de ocupação governadas pelas várias forças aliadas: Estados Unidos, União Soviética, França e Reino Unido, com o centro sendo patrulhado em conjunto pelos quatro. Em 1955, a Áustria, aceita por todos não como parte culpada na guerra mundial, mas como "primeira vítima" de Hitler, recebera a independência, com uma condição, imposta por Moscou: a de que permanecesse neutra, uma zona de proteção entre Oriente e Ocidente.

E assim o fez. Mas, como resultado, o país — e particularmente sua capital, Viena — se tornou um viveiro de espionagem, comércio secreto e traição. Durante a Guerra Fria, havia mais agentes de inteligência em Viena do que em qualquer outra capital do mundo. A CIA e a KGB competiam ferozmente pelo conhecimento dos informantes. Nos anos 1950, os bolsos das grandes potências estavam tão cheios e os do povo austríaco tão vazios que, depois de alguns meses, cada cozinheiro, lavador de louça, valete, taxista, dançarina de cabaré e criado de hotel da cidade podia ser recrutado por uma das agências de espionagem. Então vieram os refugiados do Leste Europeu, desesperados por uma passagem para o Ocidente. Eles tomaram cada quarto de hotel e ocuparam cada quartinho particular para alugar. E também venderam tudo que sabiam: se possível, por um visto, porém, mais frequentemente, por pouco mais que um pouco de comida ou uma garrafa de bebida barata. A grande cidade estava infestada de agentes adormecidos e traidores. Nas fontes da Maria-Theresien Platz, nas sombras da Staatsoperhaus e no silêncio de Karlskirche, centenas de pessoas chantageavam, traíam e sabotavam umas às outras diariamente.

Shin e Choi estavam prestes a se juntar às fileiras dos que competiam pela liberdade. Nos três anos anteriores, haviam estabelecido as bases de sua eventual tentativa de fuga: ganhando a confiança de Kim Jong-il, diminuindo a atenção de seus cães de guarda e, ocasionalmente, demonstrando sua autoridade para avaliar exatamente seu espaço de manobra sob o patrocínio de Kim. Era incomum que norte-coreanos desafiassem a autoridade e eles tendiam a recuar quando alguém a exercia de maneira confiante. Shin e Choi, afinal, eram os estimados conselheiros cinematográficos de Kim Jong-il: deveriam receber tudo que pedissem e ser obedecidos sem perguntas.

VIENA

A parte vienense do plano era, ao menos superficialmente, a mais simples. Entre seus compromissos, Shin e Choi haviam agendado uma reunião com o japonês Akira Enoki, um amigo jornalista dos velhos tempos. Pensador independente, Enoki subira nas fileiras da Kyodo News, a maior agência de notícias do Japão. Ele já estivera em situações difíceis antes e reagiria rapidamente. O almoço, disseram Shin e Choi a seus guarda-costas, seria outro sucesso de relações públicas para Kim Jong-il, uma entrevista que convenceria o mundo capitalista de que trabalhavam para ele de livre e espontânea vontade. Mas a imprensa japonesa seria mais difícil de convencer, e chegar com três guardas norte-coreanos poderia reforçar a tese de que haviam sido sequestrados e eram constantemente vigiados. Com essa explicação, convenceram seus três guardas, pela primeira vez, a não seguirem no mesmo carro ou ficarem no mesmo cômodo onde dariam a entrevista. Os norte-coreanos concordaram em usar um carro separado, esperar do lado de fora do restaurante — vigiando cada saída — e segui-los de volta ao hotel.

Ao se registrar no Intercontinental, Choi notara que o jovem recepcionista era japonês. Na noite anterior ao almoço decisivo, Shin telefonou para a recepção e pediu que o funcionário japonês fosse até seu quarto. Quando o jovem bateu à porta, Shin rapidamente o puxou para dentro, sussurrou que estava pedindo asilo aos Estados Unidos, colocou um bilhete em sua mão e o empurrou para fora. O bilhete dizia, em inglês: "Somos Shin Sang-ok e Choi Eun-hee, marido e mulher. Queremos refúgio na embaixada dos Estados Unidos." E, abaixo, em japonês: "Não somos diplomatas, mas temos passaportes diplomáticos. Por favor, relate à polícia austríaca que estamos de posse ilegal de passaportes diplomáticos, para que sejamos presos e levados à unidade policial. Estamos no Intercontinental Hotel, quarto 911." A parte em inglês era o Plano A: um aviso para que a embaixada americana esperasse por eles. A parte em japonês era o Plano B. Shin então telefonou para Enoki, o jornalista, e, tentando não despertar as suspeitas dos guardas, que ouviam, pediu que ele o encontrasse no dia seguinte, em frente ao hotel, exatamente às 12h30, com um táxi esperando.

Na manhã seguinte, convidou seus guarda-costas para um café da manhã amigável em seu quarto. Os quartos do Intercontinental eram pequenos — misericordiosamente, pequenos demais para que um guarda-costas arrastasse uma mesa e passasse a noite vigiando o casal adormecido — e eles conversaram e comeram em apertada e artificial camaradagem. Então Shin foi até o Bank of America, que gerenciava a conta da Shin Filmes, com saldo de aproximadamente 2,2 milhões de dólares, e pegou algumas folhas de cheque em branco, que poderiam ser usadas para fazer retiradas.

Às 12h30, Shin e Choi, com seus guardas a respeitável distância, saíram do Intercontinental e encontraram Enoki esperando perto de um táxi. Quando Enoki tentou se apresentar a Choi, que ainda não conhecia, Shin os empurrou para dentro do táxi, falando rapidamente e incapaz de conter a ansiedade. O taxista austríaco perguntou o destino. Shin, com Enoki traduzindo, lhe disse para dirigir pelo centro da cidade durante algum tempo. Os guardas norte-coreanos, subitamente percebendo o que estava acontecendo, correram para a calçada e tentaram conseguir um táxi.

Tão rapidamente quanto foi capaz, Shin explicou a situação a Enoki, a quem não fora capaz de dar uma palavra de aviso, por medo de estar sendo ouvido: ele disse ao jornalista japonês que eles haviam sido sequestrados e estavam tentando fugir: queriam ir até a embaixada americana e haviam usado a reunião como desculpa. As entrevistas coletivas sobre desertar voluntariamente não passavam de mentiras; eles não suportariam viver na Coreia do Norte por nem mais um dia. Enquanto ele falava, Choi, sentada no banco da frente, olhou pelo retrovisor e viu um táxi branco os seguindo. Ela distinguiu, atrás do motorista austríaco, três rostos asiáticos encarando e apontando pelo para-brisa.

— Não olhem para trás — disse ela, tensa. — Há algo errado.

Shin e Enoki fizeram exatamente isso, virando-se e olhando por sobre o ombro. Por um momento, Shin ficou em silêncio. Por fim, disse ao motorista:

— Dê a volta pelo parque.

Lentamente, eles percorreram a silenciosa rua que contornava o parque. Enquanto outros carros os ultrapassavam, o táxi branco, movendo-se com igual lentidão, permanecia atrás deles.

Enquanto Shin e Choi tentavam pensar em seu próximo movimento, seu carro voltou para a avenida principal e outros carros se alinharam atrás dele, criando um escudo entre eles e o táxi branco usado pelos norte-coreanos. Então, por pura sorte, eles foram o último carro a avançar antes que o sinal ficasse vermelho, deixando o táxi branco para trás. Aquela era sua chance.

— Temos de fazer isso agora — implorou Shin. — Por favor, nos ajude.

Antes que Enoki pudesse dizer algo, o rádio do táxi estalou e a voz do despachante perguntou ao motorista qual era seu destino, a fim de informá-lo ao outro táxi do "comboio". Enoki estava familiarizado com dramas; oito anos antes, enquanto chefiava o escritório da Kyodo News em uma Beirute arrasada pela guerra, ele fora uma das duas pessoas acidentalmente feridas na cabeça pelos tiros do primeiro-secretário da embaixada japonesa; a outra pessoa morrera, mas Enoki sobrevivera. Sem responder a Shin ou mesmo traduzir a pergunta feita pelo despachante, ele pegou um punhado de dinheiro no bolso, inclinou-se sobre o banco da frente e empurrou o dinheiro para a mão do motorista.

— Diga que fomos na direção contrária — pediu.

O motorista pegou o dinheiro e fez exatamente isso. Shin e Choi, tremendo de antecipação, gritaram excitadamente:

— Embaixada americana! — O motorista deu uma guinada abrupta.

"O rosto [de Choi] estava branco como papel. Meu coração rugia como um motor", escreveria Shin um ano depois, "temendo encontrar o táxi branco em nosso caminho até a embaixada [...]. A embaixada americana estava a cinco minutos de distância. Pareceram cinco horas".

Boltzmanngasse, a silenciosa rua da embaixada, era de mão única e frequentemente ficava congestionada com carros tentando passar ou receber autorização no portão principal. O estacionamento proibido de ambos os lados significava que o tráfego muitas vezes parava já na entrada da rua. O táxi de Shin e Choi se viu preso no pé da colina, incapaz de seguir em frente, a cerca de 50 metros de solo americano. Sem fôlego, Shin pediu que Enoki ficasse ali e os observasse até que estivessem a salvo. Sem se despedir, abriu a porta. No banco da frente, Choi fez o mesmo. Eles correram o mais rápido que puderam, chegaram à porta da embaixada ao mesmo tempo e se empurraram em sua pressa de chegar à segurança. Irromperam pela porta, correram até o recepcionista e disseram seus nomes. Shin entregou um cartão da Shin Filmes — endereço: Pyongyang — e tentou explicar a situação em seu inglês deficiente. O recepcionista os conduziu até outro funcionário da embaixada. Shin pediu para ver o cônsul. O jovem reconheceu seus nomes e os escoltou por um detector de metal, onde um guarda de segurança os revistou, e então os conduziu até uma pequena sala e pediu que aguardassem. O jovem oficial lhes ofereceu chá, saiu da sala e fechou a porta atrás de si. Choi tremia. Shin ainda esperava ver os norte-coreanos invadirem a embaixada. Eram 13h15.

Enquanto o relógio marcava a passagem constante dos minutos, eles afundaram nas cadeiras, tomados por uma onda de alívio. Um sorriso flutuava no rosto de Choi quando ela se voltou para o marido.

— Você tentou chegar à porta da embaixada antes de mim, não tentou? Shin riu.

— Não lembro — respondeu ele, corando. Durante anos, ela o provocaria, dizendo que ele cavalheirescamente correra na frente dela para salvar a própria pele.

Após uns quinze minutos, outro americano, um homem de cerca de 30 anos, entrou na sala. Estivera esperando por eles, brincou, mas não tão cedo. O funcionário japonês do hotel diligentemente passara adiante a mensagem e o americano encarregado do caso passara a manhã procurando por Shin e Choi. A razão pela qual demorara quinze minutos para chegar fora que, enquanto eles entravam correndo na embaixada, ele estivera na unidade policial mais próxima, tentando descobrir se a polícia austríaca já os prendera por portarem documentos falsificados. O americano os interrogou brevemente e então pediu que o seguissem. Com dois outros oficiais americanos por perto, eles embarcaram em dois carros sem identificação, que os levou até uma casa em uma silenciosa rua residencial. Ao chegar, correram para dentro. O americano encarregado do caso deixou a sala por um minuto e retornou com uma rosa. Com um grande sorriso, entregou-a a Choi.

— Bem-vinda ao Ocidente — disse ele. Choi Eun-hee aceitou a rosa e começou a chorar.

31
De Kim para Kim

"Pessoas de todo o mundo, se estão à procura de milagres, venham para a Coreia! Cristãos, não vão para Jerusalém. Venham para a Coreia. Não acreditem em Deus. Acreditem no grande homem."

— Editorial oficial do *Rodong Sinmun* sobre Kim Il-sung, Dezembro de 1980

Estrangeiros que veem fotografias de Pyongyang sempre perguntam sobre os incomuns pontos brancos, cruzes e números pintados no asfalto da praça Kim Il-sung e de todas as principais ruas que levam a ela. Essas marcas formam uma complexa grade usada para orquestrar grandes eventos políticos, indicando aos cidadãos onde ficar e para onde se deslocar, como a fita nos palcos indicando onde a mobília e o cenário devem ser colocados ou a "marca" de um ator no set, uma cruz de fita adesiva no chão mostrando onde deve ficar para permanecer enquadrado e em foco. A grade de Pyongyang é o mais claro sinal de que a capital da RPDC não é uma cidade, mas sim um palco em escala monumental.

Perder Shin Sang-ok e madame Choi foi o início do fim da carreira de Kim Jong-il como magnata do cinema. A indústria cinematográfica norte-coreana ainda levaria vinte anos para entrar em colapso, mas aquele dia de março de 1986 foi o começo.

Ninguém sabe realmente como Kim Jong-il reagiu à notícia da deserção de seus amados cineastas. Ele sem dúvida ficou surpreso e deve ter se sentido traído; os norte-coreanos encarregados de garantir que algo assim não acontecesse devem ter sido severamente punidos. Choe Ik-gyu foi suspenso do Departamento de Agitação e Propaganda e rebaixado para a produção, com seu paradeiro exato sendo desconhecido durante vários anos. Ho Hak-sun quase certamente foi removida da casa de hóspedes de Tongbuk-ri e expulsa do Partido, mas sua punição não é clara.

A fuga de Shin e Choi criou uma pequena turbulência diplomática. A Kyodo News, empregadora de Enoki, foi a primeira a dar a notícia, baseada no depoimento de uma "fonte confiável", o próprio Enoki. Nos dias que se seguiram, as embaixadas americana e norte-coreana trocaram reprimendas através dos jornais e agências de notícias. O governo norte-coreano primeiro acusou o governo dos Estados Unidos de "enganar e sequestrar [Shin e Choi], em uma ação conjunta com seus fantoches sul-coreanos". E repetiu a alegação de que Shin fora perseguido pelo governo sul-coreano e voluntariamente buscara domicílio no Norte, e "nós o ajudamos, pois ele pediu nossa ajuda". O embaixador norte-coreano em Viena publicou um lamentoso apelo, como um pai procurando por um filho desaparecido. Ele disse à imprensa que Shin e Choi haviam sido retirados do Intercontinental contra sua vontade "e não retornaram. Desde então, temos procurado por eles".

Tudo isso mudou quando Shin e Choi deram sua primeira entrevista coletiva, anunciando ao mundo que haviam sido sequestrados, mas agora estavam livres. O diplomata de Kim Jong-il ficou indignado. Sim, Shin e Choi haviam fugido, disse ele à imprensa, não porque eram prisioneiros, mas sim porque — como os sul-coreanos corruptos e pouco confiáveis que eram — haviam roubado os 2 milhões de dólares que Kim generosa e bondosamente lhes confiara para recomeçarem suas carreiras fracassadas. (Shin mais tarde afirmaria que "Quando pensei nos oito anos de perdas pessoais e públicas que sofremos, achei justo ficar com o dinheiro", mas foi uma decisão que viria a lamentar.) Os lobos americanos, previsivelmente, os haviam ajudado em sua hipocrisia e traição.

O nome de Shin foi imediatamente removido dos créditos de *Pulgasari*, com a direção sendo atribuída a seu assistente. Quando o filme foi lançado nas telas da Coreia do Norte, apenas semanas depois de Shin e Choi terem escapado, tornou-se um sucesso sem precedentes. Kim ordenou pessoalmente uma campanha nacional de palestras e sessões ideológicas para desacreditar Shin, exigindo que "cada norte-coreano" o aceitasse não mais como herói cultural, mas sim como traidor. A menção de seu nome se tornou passível de punição e os filmes que dirigiu foram tirados de circulação.

Em breve, a Coreia do Norte teria problemas maiores que a perda de seu único bom cineasta. Cinco décadas de isolamento político, estagnação tecnológica e má gestão econômica começavam a cobrar seu preço, gerando impacto em todos os segmentos da economia, a começar pelo próprio solo. Kim Il-sung abusara tanto dos recursos e da infraestrutura do país que plantar e colher alimentos tornara-se praticamente impossível. Faixas inteiras de terra haviam sido arruinadas pelo desflorestamento irresponsável e os sistemas de represa e irrigação, deixados sem manutenção, haviam se desmantelado, devastando fazendas e plantações adjacentes. Os problemas norte-coreanos eram agravados pelas mudanças mundiais após o término da Guerra Fria. No fim dos anos 1980, os dois maiores (e provavelmente únicos) aliados da RPDC, a China e a URSS, iniciaram relações diplomáticas e comerciais com a Coreia do Sul, um tapa na cara dos Kim. Por volta da mesma época, chineses e soviéticos, enfrentando suas próprias dificuldades econômicas, começaram a exigir que a Coreia do Norte pagasse adiantado por qualquer nova entrega de alimentos ou combustível. A essa altura, o Norte devia a seus aliados cerca de 10 bilhões de dólares em empréstimos e era incapaz de pagar. Dois terços dos alimentos e três quartos do combustível da Coreia do Norte vinham da vizinha China. O restante era importado da União Soviética, que entrou em colapso em 1991, encerrando inteiramente o comércio com a RPDC.

A economia norte-coreana parou e, "em breve, o país foi sugado para um círculo vicioso fatal", escreveu a jornalista Barbara Demick alguns anos depois. "Sem matéria-prima e combustível baratos, não podia manter as fábricas funcionando, o que significava que não havia o que exportar. Sem exportação, não havia moeda forte e, sem ela, a importação de combustível diminuiu ainda mais e o fornecimento de eletricidade foi interrompido. As minas de carvão não podiam operar sem eletricidade [e] a escassez de carvão piorou o problema elétrico. A falta de eletricidade diminuiu ainda mais a produção agrícola." Pouco depois, a Coreia do Norte ficou sem comida. As pessoas começaram a morrer de fome, as ambulâncias ficaram sem gasolina, os hospitais ficaram às escuras e todas as comunicações foram interrompidas.

Em 1998, dependendo dos números que se use, algo entre 60 mil e 2 milhões de norte-coreanos — chegando a 10% de toda a população — haviam morrido de fome. Os que sobreviveram lembravam algo que os ocidentais estavam mais acostumados a ver na Somália ou na Etiópia: pessoas com olhos fundos, barrigas inchadas e peles ressecadas esticadas sobre os ossos. As pessoas faziam armadilhas para pegar pássaros, ratazanas e mesmo ratos. Toda a população de sapos do país foi consumida, até a extinção, em um ano. As pessoas raspavam e mastigavam a casca das árvores e escavavam o esterco em busca de milho e trigo não digeridos. Houve relatos de pais sendo presos por comerem os filhos e de barracas de mercado negro vendendo carne humana. Corpos jaziam, não reclamados e não recolhidos, nas ruas e nos degraus das estações ferroviárias. A única coisa que mantinha a Coreia do Norte indo em frente era o auxílio, em um total de mais de 2 bilhões de dólares, vindo majoritariamente dos "lobos ianques assassinos" dos Estados Unidos.

Kim Il-sung, cuja saúde declinava havia tempos, finalmente morreu em 1994, aos 82 anos. Passara as duas últimas décadas dormindo com adolescentes da Brigada do Prazer e cercado por médicos e enfermeiras do Instituto de Longevidade Kim Il-sung, criado por seu filho para tentar mantê-lo vivo. O corpo e a mente do velho guerrilheiro haviam enfraquecido consideravelmente. Sua visão e audição estavam falhando. Os médicos recomendavam riso e comida saudável, assim como transfusões de sangue de homens mais jovens, para rejuvenescer o Sol da Coreia. Mas não havia nada a ser feito. Em um tórrido dia de julho, o coração de Kim Il-sung cedeu. Ele fora o líder do país durante 46 anos. Sobrevivera a Mao por quase vinte anos e a Stalin por quarenta; seu reinado vira nove presidentes americanos, 21 primeiros-ministros japoneses e seis presidentes sul-coreanos. E ele conseguira passar as rédeas do poder para o filho.

Quando o âncora da Agência Central de Notícias norte-coreana, usando terno e gravata pretos, anunciou a morte de Kim Il-sung, um uivo se fez ouvir nas ruas. Famílias inteiras saíram de casa e começaram a bater a cabeça nas paredes e calçadas. Muitos gritavam e gemiam. Pessoas se mataram, pulando de telhados ou, no longo prazo, passando fome até morrer. (Até mesmo o suicídio é difícil na Coreia do Norte, onde ninguém tem barbitúricos para uma overdose e somente os soldados possuem balas para atirar na cabeça.)

Nos dias que se seguiram, a histeria em massa varreu o país. As pessoas se reuniam em torno de estátuas de Kim Il-sung para demonstrar seu pesar. As coisas se tornaram distorcidas e absurdas. Primeiro, as pessoas se manifestaram porque estavam genuinamente abaladas, depois retornaram porque estavam famintas e as autoridades davam bolos de arroz a todos que comparecessem. E mais uma vez retornavam porque isso era esperado, e mais tarde exigido, delas. O que começara espontaneamente se transformou em dever. Ordenou-se que cada grupo de enlutados levasse flores para serem colocadas ao pé do Líder e os *inminban* se mantinham atentos a pessoas cujo luto não fosse suficientemente claro ou convincente, no caso de serem traidores ou estarem hesitantes. Jong-il publicou um filme de propaganda alegando que o Grande Líder poderia voltar à vida, caso as pessoas sofressem o bastante por ele. Teorias da conspiração se alastraram, afirmando que fora assassinado por americanos ou sul-coreanos. De outro modo, como poderia ter morrido?

De acordo com uma tradição comunista iniciada com a morte de Lenin em 1924, o corpo de Kim Il-sung foi embalsamado e exibido para seu povo. O processo envolveu a remoção de todos os órgãos, antes que o corpo oco fosse banhado em formaldeído e recebesse litros de bálsamo químico, um coquetel de glicerina e acetato de potássio, nas veias, a fim de manter a carne elástica e com boa aparência. Finalmente, maquiagem e batom foram aplicados para restaurar a ilusão de juventude. Uma equipe de bioquímicos soviéticos, que se autointitulava Laboratório Mausoleum e fora responsável pelas mumificações de Lenin, Stalin e Ho Chi Minh, foi levada até Pyongyang para o trabalho.

Um elaborado funeral teve lugar durante dois dias, 19 e 20 de julho. Dois milhões de pessoas se alinharam nas ruas da capital enquanto o caixão, sobre o teto de um Cadillac, as percorria até seu destino final: o palácio Kumsusan, que Kim Jong-il transformou em memorial e mausoléu. Os visitantes eram higienizados ao entrar: um dispendioso equipamento de raios X examinava seus bolsos, escovas giratórias limpavam as solas de seus sapatos e canhões de ar retiravam a poeira e a sujeira de suas roupas enquanto eles se moviam por uma esteira rolante de 800 metros. A esteira percorria um corredor de mármore que conduzia a uma câmara contendo uma estátua de mármore branco do Líder falecido, iluminada por luzes rosadas. Depois dessa antessala, havia um salão escuro com música ambiente sóbria. Lá, em um expositor fúnebre preto, estava Kim Il-sung, dispendiosamente preservado, vestindo um terno escuro sob o vidro transparente. Pela maioria das estimativas, a coisa toda custara mais de 100 milhões de dólares. Todo o comércio anual da Coreia do Norte não chegava a 2 bilhões. No dia do funeral, Jong-il anunciou que Kim Il-sung seria o "Presidente Eterno", ainda caminhando ao lado de seu povo, governando e guiando a república do além.

Embora Kim Jong-il tivesse tomado as rédeas do poder no início dos anos 1980, com o pai permanecendo apenas nominalmente na presidência, ele assumiu oficialmente em tempo de ser visto como responsável pela devastação do país. Sempre propagandista, colocou sua máquina publicitária em sobremarcha, em um desesperado esforço para manter a dignidade e explicar a penúria. O governo primeiro alegou estar armazenando comida para alimentar o famélico povo sul-coreano no dia da reunificação. Quando essa história não produziu resultados, alegou que os Estados Unidos haviam imposto um bloqueio unilateral contra a Coreia do Norte, em uma tentativa de subjugar seu povo pela fome e destruir o regime. Isso funcionou um pouco melhor, mas o esforço foi solapado quando cidadãos relataram ter visto o Exército norte-coreano construindo cercas ao longo da costa para impedir as pessoas de pescarem, uma vez que peixes eram "propriedade estatal" e necessários para alimentar o Partido e a elite. Seguiu-se um documentário sobre um homem avaro cujo estômago explodira de tanto comer, sugerindo que passar fome, na verdade, era uma boa coisa. Não há registro de como essa tática foi recebida.

Em meio a toda essa tragédia humana, Kim Jong-il decidiu que o país precisava do cinema mais do que nunca. Durante a fome, os filmes norte-coreanos retornaram diligentemente à propaganda, mostrando a RPDC como o país mais feliz e afortunado da Terra, uma mensagem que encontrava pouca ressonância, devido à luta diária da população para sobreviver. Quase exatamente ao mesmo tempo, os filmes internacionais começaram a ser contrabandeados, revelando aos cidadãos tudo que estavam perdendo. Os mercados negros se tornaram endêmicos, dirigidos por contrabandistas chineses que passavam fitas e aparelhos de videocassete (juntamente com comida e outras mercadorias estrangeiras) pelos rios Yalu e Tumen. Pela primeira vez na história do país, os filmes não eram domínio exclusivo do Estado. Filmes e programas de televisão da China, de Hong Kong, da Coreia do Sul e até mesmo dos Estados Unidos surgiram nas barracas dos mercados. Pouco depois, os comerciantes chineses adotaram os DVDs, com os discos finos sendo mais fáceis de embalar em grandes quantidades do que as fitas VHS. O contrabando era fácil: tudo que tinham de fazer era encher uma sacola de lona com centenas de discos e colocar um pacote de Marlboro por cima, para subornar algum soldado mais inquisitivo.

A propaganda norte-coreana não podia competir com isso. Não porque os filmes fossem muito melhores, mais cativantes ou tornassem as plateias norte-coreanas mais exigentes e mais agudamente receptivas aos subtextos e ritmos, embora tudo isso fosse verdade. O que realmente mudou o jogo foi que, pela primeira vez, milhões de norte-coreanos comuns passaram a ver extensas imagens do mundo externo. Viram cidades cheias de carros e arranha-céus, casas com televisores e lavadoras de louça e roupa — e não apenas as casas das pessoas abastadas, mas todas elas. Comédias românticas terminavam com as pessoas correndo em aeroportos, cercadas por centenas de outras que podiam pagar (e eram livres) para viajar pelo mundo por prazer. Os sul-coreanos, que se acreditava viverem sob um governo severo e brutal, também pareciam gozar sem restrições dos benefícios do mundo livre. E os malignos americanos que surgiam nesses filmes pareciam felizes e saudáveis demais, ocupados demais em comprar coisas e se apaixonar, para serem relacionados aos assassinos de crianças da lenda norte-coreana, com seus narizes pontudos e seus dedos em forma de garra.

Em 1989, Charles Jenkins e os outros desertores americanos conseguiram seu próprio videocassete contrabandeado, comprado por meio de um estudante etíope vivendo em Pyongyang. Durante a década seguinte, assistiriam a uma pilha de fitas do mercado negro — *Titanic, Risco total, Um príncipe em Nova York, Duro de matar* e filmes de James Bond —, "com todas as cortinas fechadas e o volume no mínimo". Jenkins tinha duas filhas, nascidas e criadas na Coreia do Norte, e elas achavam esses vislumbres do mundo externo, jamais visto antes, devastadores e difíceis de compreender. "Elas não conseguiam entender. Em *Um príncipe em Nova York*, por exemplo, Eddie Murphy é um príncipe africano que encontra uma esposa em Nova York, mas Brinda e Mika [suas filhas] haviam aprendido que os negros americanos ainda eram basicamente escravos; assim, ver cenas de todas aquelas raças caminhando livremente e se relacionando nas ruas de Nova York foi demais para elas."

Como a eletricidade nas áreas residenciais era racionada e fornecida apenas em horários específicos, as pessoas — especialmente os jovens — tiravam vantagem dessas breves horas por dia ou a cada poucos dias para se reunir na casa de um amigo com videocassete ou DVD player, trancar a porta, fechar as cortinas e, em grupos que chegavam a trinta pessoas, quantas a casa pudesse abrigar, assistir a quantos filmes o tempo permitisse: novelas sul-coreanas, velhos filmes americanos, clássicos chineses, thrillers de Hong Kong. Às vezes, a polícia interrompia o fornecimento mais cedo, sabendo que as fitas e os DVDs não poderiam ser ejetados sem energia, e então vasculhava as casas, prendendo qualquer um que tivesse filmes estrangeiros ainda no player. Contrabandistas e vendedores de DVD foram presos e executados. Jong-il anunciou que o influxo de cultura estrangeira era um complô da CIA para desestabilizar a República Popular. "Por meio de falsidades e trapaças", declarou em uma palestra aos membros do Partido, "os imperialistas e reacionários estão paralisando o saudável modo de pensar das massas, enquanto espalham entre elas ideias burguesas e reacionárias e hábitos burgueses corrompidos [...]. O que acontecerá se sucumbirmos e falharmos em bloquear esses hábitos de vida que os bastardos disseminam? [...] Nos tornaremos incapazes de defender até a morte a liderança da revolução e a adesão ao socialismo". Qualquer norte-coreano que vendesse, comprasse ou assistisse a filmes estrangeiros, decretou Jong-il, estava colaborando com "as marionetes sob controle da CIA, que se aliam maliciosamente para usar esses materiais criados especialmente para embelezar o mundo imperialista".

Mas as exibições privadas, ilegais e perigosas, continuaram. O povo da Coreia do Norte tinha uma nova perspectiva não apenas sobre o que o cinema podia oferecer, mas também sobre o que sua vida poderia e deveria ser. O cinema norte-coreano, em comparação, permaneceu preso em meados dos anos 1980, desprovido de público. Em um espaço de apenas dois anos, a mais vital ferramenta de propaganda de Kim Jong-il ficara completamente obsoleta.

Enquanto isso, os estúdios norte-coreanos continuaram a produzir filmes, ou era isso que alegavam. Em 1988, o vice-diretor Choe Ik-gyu retornou do exílio no interior do país e foi reintegrado como diretor do Departamento de Agitação e Propaganda. Durante os anos 1990, seu departamento afirmou que o Estúdio Coreano de Cinema produzia trinta filmes por ano, mas, em 2000, ficou claro que não era usado havia anos. Quando perguntados, cidadãos norte-coreanos tinham dificuldade para nomear algum filme nacional que tivessem apreciado e que fosse mais recente que *Torajikkot* [*Campânula*], lançado em 1987. Houve uma tentativa de imitar *Titanic* no início do século XXI, mas, como se esperava, foi um desastre. Em vez disso, os cineastas norte-coreanos atuais são encorajados a "fazer mais desenhos animados!" A animação é mais barata, mais controlável e uma boa maneira de usar todos aqueles alunos altamente treinados do Instituto de Arte de Pyongyang.

E, além disso, a encenação saiu das telas e ganhou a vida real. Diplomatas e turistas que visitam a Coreia do Norte veem metrôs circulando apenas para serem exibidos aos estrangeiros. Barracas de frutas, de lanches e de flores são erguidas para dar a ilusão de livre comércio. Para os visitantes preocupados com a suposta intolerância religiosa de Pyongyang, foram construídas igrejas de fachada onde falsas cerimônias cristãs são celebradas. E, todos os anos, os Arirang Mass Games, supervisionados pelo recém-nomeado ministro da Cultura Choe Ik-gyu, ganham os noticiários televisivos de todo o mundo, como demonstração da devoção, do empenho, da resistência e da precisão militar do povo norte-coreano. As pessoas ainda precisam, sob pena de serem presas, agradecer por sua comida a Kim Il-sung e Kim Jong-il todas as manhãs, embora Kim Il-sung esteja morto e não haja comida.

É tudo absurdo. É tudo falso. Mas não importa. A própria Coreia do Norte, como produção de Kim Jong-il, tornou-se um Estado teatral: uma experiência ritualizada, um sistema de símbolos, espetáculos e encenações destinado a manter a autoridade e a legitimidade de um regime que, na realidade, não possui nenhuma delas.

Há uma revolução em curso. O show não pode parar. As telas não podem ficar em branco.

32
Estrelas e listras

Choi dormiu durante quatro dias após a ousada fuga em Viena. Enquanto descansava, o marido cuidava dela. Era a primeira vez, em suas três décadas juntos, que *ele* cozinhava para *ela*. Na semana seguinte, os agentes da CIA os colocaram em vários refúgios diferentes, para despistar a vigilância norte-coreana. Homens asiáticos de aparência suspeita foram vistos nas proximidades da embaixada americana; quando a polícia austríaca os abordou, descobriu que estavam armados. Os americanos contaram a Shin e Choi os rumores de que Jong-il oferecera uma recompensa de meio milhão de dólares por sua captura. Finalmente, certa manhã, os agentes lhes entregaram roupas tradicionais do Oriente Médio, que cobriam a cabeça e, no caso de Choi, também parte do rosto. Os agentes os levaram disfarçados até o aeroporto e, com um delegado armado como escolta, os colocaram em um avião para Washington, D.C.

Como tantos cineastas, Shin Sang-ok e Choi Eun-hee sempre sonharam com Hollywood. Não com Reston, na Virgínia.

O asilo fora concedido em troca da promessa de fornecerem à CIA todas as informações que pudessem sobre Kim Il-sung, Kim Jong-il e a Coreia do Norte. Eram as primeiras testemunhas confiáveis sobre os hábitos e o comportamento dos Kim a chegarem às mãos das agências americanas de segurança nacional. Assim, quando desembarcaram nos Estados Unidos, foram levados para uma casa alugada de três andares em Reston, perto de Washington, paga pelos contribuintes e com guarda-costas residentes da CIA.

Não era exatamente a liberdade que haviam imaginado, mas parecia seguro. Reston fora construída como comunidade planejada nos anos 1960 pelo magnata da construção civil Robert E. Simon e custeada inteiramente com o resultado da venda do Carnegie Hall, uma herança de família. Tinha belas casas, ciclovias, quadras de tênis, campos de golfe, piscinas, um zoológico, duas galerias de arte, um museu de história e botes para alugar no lago Fairfax. Também foi ali que Shin e Choi finalmente se reuniram aos filhos. Sua filha estava casada e feliz em Seul, mas Jung-kyun, então com 23 anos, foi morar com eles. A última vez em que Choi o vira, ele era um adolescente usando aparelho ortodôntico. Agora, seu rosto estava mais longo e fino e ele parecia mais indiferente, meio distante. Enquanto Shin e Choi estavam na Coreia do Norte, ele descobrira, por meio da imprensa, que era adotado; seus pais jamais haviam tido a chance de lhe contar pessoalmente quando chegasse à idade certa, como planejavam.

Eles descobriram que Oh Su-mi se divorciara do marido fotógrafo, saíra da indústria cinematográfica e estava lutando contra o vício em entorpecentes. Seus dois filhos com Shin — Shin Sang-kyun, de 13 anos, e Shin Seung-lee, de apenas 10 — também foram viver com eles nos Estados Unidos. Choi tinha oito anos de energia maternal acumulada para gastar e, de algum modo, conseguiu unir todos em uma família organizada. Era uma atmosfera doméstica estranha e às vezes absurda, com agentes da CIA fazendo churrascos ou levando a família para passear de balsa por Jamestown e Colonial Williamsburg a fim de celebrar o sexagésimo aniversário de Shin.

Shin e Choi se mantiveram ocupados dando uma série de entrevistas para o *Washington Post* e escrevendo suas memórias em coreano, que chegaram a novecentas páginas e foram publicadas na Coreia em 1988. No começo, o livro vendeu surpreendentemente bem, mas, depois que o interesse da mídia se dissipou, saiu da atenção do público e parou de ser impresso, não sendo publicado em inglês. Eles ficaram desapontados quando os 2,2 milhões de dólares na conta bancária na Áustria, que Shin esperava usar para financiar uma nova carreira em Hollywood — o mínimo, em sua opinião, que Kim Jong-il poderia fazer por eles — foram apreendidos pelo governo austríaco, a quem os Kim deviam dinheiro.

Eles se tornaram cidadãos americanos e, a pedido de Choi, finalmente se casaram de maneira adequada na embaixada italiana, que a CIA considerou a localização mais segura. Shin usou smoking, e Choi, um vestido branco de renda e lenço na cabeça. Ele tinha 60 anos; ela, 56. Eles haviam sido famosos e pobres juntos, adotado filhos e produzido filmes, convivido com presidentes e ditadores, haviam se casado, se divorciado, se casado novamente e sobrevivido ao sequestro e à prisão.

— Obrigada por sua obstinação quando começamos a namorar — disse madame Choi ao marido. — Você foi corajoso ao me escolher, considerando a situação.

— Não, não fui corajoso — respondeu Shin. — Você era tão linda que não tive escolha.

Choi teria ficado feliz em passar a vida como mãe e esposa novamente, sabendo que os filhos dormiam sob seu teto e ela era livre para ir e vir e fazer o que quisesse. Mas o marido queria ir para a Califórnia. Queria trabalhar. "Não fugimos para viver como mortos", resmungava ele constantemente.

"E quanto a sua idade?", perguntava Choi.

"Que idade?", respondia ele.

Uma profunda insatisfação definiu o último capítulo da vida de Shin. "Queria ser dez anos mais novo", lamuriava ele para a esposa. "Queria que meu inglês fosse melhor." Mais de uma pessoa que o entrevistou em seus últimos anos notou que a vida na Virgínia era o único assunto que ele não se sentia à vontade para discutir. Ele falava da prisão e de Kim Jong-il, mas viver inativo em uma grande casa na Virgínia, à custa de outras pessoas, sem fazer cinema... sobre isso Shin não queria falar.

Assim, após três anos vivendo sob proteção da CIA, Shin e Choi partiram de Reston e foram para o oeste, para a Califórnia, para recomeçar suas carreiras. Shin tinha sonhos de fazer grande sucesso em Hollywood. Por meio de conexões mútuas, eles conheceram um executivo sino-coreano que fizera fortuna com imóveis no Havaí, lembrava de seus filmes e estava disposto a financiar sua iniciativa. Ele tinha uma casa em Beverly Hills e disse que poderiam ficar nela. Shin e Choi viveram na casa por quase quatro anos, enquanto Shin recomeçava sua carreira pela terceira vez. Ele passou a se chamar Simon Sheen, o nome cristão que adotara quando Choi o convencera a se converter ao catolicismo, antes da cerimônia de casamento em Washington.

Choi rapidamente percebeu que, aos 63 anos, era velha demais e muito pouco conhecida no Ocidente para providenciar fotos, conseguir um agente e lutar por pontas em uma cidade inundada de jovens estrelas. Além disso, tinha dificuldades com o inglês e, mesmo após anos nos Estados Unidos, conseguia dizer apenas algumas poucas palavras. Shin não se saiu muito melhor. *Gêngis Khan*, que ele reimaginara como um épico musical, não conseguiu apoio e as portas se fecharam quando propôs um filme sobre sua experiência norte-coreana. As rejeições salientavam casualmente as sombrias perspectivas comerciais, ao menos nos Estados Unidos, de um projeto com três protagonistas coreanos.

Em 1990, Shin retornou brevemente à Ásia para dirigir *Mayumi: Virgin Terrorist* [*Mayumi: a virgem terrorista*], baseado na história real de uma agente norte-coreana que detonou uma bomba em um voo da Korean Air em 1987; ele fez o filme, como disse mais tarde, para "confirmar sua identidade" e provar que não era comunista. Seu esforço saiu dramaticamente pela culatra. A despeito de ser o filme coreano de maior orçamento até então, sendo filmado em dezessete países, e ter sido pré-selecionado para o Festival de Veneza (assim como ser a indicação oficial da Coreia do Sul para o Oscar de Melhor Filme Estrangeiro), as críticas foram amplamente zombeteiras. Para piorar as coisas, Shin foi alvo de uma ação de difamação movida pelas famílias das vítimas, que alegaram que ele conseguira o direito de contar a história ao prometer que honraria as vítimas, mas, em vez disso, criara um espetáculo "sangrento" e sem tato. Elas criticaram especialmente a cena mais longa de *Mayumi*, a sequência de explosão da bomba, que foi filmada de maneira grotescamente violenta, intercalada com cenas reais das famílias reais chorando por seus mortos. A sequência de dois minutos e meio custara quase metade do orçamento total do filme, de 2 milhões de dólares, e Shin, depois de fazer um acordo fora dos tribunais cujo valor não foi revelado, admitiu, constrangido, que para ele a cena fora a maior atração do filme. Alguns viram *Mayumi* como pouco mais que propaganda sul-coreana mal disfarçada, uma exigência governamental para que Shin estabelecesse publicamente seu antagonismo pelo Norte. A maioria achou apenas que era um filme ruim: apressado, barato e pobremente interpretado.

Shin voltou correndo para Los Angeles e dirigiu um filme retratando a ditadura militar sul-coreana dos anos 1980 sob uma luz desfavorável, talvez para equilibrar a balança. Também fracassou. Depois dessas experiências, decidiu ficar longe da política por um tempo. O sucesso de *Esqueceram de mim* e o intenso fetiche americano pelas artes marciais asiáticas — nascido com Bruce Lee, mas alimentando a franquia *Karatê Kid* entre 1984 e 1994 e a mania pelas Tartarugas Ninja — o inspiraram a criar *3 ninjas — Uma aventura radical*, uma franquia da Disney sobre três garotos americanos que usam artes marciais para lutar contra o crime. Shin escreveu o roteiro e iniciou conversas com a Disney para financiar e distribuir o filme. Poderia ter sido o maior cineasta de ambas as Coreias, mas ficou pasmo ao conversar diretamente com um estúdio de Hollywood. Os advogados da Disney são famosos por sua cruel intransigência e não se importavam com o fato de Shin ser um sexagenário ou haver sobrevivido a um sequestro e ao gulag. Em maio de 1992, enquanto os violentos tumultos motivados pelo caso Rodney King sacudiam Los Angeles do lado de fora da janela do hotel, Shin, seus advogados e os advogados da Disney se trancaram em uma suíte durante toda a noite para discutir um detalhado acordo de licença. Shin, acostumado a fazer tudo com um aperto de mãos, uma piscadela e uma oração, com alguns documentos falsificados para apoiar a coisa toda se necessário, ficou completamente perdido. "Tudo era diferente", disse. "Fiz o que pude para aceitar tudo o que sugeriram."

A série era composta de três filmes, com Shin dirigindo um e escrevendo e produzindo todos os três. Ele esperava que pudessem rivalizar com *Esqueceram de mim* em popularidade. Foram fracassos de crítica e bilheteria, com as vendas diminuindo drasticamente depois do respeitável retorno de investimento do primeiro. Mais tarde, contudo, encontraram algo como seguidores infantis na televisão e no vídeo, surfando o zeitgeist (e, incidentalmente, deslanchando a carreira do diretor Jon Turteltaub, que mais tarde dirigiu os sucessos *Jamaica abaixo de zero* e *A lenda do tesouro perdido*). Shin também vendeu para a rede de televisão Disney Channel uma refilmagem infantil de *Pulgasari* intitulada *A lenda de Galgameth*, tão ruim que fez com que *Pulgasari* parecesse bom, e, um ano depois, produziu *The Gardener* [*O jardineiro*], um thriller morno estrelado por Malcolm McDowell.

Turteltaub permaneceu amigo de Shin até o fim de sua vida e Angie Everhart, que coestrelou *The Gardener* e sofreu um aborto durante as filmagens, contou que ele fez questão de que a produção fosse interrompida pelo tempo que ela precisasse e cuidou para que recebesse os melhores cuidados. "Sheen foi muito gentil comigo", contou. Ele ia ao set todos os dias, "sério e quieto", constrangido por seu inglês ruim. Todo mundo da equipe se lembra de sua assistente, uma jovem coreana de rosto coberto por cicatrizes: ex-membro de uma gangue de Los Angeles, ela fora desfigurada quando uma rival cuspira lâminas e as apertara contra seu rosto. Não se sabe onde Shin a encontrou, mas ele lhe deu uma chance na indústria cinematográfica. Parecia que mesmo nos Estados Unidos tragédias podiam acontecer a qualquer momento, com qualquer um — especialmente mulheres; sempre era pior para as mulheres, lamentava Shin.

Algo claramente se modificara no artista Shin Sang-ok. Ali estava um cineasta que passara os anos 1960 e 1970 explorando limites, que ficara famoso pelo erotismo e sensualidade de seus filmes. Agora, só conseguia produzir disparates para o Disney Channel. O que fora sagaz populismo no início de sua carreira se tornara banal e manipuladoramente trabalhado. Talvez estivesse desesperado por um sucesso e achasse que copiar as tendências dominantes fosse a maneira de traduzir seu talento. Certamente achou difícil se adaptar ao modo hollywoodiano de fazer as coisas e é significativo que, em seus seis anos na Califórnia, tenha produzido cinco filmes, mas só dirigido um (mais tarde, negaria até mesmo isso e diria jamais ter dirigido em Hollywood, a despeito dos créditos). "Subitamente e, devo dizer, brutalmente, percebi a diferença cultural entre nossas civilizações. Eu me senti muito distante."

Beverly Hills também era difícil para madame Choi. Enquanto seu marido lutava para abrir seu caminho profissional, ela passava os dias com os filhos ou caminhando pela vizinhança. Era a única mulher asiática da comunidade, até onde podia dizer, e estava agudamente consciente dos olhares das outras esposas, que em sua maioria pareciam se enquadrar em uma de duas categorias: esposas poderosas, com a pele esticada sobre a testa e as maçãs do rosto e o corpo parecendo prestes a se partir, sempre correndo para alguma reunião ou almoço; e esposas-troféu, jovens, firmes e atrevidas, usando jeans ou calças legging brilhantes, comendo alimento saudável e sempre voltando da praia ou das aulas de ginástica. Cada uma delas tinha seu próprio estilo de poder e independência. Madame Choi, que não tinha reuniões ou aulas para frequentar e sempre vestia preto, com óculos pretos e um grande chapéu também preto para proteger a pele pálida do sol, sentia-se como uma bruxa, velha e fora de lugar.

Então divorciada, Oh Su-mi começou a viajar para a Califórnia, alegando querer "ver os filhos", mas Choi tinha certeza de que era atraída pelo glamour de Hollywood, como uma mariposa pelo fogo. Afinal, nunca pensara em visitar Reston. Oh saía com os filhos, deixando Choi para trás, sentindo-se solitária e rejeitada. Ela não conseguia esquecer que Oh era a mãe biológica das crianças, ao passo que ela mesma jamais fora capaz de gerar filhos. Oh parecia não se importar com o fato de que suas visitas dificultavam a vida das crianças. Tinha problemas com drogas e álcool e, quando ela e Choi discutiam, às vezes em público, não era incomum que jogasse vinho no rosto de Choi ou puxasse seu cabelo no meio do restaurante. Ela dizia que queria levar os filhos de volta para a Coreia do Sul e, em seguida, cedia e concordava que eles estavam melhores com Shin e Choi. Certo dia, telefonou para contar que estava prestes a se casar com um francês que conhecera. Logo depois, envolveu-se em um horrível acidente de carro no Havaí e morreu. Tinha apenas 42 anos. Shin estava trabalhando no set e, assim, Choi compareceu à cremação no Havaí, juntamente com Sang-kyun, filho de Oh. Não havia mais ninguém presente e, depois da cerimônia, Choi se viu no crematório da ilha desconhecida, segurando uma caixa cheia de cinzas. Seus sentimentos, contou, eram "complicados". Ela pensou em como não havia ninguém ali para Oh e se perguntou como a outra teria se sentido se soubesse que a esposa de Shin era a única pessoa presente a seu funeral. Sentada sozinha com as cinzas, Choi chorou, de modo tão desesperado como quando Su-mi entrara em sua vida. Não sabia como lidar com tudo aquilo.

Após oito anos distantes do mundo, Shin e Choi eram estranhos em toda parte e não se sentiam em casa em lugar algum. Os Estados Unidos os haviam recebido de braços abertos e eles eram gratos. Mas sua casa — a casa que haviam sido forçados a abandonar em 1978 — permanecia sendo a Coreia do Sul.

Eles tinham medo de voltar. A Lei de Segurança Nacional ainda estava em pleno vigor e não era incomum que coreanos que haviam sido levados à força para o Norte fossem jogados na prisão como traidores ao retornar. E eles haviam ficado longe durante tanto tempo que temiam não se sentir em casa, se voltassem. Mas não podiam ficar longe. Assim, em 1999, 21 anos após o sequestro, o diretor Shin e madame Choi finalmente retornaram definitivamente para Seul.

A Coreia do Sul da qual haviam sido levados em 1978 era uma ditadura militar, com as ruas de Seul frequentemente cheias de gás lacrimogêneo e polícia de choque e as artes e a imprensa severamente censuradas. O país que encontraram nos últimos anos do século XX era rico, democrático, pacífico e urbanizado. Sediara com sucesso os Jogos Olímpicos de 1988 e, em 1990, o povo havia escolhido seu primeiro presidente democraticamente eleito, Roh Tae-woo. A Coreia do Sul parecia ter se tornado o que Shin, Choi e milhões de sul-coreanos esperavam que se tornasse havia décadas.

Assim que desceram do avião, Shin e Choi foram abordados pela ACIC e levados para salas de interrogatório, onde foram ligados a detectores de mentiras e interrogados por horas. Estupidamente, ainda usavam os relógios que haviam ganhado de Kim Jong-il: Shin, seu Rolex de ouro; Choi, seu primeiro relógio com o nome de Kim Il-sung.

Ambos foram confiscados. Ao fim de um longo dia de interrogatório — durante o qual, segundo Shin, seus interrogadores o acusaram de ser espião norte-coreano —, eles foram liberados, com a condição de darem várias entrevistas coletivas negando qualquer lealdade ao Norte. Eles o fizeram em seus trajes habituais: Choi, perfeitamente penteada e maquiada, com grandes óculos escuros e roupas feitas sob medida, e Shin em seu terno preto de corte francês e gravata de seda. Vendo o elegante casal, o povo sul-coreano se recusou a acreditar que haviam sido sequestrados. Não pareciam pessoas que haviam passado por uma provação tão terrível. Pareciam ricos e velhos. Shin não acabara de filmar o terrível *Mayumi*, tirando vantagem do pesar das famílias das vítimas sequestradas? E o livro que escreveram não fora apenas outra forma de ganhar dinheiro?

Segundo Choi, foi tudo "brutal" e "emocionalmente penoso". Em todo o mundo, eles eram tratados com respeito, mas seus próprios conterrâneos se recusavam a aceitá-los e acreditar neles. "Todos estavam contra nós", disse ela. "Quando perguntamos a algumas dessas pessoas se haviam lido o livro, descobrimos que a maioria não lera. Haviam ouvido coisas e continuaram a repeti-las, dizendo quão pouco realista era a história." Pior de tudo, eles foram imediatamente transformados em peões do jogo político. Qualquer simpatizante da direita os usava como exemplos da crueldade do criminoso governo norte-coreano. Os de esquerda os viam como instrumentos do *establishment* conservador sul-coreano e se recusavam a acreditar em sua história, alegando que o sequestro e a fuga haviam sido inventados, que seu livro fora escrito por agentes do governo e que as fitas de Kim Jong-il eram falsificações produzidas pela ACIC usando a voz de atores. Diziam que Shin não conseguia trabalhar no Sul e, assim, fora para o Norte, mas depois mudara de ideia ou fora repatriado à força pela ACIC. Ignoravam qualquer evidência em contrário e, com o tempo, as dúvidas se impuseram. Enquanto em todo o mundo não havia dúvidas de que Shin e Choi tinham sido vítimas de sequestro pelo Norte, na Coreia do Sul ainda havia abundantes rumores atacando a veracidade de sua história.

Depois de tudo que haviam passado, perguntaram-se eles, era essa sua recepção em casa?

Eles alugaram uma pequena casa em Seul e tentaram voltar ao trabalho. Mas os tempos estavam difíceis. Ambos estavam exaustos e endividados. Era improvável que Shin, relíquia de uma era que acabara havia mais de trinta anos, conseguisse encontrar um lugar na nova e provocativa indústria cinematográfica sul-coreana, voltada para a juventude. Um cinéfilo japonês e distribuidor eventual de filmes excêntricos, que escrevia para a *Playboy* japonesa sob o pseudônimo Edoki Jun (a versão japonesa de "Ed Wood Jr."), acabara de comprar os direitos de *Pulgasari* e o lançara em seu país com estrondoso sucesso. Shin moveu uma ação para recolocar seu nome no filme, mas perdeu, uma vez que a produção era governada pela lei norte-coreana e a lei norte-coreana era a vontade de Kim Jong-il. Alguns anos depois, *Pulgasari* foi lançado em VHS e DVD nos Estados Unidos, onde foi amplamente ridicularizado, mas se transformou em um clássico cult instantâneo. Shin jamais recebeu um centavo.

Ao menos, ainda tinha senso de humor. Repórteres visitando seu escritório no subúrbio de Seul jamais deixaram de notar que, ao lado de fotografias dele e da esposa nos anos 1960, ou dele, Catherine Deneuve e Clint Eastwood em Cannes, em 1994, ele também exibia orgulhosamente as surreais fotografias dele e de Choi ao lado de Kim Jong-il e Kim Il-sung. Conversando com um jornalista em 2003, Shin admitiu: "Quando penso em ter dinheiro, penso na Coreia do Norte." Mais tarde, na mesma entrevista, quando perguntado sobre o impacto de Kim Jong-il em sua vida, ele cutucou a esposa. "Ele desempenhou um papel positivo para nós", respondeu, sorrindo. "Talvez *ela* tenha dito a Kim para nos sequestrar, pois estava tão ávida para voltarmos."

Ele falou sobre o assunto com leveza, mas, para um homem tão ambicioso, que sempre desejara estar no centro das coisas, a casual indiferença do mundo era ainda pior que sua suspeita e descrença. Ele dirigiria mais um filme na Coreia do Sul, *Kyeoul-iyagi* [*Uma história de inverno*], um pequeno drama sobre a demência senil e as fragilidades da idade avançada.

O filme jamais foi lançado. Foi sua última vez atrás das câmeras.

Epílogo: 2013

EM FRENTE À velha senhora, há chá de limão e água quente. Lá fora a temperatura passa dos 38ºC e o dia está sufocantemente úmido, mas ela já não pode ingerir bebidas frias, explica, por problemas na garganta e no esôfago. Seu olhar é vívido e concentrado. Quando se move, o que raramente faz, seus gestos são lentos e deliberados.

Madame Choi tem 88 anos e só pode se movimentar em uma cadeira de rodas. Ela parece tão bem quanto se poderia esperar de alguém com sua idade. Usa grandes óculos de grau sob o chapéu cinza, do qual escapam curtos fios de cabelo branco, e maquiagem sutil, mas cuidadosa, no rosto de pele clara. Veste calças e uma jaqueta azul sobre a blusa vinho, sapatos prateados de aparência cara, com saltos baixos, e tem um grande medalhão de prata em torno do pescoço. Há anéis em três de seus dedos, um deles sua aliança de casamento. Já ouvimos falar que quando estrelas de cinema ou astros do rock entram em um lugar são capazes de alterar a pressão atmosférica com sua presença. Choi Eun-hee, aos 88 anos e em uma cadeira de rodas, tem essa capacidade.

Em um lugar chamado Pop Street, um daqueles estabelecimentos sul-coreanos que são parte restaurante (servindo de tudo, desde pratos tradicionais coreanos até espaguete à bolonhesa, hambúrgueres e salada César com frango) e parte cafeteria no estilo Starbucks, madame Choi conta sua história durante quatro horas, respondendo às perguntas com charme discreto e graciosidade. Quando perguntada se há alguma coisa que espera que os leitores levem de sua história, nem mesmo pensa antes de responder.

"A coisa mais importante para mim", diz Choi, "é que as pessoas finalmente aceitem que a verdade é a verdade."

Shin Sang-ok morreu em 11 de abril de 2006. Até hoje, anos depois, quando não consegue dormir, madame Choi se imagina entrando em seu estúdio e o encontrando lá, trabalhando, da maneira como costumava fazer até o fim de seus dias.

Ele parou de falar alguns anos antes de sua morte. Quando alguém falava com ele, apenas sorria, triste e cansado, em vez de responder. Se respondesse, era em um sussurro: "Não tenho muito a dizer." Um transplante de fígado em 2005 não deu certo e uma segunda operação se seguiu alguns meses depois; ele estava velho, fraco e lutava para se recuperar. Choi não tinha dinheiro para um carro e todos os dias fazia longas viagens de ônibus, sozinha, para visitá-lo no hospital. Ela culpa uma das enfermeiras por exercitá-lo demais e tentar apressar sua recuperação. Também culpa Kim Jong-il, com mais justiça, pelos anos que Shin passou no gulag. Enquanto ainda estava no hospital, Shin contraiu hepatite e sua saúde se deteriorou tão rapidamente que ele parecia piorar a cada hora. Na noite de 11 de abril, ao fim de sua visita, Choi o beijou e se preparou para partir.

Como sempre, perguntou se ele precisava de algo. Sorrindo, ele respondeu: "Segure minha mão. Assim posso sentir o quanto você é forte." Ela estendeu a mão e Shin a segurou por um momento. Suas mãos, lembra ela, estavam quentes e reconfortantes. Após um longo momento, ele a soltou e, em voz baixa e amorosa, disse: "Pode ir agora, madame Choi." Choi sorriu e disse que retornaria bem cedo na manhã seguinte. Mais tarde naquela noite, o corpo de Shin não resistiu. Suas últimas palavras foram para a

EPÍLOGO: 2013

enfermeira, enquanto ele via o sangue de uma ferida aberta escorrer pela cama e gotejar no chão. "Por favor", disse, "limpe essa sujeira que fiz."

O celular de madame Choi tocou no momento em que ela descia do ônibus que a levara para casa. Ela não conseguiu processar a notícia. Quando ela e Shin estavam divorciados, contou, "Eu ainda podia odiá-lo e sentir falta dele", porque sabia que ele estava lá fora, vivendo em algum lugar do mundo. Agora ele partira e nada restara. "A morte", disse ela, "é uma coisa fria."

O funeral foi realizado no Hospital Universitário de Seul. Astros e estrelas de cinema dos anos 1960 e 1970, a maioria dos quais não se via desde a era de ouro, lotaram o velho edifício para prestar suas homenagens. O ator Shin Young-kyun, um dos favoritos de Shin, que estrelara *Naeshi* [*Eunuco*] e *Balgan Mahura* [*Cachecol vermelho*], entre incontáveis outros, falando do altar, afirmou que Shin fizera da indústria coreana aquilo em que se tornara. O ministro sul-coreano da Cultura e do Turismo Kim Myung-gon, ele mesmo ex-ator e roteirista, prestou suas homenagens e colocou a Medalha Cultural da Coroa Dourada, a mais alta honraria para um artista da Coreia do Sul, sobre o caixão. Jornais de todo o mundo, do *New York Times* ao *The Guardian*, publicaram seu obituário. Todos os tributos definiram a vida de Shin principalmente pelo seu sequestro, e não por seus filmes, ou, como resumiu a manchete do *Times*: Morre Shin Sang-ok, 80, diretor de cinema coreano sequestrado por um ditador.

Kim Jong-il morreu cinco anos depois, em 17 de dezembro de 2011, aos 70 anos. Morreu em seu trem particular, que ficou parado atrás de um tapume até que o Partido dos Trabalhadores pudesse descobrir uma maneira de anunciar sua morte e providenciar a sucessão. Após dois longos dias, a imprensa oficial norte-coreana finalmente anunciou que ele morrera de um ataque cardíaco causado por "excesso de trabalho". Mais tarde, alguns relatos insistiram que o infarto ocorrera enquanto Kim gritava com seus subordinados, durante "um acesso de raiva" por causa do péssimo trabalho realizado no local de construção de uma usina elétrica. Seu filho Kim Jong-un foi anunciado como sucessor no mesmo noticiário que comunicou sua morte. Kim Jong-nam, o filho mais velho, caíra em desgraça uma década antes, após sua humilhante prisão no aeroporto de Tóquio ao tentar entrar no país com um passaporte falso da República Dominicana em nome de Pang Xiong ("Urso Gordo" em mandarim). O incidente fora ainda mais ridículo porque Jong-nam estava acompanhado de duas mulheres, nenhuma delas sua esposa, viajava com uma valise cheia de dinheiro e alegou querer visitar a Disneylândia japonesa (muito provavelmente, viajava para o Japão a serviço da Divisão 39). Nas semanas que se seguiram, os jornais japoneses publicaram inúmeros depoimentos pouco lisonjeiros de funcionárias das decadentes casas de massagem que ele gostava de frequentar quando estava em Tóquio. Depois disso, Kim Jong-il rapidamente voltara sua atenção para o filho mais novo e muito mais comportado, Jong-un.

O mesmo âncora que anunciara a morte de Kim Il-sung na TV estatal relatou ao povo a morte de Kim Jong-il, vestindo o mesmo traje tradicional de luto. A Agência Central de Notícias relatou que, em todo o país, as pessoas estavam "em convulsões de dor e desespero" pela perda de seu líder. "Nosso povo e nosso Exército estão batendo no peito."

O corpo embalsamado de Kim permaneceu no palácio Kumsusan durante uma semana, para que as pessoas o visitassem. Depois do funeral estatal, houve 24 horas de luto seguidas de pesado fogo de artilharia e três minutos de silêncio, ao fim dos quais "todos os veículos, locomotivas e navios oficiais [soaram] suas buzinas".

Nenhum oficial do governo sul-coreano prestou condolências, mas contidas manifestações de simpatia foram expressas pelo secretário-geral das Nações Unidas e por um alto representante da União Europeia; os pêsames mais sentidos vieram do Azerbaijão ("Fiquei profundamente triste ao ouvir [sobre] essa perda lamentável", disse o presidente Ilham Aliyev), Bangladesh ("O povo da RPDC perdeu um grande líder e nós perdemos um amigo querido. [...] Rezamos para que sejam capazes de suportar essa perda irreparável com coragem e força", disse o presidente Zillur Rahman) e Síria (a morte de Jong-il foi "uma grande perda não apenas para o povo coreano, mas para o povo de todos os países que lutam por liberdade, justiça e paz", disse o presidente Bashar al-Assad). Em Cuba, o Conselho de Estado de Fidel Castro anunciou um período oficial de luto e hasteou as bandeiras do país a meio mastro durante dois dias.

No dia do funeral do Querido Líder, Pyongyang amanheceu coberta de neve pura e branca, um dos símbolos favoritos do regime Kim, que gostava de apresentar a Coreia do Norte como uma criança vitimada em um mundo de lobos e predadores. Em um evento altamente coreografado, uma procissão de carros pretos percorreu lentamente as ruas apinhadas de estimados 200 mil norte-coreanos histéricos. Havia jipes do Exército e limusines, caminhões militares cheios de guirlandas e generais carregando bandeiras e uma frota de brilhantes Mercedes brancos. A infantaria marchou em passo de ganso entre os carros, com todo o comboio sendo escoltado por uma banda militar.

No centro de tudo, havia um carro funerário preto. Em seu teto, dentro de um caixão preto coberto com a bandeira da RPDC, estava o corpo de Kim Jong-il. O carro foi escoltado, a pé, por generais uniformizados do lado esquerdo e líderes do Partido dos Trabalhadores do lado direito, todos vestidos de preto e com rostos sombrios. O primeiro entre eles era o filho favorito e sucessor, Kim Jong-un, de 28 anos.

A Agência Central de Notícias divulgou entrevistas "espontâneas" com espectadores ao longo da rota. Uma bela soldada, com a voz embargada saída diretamente de um dos filmes do Querido Líder, disse: "Enquanto vejo a neve cair, derramo mais lágrimas, pensando no tanto que trabalhou o nosso General." Outro soldado foi ainda mais enfático: "Como o céu poderia não chorar? Todo o povo está chorando — chorando lágrimas de sangue." Cada uma das entrevistas era tão melodramática quanto os roteiros que Kim Jong-il tanto amava. Alguém na multidão gritou: "Como pôde nos deixar? O que faremos sem você?"

O povo norte-coreano foi informado de que a transmissão era ao vivo, mas não era; foi levada ao ar várias horas depois, com o governo tendo tempo de editar e manipular o evento ainda mais, apagando digitalmente as equipes de cinema estatais que enchiam as ruas e escrevendo os comentários perfeitos.

Um funeral é um ritual; na Coreia do Norte ele se torna, como todo o restante, um espetáculo. O funeral de Kim Jong-il tinha de ser o maior espetáculo da história. Alto-falantes berravam hinos revolucionários cuidadosamente selecionados; a multidão "espontânea" fora arranjada de modo que as militares mais bonitas se agrupassem na frente. Em uma cena, um grupo de generais observa enquanto o caixão se aproxima. Quando um general ergue a mão para enxugar as lágrimas, os outros três o imitam imediatamente. Mais abaixo na avenida, as pessoas repetidamente fingem desmaiar sob o peso da dor. Elas seguram os cotovelos umas das outras e oscilam de um lado para o outro. Há pessoas que se dobram subitamente para a frente, como se atingidas por um apêndice rompido. Todas estão congelando, sem chapéus, lançando nuvens de vapor na atmosfera enregelante. Em closes, é possível ver olhos aparentemente cheios de lágrimas ficarem secos e olharem em torno, antes que a pessoa retome o "choro". A filmagem é teatral, desumanizante e humilhante de assistir.

O comboio do funeral percorreu quarenta quilômetros pelo lado oeste de Pyongyang, o atraente distrito para exibição da cidade, evitando o lado leste do rio Taedong, que ainda parece o mesmo de 1955. Não há o suficiente do lado oeste de Pyongyang para uma rota de quarenta quilômetros e, assim, a procissão teve de dar voltas nas mesmas ruas e circulou duas vezes a praça Kim Il-sung. Após três horas, o corpo de Kim voltou ao palácio Kumsusan, onde o funeral foi realizado a portas fechadas. Seu corpo foi colocado em exibição ao lado do corpo do pai, onde permanece, visitado por ônibus cheios de peregrinos. E, quatro meses depois — quatro meses *depois* de sua morte —, Kim Jong-il foi promovido a Supremo Líder da Coreia do Norte, ascendendo, como o pai, a uma posição eterna de líder comunista da vida após a morte.

EPÍLOGO: 2013

Em Seul, cerca de cem manifestantes de direita se reuniram para queimar bandeiras norte-coreanas e retratos e efígies do Querido Líder. Quando a noite caiu, eles celebraram com fogos de artifício.

Choi é muito séria, às vezes pesarosa. Ela não faz muita coisa hoje em dia. Após a morte de Shin, mudou-se para uma casa muito menor, em um bairro decadente no lado sul de Seul, a apenas três estações de metrô do modernoso Gangnam, mas a um mundo de distância de suas boates e lojas luxuosas.

Sua saúde faz com que sinta cansaço na maior parte do tempo. Ela reza muito. Costumava fazer caligrafia, mas como não pode se sentar ou permanecer ereta por muito tempo, teve de parar. Quando as pessoas a procuram, é sempre para falar de seu tempo na Coreia do Norte. A última vez que atuou foi em 2001, aos 75 anos, quando "se arrastou" para o palco para uma versão musical de *Por quem os sinos dobram*, de Hemingway. "Eu me saí bem", diz ela. Mas jamais atuará novamente.

A despeito de tudo, ela se ilumina ao falar de Shin. Dá grandes sorrisos e sua voz adquire um tom admirado. Sua devoção ao homem é inacreditável. As fotografias tiradas por volta de seus 70 anos parecem tão felizes e românticas quanto as tiradas quando tinham 30. Shin a amava e, após sua experiência na Coreia do Norte, mostrou-se ainda mais comprometido. Ele se sentia mais acomodado e não tinha necessidade de correr atrás de outras mulheres. Mas jamais escondeu o fato de que ela não era seu maior amor e paixão. O cinema era. Sua autobiografia intitula-se *Eu era um filme*. O livro, que Choi editou e concluiu após sua morte, fala quase exclusivamente de filmes e da experiência de fazê-los, não de assuntos pessoais. Em certa passagem, ele escreveu que venderia a mulher para outro homem se isso o ajudasse a fazer um filme. Choi relata o comentário de modo afetuoso. Mesmo assim, nunca se sentiu em segundo lugar. "Sua paixão pelo cinema e sua paixão por mim eram a mesma", diz ela.

Quando pergunto como descreveria o homem que amou para alguém que não o conheceu, ela sorri e sua voz fica ainda mais suave. Ela pensa cuidadosamente antes de responder. "Um celibatário", diz ela. "Rebelde. Em uma palavra", acrescenta, antes de usar muitas outras, "louco por cinema, um grande artista. Ele tinha uma memória muito boa. Só falava de filmes e trabalho". Ela amava seu modo de ser desajeitado e a maneira como se atirava nos filmes tão inteiramente que perdia consciência do mundo a sua volta. Quando pergunto se ela acha que eles teriam se casado se não tivessem sido raptados, ela responde, com firmeza: "Não. Não tínhamos planos. Estávamos seguindo em direções diferentes."

Quanto a seu tempo na Coreia do Norte, não houve momentos felizes, diz Choi, nem um único nos oito anos que passou lá. Mesmo quando sentia alegria ou alívio — ao reencontrar Shin, por exemplo —, simultaneamente sentia tristeza, perda e desespero. Todos os dias, durante oito anos, "eu tinha meus filhos em meus olhos", declara ela, usando uma expressão coreana para dizer que alguém está constantemente em nossa mente, absorvendo nossos pensamentos conscientes.

Em entrevistas mais antigas, ela expressara raiva e ressentimento contra Kim Jong-il. Agora, contudo, diz que sente compaixão por um homem que vê como "uma pobre alma necessitada [...]. Sinto pena dele como ser humano. [Às vezes], fico zangada. Por causa dele, perdemos dinheiro, status e a escola", que ela valorizava tanto que lamenta perdê-la tanto quanto lamenta ter perdido a adolescência dos filhos. Mas já não tem sentimentos negativos em relação a ele ou a qualquer um envolvido no sequestro. "Deus envia as pessoas à Terra com seus próprios planos para elas", diz ela, "e eu fui uma delas. Pode parecer que Kim Jong-il tirou tudo de mim, mas, no fim, é Deus quem dá e Deus quem tira." Ela fala muito de Deus. Sua fé a ajuda a lidar com coisas fora de seu controle, coisas que foram feitas e não podem ser desfeitas.

Shin, um homem que vivia e respirava cinema, gostaria de ser lembrado por seus filmes. E, embora Kim Jong-il e a Coreia do Norte sempre tenham precedência, ele o é. Em 1994, foi membro do júri no Festival de Cannes.

EPÍLOGO: 2013

Juntamente com seus colegas jurados, Clint Eastwood e Catherine Deneuve, concedeu a Palma de Ouro para *Pulp Fiction*, de um diretor *indie* em ascensão chamado Quentin Tarantino. Em 2002, foi tema de uma retrospectiva de onze filmes no Museu de Arte Moderna de Nova York. Seus filmes agora são estudados em escolas de cinema, tanto na Coreia quanto no exterior. Sua obra pode ser pouco conhecida e difícil de encontrar, mas, quando é encontrada, grande parte dela é inesquecível.

Choi diz não ter o desejo de ser lembrada ou imortalizada. Mais que tudo, ela quer "que o mundo aceite nossa história como verdadeira e não a questione, como se tivesse sido inventada. Não consigo entender por que as pessoas querem distorcer nossa história para servir a seus próprios propósitos". Depois de dizer isso, ela fica em silêncio por alguns segundos. "Vivi uma vida muito verdadeira e honesta. As pessoas inventam histórias que querem que sejam verdadeiras. Mas eu quero dizer: vivi honestamente."

Muito desta história é sobre a força de vontade humana, sobre o que podemos fazer quando enfrentamos forças maiores que nós mesmos. Quaisquer que sejam nossas crenças ou a ausência delas, viveremos apenas uma versão desta vida, e quando e onde ela começa determina muita coisa. Costumam nos dizer que temos todos o poder e o livre-arbítrio para fazer o que quisermos com as cartas que recebemos. Pensar em Choi Eun-hee, uma mulher nascida em um país rasgado ao meio e cuja vida foi, de tantas maneiras, definida pelo diretor Shin e pelo Querido Líder Kim — dois homens com grandes egos e a ambição de determinar, controlar e dirigir —, traz à mente os 24 milhões de camarões entre baleias ao norte da zona desmilitarizada, atores involuntários na produção em grande escala de uma nação.

A força de vontade de Choi Eun-hee é inegável. Ninguém nas ruas a reconheceria ou poderia imaginar tudo pelo que passou. Mas, hoje, seu nome ainda evoca reconhecimento, tingido de admiração, em muito mais coreanos que o nome de Shin. Ela é um ícone da indústria cinematográfica coreana. E se recusa a permitir que Kim Jong-il, a Coreia do Norte ou seus oito anos de cativeiro definam quem é ou era. Ela é uma estrela — em 2014, aos 88 anos, em uma época na qual estrelas de cinema praticamente já não existem.

Há uma fotografia de madame Choi e Marilyn Monroe tirada em Seul em 1954, durante a turnê de boa vontade realizada na Coreia do pós-guerra por várias estrelas de Hollywood. Choi e Monroe tinham exatamente a mesma idade, ambas nascidas em 1926. Começaram suas carreiras aproximadamente na mesma época; o primeiro crédito de Choi data de 1947; o de Monroe, de 1948. Quando a fotografia foi tirada, Marilyn estava no auge, tendo terminado *Os homens preferem as loiras* e *Como agarrar um milionário*, com *O pecado mora ao lado* e aquele famoso vestido branco esvoaçante apenas alguns meses no futuro. Choi ainda estava a anos de seus papéis mais icônicos, recém-casada com Shin Sang-ok e recém-saída do trauma — estupro, violência, sequestro — que sofrera durante a guerra.

E, mesmo assim, olhando para a fotografia, mesmo com o icônico rosto de Monroe, seu cabelo, seus lábios, já gravados em nossa consciência, seria difícil dizer quem é a grande estrela, quem atrai o olhar. Monroe veste uma jaqueta de aviador e está rindo com os olhos semicerrados; mas mesmo ela olha para Choi, que também sorri, mas cujos olhos são de aço. Nada nela aceita ser a coreana simbólica escolhida ao acaso para uma fotografia ao lado da deusa hollywoodiana. Ela é a estrela.

Oito anos depois da foto, Marilyn Monroe estaria morta. Hoje, sessenta anos depois, Choi — após sofrer escândalos, divórcio, sequestro, exílio e viuvez — ainda está viva e, em sua cultura, não é menos icônica.

Podemos ser camarões entre baleias, mas alguns de nós se recusam a aceitar que as baleias sejam mestres de nosso destino. Olhando para Choi Eun-hee, há muito o que se dizer em favor dessa postura.

Posfácio

A HISTÓRIA DE Shin Sang-ok e Choi Eun-hee, como a maioria dos relatos sobre a Coreia do Norte, apoia-se principalmente na narrativa dos participantes. O Reino Eremita é tão hermeticamente selado e seus dirigentes tão adeptos de borrar e confundir tudo, que é um desafio constante confirmar os fatos sobre os quais construímos nossos relatos. Quando se trata da Coreia do Norte, a maioria deles precisa ser conferida duas ou três vezes, no caso de serem repetições de boatos que circulam há tanto tempo que já são aceitos como verdade. Assim, fiz meu melhor para garantir que tudo que aparece neste livro fosse rigorosamente corroborado e conferido tanto quanto possível.

Embora tenha sido forçado a usar os relatos de Shin e Choi sobre seu tempo em Pyongyang como fonte principal, eu me aproximei deles, desde o início, com todo o ceticismo que consegui reunir. Todos os cronogramas e datas foram conferidos e comparados com histórias aceitas. Descrições geográficas foram confirmadas por meio de fotografias e relatos de testemunhas não relacionadas. Especialmente no caso da baía de Repulse, da Prisão Número Seis e das propriedades onde Shin e Choi moraram, analisei imagens do Google Earth para cada local. Viajei para Pyongyang e fiquei do lado de fora da Casa dos Peixes e do lado de dentro do estúdio cinematográfico. Hospedei-me no quarto deles no Intercontinental de Viena e olhei plantas e fotografias do hotel antes de sua restauração em 1986. Falei com cada não norte-coreano mencionado nas memórias e, quando isso não foi possível, tentei localizar família, amigos e mesmo biógrafos. (Uma lista completa das pessoas que contribuíram generosamente com seu tempo e conhecimento para este livro pode ser encontrada nos agradecimentos.)

Shin e Choi foram sequestrados em 1978, bem no meio não apenas de um dos períodos de intensa atividade dessa natureza pelo Norte como também o único período de tempo (1977-1983) durante o qual Pyongyang admitiu sequestrar pessoas. Os métodos que descreveram — homens disfarçados com longas perucas, praias isoladas, serem subjugados e colocados em uma espécie de saco, o pequeno barco e depois o navio — correspondem exatamente aos métodos utilizados pelos norte-coreanos em outros casos comprovados, métodos que ainda não eram públicos em 1987, quando Shin e Choi escreveram e publicaram suas primeiras memórias. Submeti essas memórias e minhas próprias perguntas tanto a Robert S. Boynton, da Universidade de Nova York, um especialista em sequestros como instrumento político no Sudeste Asiático, quanto à Associação Nacional para o Resgate de Japoneses Sequestrados pela Coreia do Norte, que não encontrou nenhuma falha e confirmou que os eventos descritos eram lógicos e condizentes com as atividades e os métodos norte-coreanos conhecidos. As casas de Tongbuk-ri e do vale das Castanheiras foram encontradas em imagens de satélite pelo especialista Chris Marker, que as analisou para um relatório das Nações Unidas. (A Prisão Número Seis é claramente visível em outras imagens de satélite e exatamente na área onde Shin afirmou que estaria.) O tempo de Shin na Prisão Número Seis possui credibilidade quando comparado a outros relatos, incluindo o do poeta sul-americano Ali Lameda, até os menores detalhes, como a colher de sopa sem cabo, mencionada no livro *This is Paradise!* [*Aqui é o paraíso!*], de Hyok Kang.

*

POSFÁCIO

Há muitos, especialmente na Coreia do Sul, que não acreditam que Shin Sang-ok e Choi Eun-hee foram sequestrados pela Coreia do Norte, mas sim que desertaram voluntariamente para Pyongyang. A defesa da deserção no lugar do sequestro é construída sobre hipóteses: "Pode-se imaginar que Shin, com sua carreira acabada no Sul, foi convencido a recomeçar no Norte" ou "É possível que Shin tenha desertado voluntariamente e então mudado de ideia mais tarde e inventado a história de sequestro para não ter problemas na Coreia do Sul". A suspeita foi alimentada pela repetição de incorreções: um "dicionário histórico" da RPDC afirma que ele poderia ter desertado para o Norte porque era originário da cidade nortista de Chongjin e seus pais ainda viviam lá, quando na verdade já estavam mortos em 1978; outro livro descreve Shin como "deslocado de guerra", que vivia na Coreia do Norte após a divisão e, como tal, se adequava a certo tipo de perfil quando se mudou para o Sul (Shin estava em Seul em 1945 e não pôs os pés ao norte do paralelo 38 entre aquele ano e 1978). Esses "fatos" foram recolhidos e impressos e, com o passar dos anos, turvaram as águas e se tornaram parte da percepção pública. A maioria dos céticos com quem falei se refere a um livro, *The Fictional Image* [*A imagem ficcional*], de Nishida Retsuoh, para explicar suas dúvidas sobre a confiabilidade de Shin e Choi. Retsuoh (um pseudônimo) foi um jornalista japonês que afirmou conhecer Shin, seu irmão e o jornalista Kyushiro Kusakabe, a quem Shin e Choi confiaram suas cartas e a fita com a voz de Kim Jong-il quando o encontraram no Leste Europeu. O livro, disseram-me repetidas vezes, desmente a história de Shin e Choi de modo implacável e metódico.

Li o livro e descobri que não o faz. Está cheio de erros. Retsuoh afirma ter encontrado Shin em Hong Kong e no Japão na primavera de 1978 e que Shin, brincando, lhe disse estar planejando desertar — convenientemente, com ninguém por perto para ouvir. Ele também alega saber que Shin começou a trabalhar em *O emissário que não retornou*, em 1979, com *carte blanche* de Kim Jong-il para fazer o filme que quisesse, mas não oferece nenhuma razão para Shin ter demorado três anos e meio para produzir o filme. Repete alegações norte-coreanas de que Shin e Choi eram livres para viajar para onde quisessem (com a França sendo um dos exemplos mencionados), quando eles só tiveram permissão para ir para oeste de Berlim uma única vez, a fim de comparecerem ao Festival de Londres. Também ignora que os norte-coreanos enviavam pessoas sequestradas para o exterior o tempo todo: em agosto de 1979, a RPDC enviou quatro libaneses sequestrados para a Iugoslávia, para que pudessem falar com suas famílias e dizer que estavam bem. Eles eram vigiados de perto, mas dois escaparam, correram para a embaixada do Kuwait e foram repatriados para o Líbano. O sequestrado Kim Yong-kyu foi enviado para a Coreia do Sul para fazer trabalhos de espionagem para o governo, que convencera de sua lealdade; ele se rendeu às autoridades sul-coreanas e retomou a liberdade. E, mais notoriamente, em 2002, a Coreia do Norte devolveu cinco sequestrados ao Japão, com a condição de que retornassem à Coreia do Norte após uma breve visita. Aparentemente, os líderes norte-coreanos ficaram chocados quando não o fizeram.

O furo mais óbvio na tentativa de Retsuoh de "desmascarar" a história de Shin e Choi é sua versão da fuga em Viena, em 1986. Retsuoh, que chama a fuga de "guinada para o Ocidente", alega que Shin e Choi estavam em contato com autoridades americanas seis meses antes de chegarem a Viena e que usaram Enoki como testemunha involuntária de sua falsa fuga. Ele afirma que o próprio Enoki lhe disse isso, embora, que eu saiba, Akira Enoki, até sua morte, não tenha concedido nenhuma entrevista nem feito nenhuma declaração pública sobre a fuga; novamente, parece extremamente conveniente que sua única declaração tenha sido para confirmar as suspeitas de Retsuoh, que alega que Shin e Choi trabalhavam com a CIA em um plano para fugir e que, para isso, tinham de encenar uma perseguição de carros até a embaixada. Contudo, o Intercontinental Hotel era de propriedade da Pan Am, a companhia aérea comercial americana, e tinha um relacionamento particularmente próximo com a embaixada americana na Áustria. Mensageiros diplomáticos americanos, funcionários do governo encarregados de levar correspondências secretas de uma embaixada para outra, ficavam hospedados no hotel e as tripulações da Pan Am em rotas ocidentais e orientais paravam em Viena e iam para o hotel. John Edmaier, que era gerente-geral do Intercontinental nos anos 1980, tinha o oficial de plantão da embaixada americana na discagem rápida. Suas instruções, em caso de problemas, eram para telefonar para os americanos diretamente, e não para o chefe de polícia austríaco. Se Shin e Choi estavam em contato com os Estados Unidos sobre seus planos de fugir da Coreia do Norte, nenhuma perseguição dramática teria sido necessária. Eles teriam simplesmente se registrado no hotel e, em algumas horas, agentes da inteligência americana bateriam a sua porta e os conduziriam para fora, como fizeram com incontáveis desertores antes e depois disso.

Embora não haja evidências apoiando a teoria de que Shin e Choi desertaram para o Norte voluntariamente, há significativas provas circunstanciais contra ela.

Se Shin desertou voluntariamente, por que, imediata e muito publicamente, declarou achar que Choi Eun-hee fora sequestrada? Por que não desertaram juntos, em vez de Shin criar um circo na mídia sobre seu desaparecimento e então desertar, no que teria sido a mais convoluta deserção da história da Guerra Fria? Além disso, a deserção de Shin teria sido um golpe de propaganda para Pyongyang; assim, por que os Kim não o exibiram imediatamente em uma entrevista coletiva pró-Norte?

E, se ele começou a fazer filmes para Kim Jong-il por vontade própria, porque esperou até 1983 para começar? Certamente, se tivesse desertado voluntariamente e mais tarde encontrado problemas, as datas de sua filmografia no Norte seriam inversas; ele teria sido inicialmente muito ativo e depois sua produção teria diminuído.

Mesmo que Shin tivesse desertado por vontade própria, quais seriam as razões de Choi Eun-hee? O que a levaria a deixar para trás os filhos, que ela valorizava acima de tudo?

Talvez a prova mais definitiva de que Shin e Choi foram sequestrados seja a corroboração dada por norte-coreanos que nada tinham a ganhar com mentiras, o primeiro entre eles sendo Hwang Jang-yop, um dos mais próximos conselheiros de Kim Il-sung e, dizem alguns, arquiteto da teoria Juche. Hwang disse ao autor John Cha que a "Divisão 35 [um dos departamentos de Kim Jong-il] planejou e executou o sequestro da atriz sul-coreana Choi Eun-hee e de seu marido, Shin Sang-ok". Mais tarde, depois que ambos haviam fugido da Coreia do Norte, Hwang participou, juntamente com Shin, de mesas-redondas sobre o Reino Eremita.

Os ex-agentes norte-coreanos Kim Gwang-hyeon, Sin Kwang-su e Liu Yong-hua admitiram ter sequestrado estrangeiros; vários outros contaram como o rapto de Shin Sang-ok e Choi Eun-hee foi discutido abertamente na Academia Militar Kim Jong-il, onde foram treinados.

O Departamento de Estado americano e a CIA achavam a história de Shin e Choi crível o bastante para mantê-los longe da ACIC e pagar por três anos de proteção em tempo integral. (Um dos filhos de Shin hoje trabalha para o Departamento de Estado.) Comitês das Nações Unidas usaram seus depoimentos como fonte para documentação sobre os direitos humanos. Eric Heginbotham, antigo membro sênior do Conselho de Relações Exteriores, disse que a história de Shin e Choi é crível e consistente com o que se sabe sobre o regime Kim. Don Oberdorfer, ex-jornalista do *Washington Post*, diz que geralmente é muito cético sobre os desertores "questionáveis" que entrevistou durante os anos, mas que Shin e Choi não se enquadram nessa categoria. "Adotei a prática de não repetir as várias lorotas sobre os Kim a menos que me sentisse confiante, a partir de boas fontes, de que eram verdadeiras", disse ele ao colega jornalista John Gorenfeld em 2003. "Nessa, eu acreditei." Em seu livro *The Two Koreas* [*As duas Coreias*], Oberdorfer escreve: "Algumas pessoas, na Coreia do Sul e em outros lugares, levantaram dúvidas sobre a credibilidade de Choi e Shin, mas eles retornaram com fotografias e fitas de si mesmos com Kim Il-sung e Kim Jong-il que foram aceitas como autênticas pelas inteligências dos Estados Unidos e da Coreia do Sul. Tive três reuniões com eles, a primeira logo depois que fugiram em Viena, e acho que são confiáveis."

Em 2005, o desertor americano Charles Jenkins e sua esposa, a sra. Soga, uma japonesa sequestrada, trouxeram à luz o rapto de Anocha Panjoy, uma tailandesa que fora sequestrada pelos norte-coreanos em Macau em maio de 1978. Em outubro de 2005, a mídia tailandesa confirmou os detalhes e os métodos do rapto da sra. Panjoy, todos de acordo com a maneira como Choi Eun-hee, dezessete anos antes, descrevera seu próprio sequestro. Ficou-se sabendo que a sra. Panjoy desaparecera no mesmo dia que Catherine Hong, que também fora sequestrada em Macau. A Associação Nacional para o Resgate de Japoneses Sequestrados pela Coreia do Norte entrevistou Choi a respeito da sra. Hong. Choi lhes disse que a sra. Hong que ela conhecera tinha mãe e irmão em Macau, que seu pai fora professor, que ela jogara vôlei no colégio e então desistira de estudar e aceitara um emprego para que o irmão pudesse ir para a universidade, que trabalhara como vendedora em uma joalheria e também em tempo parcial como guia turística, que era católica e tinha 20 anos quando fora sequestrada, no verão de 1978. Todos os detalhes "correspondiam exatamente" ao perfil da sra. Hong Leng-ieng, que desaparecera de Macau em 2 de julho de 1978. A família da sra. Hong não sabia seu nome de batismo, que ela mantivera em segredo. Choi disse aos entrevistadores que era Maria e esse fato também foi confirmado pela igreja onde Hong fora batizada em Macau. Quando lhe mostraram uma fotografia da sra. Hong, Choi confirmou que aquela era a mulher que conhecera em Pyongyang. Em março de 2006, ela se encontrou com a família da sra. Hong, que posteriormente confirmou a veracidade de suas declarações.

Nas últimas semanas de revisão deste livro, conheci um sul-coreano que me disse ter trabalhado para agências americanas de inteligência durante 26 anos, na maior parte do tempo interrogando desertores norte--coreanos. (Uma verificação independente confirmou sua declaração.) Uma de suas tarefas, em 1986, se relacionava à fuga e deserção de Shin Sang-ok e Choi Eun-hee. O homem disse ter conhecido Shin e Choi profissionalmente na época e ter permanecido amigo de ambos desde então. Embora esteja aposentado, seu contrato com o governo americano proíbe que ele fale oficialmente sobre assuntos ainda "sensíveis". Mas, quando perguntei se a versão de Shin e Choi era verdadeira, sua resposta foi categórica:

"Sim", disse ele.

"Em todos os detalhes?"

Ele concordou enfaticamente com a cabeça.

"Sim!"

Até que a Coreia do Norte se abra para o mundo e os documentos pessoais de Kim Jong-il — se ainda existirem, se é que algum dia existiram nesse formato — possam ser dissecados, é impossível saber, com plena certeza, o que aconteceu. Até lá, estou fortemente inclinado a considerar o que foi dito por Shin e Choi verdadeiro.

Agradecimentos

Este livro não existiria sem a fé e o entusiasmo de Patrick Walsh e Carrie Plitt, da Conville & Walsh, que trataram o ambicioso primeiro livro de um escritor com *insight*, inteligência e inabalável apoio. Sou grato pela orientação de meus editores, Colin Dickerman (Flatiron Books), Panio Gianopoulos e Joel Rickett (Viking Penguin), que trabalharam juntos, incansavelmente, para transformar centenas e centenas de páginas de palavras frenéticas em um *livro*.

Meu profundo agradecimento a Alexandra McNicoll, Henna Silvennoinen, Jake Smith-Bosanquet, Alexander Cochran e Emma Finn, e todos da Conville & Walsh, por partilharem o livro com o mundo; a meus pesquisadores e tradutores J-Min Anh, Hiroko Yabuki e Soyoung Park; a Jung-Hyoun Han, por ser meu intérprete quando finalmente conheci madame Choi pessoalmente; a Liz Keenan, Jasmine Faustino, Patricia Cave e Marlena Bittner, da Flatiron Books, Venetia Butterfield, da Viking Penguin, Sophie Berlin, da Flammarion, e Nick Marston, da Curtis Brown, por seu incansável entusiasmo, encorajamento e apoio. A Jurgen, Nadia, Markus e Michael Fischer, obrigado por sempre me estimularem a fazer o melhor que eu puder — e por comemorar cada pequeno sucesso como se fosse seu, do modo que só as famílias podem fazer.

Estou em dívida para com muitos escritores e pesquisadores, todos melhores e mais capazes do que eu, que generosamente cederam seu conhecimento e seus recursos, especialmente Charles Armstrong, Robert Boynton, Mike Breen, John Cha, Steven Chung, Heinz Fenkl, Mike Morris, Darcy Paquet, Johannes Schonherr e Suk Young-kim. Yoichi Shimada e Tsutomu Nishioka, da Associação Nacional para o Resgate de Japoneses Sequestrados pela Coreia do Norte, confirmaram fatos relacionados ao uso de sequestros pela RPDC.

Na Coreia, fui extremamente afortunado por ter a ajuda e a orientação de Sue e Jackie Yang, que negociaram e interpretaram para mim e, de modo geral, fizeram com que eu parecesse e me sentisse competente e à vontade em uma terra estranha. Miyoun Ko generosamente tirou um dia para me mostrar Seul e discutir a moderna Coreia. Em Viena, tive a generosa ajuda de John Edmaier, Christine Gull, Jean-Paul Herzog, Nicole Huber, Thomas Legner e Rico de Schepper. Enquanto aprendia sobre a Hong Kong dos anos 1970, tive a sorte de poder contar com Donald Morrison, James Smith, Douglas Schwab e Nicholas Wu. Christopher Green, do *DailyNK*, falou comigo sobre uma variedade de assuntos ligados à Coreia do Norte e à ascensão de Kim Jong-il, assim como sobre o contexto altamente politizado da Coreia do Sul em relação ao Norte. Ele e o *DailyNK*, um corajoso recurso online para a divulgação e disseminação de informações sobre o regime Kim, também foram essenciais ao me apresentar a desertores norte-coreanos que trabalharam na indústria cinematográfica ou tinham algum conhecimento sobre as pessoas e os eventos deste livro. Muitos desses desertores — pessoas comuns, que não tinham perfil público ou posição de influência em Pyongyang e, assim, não podem escrever livros, surgir nas manchetes ou merecer proteção pública — estão relutantes em ser nomeados, mas estou eternamente em dívida por seu tempo, franqueza e coragem. Helen Loveridge me forneceu informações vitais sobre o Festival de Cinema de Londres de 1984. Brian Bankston, Wes Gehring e Michele Jaffa esclareceram vários pontos, maiores e menores, dos relatos pessoais de Shin e Choi. Por sua força e honestidade, agradeço a Angie Everhart.

Minha assistente Annie Ross-Edwards descobriu qual era o clima em Pyongyang em fevereiro de 1978, rastreou cargueiros norte-coreanos e manteve minha vida em ordem enquanto eu me trancava em um quarto e escrevia. Marie-Jeanne Berger, Walter Donohue, Paul French, Andrew Lang, Ruth Little, Wayne e Lindsey Pelechytik, Jodie Taylor e Joseph Wobij leram vários rascunhos do livro e fui abençoado por seu incansável entusiasmo e positividade. Gary Forrester leu os primeiros rascunhos do livro e me incentivou a cada passo do caminho. Por sempre me encorajar e acreditar em mim, durante todos esses anos, agradeço a Mary Kerr, Michael e Jane Lothian, Clare Kerr e Nick Hurd e aos Kerr de Ferniehirst, como sempre serão para mim: Marie-Claire, Ralph, Johnnie, Jamie, Frank, Amabel, Hugh e Minna. Quando eu ainda era criança, Marie Madeleine Veillard, minha professora favorita, disse saber que algum dia eu escreveria um livro; para ela: *voilà!*

E, é claro, estou em dívida para com a insuperável madame Choi Eun-hee, por sua disposição em ter sua vida vasculhada por um estranho do outro lado do mundo e por sua ajuda, sua resistência e sua paixão. Ela sempre foi generosa com seu tempo e com informações e corajosa ao exibir sua vida, novamente, a um mundo que nem sempre recebeu sua honestidade com gentileza.

E, por último, mas definitivamente não menos importante, com cada fibra de meu ser, meu muito obrigado a Kelty e Owen Pelechytik. Tudo isso começou em um pub, no inverno, com vocês, foi escrito com vocês e não teria acontecido sem vocês. Amo vocês.

Bibliografia selecionada

Livros

Anderson, Joseph L. e Donald Richie. *The Japanese Film: Art and Industry.* Edição ampliada. Princeton University Press, 1982.

Breen, Michael. *Kim Jong-il: North Korea's Dear Leader.* John Wiley & Sons, 2004.

Bren, Frank e Law Kar. *Hong Kong Cinema: A Cross-Cultural View.* Scarecrow Press, 2004.

Bowyer, Justin e Jinhee Choi. *The Cinema of Japan and Korea.* Wallflower Press, 2004.

Buzo, Adrian. *The Guerilla Dynasty: Politics and Leadership in North Korea.* Westview Press, 1999.

Cha, John H., e K. J. Sohn. *Exit Emperor Kim Jong-il: Notes from His Former Mentor.* Abbott Press, 2012.

Cha, Victor. *The Impossible State: North Korea, Past and Future.* Vintage, 2013.

Cho Gab-Je. *Transcript of Kim Jong-il's North Korea.* Jogapje Datkeom, 2010.

Choi Eun-hee. *Confessions.* Random House Korea, 2007.

_____. *Walks and Works of Sheen Sang-ok, the Mogul of Korean Film.* Lee Jang-Ho, 2009.

Chung Hye Seung. *Hollywood Asian: Philip Ahn and the Politics of Cross--Ethnic Performance*. Temple University Press, 2006.

Chung, Steven. *Split Screen Korea: Shin Sang-ok and Postwar Cinema*. University of Minnesota Press, 2014.

Cleaver, Eldridge. *Soul on Fire*. Word Books, 1978.

Coatalem, Jean-Luc. *Nouilles froides à Pyongyang*. Editions Grasset, 2013.

Cumings, Bruce. *North Korea: Another Country*. The New Press, 2004.

_____. *Korea's Place in the Sun: A Modern History*. W. W. Norton, 2005.

Delisle, Guy. *Pyongyang: A Journey in North Korea*. L'Association, 2003.

Demick, Barbara. *Nothing to Envy: Real Lives in North Korea*. Granta Books, 2010.

Freeman, Kevin. *Secret Weapon: How Economic Terrorism Brought Down the U.S. Stock Market and Why It Can Happen Again*. Regnery Publishing, 2012.

French, Paul. *North Korea: State of Paranoia*. Zed Books, 2014.

Fujimoto, Kenji. *I Was Kim Jong-il's Chef*. Fusosha Publishing, 2003.

_____. *Kim's Chef, Kim's Private Life*. Fusosha Publishing, 2004.

Gehring, Wes. *Robert Wise: Shadowlands*. Indiana Historical Society, 2012.

Harrold, Michael. *Comrades and Strangers: Behind the Closed Doors of North Korea*. John Wiley & Sons, 2004.

Hassig, Ralph. *The Hidden People of North Korea: Everyday Life in the Hermit Kingdom*. Rowman & Littlefield, 2009.

Hastings, Max. *The Korean War*. Edição revisada. Pan Macmillan, 2010.

Jager, Sheila Miyoshi. *Brothers At War: The Unending Conflict in Korea*. Profile Books, 2013.

Jang Jin-sung. *Dear Leader: North Korea's Senior Propagandist Exposes Shocking Truths Behind the Regime*. Rider, 2014.

Jenkins, Charles Robert e Jim Frederick. *The Reluctant Communist*. University of California Press, 2008.

Kang Hyok. *This Is Paradise! My North Korean Childhood*. Little Brown, 2005.

BIBLIOGRAFIA SELECIONADA

Kim Byung-kook e Ezra F. Vogel (org.). *The Park Chung Hee Era: The Transformation of South Korea*. Harvard University Press, 2011.

Kim Il-sung. *With the Century*. Korean Friendship Association, edição de 2003.

Kim Jong-il. *On the Art of the Cinema*. Pyongyang Foreign Languages Publishing House, 1973.

Kim Suk-young. *Illusive Utopia: Theater, Film, and Everyday Performance in North Korea*. University of Michigan Press, 2010.

Kinnia, Yau Shuk-ting (org.). *East Asian Cinema and Cultural Heritage*. Palgrave Macmillan, 2011.

Kracht, Christian com Eva Munz e Lukas Nikol. *The Ministry of Truth: Kim Jong-il's North Korea*. Feral House, 2007.

Kurosawa, Akira. *Something Like an Autobiography*. Vintage Books, 1982.

Kwon, Heonik e Byung-ho Chung. *North Korea: Beyond Charismatic Politics*. Rowman & Littlefield, 2012.

Lankov, Andrei. *The Dawn of Modern Korea*. EunHaeng NaMu, 2007.

———. *North of the DMZ*. McFarland & Company, 2007.

Lee Young-il e Young-chol Choe. *The History of Korean Cinema*. Jimoondang International, 1998.

Lifton, Robert Jay. *Thought Reform and the Psychology of Totalism*. W. W. Norton, 1961.

Lim Jae-cheon. *Kim Jong-il's Leadership of North Korea*. Routledge, 2011.

Martin, Bradley K. *Under the Loving Care of the Fatherly Leader: North Korea and the Kim Dynasty*. Thomas Dunne Books / St. Martin's Press, 2004.

McHugh, Kathleen e Nancy Abelman (org.). *South Korean Golden Age Melodrama*. Wayne State University Press, 2005.

Myers, B. R. *The Cleanest Race*. Melville House, 2011.

Ning Tie. *How Long Is Forever?* Shanghai Press, 2010.

Oberdorfer, Don. *The Two Koreas: A Contemporary History*. Basic Books, 2001.

Oh Kongdan e Ralph C. Hassig. *North Korea Through the Looking Glass*. Brookings Institution Press, 2000.

Oshima, Nagisa. *Écrits 1956—1978*. Cahiers du Cinema / Gallimard, 1980.
Pulikovsky, Konstantin. *The Oriental Express: Across Russia with Kim Jong-il*. Moscou, 2002.
Satsuma, Kenpachiro. *North Korea as Seen by Godzilla*. Nesco-Bungeishunju, 1994.
Schonherr, Johannes. *North Korean Cinema: A History*. McFarland & Company, 2012.
Shin Sang-ok. *I Was a Film*. Random House Korea, 2007.
Shin Sang-ok e Choi Eun-hee. *The Kingdom of Kim Jong-il*. Tonga Ilbosa, 1988.
_____. *My Name is Kim Jong-il*. Haengnim Chulpan, 1994.
_____. *We Haven't Escaped Yet*. Wolgan Chosonsa, 2001.
Steiner-Gashi, Ingrid e Dardan Gashi. *Im Dienst des Diktators, Leben und Flucht wines nordkoreanischen Agenten*. Verlag Carl Ueberreuter, 2010.
Suh Dae-sook. *Kim Il-sung: The North Korean Leader*. Columbia University Press, 1988.
Sung Hye-rang. *Wisteria House: The Autobiography of Sung Hye-Rang*. Chisiknara, 2000.
Urwand, Ben. *The Collaboration: Hollywood's Pact with Hitler*. Belknap Press / Harvard University Press, 2013.
Wright, Lawrence. *Going Clear: Scientology, Hollywood, and the Prison of Belief*. Alfred A. Knopf, 2013.
Yi Hyo-in. *Korean Film Directors: Shin Sang-ok*. Korean Film Council / Seoul Selection, 2008.
Yi Sun-kyung. *Inside the Hermit Kingdom*. Key Porter Books, 1997.
Zbarsky, Ilya e Samuel Hutchinson. *Lenin's Embalmers*. Harvill Press, 1998.

Publicações oficiais norte-coreanas

Great Man and Cinema. Korea Film Export & Import Corporation.
The Great Man Kim Jong-il. Dois volumes. Editora Pyongyang de Línguas Estrangeiras.

BIBLIOGRAFIA SELECIONADA

Kim Jong-il Biography. Editora Pyongyang de Línguas Estrangeiras.
Kim Jong-il: A Brief History. Editora Pyongyang de Línguas Estrangeiras.
Kim Jong-il: Short Biography. Editora Pyongyang de Línguas Estrangeiras.
Kim Jong-il: The People's Leader. Editora Pyongyang de Línguas Estrangeiras.
Kim Jong-il. *On the Art of the Cinema*. Editora Pyongyang de Línguas Estrangeiras.
Kim Jong-suk: The Anti-Japanese Heroine. Editora Pyongyang de Línguas Estrangeiras.
The Leader Kim Jong-il. Editora Pyongyang de Línguas Estrangeiras.

Periódicos, transmissões e websites selecionados
(Por data de publicação)

Oberdorfer, Don. "Kidnapped by North Korea's Premier Film Buff." *The Washington Post*, 15 de maio de 1986.
_____. "Escapees Describe Top North Korean Leaders." *The Washington Post*, 14 de junho de 1986.
_____. "North Korea Accused of Kidnapping Women." *The Washington Post*, 24 de janeiro de 1988.
Kang, K. Connie. "Kim Is No Madman, Kidnapped Pair Say." *Los Angeles Times*, 25 de julho de 1994.
Gombeaud, Adrien. "A Conversation with Shin Sang-ok." Disponível em: www.koreanfilm.org/shinsangokk.html, dezembro de 2000.
Armstrong, Charles. "The Origins of North Korean Cinema: Art and Propaganda in the Democratic People's Republic." *Acta Koreana* 5, n. 1 (2002).
Cho, Ines. "The Reel Story," *Korea Joogang Daily*, 18 de janeiro de 2002.
Stephens, Chuck. "Plea sure and Pain." *The Village Voice*, 26 de fevereiro de 2002.
Kher, Unmesh. "Accounted For, at Last." *Time*, 3 de outubro de 2002.
Thomson, Mike. "Kidnapped by North Korea." BBC Today, BBC Radio 4, 5 de março de 2003.

Gorenfeld, John. "The Dictator Who Snagged Me." Disponível em: www.salon.com/2003/03/12/shin/, 12 de março de 2003.

_____. "The Producer from Hell." *The Guardian*, 4 de abril de 2003.

Spillius, Alex. "The Dictator's Cut." *South China Morning Post Magazine*, 13 de abril de 2003.

Lee, Adriana. "Secret Lives." *Time*, 23 de junho de 2003.

"Correspondent: The Real Dr. Evil." BBC Radio 2, 20 de julho de 2003.

"Correspondent: Inside the Mind of Kim Jong-il." BBC Radio 2, 21 de julho de 2003.

"North Korean Cinema Ready for Its Close-Up." *Los Angeles Times*, 9 de outubro de 2003.

Becker, Jasper. "North Korea: At Home with the Kims." *Asia Times*, 11 de outubro de 2003.

Montefiore, Simon Sebag. "Why Stalin Loved Movies and Wanted John Wayne Shot." *The Daily Telegraph*, 4 de junho de 2004.

Lankov, Andrei. "The Dear Director." *North Korean Economy Watch* (blog), 8 de fevereiro de 2005. Disponível em: www.nkeconwatch.com/2005/08/02/the-dear-director/.

Sohn, Kwang-jop. "Kim Jong-il's Birth and Growth." *DailyNK*, 11 de fevereiro de 2005. Disponível em: www.dailynk.com/english/keys/2003/12/04.php.

Choi, Jin-i. "Unrevealed Story of Kim Jong-suk, Mother of Kim Jong-il." *DailyNK*, 25 de fevereiro de 2005. Disponível em: www.dailynk.com/english/read.php?cataId=nk01300 & num=67.

Lankov, Andrei. "Body Snatching, North Korean Style." *Asia Times*, 26 de fevereiro de 2005.

Han, Young-jin. "Kim Jong-il, Where He Sleeps and Where He Works." *DailyNK*, 15 de março de 2005. Disponível em: www.dailynk.com/english/read.php?cataId=nk02300 & num=83.

Martin, Douglas. "Shin Sang-ok, 80, Korean Film Director Abducted by Dictator, Is Dead." *The New York Times*, 13 de abril de 2006.

Bergan, Ronald. "Shin Sang-ok" (obituário). *The Guardian*, 19 de abril de 2006.

Rayns, Tony. "Shin Sang-ok — Maverick Film-maker" (obituário). *The Independent*, 3 de maio de 2006.

Francis, David. "So That's Why Kim Jong-il Is So Happy..." *Foreign Policy Passport*, 5 de outubro de 2007. Disponível em: http:// blog.foreignpolicy.com/posts/2007/10/05/so-thats-why-kim-jong-il-is-so-happy.

Kyodo News, "Police Quiz S. Korean Actress over Abductees to the North." 12 de março de 2008.

"Les captives étrangères de la Corée du Nord." *Le Figaro*, 21 de abril de 2008.

"Kim Jong-il Has Plenty of Villas to Recuperate In." *The Chosun Ilbo*, 4 de novembro de 2008.

Olsen, Kelly. "North Korea's Secret: Room 39." *Salt Lake Tribune*, 11 de junho de 2009.

Harden, Blaine. "Global Insurance Fraud by North Korea Outlined." *The Washington Post*, 18 de junho de 2009.

Rose, David. "North Korea's Dollar Store." *Vanity Fair*, 5 de agosto de 2009.

"The Torrid Romantic Life of Kim Jong-il." *The Chosun Ilbo*, 8 de agosto de 2009.

Samuels, Richard J. "Kidnapping Politics in East Asia." *Journal of East Asian Studies* 10, n. 3 (2010).

Herskovitz, Jon e Christine Kim. "A North Korean Life Shattered by Kim Jong-il's Secret." Reuters, 3 de fevereiro de 2010. Disponível em: http://in.reuters.com/article/2010/02/03/us-korea-north-secret-idINTRE6120WJ20100203.

The Associated Press, "North Korea Fires Head of Secret Bureau 'Room 39.'" 4 de fevereiro de 2010. Disponível em: www.ctvnews.ca/north-korea-fires-head-of-secret-bureau-room-39-1.480672.

Glionna, John. "Kim Jong Il's Guard Set Himself Free." *Los Angeles Times*, 20 de fevereiro de 2011.

Boynton, Robert. "North Korea's Digital Underground." *The Atlantic*, 24 de fevereiro de 2011.

Ocken, Jessica Royer. "Kim Jong-il, the Director He Kidnapped, and the Awful Godzilla Film They Made Together." *Mental Floss*, 18 de dezembro de 2011.

Glionna, John. "North Korean Defector Says Kim Jong-il Stole Her Life." *Los Angeles Times*, 22 de dezembro de 2011.

Rank, Michael. "North Korean Secrets Lie Six Feet Under." *Asia Times*, 18 de fevereiro de 2012.

Greitens, Sheena Chestnut. "A North Korean Corleone." *The New York Times*, 3 de março de 2012.

Ingersoll, Geoffrey e Adam Taylor. "North Korea Allegedly Forces Diplomats to Deal Drugs for Hard Cash." *Business Insider*, 22 de março de 2012. Disponível em: www.businessinsider.com/north-korea-allegedly-turns--foreign-diplomats-into-big-time-drug-dealers-2013-3.

Brady, Lisa. "How Wildlife Is Thriving in the Korean Peninsula's Demilitarised Zone." *The Guardian*, 13 de abril de 2012.

"'Comrade Kim Goes Flying' Is a North Korean Rarity." *Los Angeles Times*, 6 de outubro de 2012.

Nordine, Michael. "Godzilla and Flowers: The Films of Kim Jong-il." *The Village Voice*, 9 de janeiro de 2013.

Sohn, Kwang-Ju. "Focus Analysis: Kim Jong-il." *DailyNK*, 11 de maio de 2013.

Richardson, Nigel. "North Korea: Inside the Most Amusing Destination on Earth." *The Daily Telegraph*, 28 de maio de 2013. Disponível em: www.dailynk.com/english/keys/2003/12/04.php.

Johnson, Adam. "Dear Leader Dreams of Sushi." *GQ*, junho de 2013.

MISCELÂNEA
(Por data de publicação)

Anistia Internacional. "Ali Lameda: A Personal Account of the Experience of a Prisoner of Conscience in the Democratic People's Republic of Korea." Fevereiro de 1979.

Paquet, Darcy. "The Golden Age of Korean Cinema: Seven Directors." s/d.

_____. "Korean Directors in the 1970s." s/d.

_____. "Shin Sang-ok in the 1950s." s/d.

"Table Talk: Hwang Jang-yop and Shin Sang-ok Talk About the Two Homelands They Have Experienced." *Wolgan Chosun,* março de 1999, pp. 609-641.

Park JaeYoon. "Seeing Stars: Female Film Stars and Female Audiences in Post-Colonial Korea." Dissertação apresentada à Universidade do Kansas, maio de 2008.

Morrell, David. "Rambo and Me: The Story Behind the Story." Morrell Enterprises, 2008.

National Human Rights Commission of Korea. "Survey Report on Political Prisoners' Camps in North Korea." Relatório, 2009.

Kan, Paul Rexton, Bruce E. Bechtol Jr. e Robert M. Collins. "Criminal Sovereignty: Understanding North Korea's Illicit International Activities." Relatório, Instituto de Estudos Estratégicos, março de 2010.

Lee Sangjoon. "The Transnational Asian Studio System: Cinema, Nation-State, and Globalization in Cold War Asia." Dissertação apresentada à Universidade de Nova York, maio de 2011.

Anistia Internacional. "North Korea: Political Prison Camps." Relatório especial, 2011.

Committee for Human Rights in North Korea. "Taken! North Korea's Criminal Abduction of Citizens of Other Countries." Relatório especial, 2011.

Shim Ae-gyung e Brian Yecies. "Power of the Korean Film Producer: Dictator Park Chung-hee's Forgotten Film Cartel of the 1960s Golden Decade and Its Legacy." Tese apresentada à Universidade de Wollongong, 2012.

Committee for Human Rights in North Korea. "Coercion, Control, Surveillance, and Punishment: An Examination of the North Korea Police State." Relatório especial, 2013.

Material audiovisual

Finn, Jim. *Great Man and Cinema.* 2009. Disponível em: www.fandor.com/films/great man_and cinema.

Smith, Shane. *North Korean Film Madness*. Revista *Vice*, 2011. Disponível em: www.vice.com/the-vice-guide-to-fi lm/north-korean-fi lm-madness-1.

Kim Jong-il's Cinema Experience. Disponível em: www.northkoreancinema.com.

Agência Central de Notícias da Coreia (Pyongyang). *Kim Jong-il As Film and Opera Director*. Disponível em: www.youtube.com/watch?v=hdjj8JQMQY8.

Agência Central de Notícias da Coreia (Pyongyang). *The Brilliant History of Great Leadership*. Disponível em: www.youtube.com/watch?v=lRC86RAvbdc.

Agência Central de Notícias da Coreia (Pyongyang). *Leader Kim Jong-il in the Time of Creation of Five Revolutionary Operas*. Disponível em: www.youtube.com/watch?v=--MhqE1N Wo.

Agência Central de Notícias da Coreia (Pyongyang). *Kim Il-sung and Kim Jong-il Made Korea into a Paradise*. Disponível em: www.youtube.com/watch?v=6ji3tqZUynY).

Este livro foi composto na tipologia Minion
Pro Regular, em corpo 11,5/16, e impresso
em papel off-white no Sistema Cameron da
Divisão Gráfica da Distribuidora Record.